Reiner Lehberger

LOKI SCHMIDT
Die Biographie

Hoffmann und Campe

1. Auflage 2014
Copyright © 2010 by Hoffmann und Campe Verlag, Hamburg
www.hoca.de
Satz: Dörlemann Satz, Lemförde
Gesetzt aus der New Aster
Druck und Bindung: Friedrich Pustet, Regensburg
Printed in Germany
ISBN 978-3-455-50285-5

Ein Unternehmen der
GANSKE VERLAGSGRUPPE

Inhalt

VORWORT 9

KINDHEIT UND ERWACHSENWERDEN
IN EINER PROLETARISCHEN FAMILIE

Herkunft, Geburt und Kindheit 15
Schulzeit in zwei Reformschulen 34
Reichsarbeitsdienst und Lehrerstudium 54
Jugend in der NS-Zeit 62
Loki und Helmut: Eine Schülerfreundschaft 68

BERUFSSTART UND FAMILIENGRÜNDUNG
IN KRIEGSJAHREN

Junglehrerin in der NS-Zeit 75
Hochzeit im Krieg 82
Sohn Helmut Walter 89

NEUANFANG UND »AUFSTIEG«
DER FAMILIE SCHMIDT

Ein Neuanfang mit Schwierigkeiten 99
Tochter Susanne 108
Der Aufschwung der fünfziger Jahre 112
Ein Ferienhaus am Brahmsee 132
Die sechziger Jahre 137

LOKI, EINE »ANGEHEIRATETE DER POLITIK«: DIE BONNER JAHRE

Aufbruch nach Bonn   159
Loki auf der Hardthöhe   160
»Abzug« von der Hardthöhe   172
Loki wird Schwesternhelferin   174
Die Frau des Kanzlers   178
Neue Aufgaben   186
»Im Schaufenster der Republik«   197
1976: Die Eine-Frau-Wählerinitiative   204
Auf Reisen mit dem Kanzler   214
Staatsgäste in Langenhorn   228
Suche nach eigenem Terrain   232
Ende der Kanzlerzeit   247

VIER EXKURSE: PRIVATES UND POLITISCHES

Bonner Freundschaften   251
Schönheitsfarm, Fitness und Sportabzeichen   258
Loki und die Frauenbewegung   262
Loki, die Genossin   270

MIT DER NATURFORSCHERIN UM DIE WELT

Die Forschungsreisen: Ein Überblick   277
Afrika: Nationalpark Nakurusee und Namib-Wüste   280
Galápagos-Reise   291
Südamerikareisen: Die Erkundung eines Kontinents   295
Südostasien und Ozeanien   315
Arktis und Antarktis   323
Die Forschungsreisen: Eine Bilanz   330

DIE NATURSCHÜTZERIN

Loki-Schmidt-Stiftung   336
Loki-Schmidt-Genbank für Wildpflanzen   345
Der Gärtneraustausch, eine Herzensangelegenheit   348
Botanische Gärten in Deutschland – Von Lokis Gärten   353

Der Urwald am Brahmsee   356
Ehrungen   360

ZURÜCK IN HAMBURG

Von Bonn nach Hamburg   365
Loki Schmidt und die DDR   395
Die Ehe   408
Bilanz eines Lebens   415
Die letzten Monate   421

ANHANG

Danksagung   429
Zeittafel   431
Tabelle Forschungsreisen   435
Auszeichnungen und Würdigungen   439
Verzeichnis der Publikationen Loki Schmidts   443
Literaturverzeichnis   447
Interviews   451
Verzeichnis der Archive   455
Nachweise   457
Bildnachweise   473
Personenregister   475

VORWORT

»In meinen 90 Lebensjahren war Platz für mindestens drei Leben.« Mit Sicherheit war diese Bilanz Loki Schmidts keine Übertreibung. Der Reichtum ihrer Erlebnisse in drei Perioden deutscher Geschichte, die zahlreichen Kontakte zu Persönlichkeiten aus Kultur, Wissenschaft und Politik sowie ihre eigenen vielfältigen Aktivitäten belegen diese Beschreibung eindrucksvoll. Tiefergehend verweist das Bild von den drei Leben aber auf mehr als eine nur außergewöhnliche Vielfalt: Es steht für drei durchaus abzugrenzende und höchst unterschiedliche Bereiche in ihrem Leben, die jeweils so reich an Erfahrungen sind, dass jeder für sich gut ein ganzes Leben hätte füllen können.

Da ist zunächst einmal das private Leben der Hannelore Schmidt, geborene Glaser. Mit Disziplin, Ausdauer und Intelligenz arbeitet sich Hannelore Glaser aus materiell armen, aber kulturell reichen proletarischen Verhältnissen über die höhere Schule und ein Studium in den Lehrerberuf empor. Sie heiratet ihren Jugendfreund Helmut Schmidt und trägt über 25 Jahre die doppelte Belastung von beruflicher Arbeit und Sorge für die Familie.

Mit dem Jahr 1970 und ihrem Umzug nach Bonn beginnt das Leben an der Seite eines Spitzenpolitikers, die Jahre einer »Angeheirateten der Politik«, wie Loki Schmidt das nannte. Vieles verändert sich mit diesem Schritt. Von nun an bestimmt der Takt der Politik auch ihr Leben. Sie gibt endgültig ihren Beruf als Lehrerin auf, übernimmt repräsentative und politische Aufgaben, bereist an der Seite ihres Mannes die Hauptstädte und Sehenswürdigkeiten dieser Welt. Loki Schmidt wird zu einer Frau im Blickfeld der Öffentlichkeit, zu einer Persönlichkeit im öffentlichen Leben der Bundesrepublik Deutschland.

Nur an der Seite ihres Mannes zu stehen, ist allerdings nicht ihre Sache. Sie will auch in ihrem Bonner Leben ihre Eigenständigkeit bewahren, und so beginnt sie nach ihrem Berufsleben als Lehrerin noch einmal eine neue Profession und ein ›drittes Leben‹: das einer Naturforscherin und Naturschützerin. Sie gründet Stiftungen zum Schutze der Natur, engagiert sich für botanische Gärten und unternimmt zusammen mit Wissenschaftlern zahlreiche Forschungsreisen rund um den Globus. All dies macht sie unabhängig von ihrem Mann und seinem politischen Leben. Ihr Mann bewundert sie dafür, und sie selbst erfüllt sich damit einen Jugendtraum – auch ohne naturwissenschaftliches Studium. Fast könnte man sagen, mit diesem dritten Leben gelingt Loki eine Harmonisierung der eigenen Biographie. Die Beziehung zwischen den Eheleuten wird durch diese Eigenständigkeit Loki Schmidts im Übrigen nie infrage gestellt, sondern gestärkt.

Der äußere Verlauf, die Einschnitte und Einteilungen des Lebens, sind die eine Seite der Biographie von Loki Schmidt. Die innere Biographie, die mit der eigenen Entwicklung verbundenen und gelebten Gefühle, die als Höhen und Tiefen empfundenen Brüche des Lebens, sind die andere Seite. Und nicht immer ist alles so harmonisch, wie das Bild der drei Leben zunächst einmal suggerieren mag. Existenzielle Wünsche, wie der nach einer großen Familie, gehen nicht in Erfüllung. Es gibt Phasen der Erschöpfung und Krankheit, und es gibt auch Krisen und Enttäuschungen in einer von ihr so sehr gewollten und gestützten, fast 70 Jahre währenden Ehe. Mit einem festen Willen, mit Mut und großer Energie hat Loki sich auch den schwierigen Wegstrecken gestellt. Sie sind ein wesentlicher Teil des Lebens dieser starken Frau.

Kennengelernt habe ich Loki Schmidt Mitte der neunziger Jahre anlässlich einer Ausstellung zur Lichtwarkschule, jener

Hamburger Reformschule, die auch Loki und Helmut Schmidt besucht und auf der sie 1937 ihr Abitur gemacht haben. Ich hatte Loki Schmidt zur Eröffnung dieser vom Hamburger Schulmuseum gestalteten Ausstellung eingeladen und sie um ein Grußwort gebeten. Sie antwortete prompt, und sie kam. Lokis Begeisterung über ihren »Glücksfall einer besonderen Schule« konnte sie an diesem Abend allen Anwesenden eindrucksvoll vermitteln. Es folgten zahlreiche Einladungen in ihr Haus nach Hamburg-Langenhorn und mehrere gemeinsame Projekte: eine Ausstellung und ein Katalog zu den Reform-Volksschulen der Weimarer Republik, von denen sie eine – die Grundschule Burgstraße in Hamburg-Hamm – selbst besucht hatte. Zwei Gesprächsbücher sind aus unserer Zusammenarbeit entstanden, *Mein Leben für die Schule* und *Auf einen Kaffee mit Loki Schmidt*, und gemeinsam haben wir uns lange Jahre im Projekt Lern-Werk der ZEIT-Stiftung für Schülerinnen und Schüler in schwierigen Verhältnissen engagiert.

In diesen 15 Jahren unserer Bekanntschaft haben wir viel über die verschiedenen Stationen ihres Lebens und die damit zusammengehenden zeitgeschichtlichen Ereignisse und ihre Bewertung gesprochen. Schon damals war ich beeindruckt von der Spannbreite ihrer Interessen, ihrer umfassenden Bildung und der Vielfalt ihrer Fertigkeiten. Loki Schmidt war bewandt in Musik, Kunst, Theater und Literatur, war handwerklich geschickt und hatte ein großes naturwissenschaftliches Interesse. Mit Loki Schmidt konnte man über den neuesten Roman von Siegfried Lenz sprechen, viel über die Pflanzen- und Tierwelt lernen oder von ihrer Handfertigkeit profitieren, z. B. wenn sie sich an die Reparatur eines Kassettengerätes machte, mit dem wir in den neunziger Jahren unsere ersten Gespräche aufzeichneten. »Als Tochter eines Elektrikers werde ich das doch wohl können.«

Beeindruckend war auch das Kennenlernen der häuslichen Atmosphäre. Die gefüllten Bücherregale ziehen sich durch alle Räume des Hauses, Kunstwerke vornehmlich der klassischen Moderne schmücken die Wände, das skandinavische Mobiliar ist unprätentiös und zeitlos. Viele der Charakteristika Loki Schmidts finden sich in dieser Ausgestaltung ihres Hauses wieder. Es fällt leicht, sich in dieser Umgebung auch als Gast wohl zu fühlen, sie ermöglicht Nähe und lässt Distanz bei den Gesprächen nicht aufkommen.

Meine vielen persönlichen Gespräche und Erlebnisse mit Loki Schmidt gehören zum Basismaterial dieser Biographie. Die Einbeziehung relevanter Literatur, die Befragung von Weggefährten und Zeitgenossen sowie die Auswertung von Aktenmaterial aus verschiedenen Archiven vervollständigen das Bild. Wäre das ausgeblieben, dann hätte ich weder von Loki Schmidts Bespitzelung durch die Stasi bei ihren DDR-Aufenthalten erfahren, noch hätte ich die akribisch geführten Reisetagebücher auswerten können.

Wegen seines Umfangs und seiner Ergiebigkeit war für mich das private Archiv Loki Schmidts, aufbewahrt in Hamburg-Langenhorn und inzwischen eingegliedert in das Archiv Helmut Schmidt, ein besonderer Glücksfall. Allein der in Aktenordnern aufgestellte Briefverkehr mit Hunderten von Personen, darunter Wissenschaftler, Künstler, Personen des öffentlichen Lebens und einfache Bürgerinnen und Bürger, umfasst mehr als 30 laufende Meter. Dazu kommen nicht minder umfangreiche Unterlagen zu ihren diversen Naturschutzaktivitäten und Reisen, zu ihren Publikationen und mehr als 200, fast durchweg von ihr selbst beschriftete Fotoalben. Spätestens als ich diese Bestände sichtete, war mir klar, mit welch immensem Arbeitsaufwand und mit welch hoher hanseatischer Disziplin Loki Schmidt sich ihre herausgehobene Position in diesem Lande im wahrsten Sinne des Wortes verdient hat.

Von besonderer Bedeutung für diese Biographie waren meine Gespräche mit Helmut Schmidt. Er beantwortete zahlreiche Fragen, berichtete aber auch ausführlich und sehr offen über die verschiedenen Phasen eines langen, gemeinsamen Lebens. Bemerkenswert war, dass er sich oft an kleinste Details genau erinnern konnte, auch wenn er zuweilen über die Schwächen seines Gedächtnisses klagte. Wichtig war ihm vor allem, dass ich Lokis

Leistungen als Botanikerin und Naturschützerin angemessen einbeziehen sollte. Aber er wusste auch Amüsantes und Bewegendes zu berichten. Beispielsweise, dass Loki ihm irgendwann jenseits der 75 das Segeln auf dem Brahmsee verboten habe. Er könne das Boot nicht mehr allein aufrichten, und sie könne nicht mehr hinaus schwimmen und ihn retten. Und – hat er sich daran gehalten? »Ja natürlich, Loki hatte ja leider recht.«

Helmut Schmidt gab mir auch Hinweise auf wichtige Gesprächspartner, darunter etwa die Sicherheitsbeamten, die Loki über lange Jahre begleitet hatten. Vor allem aber gewährte er mir uneingeschränkten Zugang zu dem oben genannten Privatarchiv des Ehepaars. Dafür möchte ich Helmut Schmidt meinen großen Dank aussprechen.

Und ein letztes an dieser Stelle: Für dieses Buch habe ich mich um Gesprächs- oder Telefontermine mit mehr als 60 Freunden, Weggefährten und Vertrauten bemüht. Von ehemaligen Schülern über Kolleginnen, renommierten Wissenschaftlern bis hin zu früheren hochrangigen Politikern und bekannten Persönlichkeiten. Nicht einer hat abgelehnt. Alle waren von Loki nachhaltig beeindruckt, und alle waren dankbar, sie gekannt zu haben. Lokis Tochter, Susanne Schmidt, hatte recht, als sie am Ende unseres Gesprächs zusammenfasste: »Loki mochten alle!«

KINDHEIT UND ERWACHSENWERDEN
IN EINER PROLETARISCHEN FAMILIE

Herkunft, Geburt und Kindheit

Alster und Michel in Hamburg kennt jeder. Die Kontorhäuser in der Innenstadt, das Hotel »Vier Jahreszeiten« und die Flaniermeile am Jungfernstieg erfreuen Stadtbewohner wie Besucher. Wer hier steht, hat den Eindruck einer schönen und reichen Stadt. Vor hundert Jahren war das nicht anders. Durch umfangreiche Abriss- und Stadtsanierungsmaßnahmen waren gerade die Mönckebergstraße und mit ihr ein neues Stadtzentrum entstanden, die neue und gigantische Speicherstadt wurde 1914 endgültig fertiggestellt. Allerdings stieß man nur wenige hundert Meter vom Rathaus entfernt auf die ärmlichen Wohnviertel der Arbeiterfamilien in der Neustadt und in Hafennähe. In einem dieser Arbeiterviertel, in Hammerbrook, östlich der Alster gelegen, erblickte Hannelore Glaser, später bekannt als Loki Schmidt, am 3. März des Jahres 1919, »nachmittags um neuneinhalb Uhr«, wie es in der Geburtsurkunde heißt[1], das Licht der Welt.

Die Geburt verlief ohne Komplikationen, Eltern und Großeltern waren überglücklich. Die Zeiten, in die Hannelore Glaser hineingeboren wurde, waren allerdings stürmisch und bewegt. Der Erste Weltkrieg war beendet, mit der Novemberrevolution von 1918 war die alte Ordnung der Kaiserzeit zerbrochen, und in welche Richtung die am 9. November in Berlin ausgerufene Republik sich entwickeln würde, war völlig ungewiss. In Hamburg beanspruchte seit dem 6. November 1918 unter der Führung der USPD ein Arbeiter- und Soldatenrat die Macht, hatte aber bereits nach wenigen Wochen einen unverkennbaren Autoritätsverfall hinnehmen müssen. An Hannelores Geburtstag wehte zwar noch

Wohnhäuser in der Schleusenstraße, um 1920

die von den Revolutionären am Rathaus Mitte November aufgezogene rote Fahne, bei den Bürgerschaftswahlen am 13. März 1919 aber zeigte sich, dass die Revolutionäre kaum Rückhalt in der Bevölkerung hatten. Mit über 50 Prozent der Stimmen siegte die Mehrheits-SPD, die USPD kam auf knapp acht Prozent. Die rote Fahne wurde eingeholt, eine gedeihliche Entwicklung der Republik aber war damit keineswegs sichergestellt.

In dieser politisch und gesellschaftlich ungewissen Situation hatte die Familie Martens offenbar beschlossen, zumindest in der eigenen Lebenswelt für ein wenig Sicherheit zu sorgen, und war als Großfamilie im Februar 1919 in eine neue, größere Wohnung in der Schleusenstraße 11 gezogen. Hier fanden nicht nur Agnes und August Martens, eine schon seit längerem bei ihnen wohnende Pflegetochter und zwei ihrer erwachsenen Töchter, sondern auch die älteste und hochschwangere Tochter Gertrud mit Schwiegersohn Hermann Glaser und dem ersten, bald erwarteten Enkelkind Platz. Das junge Paar erhielt zwei ineinander gehende Räume, ausgestattet mit alten und einigen von Hermann selbst gezimmerten neuen Möbelstücken. Auch für das Baby hatte der geschickte Handwerker Hermann Glaser bereits ein Bettchen gebaut.

Wer hier wohnte, war von dem Wohlstand und der politischen Teilhabe in der reichen Hafen- und Handelsmetropole bis 1918 faktisch ausgeschlossen gewesen. Hier lebte das städtische Proletariat, die in enger Bebauung entstandenen Wohnhäuser waren in der rasanten Wachstumsphase der Stadt – zwischen 1880 und 1914 hatte sich die Einwohnerzahl von knapp unter 300 000 auf eine Million erhöht – schnell hochgezogen worden. Wegen der Nähe zum Hafen und seinen Werften, den Hauptarbeitgebern in der Hansestadt, war dieses Wohngebiet bei den Arbeitern sehr gefragt. Die meisten von ihnen bewältigten den Weg zum Arbeitsplatz aus finanziellen Gründen zu Fuß, und da galt bei Arbeitszeiten von zehn bis zwölf Stunden pro Tag ein kurzer Weg zur Arbeit als ein hohes Gut. Dunkelheit und Enge, baumlose Straßen, wie Loki Schmidt sich an die Umgebung ihres Geburtshauses erinnert, wurden daher – wenn auch nicht klaglos – akzeptiert und hingenommen.

Von dem tatsächlichen Aussehen dieses proletarischen Wohngebiets der Stadt kann man sich heute keinen unmittelbaren Eindruck mehr verschaffen. Wie die allermeisten der hier einst stehenden Häuser existiert das Geburtshaus von Loki Schmidt nicht mehr, nicht einmal die Straße gibt es noch auf dem Stadtplan. Durch die schweren Bombardierungen der Alliierten im Zweiten Weltkrieg ist dieser hafennahe Stadtteil fast völlig ausradiert worden, und nach 1945 siedelten sich hier vor allem Kleingewerbe und Kleinindustrie an. Geblieben ist allerdings damals wie heute, dass, wer hier wohnt, nicht zu den begüterten Bewohnern der Freien und Hansestadt gehört.

Am 2. März 1919, einem Sonntag, gab es in der Schleusenstraße 11 bei der Großfamilie Martens/Glaser eine kleine Einweihungsfeier mit Freunden und Verwandten. »Das Kind wird noch brauchen«, war die Meinung an diesem Abend im Familienkreis, doch bereits am nächsten Tag, am 3. März, einem kalten Märzmontag, war es so weit. Natürlich wurde Hannelore nicht in einem Krankenhaus, sondern, wie in proletarischen Familien damals üblich, in der eigenen Wohnung geboren. Unterstützt wurde Mutter Gertrud bei der Geburt ihrer ersten Tochter von einer Hebamme. Diese half später auch zwei der drei nachfolgenden Kinder der Glasers zur Welt zu bringen: Christoph 1920 und Linde 1922. Die Schwester Rose kam als Nachzüglerin erst 1929 zur Welt. Bei ihrer Geburt war eine andere Hebamme aus dem Verwandtenkreis dabei, Loki durfte unmittelbar nach der Geburt ihre kleine Schwester auf dem Bauch der Mutter sehen. Natürlich kannte Loki Schmidt den Namen ihrer Hebamme Backhaus noch 90 Jahre später, denn Frau Backhaus war nicht nur Hebamme, sondern blieb, wie für andere Frauen im Viertel auch, eine Vertraute für die Mutter. Der Beruf der Hebamme war in jenen Jahren und vor allem im damaligen Arbeitermilieu sehr angesehen, ihr Können war für die Menschen damals im Wortsinne lebenswichtig.

Über ihre Herkunft und Kindheit hat Loki Schmidt, als prominente Zeitzeugin häufig nach Ihrer Lebensgeschichte befragt, verschiedentlich Auskunft gegeben.[2] Neben einigen Details – wie der Beschreibung des als dunkel empfundenen Viertels oder dem Fehlen von jeglichem Grün in der Straße – nehmen die Bezugspunkte »Arbeitermilieu« und »Großfamilie« in ihrer Erinnerung eine zentrale Rolle ein. Verbunden sind damit eine politisch eher sozialistische Einstellung der Eltern, bescheidene wirtschaftliche Verhältnisse, ja zum Teil bittere Armut, aber auch reiche soziale und kulturelle Prägungen durch die eigene Großfamilie, vor allem aber auch durch die von den Eltern rege wahrgenommenen Angebote der Arbeiterbildung der Weimarer Republik. Das ungekrönte Oberhaupt der Großfamilie Martens war die Großmutter. Sie hielt alles zusammen, ihr Wort zählte sowohl im Haus als auch in der »Sippe«, wie Loki die Verwandtschaft zu nennen pflegte.

Die Großeltern und Eltern von Hannelore Glaser hatten allesamt Arbeiterberufe erlernt. Die Großmutter Agnes war Köchin

Loki Anfang Aug. 1919

und betreute neben ihrem eigenen den Haushalt der jüdischen Kaufmannsfamilie Mendel. Großvater August hatte eine Ausbildung als Maler und Polsterer, arbeitete später aber als Kontorbote und Krankenbesucher für die Ortskrankenkasse. Beide waren Jahrgang 1869, also gerade fünfzig Jahre alt, als Loki geboren wurde.

Wie die Großeltern Martens hatten auch alle vier Töchter Lehrberufe erlernt. Lokis Mutter Gertrud, die älteste und 1894 geboren, war Schneiderin geworden, ihre drei Schwestern Kontoristinnen.[3] Vor ihrer Lehre hatte Gertrud eineinhalb Jahre in einem Haushalt gearbeitet. Der Vater, Hermann Glaser, war 1892 geboren, in dem Jahr also, als in Hamburg wegen der schlechten Wasserversorgung die Cholera wütete. Seine Eltern wohnten im proletarischen und dichtbesiedelten Gängeviertel um die Steinstraße. Auch sie hatten sich mit Cholerabakterien infiziert, konnten aber nach ein paar Tagen aus dem Krankenhaus entlassen werden. Nach dem Besuch der Volksschule absolvierte Hermann Glaser eine Lehre als Elektriker, war von 1912 bis 1918 Matrose der kaiserlichen Marine, und danach in seinem erlernten Beruf bei verschiedenen Arbeitgebern tätig, u. a. als Betriebselektriker beim Arbeitsamt. Solange man Arbeit hatte, konnte man in der Weimarer Republik mit dem Verdienst eines Arbeiters ein bescheidenes, aber eigenständiges Leben führen; wurde man allerdings arbeitslos, war bittere Armut die unausweichliche Folge.

Kennengelernt hatten sich Lokis Eltern bei Wochenendaufenthalten in Neugraben, das auf der anderen Seite der Elbe auf der Strecke von Harburg nach Stade liegt. Als Hermann sich im April 1912 für drei Jahre bei der Marine verpflichtete, sahen sich die beiden nur noch selten: bei Heimataufenthalten oder gelegentlichen Besuchen von Gertrud in Kiel und später Wilhelmshaven, den Standorten des Matrosen Glaser. Inzwischen hatte sich Gertrud in den Kriegsjahren politisiert. In einem handgeschriebenen Bericht für ihre Kinder und Enkelkinder aus dem Jahre 1965 berichtet sie davon. So hatte sie durch eine der Töchter der Mendel-Familie, bei der ihre Mutter arbeitete, Zugang zu Veranstaltungen der Arbeiterbildungsvereine gefunden und trat 1916 sogar – als junge Frau eher ungewöhnlich – in die SPD ein. Als sich in der Partei die Kontroverse über die Haltung zum Krieg zuspitzte und sich darüber 1917 die USPD abspaltete, sympathisierte Gertrud mit den radikalen Kriegsgegnern. In ihren Briefen an Hermann berichtete sie davon und fand bei ihm Zustimmung und Unterstützung. »Hermann war zur Westdivision nach Wilhelmshaven versetzt. Dort war kurz zuvor eine ›Meuterei‹ gewesen und zwei Matrosen erschossen worden. Nun gärte es überall. Hermann hatte einen Kameraden, ähnlich wie Gralke [ein Hamburger USPDler, den Gertrud kannte, R. L.], und so entwickelten sich unsere Ansichten in die gleiche Richtung. Ich bekam die ›Bremer Arbeiterpolitik‹, ein kleines Blättchen, das ich an Hermann weiterschickte. In unseren Briefen stand nicht viel von Liebe, umso mehr von Politik, aber trotzdem wollten wir nun endlich mal

Verlobung feiern und Sylvester 1916/17 sollte es nun sein.«[4] Eineinhalb Jahre später heirateten sie. Die beiden ›Revolutionäre‹ hatten sich dafür den 1. Mai gewählt: seit 1890 als »Kampftag der Arbeiterbewegung« gefeiert, aber damals noch kein Feiertag. Alles war vorbereitet, die Hochzeit musste aber um einen Monat verschoben werden, da Hermann für diesen Termin keinen Heiratsurlaub von seinen Vorgesetzten erhielt.

In den Wochen und Monaten nach der Hochzeit war Gertrud in Hamburg politisch stark engagiert. Die radikale Linke forderte u. a. die Beendigung des Krieges, eine Rätedemokratie, die Verstaatlichung der Produktionsmittel und nicht zuletzt den Achtstundentag. »Es war eine turbulente Zeit, die Versammlungen wurden von der Polizei beobachtet. Der Laufenberg, Herz und Wolfheim [drei in Hamburg bekannte Aktivisten, R.L.] hatten Redeverbot. Heimlich mussten wir in kleine Lokale gehen, überall standen Wachposten. Liesel [Gertruds Schwester, R.L.] und ich mussten Flugblätter verteilen. Einmal mussten wir nachts in einer Wohnung irgendwo in Billbrook Flugblätter tippen und abziehen. Wir wurden im Dunkeln hingebracht und abgeholt, alles war sehr geheimnisvoll. Das war auch nötig, denn Annie Mendel und noch viele andere Genossen saßen in Untersuchungshaft.«[5] Vorsicht walten lassen musste Gertrud bei einigen anstrengenden Aktionen auch aus einem anderen Grunde. Seit dem Frühsommer 1918 war sie schwanger, und da die Trauung am 3. Juni gefeiert wurde, dürfte ihre Erstgeborene sogar ein Hochzeitskind gewesen sein.

Auch Hermann war in Wilhelmshaven in das politische Geschehen involviert. Hier hatte mit der Weigerung von Matrosen auf drei vor Wilhelmshaven liegenden Kriegsschiffen, sich noch am Ende des Krieges in eine ausweglose Schlacht schicken zu lassen, am 29./30. Oktober die November-Revolution ihren Anfang gefunden. Da Hermann Glaser an Land stationiert war, hatte er sicher keinen direkten Kontakt zu den aufständischen Matrosen, seine Sympathie aber war gewiss auf ihrer Seite. Als sich in Wilhelmshaven wenige Tage danach ein Arbeiter- und Sol-

21

datenrat gründete, schloss er sich ohne Zögern an. Auch war er an der Auflösung seiner Kompanie maßgeblich beteiligt. Den eigenen Entlassungsschein stellte er sich selbst aus und kehrte Ende November nach Hamburg zurück. Wie seine Frau beteiligte auch er sich an den Aktionen der Hamburger Revolutionäre. Anfang 1919 traten die beiden Eheleute sogar in die Kommunistische Partei ein.[6] Diese war am 31. Dezember 1918 von vormaligen Mitgliedern und Sympathisanten der USPD und anderen kleinen Organisationen gegründet worden.

Auch wenn die beiden Glasers sich wegen der sektiererischen Auseinandersetzungen in der KPD im Laufe des Jahres 1920 enttäuscht von der Partei und ihren Führern zurückzogen, ihre linke politische Haltung behielten sie bei, und sie waren weiter am politischen Geschehen in der Weimarer Republik interessiert. In den vielen nachfolgenden Wahlen entschieden sie sich, wie Loki und auch Helmut Schmidt später vermuteten, entweder für die Sozialdemokraten oder die KPD.[7] Auch Hermanns Interesse an der Entwicklung der jungen Sowjetunion blieb lange bestehen.[8]

Bestehen blieben auch Gertrud und Hermann Glasers hohe Erwartungen, dass sich mit der Ausrufung der Republik für die Arbeiterschaft in Deutschland die Dinge zum Besseren wenden würden. Anstelle des persönlichen politischen Engagements vor und nach der November-Revolution gingen sie nun ihrem starken Bildungsdrang nach. Als gute Volksschüler hatten sie am Ende ihrer Schulzeit die sogenannte Selecta besuchen dürfen, eine Hamburger Besonderheit für begabte Volksschüler, deren Abschluss in etwa dem der Preußischen Realschule vergleichbar war. Sie hatten also eine gute Schulbildung, unter anderen gesellschaftlichen Verhältnissen als denen des Kaiserreichs hätten sie gewiss eine höhere Schule besuchen können. Nun bemühten sie sich vor allem in den Kursen der Volkshochschule einiges nachzuholen. Auch hofften sie, dass ihre Kinder einmal bessere Chancen auf Bildung und Arbeit haben würden. Vor allem für Lokis Entwicklung sollte dieser Wunsch sich erfüllen.

Vieles, was die kleine Hannelore in diesen frühen Jahren erlebte, scheint Auswirkungen für ihr weiteres Leben gehabt zu haben. Ihre politische Nähe zur Sozialdemokratie nach 1945 hat eben nicht nur damit zu tun, dass ihr späterer Mann bereits 1946 in die SPD eintrat, sondern sie hat auch ihre Wurzeln in der politischen Haltung des eigenen Elternhauses. Die frühen sozialen und kulturellen Anregungen aus dieser Arbeiterfamilie prägten sie. Wie die Großmutter Martens so wurde auch Loki später zu der die »Sippe« zusammenhaltenden Figur, wie die Großmutter nahm auch sie später für einige Jahre eine Pflegetochter auf, und wie bei ihren Eltern gab es fast keine Tätigkeit im eigenen Haushalt, die Loki nicht auch selbst beherrschte: Sie konnte kochen, schneidern, basteln und werken, dekorieren und reparieren. Wie die Eltern interessierte sie sich für Politik, aber auch für die schönen Dinge des Lebens, für Musik, Kunst, Malerei und Kunstgewerbe, für Literatur, Naturbetrachtung und Naturpflege. Und wie die Eltern war sie in vielen dieser Dinge nicht nur eine begeisterte Rezipientin, sondern selbst aktiv: Sie spielte z. B. Geige und Bratsche in mehreren Orchestern, dazu malte und handarbeitete sie, nahm teil an Volkstanzkursen und nicht zuletzt an vielfältigen botanischen Aktivitäten.

Bei den Großeltern Martens in der Schleusenstraße lebten die Glasers bis Ende 1922, also fast vier Jahre, Hannelore lernte hier laufen und sprechen. Um mit den beiden Kindern Hannelore und Christoph ins Grüne zu kommen, schob Gertrud Glaser ihren Kinderwagen zum Hammer Park, kein kurzer Weg, aber lohnend. Auf dem alten Landsitz der Familie Sieveking war hier in den Jahren 1914 bis 1920 ein Stadtpark im Kleinen entstanden. Mit altem Baumbestand, Rasenflächen und Blumenschmuck sowie mehreren Spiel- und Sportflächen. Für die Kinder war sicher der Planschstrand an einem kleinen Wasserlauf die Hauptattraktion, das Spielen mit Baggermatsch blieb für Loki eine starke Erinnerung. Unter den Blumen weckte der Frauenmantel das Interesse der kleinen Hannelore. Da der Name aber offensichtlich zu kompliziert für sie war, wurde für Hannelore daraus »Frau Mantel« – eines ihrer ersten Worte.

Auch mit dem eigenen Namen hatte die kleine Hannelore ihre Probleme, denn die Mehrsilbigkeit war für sie eine artikulatorische Herausforderung. Also verfiel sie darauf, sich selbst Loki zu nennen, einen Namen, den sie im Hause Glaser einige Male gehört hatte. Loki ist ein Gott aus der nordischen Sagenwelt, keineswegs eine sympathische Figur, schmuck und schön von Gestalt, aber ein listenreicher und bösartiger Unhold, ein Dämon der Unterwelt und Bote des Untergangs.[9] Von dieser Sagengestalt habe es ein Bild des Malers Hugo Höppner gegeben, das in ihrem Elternhaus eine besondere Rolle gespielt habe, so Loki Schmidts eigene Erklärung. Höppner, in der Kunstszene besser bekannt als Fidus, war ein damals populärer Künstler des Jugendstils und daher bei Lokis Eltern und deren Umfeld mit Sicherheit sehr bekannt. Und vor allem soll dieses Loki-Bild eine gewisse Ähnlichkeit mit Hermann Glaser gehabt haben, sodass immer mal wieder in der Familie davon die Rede war bzw. der Vater sogar gelegentlich von Freunden so gerufen wurde. So oder so ähnlich mag es gewesen sein. Zwar ist eine Loki-Darstellung für den Maler Fidus in den dafür relevanten Archiven und bekannten Beständen nicht nachzuweisen, aber andere zeitgenössische Abbildungen des Gottes Loki hat es sehr wohl gegeben, sodass der Kern der Geschichte, die Loki von den Eltern zu ihrem Namen übernahm, nachvollziehbar und plausibel ist. Fest steht, diesen Namen nun hat die kleine Hannelore bei ihren ersten Sprechversuchen für sich übernommen, manchmal sprach sie auch von der »Tante Loki«, ein Name, den ein Onkel von ihr bis zu seinem Tode für sie benutzte. Natürlich wusste sie als Kind nichts von den negativen Konnotationen dieser Sagengestalt – und selbst später war dies für Loki kein Anlass, auf »Hannelore« zu bestehen. Auch Bruder Christoph, ihr erster und wichtigster Spielkamerad, übernahm den Namen Loki, für die Familie und Freunde der Familie galt das Gleiche.

In der Wohnung der Großeltern waren häufig Besucher zu Gast, und es wurden kleinere und größere Feste veranstaltet. Es wurde oft zusammen gesessen und gesungen, bei Anlässen wie dem Geburtstag der Großmutter wird die Wohnung mit Krepp- und Seidenpapier geschmückt, kleine Gedichte und Theaterszenen vorgetragen. »Wurden mir die Vorbereitungen zu viel, verkroch ich mich mit meiner schwarzweißkarierten, von meiner Mutter genähten Puppe Laura unter einen Klapptisch, der noch nach dem Krieg im Haus meiner Großeltern in der Heide stand.«[10]

Als 1922 die Glasers mit der Geburt der Tochter Linde auf eine fünfköpfige Familie angewachsen waren, wurde es Zeit, eine eigene Wohnung zu finden. Inzwischen hatten auch die anderen Martens-Töchter Freunde und Ehemänner, sodass die Wohnung der Großeltern für die vielen Menschen zu eng geworden war. In der Baustraße in Borgfelde, einem vorwiegend von Arbeitern bewohnten kleinen Stadtteil im heutigen Bezirk Hamburg-Mitte, fand Hermann Glaser in einem Hinterhofhaus eine primitive, aber günstige Wohnung. Die wenigen Habseligkeiten konnte man auf einem Leiterwagen mit Hilfe von Freunden selbst transportieren. Der kleinen Loki erschien es wie ein Umzug quer

Großamilie Martens/Glaser, 1928 (Loki untere Reihe Mitte)

Loki (hinten rechts) mit den beiden jüngeren Geschwistern (hinten, 2. und 3. v. re.) und Nachbarskindern im Terrassenhof der Großeltern in der Bürgerweide, 1928

durch die halbe Stadt: »Da es schon dunkel war«, – der Umzug musste natürlich nach der Arbeit durchgeführt werden –, »hing eine Papierlaterne am Wagen. Meine Mutter schob den Kinderwagen mit dem Baby, mein Bruder saß am Fußende, und ich marschierte nebenher.«[11]

Diese Wohnung, in der die Familie von 1922 bis 1929 leben sollte, ist Loki Schmidt in deutlicher Erinnerung geblieben. »Die neue Wohnung war Ende des vorigen Jahrhunderts gebaut worden, ein sogenanntes Terrassenhaus, im Hinterhaus gelegen, dunkel und primitiv und nicht größer als 28 Quadratmeter, aber billig: 27 Mark im Monat, etwa ein Wochenlohn meines Vaters.« Die Wohnung hatte vier kleine Zimmer, Küche, Kinder- und Wohnzimmer und einen vier Quadratmeter großen Raum, in dem die Eltern schliefen. Bad, Toilette und Flur gab es nicht, ein fensterloses WC befand sich im Treppenhaus. Loki Schmidt erinnerte sich daran, dass in die beiden Vorderzimmer nur selten die

Sonne schien, Küche und Elternschlafraum waren noch düsterer, denn die nächste »Terrasse« stand schon in vier Metern Entfernung.[12]

Als im Sommer 1929 Lokis Klassenkamerad aus der Lichtwarkschule, Helmut Schmidt, zum ersten Mal hierher in die Wohnung der Familie Glaser kam, um ihr die Mütze, die sie bei den Schmidts hatte liegen lassen, nachzubringen, war er schockiert. Selbst in einer wirtschaftlich abgesicherten, kleinbürgerlichen Familie groß geworden – Helmut Schmidts Vater war Berufsschullehrer –, hatte er bis dahin keine Vorstellung davon gehabt, unter welch ärmlichen Verhältnissen eine proletarische Familie im auch damals ja schon reichen Hamburg leben musste. Noch achtzig Jahre später, als er davon erzählt, ist ihm die Empörung über diese damals erlebten Zustände und die Hochachtung, wie die Familie Glaser damit umging, anzumerken.[13] Es muss ein starker Eindruck gewesen sein, sein lebenslanges Interesse für den sozialen Wohnungsbau führt er auf dieses frühe Erleben zurück.

Für Loki war die kleine Wohnung allerdings zunächst einmal herrlich, denn nach vier Jahren Großfamilie erlebte sie es als großes Glück, mit der Familie eine eigene Wohnung zu besitzen. Die bescheidenen äußeren Umstände versuchten die Eltern mit viel Geschick zu verbessern. Da für neue Möbel kein Geld vorhanden war, baute der Vater vieles selbst und dies mit dem Vorteil, dass alles an die kleinen Räume angepasst werden konnte. Die Wände des Kinderzimmers strich er hell-ocker, damit das Zimmerchen sonnig wirkte. Und später malte er auf eine der Wände einen üppigen Urwald mit einem Pfefferfresser auf einem Baum. Auch der Bücherschrank war selbst gezimmert, darin unter anderem J. Sturms 15-bändige *Flora von Deutschland*, die noch heute in einem der vielen Bücherregale im Hause Schmidt in Langenhorn aufgestellt ist. Bleistiftanmerkungen und Unterstreichungen von Loki zeigen, dass sie bereits sehr früh die Bände für sich benutzt hatte.

Natürlich nähte oder strickte Mutter Gertrud fast alle Kleidung der Kinder selbst. Da sie das Schneidern gelernt hatte, konnte sie selbst aus alten Kleidern hübsche neue erstellen. Schulfreundinnen von Loki zumindest schwärmten von den »gediegenen Kleidern«, die Mutter Gertrud für Loki angefertigt hatte.[14]

Bei den Lebensmitteln für die fünfköpfige Familie musste eisern gespart werden. Fleisch gab es äußerst selten, die Brote der Kinder wurden mit Bananen- oder Gurkenscheiben belegt. Um die Familie trotzdem gesund zu ernähren, hatte Gertrud Glaser einen Kurs bei der Volkshochschule besucht und die Anregungen aus der Ernährungslehre des Schweizer Arztes und Ernährungswissenschaftlers Maximilian Bircher-Benner übernommen. Sie wusste also, dass gedünstetes Gemüse ohnehin gesünder ist als Fleischgerichte. Als Erstklässlerin wurde Loki vom Schularzt zu einer Kinderkur an die Ostsee nach Heiligendamm geschickt. Vielleicht war ein Grund, dass sie anfällig für Nierenbeckenentzündungen war. An ihre Oma schrieb sie eine Postkarte, die diese über viele Jahre aufgehoben hat: »Liebe Großmutter, Heimweh kwält(!) mich, deine Loki.«[15]

Die in der Weimarer Republik vom SPD-Senat gegründete Volkshochschule hatte für Gertrud und Hermann Glaser eine besondere Bedeutung. Regelmäßig, nach Lokis Erinnerung mindestens zweimal pro Woche, besuchten sie Kurse in den verschiedensten Sparten: zur Vor- und Frühgeschichte, zur Architektur und Stadtplanung in Hamburg, in der Kunst vor allem Veranstaltungen zum französischen Impressionismus und deutschen Expressionismus sowie Kurse zur Pflanzenkunde und Vogelwelt. Diese Bildungsbeflissenheit der Glasers war in den Arbeiterkreisen der damaligen Zeit allerdings keineswegs eine Ausnahme, sondern eher typisch, zumindest für die auch politisch interessierte und engagierte Arbeiterschaft.

Schon im Kaiserreich waren seit den 1890er Jahren zahlreiche Initiativen der Arbeiterbildung entstanden, sie reichten von Kursen zur Wirtschaft und Politik bis hin zu literarischen Lesungen und Aufführungen der Arbeitertheaterbewegung. Die eingängige Losung, unter der dies alles stattfand, war: »Wissen ist Macht«.

Wichtige Verbündete fand die Arbeiterbewegung in Hamburg für ihr Anliegen in Teilen der Volksschullehrerschaft, die viele der Kurse leiteten. Denn Volksschullehrer waren im Kaiserreich und in der Weimarer Republik in der Regel Aufsteiger aus der Arbeiterschicht, sie hatten selbst die Ungerechtigkeiten der Klassengesellschaft erlebt und waren gegenüber den an Universitäten ausgebildeten Studienräten der höheren Schulen Lehrer zweiter Klasse geblieben. Eine Verbesserung ihrer eigenen Lage, das war vielen klar, war daher nur mit einer grundlegenden Veränderung der Gesellschaft möglich. Viele Volksschullehrer ergriffen daher für die Sozialdemokratie Partei und engagierten sich in Volkshochschulen.

Seit Loki die Schule besuchte, profitierte auch sie indirekt von den Bildungsangeboten der neuen Volkshochschule. So gab beispielsweise der Vater seine Kenntnisse in der bildenden Kunst anhand von Kunstpostkarten an die älteste Tochter weiter, vor allem aber unternahm er mit ihr Erkundungstouren durch die Stadt und machte sie mit der Architektur vertraut. Zum Beginn seiner Touren führte er seine Tochter auf die Lombardsbrücke, um von hier einen ersten Blick über die Binnenalster auf die Silhouette und die Kirchtürme der Stadt zu werfen. Eine für sie »fabelhafte« Ansicht, von der noch die 90-Jährige schwärmte; sie empfahl jedem Hamburg-Besucher, hier eine Stadtbesichtigung zu beginnen. Ihr Vater hatte sich mit den Konzepten des damaligen Hamburger Stadtbaumeisters Fritz Schumacher, den Bauten von Fritz Höger, aber auch von Kurt Ölsner im benachbarten Altona – das damals noch nicht zu Hamburg, sondern zu Preußen gehörte – detailliert auseinandergesetzt. Diese modernen Bauten, viele davon in dem für Hamburg so typischen Backstein, hatten Hermann Glaser begeistert, und diese Begeisterung übernahm auch seine Tochter. So z.B. für das berühmte Chilehaus, ein von Fritz Höger entworfener riesiger Backsteinbau, der von vorne aussieht wie ein Schiffsbug und dessen Name daran erinnert, dass der Besitzer, ein Reeder, sein Geld mit dem Salpeterimport aus Chile verdient hat. Oder für das von Schumacher entworfene Museum für Hamburger Geschichte in den Wallanlagen, in dessen Außenfassade zahlreiche bauliche Details wie Schmuckdekors, Portale und Balkons ehemaliger Hamburger Häuser verbaut worden sind.

Loki lernte auch die von Fritz Schumacher entwickelten neuen Wohngebiete und Stadtteile wie am Dulsberg, auf der Veddel, in der Jarrestadt und später in Langenhorn kennen. Hier an den Rändern der Stadt wollte der Stadtbaumeister für die kleinen Leute funktionale, bezahlbare und auch ästhetisch ansprechende Wohnmöglichkeiten schaffen. Zu Schumachers Bauprogramm gehörten im Übrigen über 40 neue Schulen – fast alles Volksschulen mit guter Raumplanung und ungewöhnlich guter Ausstattung. Ja, Hermann Glaser schwärmte für Fritz Schumacher, nicht nur weil dieser ein herausragender Architekt war, sondern auch ein engagierter Stadtplaner, der seine Bauten und Siedlungsanlagen als Beitrag zur Lösung der sozialen Frage in der rasant angewachsenen Millionenstadt Hamburg verstand.

Später sagte Loki Schmidt einmal, dass keine andere Stadt als Hamburg für sie als dauerhafter Wohnort je infrage gekommen wäre, ihr Heimatgefühl sei immer mit dieser Stadt und insbesondere mit deren Backsteinarchitektur verbunden gewesen. Ganz ohne Zweifel, die Stadttouren mit ihrem Vater, das gemeinsame genaue Hinsehen und das Sensibilisieren für die Details und die Zusammenhänge von Architektur und gesellschaftlichem Leben sind dafür maßgeblich verantwortlich.

Auch für ihre lebenslange enge Beziehung zu den klassischen Künsten, der Malerei und Musik, wurden die Wurzeln in ihrer Kindheit gelegt. In der Familie wurde viel miteinander, aber auch mit zu Besuch kommenden Freunden gesungen. Das erste Kunstwerk, an das sie sich bewusst erinnern konnte, war eine Venus von Milo aus Gips, die neben einer vom Vater geschnitzten Teepuppe in einer Glasvitrine im Schlafzimmer der Eltern stand. Außerdem malte der Vater in Öl und Wasserfarbe. Alle seine Bilder verbrannten bei der Bombardierung Hamburgs im Juli 1943, nur zwei Bilder blieben erhalten, da der Vater sie der Großmutter geschenkt hatte. Eines der beiden hatte für Loki eine besondere Bedeutung: eine Heidelandschaft mit einer zarten Birke im Vordergrund. Denn der Vater hatte Loki, als Baby auf einer Decke liegend, beim Malen dabei gehabt. »Und da rechts, gleich neben dem Rahmen, da lag eine Wolldecke, und darauf hast du gelegen«, soll er ihr später des Öfteren erzählt haben.[16] Loki hat dieses Bild des Vaters immer in Ehren gehalten. Natürlich begann sie auch selbst früh, mit Buntstiften und später mit Wasserfarben zu malen, die beiden jüngeren Schwestern eiferten ihr nach. Linde belegte später sogar einige Semester an der Kunsthochschule, Rose, das jüngste der Glaser-Kinder, suchte sich einen künstlerischen Beruf und wurde Töpferin.

Hermann Glaser hatte sich selbst Geige und Cello beigebracht. Es ist für die Eltern klar, dass auch ihre Kinder ein Instrument erlernen sollten. Denn »meine Eltern hatten die Vorstellung, dass Musik und Bildkunst ganz wichtig seien für die Entwicklung eines Kindes.«[17] Also erhielten Loki, später auch ihr Bruder Christoph und ihre Schwester Linde Geigenunterricht. Dafür wurde gespart, am Ende der zwanziger, Anfang der dreißiger Jahre, als das Geld zu knapp für Musikstunden war, bot sich ein Musiklehrer aus der Nachbarschaft an. Als Gegenleistung sprang Loki bei Vorführungen seiner Musikgruppen ein. Sowohl in der Grundschule wie auch später in der Lichtwarkschule spielte sie in den Schulorchestern mit, zu Hause gab es Hausmusik vom Vater mit den beiden ältesten Töchtern im Trio oder auch mit Christoph als Quartett. Helmut Schmidt erinnert sich, dass er ein, zwei Mal vor der Tür der Glasers gestanden, fasziniert und tief beeindruckt zugehört und mit dem Anklopfen gewartet habe, bis die Musik verstummt war. Für die Familie waren diese kleinen Hauskonzerte beglückende Momente des Zusammenseins und Zusammenhalts. Nach 1933 half das Musizieren darüber hinaus, wenn auch immer nur für kurze Zeit, die politischen Widrigkeiten und eigenen wirtschaftlichen Schwierigkeiten zu verdrängen.

Die Auswirkungen der Weltwirtschaftskrise von 1929 hatten auf dem deutschen Arbeitsmarkt verheerende Auswirkungen.

Die Zahl der Arbeitslosen stieg von etwa 1,4 Millionen im September 1929 auf 6,1 Millionen im Februar 1932. Eine Zeitlang hatte die Familie Glaser gehofft, der Vater bleibe von der grassierenden Arbeitslosigkeit verschont. 1929 zog die Familie sogar in eine größere und wesentlich teurere Wohnung in die Snitgerreihe 44 in Hamburg-Hamm. Die neu errichtete Wohnanlage war eigens auf kinderreiche Familien ausgerichtet, alle Wohnungen hatten Zentralheizung und ein eigenes Bad mit Toilette, die Wohnung der Glasers war stolze 60 Quadratmeter groß. Lokis Mutter beschrieb sie:»Da war eine Wohnküche mit Kochnische, Speiskammer, Müllschlucker und Loggia, ein großes und zwei kleine Zimmer und ein Badezimmer mit Gasboiler, alles mit Zentralheizung. Vor der Tür auf der anderen Straßenseite waren ein Grasplatz und ein Knick, dahinter überall Schrebergärten. Die Snitgerreihe war eine Sackgasse und für die Kinder nun der ideale Spielplatz.«[18] Die Familie war glücklich, Loki hatte jetzt sogar einen kleinen Arbeitsplatz. Ein paar Jahre später schon sollte ihr Vater, wenn sie noch spät abends Schulaufgaben machte, eine Zigarette für sie neben das Heft legen. Ja, auch das Rauchen übernahm Loki von den Eltern.

Der Nachteil der Wohnung war, dass sie mit fast 77 Mark Miete fast drei Mal so teuer war wie die alte Wohnung. Als Hermann Glaser schließlich 1931 seine Arbeitsstelle verlor, wurde die wirtschaftliche Situation für die Familie, und dies kann man ohne Übertreibung festhalten, dramatisch. Was der Vater an Arbeitslosengeld erhielt – damals sprach man von Stempelgeld –, reichte bei weitem nicht aus, um die Familie zu ernähren und die Miete zu zahlen. Zusatzverdienste waren kaum möglich, denn als Arbeitsloser wurde Hermann Glaser immer wieder zu langen Arbeitseinsätzen, wie z. B. als Erntehelfer im alten Land, einbestellt. Gertrud Glaser, die all die Jahre durch ihre Schneiderei dazuverdient hatte, musste nun regelmäßig, d. h. Tag für Tag aus dem Haus, um in Privathaushalten zu nähen. Die kleinste Tochter Rose wurde dann zu einer Tante in der Nachbarschaft gebracht. Die Pflegetochter der Großmutter, Thora, zog nun zu den

32

Glasers, um den Haushalt zu führen. Als diese zur Überraschung aller eine Arbeit als Lehrschwester in einem Krankenhaus erhielt, wurde es Lokis Aufgabe, während der Woche neben der Schule auch den Haushalt der Familie zu führen und für die beiden jüngeren Geschwister zu sorgen. »Manchmal kam meine Mutter so spät von der Arbeit, dass ich meine Geschwister auch abends abfüttern musste und danach erst Schularbeiten machen konnte.«[19] Mitunter gab es auch Streit unter den Geschwistern, vor allem Bruder Christoph wollte nicht immer nach der Pfeife der ältesten Schwester tanzen. Leicht war das alles für sie nicht. Als diese schwere Zeit begann, war Loki ja selbst erst 12, 13 Jahre alt, ging zur höheren Schule, hatte einen Schulweg von insgesamt zwei Stunden und musste sich dort Anforderungen stellen, die für ein Kind aus einem Arbeiterhaushalt nicht ganz einfach waren. Besonders belastend war für sie das nun häufig notwendige Einholen ›auf Pump‹. Wenn sie auch meist das bekam, was sie zum Kochen benötigte, die Blicke des Krämers und anderer Kunden, die Gefühle der Beschämung, das alles setzte ihr zu. Am schlimmsten aber war es für die Halbwüchsige, wenn sie ihre Mutter aus Verzweiflung weinen sah, da buchstäblich kein einziger Pfennig mehr im Hause war.

Über sechs Jahre sollte die Zeit der Arbeitslosigkeit des Vaters andauern, wirklich harte Jahre, die die Familie aber nicht haben zerrütten können. Erst Mitte 1936 fand er endlich wieder eine Anstellung, und zwar bei der DEBEG, der Deutschen Betriebsgesellschaft für drahtlose Telegraphie. Hier wurden Geräte für den Seefunk hergestellt. Es waren diese schweren Erfahrungen der wirtschaftlichen Not, die bei Loki später den starken Wunsch entstehen ließen, möglichst schnell ihre Ausbildung zu Ende zu bringen, ihre Eltern unterstützen zu können und vor allem für sich selbst eine wirtschaftliche Eigenständigkeit zu erlangen und zu bewahren.

Schulzeit in zwei Reformschulen

Die Grundschuljahre

Auf den Beginn ihrer Schulzeit hatte sich die kleine Loki Glaser gefreut. Im April 1925 war es so weit, sie wurde in die Volksschule Burgstraße in Hamburg-Borgfelde eingeschult. Die Schule Burgstraße hatten die Glasers für Loki – später auch für Lokis Geschwister – mit großem Bedacht gewählt. Die Burgstraße, wie sie verkürzt genannt wurde, war nicht irgendeine Schule in der Nachbarschaft, sondern war eine Schule mit einem besonders kindgerechten pädagogischen Programm und gehörte zu den 14 Versuchs- und Reformschulen, die nach dem revolutionären Umsturz von 1918 in der Hansestadt entstanden waren. Schon am 12. November 1918, d. h. nur wenige Tage nachdem auch in Hamburg ein Arbeiter- und Soldatenrat die alten Machtverhältnisse für beendet erklärt hatte, waren im Curiohaus, dem Sitz des Hamburger Lehrervereins mit dem ehrwürdigen Titel »Gesellschaft der Freunde des vaterländischen Schul- und Erziehungswesens«, 3000 Hamburger Lehrerinnen und Lehrer zusammengekommen und hatten weitreichende Forderungen gestellt: die Einführung der Einheitsschule, die Selbstverwaltung der Schulen, die Glaubens- und Gewissensfreiheit für Lehrer und Schüler sowie die Gründung von Versuchsschulen. Vom offiziellen Lehrplan befreit, sollte an diesen Schulen ein freies, am Kinde orientiertes und demokratisch verfasstes Schulleben begonnen und als Modell für alle Schulen in Hamburg entwickelt werden. Als erstes gab es vier Volksschulstandorte, mit der Lichtwarkschule in Hamburg-Winterhude kam bald auch eine Reformschule im höheren Schulwesen hinzu, danach breitete sich der Reformschulgedanke auch an anderen Schulen aus.

Hamburg hatte mit seinen vielen Reformschulen eine Art Vorreiterrolle im Deutschen Reich, insgesamt gab es wohl an die 200 Schulen in ganz Deutschland, die sich explizit von der Pauk- und Buchschule des Kaiserreichs losgesagt und neue Wege in der Schulgestaltung eingeschlagen hatten. Meist standen die

Lehrer dieser Schulen den Parteien des linken und demokratischen Spektrums der Weimarer Republik nahe, und die Gedanken der Jugend- und vielfältigen Kulturbewegungen um die Wende vom 19. zum 20. Jahrhundert hatten ihr Weltbild stark geprägt. All dies galt auch für das Kollegium der Volksschule Burgstraße, was das Ehepaar Glaser überzeugt hatte. Beide Eheleute waren ja selbst noch in der autoritär strukturierten Schule des Kaiserreichs unterrichtet worden. Beide hatten aber auch Lehrer kennengelernt, die reformerisch eingestellt waren, die die Versammlungen des Lehrervereins besuchten und sich sicher auch durch dessen Zeitschrift, die *Pädagogische Reform*, hatten inspirieren lassen. Spätestens seit dem Ende der achtziger Jahre des 19. Jahrhunderts wurden hier neue pädagogische Ideen verbreitet. So hatte z. B. der Klassenlehrer von Hermann Glaser, der Lehrer Feldmann, mit seinen Schülern einen freieren Umgang in der Klasse gepflegt, hatte Wert auf freies Zeichnen und Schreiben gelegt und bei Klassenausflügen naturkundliche Themen unterrichtet. Ähnliches hatte auch Lokis Mutter erlebt. 20 Jahre nachdem ihr Vater die Schule verlassen hatte, profitierte selbst Loki noch einmal von Herrn Feldmann. In Neugraben am Rande der Heide, wo Großeltern und Eltern ihre »Wochenendbude« hatten, hatte auch Herr Feldmann ein Domizil. So lernte auch Loki den Lehrer ihres Vaters kennen, und er zeigte ihr, wie man seltene Pflanzen auffinden und bestimmen konnte.

In der von Lokis Eltern besuchten Hamburger Volkshochschule war die Pädagogik der neuen Versuchs- und Reformschulen nach 1919 unter den erwachsenen Kursteilnehmern und Dozenten natürlich ein oft diskutiertes Thema. Viele der Volkshochschulbesucher hatten schulpflichtige Kinder, die Frage nach der richtigen, d. h. vor allem auch demokratietauglichen Schule wurde gerade in diesen Kreisen intensiv besprochen. Mit einem der Volkshochschuldozenten, Dr. Kurt Adams, und mit dessen Familie hatten Gertrud und Hermann Glaser sich näher angefreundet. Adams, später sogar stellvertretender Leiter der Volkshochschule und SPD-Abgeordneter in der Hamburgischen Bürgerschaft, dem Landesparlament, war begeistert von den Versuchsschulen. Seine Tochter Hilde meldete er ebenfalls auf Lokis Schule, der Schule Burgstraße an. Hier herrschte im Unterricht ein verhältnismäßig freier Umgang zwischen Lehrern und Schülern.

Lokis Eltern hatten schon vor der Einschulung ihrer ältesten Tochter Kontakt zu der Schule aufgenommen und sich an der Klassenraumgestaltung für die Schulanfänger beteiligt. Als Loki und ihre Klassenkameraden nach Ostern 1925 ihren Unterrichtsraum betraten, erwartete sie ein von Eltern und Lehrern weiß bemaltes, altersgemäßes Mobiliar. »Nach unserer beengten Familienwohnung plötzlich dieser große Raum mit all den kleinen weißen Tischen und Stühlen, das fand ich unglaublich«, erinnerte sie sich noch achtzig Jahre später.[20] Dieser erste einladende und freundliche Eindruck sollte nicht trügen. Die vier Jahre in der Burgstraße waren für Loki eine gute Zeit: abwechslungsreich, lehr- und ertragreich. Doch was war nun das Besondere an dieser Reformschule? Zunächst einmal saß Loki mit Jungen und Mädchen zusammen in ihrer Klasse. Alle Reformschulen betrieben Koedukation, es waren ›gemischte Schulen‹. Für Loki war das gemeinsame Lernen und Aufwachsen mit Jungen allerdings nicht so spektakulär. Immerhin hatte sie ja einen fast gleichaltrigen Bruder und viele Jungen als Spielkameraden. Durchaus besonders an ihrer Schule war für Loki hingegen, dass man das Sitzenbleiben abgeschafft hatte und auf jegliche körperliche Züchtigung verzichtete. Spielkameraden aus anderen Schulen konnten da über manche Schläge auf Finger, Gesäß und Rücken berichten. Ihr späterer Klassenkamerad in der Lichtwarkschule, Helmut Schmidt, wusste sehr genau, wie das Prügelrepertoire von Lehrern aussehen konnte: »Mit dem Rohrstock, mit dem Lineal auf die Finger oder mit knopfbewehrten Lederhandschuhen links und rechts ins Gesicht.«[21] Und das, obwohl sein Vater ihn auf eine renommierte Schule geschickt hatte, die Seminarschule Wallstraße 22, eine Anstalt, an der die

36

Fachübergreifender Unterricht an der Burgstraße, 1922

Seminaristen der Lehreranstalt ihre praktische Ausbildung erhielten. An der Burgstraße galt hingegen das Prinzip des angstfreien Lernens.

Vor allem beeindruckte an Lokis Schule die Vielfalt der Angebote, die sie ihren Schülern und erstaunlicherweise auch deren Eltern bot. Hier lernte man nicht nur Lesen, Rechnen und Schreiben, sondern hier gab es, und zwar auch nachmittags, Angebote zum Musizieren und Theaterspielen, zum Malen, Turnen, zur Handarbeit und Gärtnern im eigenen Schulgarten. Bei vielen dieser Angebote spielten die Eltern eine gewichtige Rolle. Die Väter, darunter auch Hermann Glaser, bauten Regale und Sandkästen für die Klassenräume oder in der Turnhalle eine zusammenschiebbare Bühne für das Theaterspiel. Die Mütter kamen im Nähmütterkreis zusammen, nähten und flickten und machten aus gebrauchten Kleidungsstücken neue Kleidung für Kinder, deren Eltern ein geringes Einkommen hatten oder arbeitslos waren. Gertrud Glaser war als gelernte Schneiderin in diesem

Kreis wegen ihrer Expertise besonders gefragt. Dazu gab es ein Eltern-, Lehrer- und Schülerorchester, das ein bis zwei Mal pro Woche probte und große Schulaufführungen veranstaltete. Loki fand dieses gemeinsame Musizieren so wunderbar, dass sie in diesem Orchester noch mitspielte, als sie längst die Burgstraße verlassen hatte. Bei der großen Aufführung der Schuloper *Reise um die Welt* im Jahre 1934 waren die Glasers gleich mit drei Familienmitgliedern vertreten. Der Vater spielte Cello, die Schwester Geige und Loki Bratsche. Bei der Anfertigung der Kostüme für die Figuren aus allen Kontinenten war Gertrud Glaser aktiv. Das Schulleben war zeitweise sehr stark mit dem Leben der Familie verflochten.

Eine große Attraktion der Schule Burgstraße war das eigene Schullandheim an der Ostsee, genauer am Schönberger Strand in der Kieler Förde. Hierher kam Loki sicher mehr als ein Dut-

Lokis Vater, auf der Leiter, hilft bei der Renovierung des Schulheims am Schönberger Strand

zend Mal: zu Klassenfahrten als Grundschülerin, zu Aufenthalten in den Frühjahrs- und Sommerferien mit den Eltern, und später begleitete sie als ältere Schülerin sogenannte Sammelgruppen von Schülerinnen und Schülern verschiedener Klassen in den großen Ferien. Auch für Lokis Eltern spielte das Schullandheim eine besondere Rolle. In den Jahren der Arbeitslosigkeit half Hermann Glaser bei der jährlichen Instandsetzung und Renovierung, und Lokis Mutter gehörte zum harten Kern der Kochmütter, die für die Versorgung der Kinder zuständig waren. Beiden Elternteilen bot der Schönberger Strand aber immer auch die Möglichkeit, ein wenig Urlaubsgefühle zu entwickeln und den Schwierigkeiten des Hamburger Alltags für ein paar Tage zu entfliehen. Fest steht, alle Glasers liebten das Schullandheim am Schönberger Strand, und bis zum Ausbruch des Krieges gehörten die Aufenthalte hier zum festen Bestandteil des Familienlebens.

Die Schule Burgstraße war für Loki also nicht nur eine gute Grundschule, lange über ihre vier Grundschuljahre hinaus hielt sie zu dieser Schule eine feste und vielgestaltige Beziehung aufrecht. So wie an der Burgstraße sollte eine vorbildliche Grundschule sein, das stand für sie außer Frage. Für ihre spätere Tätigkeit als Lehrerin erhielt sie schon hier Anregungen, und ihr pädagogisches Grundverständnis, dass Schule mehr sein muss als die Summe verschiedener Unterrichtsfächer, hat sich ganz sicher hier schon in seinen Anfängen ausgebildet.

Auf der Lichtwarkschule

Nach vier Jahren wechselte Loki zu Ostern 1929 an die Lichtwarkschule in Hamburg-Winterhude. Der große rote Backsteinbau des Architekten Fritz Schumacher lag direkt am Stadtpark und war eigens für diese neue Reformschule und ihr Profil erbaut worden. Von außen hatten Loki und ihr Vater das Gebäude an einem Wochenende schon einmal besichtigt, und Loki war sehr beeindruckt gewesen: Der massige Backsteinbau zeigte sich wohlproportioniert und war mit einem schönen Eingangsportal versehen.

Der neue Schulweg war lang, mit der S-Bahn quer durch die Stadt bis zum Bahnhof Alte Wöhr, dann zu Fuß durch den gesamten neu angelegten Stadtpark. Zumindest im Frühjahr und Sommer fiel Loki der Weg durch den Stadtpark mit seinen prächtigen Bäumen, Busch- und Blumenarealen meist leicht. Wenig später bot der Stadtpark auch die perfekte Umgebung für eine frühe Leidenschaft: das Zigarettenrauchen. Den langen Weg durch den Park musste sie nie allein gehen. »Wir waren eine diskutierende Schar, schier unzertrennlich«, schreibt eine Mitschülerin. »Loki war ein so schönes Mädchen, und wir bewunderten ihre Fröhlichkeit und liebten ihre dunkle ›Prinz-Eisenherz-Frisur‹ und ihre Grübchen, wenn sie lachte.«[22]

Auf der Grundschule hatte Loki sehr gute Leistungen erbracht, und so war es für die bildungsbeflissenen Eltern keine Frage, dass ihre Tochter auch in den Genuss einer höheren Schulbildung kommen sollte. 15 Jahre früher, im Kaiserreich, hätte sie bei ihrem familiären Hintergrund dazu mit großer Sicherheit keine Möglichkeit gehabt. Hohe Schulgelder und die strikte soziale Trennung der Lebenswelten in der Klassengesellschaft der Kaiserzeit hätten das verhindert. Inzwischen aber hatte die von Sozialdemokraten geführte Hamburger Schulbehörde eine finanzielle Unterstützung von Kindern aus einkommensschwachen Familien eingeführt und damit deren Bildungschancen verbessert. Wer, wie Lokis Eltern, arm war, brauchte kein Schulgeld für den Besuch einer höheren Schule seines Kindes zu zahlen. Darüber hinaus hatten Senat und Schulbehörde das höhere Schulwesen für Mädchen erheblich erweitert. Gab es vor dem Ersten Weltkrieg gerade mal zwei staatliche höhere Mädchenschulen, so waren es Mitte der zwanziger Jahre bereits fünf. Hinzu kam die Lichtwarkschule, die seit 1925 Mädchen und Jungen in gemeinsamen Klassen unterrichtete. Allerdings waren dies wirklich nur erste, bildungspolitisch dringend notwendige Schritte. Bei einer Einwohnerzahl von fast 1,2 Millionen Men-

Schülergruppe am Portal der Lichtwarkschule

schen waren fünf höhere Mädchenschulen eine noch immer so geringe Zahl, dass statistisch gesehen gerade mal jedes zehnte Hamburger Mädchen Zugang zu einer höheren Schule hatte. Und beileibe nicht alle von ihnen erlangten dann wegen des kontinuierlichen Ausleseprozesses auf den höheren Schulen das Abitur. Bei bis zu 60 Prozent lag die ›Versagerquote‹ an den Gymnasien Hamburgs in den zwanziger Jahren.[23] Und auch an der Lichtwarkschule war dies nicht anders.

»Die Schule geht vom Stoff aus und bleibt am Stoff kleben. Sie sollte von der Kraft ausgehen und Kraft entwickeln. (...) Mit ihrer ausschließlichen Sorge um den Lehrstoff hat die Schule satt gemacht. Sie sollte hungrig machen.«[24] Mit diesen kraftvollen Worten hatte sich Alfred Lichtwark (1852–1914), der erste Direktor der Hamburger Kunsthalle, bereits 1890 in die Reihe der Kritiker vor allem aus der Volksschullehrerschaft an der Schule des Kaiserreichs eingereiht und gleichzeitig einen wichtigen Impuls gesetzt. Für ihn war es vor allem die Kunsterziehung, die in der

Schule das kreative Potenzial der Kinder freisetzen sollte. Dass eine höhere Schule mit einem solchen Namenspatron und mit einer solchen pädagogischen Leitlinie für Lokis Eltern eine hohe Anziehungskraft hatte, ist leicht nachvollziehbar. Eine solche Anstalt hätten sie gerne selbst besucht. Vor allem aber stellte die Lichtwarkschule sicher, dass Loki ihre Schulausbildung hier unter ähnlichen pädagogischen Bedingungen wie in der Burgstraße fortsetzen konnte.

Als Loki 1929 an der Lichtwarkschule eingeschult wurde, hatte sich hier ein festes pädagogisches Programm etabliert.[25] Das Konzept basierte auf einer besonderen Betonung des Gemeinschaftsgedankens in der Klassenführung und der Förderung der Selbsttätigkeit aller Schülerinnen und Schüler. Inhaltliche Schwerpunkte setzte die Schule mit einer täglichen (!) Turnstunde und mit praktischem wie theoretischem Unterricht in Musik, Kunst und Theater. Theaterbühne, Aula, Musiksaal und verschiedene Werkstätten gehörten zur besonderen Ausstattung der Schule. Einzigartig waren die Zusammenführung der Fächer Deutsch, Geschichte und Religion zum Fach »Kulturkunde« und die in jedem Jahr und in allen Klassen durchgeführten Klassenreisen. Diese richteten sich an dem Prinzip vom »Nahen zum Fernen« aus, ab der Mittelstufe waren sie inhaltlichen Fragestellungen untergeordnet und wurden vor allem im Kulturkundeunterricht vor- und nachbereitet. Außergewöhnlich war auch ein Schüleraustausch mit England, dies ganz im Sinne der Weimarer Verfassung, in der ja die Völkerverständigung als Auftrag festgeschrieben war. Anders als ihr Klassenkamerad Helmut Schmidt konnte Loki daran nicht teilnehmen, die Kosten für die Reise waren für die Glasers zu hoch.

Von diesem besonderen Konzept einer höheren Schulbildung fühlte Loki sich angesprochen, sie sprach später, wie bereits erwähnt, von dem »Glücksfall einer besonderen Schule«. Besonders, aus heutiger Sicht auch durchaus merkwürdig war schon die Einschulung. Die Kinder wurden nicht in eine Klasse eingeteilt, sondern konnten sich, in der Aula zusammengekommen, ihren Klassenlehrer selbst aussuchen. Loki wählte Ida Eberhardt, und sie wählte diese natürlich ausschließlich nach äußeren Gründen: »Sie sah freundlich aus, hatte rote Bäckchen und hatte ein so genanntes Reformkleid an – das waren Dinge, die ich mochte.«[26] Auch Helmut Schmidt entschied sich für Ida Eberhardt – hätte er das nicht getan, wäre Lokis Leben vielleicht in ganz anderen Bahnen verlaufen.

Zu Ida Eberhardt entwickelte Loki ein sehr enges Verhältnis. Mit ihr teilte sie vor allem die Liebe zur Biologie und Botanik. »Frau Eberhardt und ich haben öfter den Naturkundeunterricht vorbereitet. Wir sind in den Stadtpark gegangen und haben Material gesammelt, Pflanzen, Blätter oder Pilze. Manchmal sind wir zu einem Teich und haben Kaulquappen rausgefischt, oder Wasserflöhe und Wasserpestblätter für unsere Mikroskopuntersuchungen. Ab und zu haben wir auch Spinnen gesammelt.«[27] In dieser Zeit entstand Lokis Wunsch, einmal Naturforscherin zu werden, sie ahnte aber bereits, dass dies aus finanziellen Gründen sich nicht erfüllen würde.

Auch Lokis ausgeprägter Gerechtigkeitssinn wurde von Ida Eberhardt bestärkt, das gehörte zu der an der Lichtwarkschule praktizierten Gemeinschaftserziehung. Wohlwollend schaute die Lehrerin auch über die manchmal durchaus überzogenen Mittel hinweg, die Loki einsetzte, um Mitschülerinnen vor dem Zugriff der raueren Jungen zu schützen. Um es deutlicher zu sagen: Loki scheute sich nicht vor handfesten Prügeleien. Dass sie deshalb sogar den Spitznamen Schmeling erhielt, fand sie nicht abträglich, schließlich war dieser ein berühmter Boxer und galt als eine Art Lichtgestalt im damaligen Deutschland. Auch ihr Klassenkamerad Helmut bekam das zwei, drei Mal zu spüren. Der Grund: »Da war er wohl zu frech zu uns Mädchen.« Wenn es nötig war, beschützte sie ihn aber auch. Nach Lokis Erinnerung nahm die Klassenlehrerin diese Eigenschaft ins Zeugnis der Sexta mit auf: »Sie ist ihren schwächeren Kameradinnen ein stets bereiter und tatkräftiger Schutz.«[28]

Alfred Lichtwarks erste Forderungen an die Schule, die Kräfte der Kinder freizusetzen und sie hungrig auf Neues zu machen, wurden bei Loki Glaser ohne Zweifel erfüllt. Sie bekam ihren Neigungen gemäß eine solide naturwissenschaftlich-mathematische Ausbildung, sie wurde sportlich und musikalisch gefördert und erhielt eine vielgestaltige künstlerische und kunsthandwerkliche Erziehung. Sie malte in den verschiedensten Kunststilen (nach der Natur, impressionistisch, expressionistisch, kubistisch), lernte weben und sticken, fertigte Holz- und Metallarbeiten an – eine für die damalige Zeit sehr ungewöhnliche schulische Ausbildung, vor allem auch, weil sie buchstäblich keinerlei Unterschiede zwischen den Geschlechtern machte.

Ferner hat Loki Schmidt immer, wenn sie über ihre Schule sprach, als herausragendes Charakteristikum auf die Erziehung zur Selbstständigkeit verwiesen. An der Schule habe sie gelernt, sich eigenverantwortlich und selbstständig Dinge zu erarbeiten und zu präsentieren, wovon sie für ihr weiteres Leben erheblich profitierte. Im didaktischen Konzept der Schule spielten hierfür

Erster Klassenausflug nach Billwerder in die Boberger Dünen, 1929 (Loki obere Reihe 4. v. li.)

Loki Glaser (li.) mit der Lehrerin Elsbeth Middelhaus vor dem Wandteppich »*Der Rattenfänger von Hameln*«, 1935

die sogenannten Jahresarbeiten eine besondere Rolle. Jedes Jahr mussten alle Schülerinnen und Schüler in einem selbst gewählten Fach ein Thema auf ein vorweisbares Ergebnis hin bearbeiten. Oft war dies mit einer Klassenfahrt verbunden. So schrieb Loki Jahresarbeiten über Vögel und Pflanzen auf Helgoland, Trachten im Weserbergland oder die Barockbauten in Dresden.

Anders als an der Burgstraße nahmen Lokis Eltern am pädagogischen Leben der Lichtwarkschule wenig teil, weil sie auch nach Lokis Schulwechsel der Burgstraße vielfältig verbunden blieben. »Meine Eltern waren mit der Burgstraße verheiratet«, hat Loki das scherzhaft umschrieben.[29] Nicht einmal als Loki ihre Abiturprüfungen zu absolvieren hatte, war das ein Grund für Gertrud Glaser, ihren Dienst als Kochmutter im Schulheim am geliebten Schönberger Strand abzusagen. Allerdings interessierten sich beide Eltern für die neuen Inhalte, mit denen Loki sich an ihrer höheren Schule auseinanderzusetzen hatte. Der Vater setzte sich schon mal zu ihr, wenn sie Mathematikhausaufgaben machte, um von ihr zu lernen, und die Mutter verschlang die Geschichts- und Biologiebücher. Auch zu den Lehrern der Lichtwarkschule hatten die Eltern nur geringen Kontakt. Nur bei Ida Eberhardt war das anders. Lokis Mutter nähte für sie, und auch Ida Eberhardts politische Gesinnung – sie war Mitglied der KPD und stand sogar einige Male auf Listen der KPD für Bürgerschafts- und Reichstagswahlen[30] – wird sie den Eltern sympathisch gemacht haben. Lokis Vater verfolgte in den zwanziger und dreißiger Jahren mit Interesse und Sympathie die politische Entwicklung in der Sowjetunion, auch das könnte ein Thema zwischen den Glasers und Ida Eberhardt gewesen sein.

Lichtwarkschulzeit nach 1933

Die Machtübernahme der Nationalsozialisten am 30. Januar 1933 zeitigte auch in Hamburg rasche Folgen. Auf erheblichen Druck des NS-Reichsinnenministers Wilhelm Frick traten alle SPD-Senatoren, darunter der langjährige Schulsenator Emil Krause, am 3. März zurück, der Bürgermeister Carl Wilhelm Petersen von der Staatspartei vollzog diesen Schritt zwei Tage später. Ihm folgte in diesem Amt das NSDAP-Mitglied Carl Vincent Krogmann, der in Personalunion auch das Amt des Gauleiters für Hamburg innehatte. Auch für das Hamburger Schulwesen hatte die Zäsur vom 30. Januar weitreichende Folgen. Nationalsozialisten übernahmen in der Schulbehörde die Verantwortung. Mit einer Vielzahl von Ad-hoc-Erlassen, wie der »Säuberung« von Schulbibliotheken, das Ausrufen von Themen wie Erster Weltkrieg und Geschichte der NS-Bewegung im Geschichtsunterricht, Einführung von Flaggenappell und Hitlergruß, wollte man zügig die neue Ausrichtung an den Schulen befördern. Begleitet wurde dies mit einer beispiellosen Versetzungs- und Entlassungspolitik in der Lehrerschaft. Bis zum Sommer 1935 wurden 55 Prozent der Schulleiter ausgetauscht, darunter der Vater von Helmut Schmidt, der von seinem Kollegium zum Leiter einer Gewerbeschule gewählt worden war. Auf der Basis eines Gesetzes mit dem widersinnigen Titel »Gesetz zur Wiederherstellung des Berufsbeamtentums« vom 7. April 1933 entließen die neuen Machthaber in der Schulbehörde bis 1936 640 Lehrerinnen und Lehrer. Das Ergebnis ist die vollständige Eliminierung aller jüdischen Lehrerinnen und Lehrer aus dem staatlichen Schulwesen, außerdem wurde ein Großteil des sozialistisch eingestellten Flügels der Hamburger Lehrerschaft entlassen. Hinzu kamen an allen Schulen zahlreiche Versetzungen, die dazu dienen sollten, solidarische Strukturen in den Kollegien aufzubrechen und Verunsicherung zu schaffen.

Auch wenn Loki und Helmut Schmidt in ihren späteren Erinnerungen darauf beharrten, dass ihre Schule weiter eine Art Schonraum gewesen sei, waren die ergriffenen Maßnahmen der Nationalsozialisten erheblich. Konservativen und reaktionären Kräften war die Lichtwarkschule bereits vor 1933 wegen ihrer pädagogischen Reformausrichtung und wegen der betont demokratischen Haltung der Lehrer-, Schüler- und Elternschaft ein Dorn im Auge. Vom »roten Mistbeet am Stadtpark« war sogar die Rede.

Für alle Schüler waren die Entlassung des langjährigen Schulleiters Heinrich Landahl und seine Ersetzung durch den Nationalsozialisten Erwin Zindler das erste unübersehbare Zeichen einer politischen Disziplinierung der Lichtwarkschule. Auch Loki fühlte sich betroffen, die Rede Zindlers mit seiner bedrohlichen Ankündigung der Säuberung verursachte bei ihr und anderen Schülern Angst und Schrecken. Für den entlassenen Heinrich Landahl, Mitglied der Demokratischen Partei, zeitweilig Bürgerschaftsabgeordneter und 1933 für wenige Monate sogar Abgeordneter im Reichstag, setzte eine schwere Zeit ein. Zunächst als Privatlehrer und später als Verlagslektor musste er sich und seine Familie durch die Jahre der Nazidiktatur bringen. Nach 1945 sollte er der erste, von den Briten eingesetzte Schulsenator der Hansestadt werden.

Der neue Schulleiter Zindler begann sofort mit drakonischen Maßnahmen.[31] Um das Vertrauensverhältnis zwischen Schüler-

und Lehrerschaft aufzubrechen, ließ er alle Klassenlehrer auswechseln, löste den Kulturkundeunterricht auf und führte eine mehrteilige Vortragsreihe unter dem Titel »Erziehung zur Deutschheit« durch. Besonders bemerkbar machten sich die Veränderungen in der Lehrerschaft. Bereits im Mai 1933 hatte die NS-Behörde ein Zeichen gesetzt, als sie den Lehrer Gustav Heine, KPD-Mitglied und einer der die Schule prägenden Kollegen, aus dem Unterricht heraus verhaften und fristlos aus dem Schuldienst entlassen ließ. Weitere Kollegen wurden an andere Schulen versetzt, andere neu eingestellt, darunter drei aktive NSDAP-Mitglieder. 1934 mussten die beiden jüdischen Lehrer Liebschütz und Löwenberg die Schule verlassen, beide konnten später nach England bzw. in die USA emigrieren. Nach und nach verließen auch alle jüdischen Schülerinnen und Schüler die Schule. Die Lehrer Georg Jäger und Ida Eberhardt, Lokis geliebte ehemalige Klassenlehrerin, wurden 1935 aus dem Schuldienst entfernt.

Mit dem 8. April 1935, also wenige Tage vor Ostern und damit dem Versetzungstermin in die Obersekunda, wäre beinahe auch die Schullaufbahn von Hannelore Glaser an der Lichtwarkschule beendet gewesen. Als sie nach der Schule nach Hause kam, hatte ihre Mutter einen Brief in der Hand und machte einen verstörten Eindruck. Das Schreiben kam aus der Fürsorgebehörde, und darin wurde den Glasers mitgeteilt, dass Loki nach Ostern die Schule nicht weiter besuchen dürfe. Es sei nicht damit zu rechnen, dass die Eltern aufgrund ihrer wirtschaftlichen Lage ein Studium bezahlen könnten, sodass eine Fortführung der Schulgeldbefreiung und ein weiterer Schulbesuch nicht infrage kämen. Das von den Nazis propagierte Ideal der sogenannten Volksgemeinschaft war eben nur Propaganda. Für Arbeitslose und politisch nicht Zuverlässige galt sie ohnehin nicht. Gertrud Glaser wollte sich aber nicht einschüchtern lassen. Da ihr Mann zu Arbeiten im Schulheim der Burgstraße an der Ostsee war, wurde sie tätig. Sie meldete noch am gleichen Tag den Vorgang der Schule und bat Schulleiter Zindler um Unterstützung.[32] Wohl der einzige Brief, vermutete Loki Schmidt später, den die Mutter je mit »Heil Hitler!« unterschrieben hatte.[33] Auch Loki wurde aktiv, fragte nach um eine Lehrstelle im Botanischen Garten, als dies nicht klappte, überlegte sie, eine Buchbinderlehre zu machen.

Erstaunlicherweise setzte sich der von den Nazis eingesetzte Schulleiter Zindler sehr nachhaltig bei der Schulbehörde um die Rücknahme von Lokis Abschulung ein. Auch die Klassenkonferenz fasste in diesem Sinne einen einstimmigen Beschluss, und der Klassenlehrer Römer erstellte einen förmlichen Bericht, in welchem er ihre Charaktereigenschaften und ihre besonderen mathematisch-naturwissenschaftlichen Leistungen lobte. Zindler übersendete auch ein gesondertes Gutachten des Mathematiklehrers Nölle an die Schulbehörde, der seinen überaus positiven, ganz im Lichtwarkschulduktus gehaltenen Bericht so zusammenfasst: »Wenn jemals einem jungen, begabten, aufstrebenden, sonnigen Menschenkind durch staatliche Hilfe über häusliches Geld-Elend hinweggeholfen werden kann, sollte man für diese Schülerin die allererste Anwartschaft geltend machen.«[34]

Während dieser Wochen der Eingaben und des Wartens auf Antworten aus der Behörde signalisierte Schulleiter Zindler Loki, dass er und die Schule sich für sie einsetzten. Sie solle aber dringlichst ihre Frisur ändern, sie sähe aus wie »ein Chinese«, und sie solle vor allem in den Bund Deutscher Mädel (BDM) eintreten.[35] Die erste Forderung konnte Loki leicht erfüllen, sie kämmte sich vom nächsten Tag an einen braven Mittelscheitel, die zweite Forderung musste sie erst im Familienrat besprechen. Der kam überein, dass der Eintritt wohl unausweichlich sei. Als Hermann Glaser aber Loki dann zum ersten Mal in der von der Mutter selbst genähten braunen Uniform sah, soll er sich entsetzt abgewandt haben.

Die Schulbehörde akzeptierte schließlich den Einsatz der Lichtwarkschule für ihre Schülerin. Mit erkennbarem Stolz schrieb Zindler am 1. Juni 1935 an Hermann Glaser: »Ich kann

Lichtwark-Schule
(Deutsche Oberschule)

Abgangs-Zeugnis

Hannelore Glaser

geboren am *3. III.* 19*19* zu *Hamburg*

wohnhaft zu *Hamburg, Snitzerreihe 44*

hat die Anstalt seit *Ostern 1929* von der Klasse *VI.* an besucht

und war seit *Ostern 1929* Schülerin der *Unterprima*

Jetzt verläßt er/sie die Schule, um *an die Klosterschule zu gehen*

I. Schulbesuch: *regelmäßig*

II. Führung: *sehr gut*

III. Teilnahme am Unterricht: *sehr gut*

IV. Leistungen nach Maßgabe der Anforderungen der zuletzt besuchten Klasse:

1. Religionslehre	3	11. Mathematik:	2
2. Deutsch:	3	12. Biologie:	1
3. Geschichte:	3	13. Physik:	3
4. Erdkunde:	2	14. Chemie:	2
5. Musik:	1	15. Zeichnen:	—
6. Englisch:	3	16. Werkunterricht:	1
7. Latein:	2	17. Handarbeit:	1
8. Französisch:	—	18. Turnen:	2
9. Spanisch:	—	19. Schrift:	2
10. Rechnen:	—		

V. Bemerkungen: ....

H a m b u r g , den *21. / XII.* 193*6*

Die Schulleitung: Die Klassenleitung:

......*Günther*......   ....*Dr. Römer*....

Reihenfolge der Zeugnisse: Für 1 sehr gut, 2 gut, 3 genügend, 4 mangelhaft.

Abgangszeugnis der Lichtwarkschule

Ihnen zu meiner Freude mitteilen, dass meine auf das eindringlichste begründete Eingabe zu Gunsten Ihrer Tochter Hannelore Erfolg gehabt hat. Hannelore bleibt nach wie vor in unserer Schule.«[36]

In der Vorweihnachtszeit 1936 erhielten Loki und ihre Eltern noch einmal eine schlechte, dieses Mal aber nicht revidierbare Nachricht aus der Schule: Die Koedukation an der Schule war aufgelöst worden, alle Mädchen aus Lokis Klasse wurden ab sofort an die Klosterschule umgeschult. Seit 1923 war die Klosterschule eine staatliche höhere Mädchenanstalt im zentralen Hamburger Stadtteil St. Georg. Natürlich wirkte dies kurz vor dem Abitur auf alle wie ein Schock, wusste doch keiner, wie man sie in der Klosterschule aufnehmen und bewerten würde, und niemand wusste, wie es mit der Lichtwarkschule weitergehen sollte. Die Umschulung der Mädchen war allerdings nur ein erster Schritt. Am 10. Februar 1937 beschloss die NS-Schulbehörde, die Lichtwarkschule als eigenständige Schule aufzulösen und mit der Oberschule am rechten Alsterufer im Gebäude am Stadtpark zusammenzulegen. Auch das Realgymnasium am rechten Alsterufer hatte den vormaligen Namen Heinrich-Hertz-Realgymnasium aufgeben müssen, da der Namensgeber, der bedeutende Physiker Heinrich Hertz, jüdischer Abstammung war.

Mit Loki wechselten insgesamt sechs Schülerinnen aus der Unterprima Ende des Jahres 1936 an die Klosterschule. Von mehr als zwanzig Mädchen, die 1929 mit ihr angefangen hatten, schaffte es nur diese kleine Zahl von Schülerinnen bis in die Prima. In der neuen Schule wurden die sechs Mädchen nicht auf vorhandene Klassen aufgeteilt, sondern als Kleingruppe in einem ehemaligen Kartenraum unterrichtet. Hinzu kam eine weitere Schülerin aus der sogenannten Aufbauschule. Auch diese Schule, die Volksschülern nach der achten Klasse einen Weg zum Abitur bot, war als Gründung der Weimarer Republik politisch unerwünscht und von den Nazis daher aufgelöst worden.

»Wir wollen Sie nicht mehr umerziehen, das wird uns ja doch nicht gelingen«, waren die Begrüßungsworte des Direktors der

Klosterschule, Alfred Kleeberg.[37] Und in der Tat: Besondere Maßnahmen oder gar Repressalien mussten die ehemaligen Licht-
warkschülerinnen an ihrer neuen Schule nicht erdulden. Unge-
wohnt waren für die neuen Klosterschülerinnen ein oder zwei
Luftschutzübungen, bei denen die Mädchen mit Tarnuniformen
und Wasserspritzen nicht nur im Gebäude, sondern auch in den
Straßen um die Schule herum aufmarschieren mussten.

Im Herbst 1937 legten die Mädchen ihr Abitur ab. Die Jungen
aus ihrer ehemaligen Klasse in der Lichtwarkschule, darunter
auch Helmut Schmidt, hatten bereits zu Ostern ihre Reifeprüfung hinter sich gebracht. Die Schulzeit zum Abitur war für alle
Schüler im Deutschen Reich mit dem Unterprima-Jahrgang
1936/37 um ein Jahr verkürzt worden. Für den Ausbau der Wehrmacht benötigten die Nazis dringend Nachwuchs, vor allem bei
den Offizieren. Loki und die anderen Mädchen waren aus der
Klosterschule zu den Prüfungen der Jungen angereist und hatten ihre Kameraden mit Kaffeekochen unterstützt. Die Lichtwarkschulgemeinschaft gab es also noch. Als Loki Ende August/
Anfang September ihre eigenen schriftlichen Abiturarbeiten
schrieb, leistete Helmut Schmidt bereits seinen Reichsarbeitsdienst ab, am 4. November begann er seine Wehrpflicht bei der
Flugabwehr in Bremen-Vegesack.

In ihren Abiturarbeiten bestätigte Loki im Wesentlichen ihre
vorausgegangenen Leistungen. In dem für das Abitur erstellten
Gutachten ihres Klassenlehrers heißt es: »Ihre sportliche Betätigung und ihre sportlichen Leistungen sind gut. (…) Ihre fremd-
sprachliche Begabung ist nur gering. Großes Interesse aber hat
sie für alle naturwissenschaftlichen Gebiete. Hier zeigt sie auch
einen guten technischen Blick und eine geschickte Hand. Für
Mathematik hat sie sicher eine gute Begabung, es fehlt ihr aber
bei aller Gewandtheit noch die rechnerische Sicherheit in der
Durchführung größerer Zusammenhänge.« Die Noten im Abiturzeugnis entsprechen mit einer Ausnahme denen ihres Abgangs-
zeugnisses von der Lichtwarkschule. Aus dem »sehr gut« in Biologie wird auf dem Abiturzeugnis ein »gut«. Ein »sehr gut« erhält

52

sie in Musik, »gut« in Turnen, Geschichte, Zeichnen, Mathematik und allen naturwissenschaftlichen Fächern sowie »genügend« – die damals drittbeste Zensur – in Religionslehre, Deutsch, Englisch und Latein.[38] Loki war demnach keine herausragende, aber eine gute Schülerin, dies zeigt sich auch im Vergleich mit den Gutachten über ihre Klassenkameradinnen.

Die schriftlichen Abiturarbeiten hatte Loki in den Fächern Deutsch, Englisch, Mathematik und Biologie zu schreiben. Ihre Ausarbeitungen in Deutsch und Biologie lassen dabei keine besonderen Zugeständnisse an die NS-Ideologie erkennen. In Biologie schreibt sie über »Bau und Lebensweise der Bakterien«, in Deutsch wählt sie eine Charakterstudie: »Die Stellung Josef Rübesams in Kolbenheyers *Brücke*«, einem Schauspiel in vier Akten aus dem Jahre 1929.

Am bemerkenswertesten an ihrer Abiturprüfung ist ihr Bildungsbericht, den sie am 17. August 1937 zusammen mit dem Antrag auf Zulassung zur Reifeprüfung einreichte. In diesem Bildungsbericht schreibt sie, ohne ein einziges Wort der Kritik, ausschließlich über die Zeit auf der von den Nazis aus politischen Gründen geschlossenen Lichtwarkschule. Sie hebt die erlangte Fähigkeit »zum selbständigen Arbeiten und Nachdenken« hervor, beschreibt ausführlich als pädagogische Besonderheit die von ihr erstellten Jahresarbeiten und schildert positiv die vielfältigen Eindrücke der wichtigsten Klassenfahrten. Sie schließt diesen Bericht mit einem Verweis auf ihre Tätigkeit für ihre ehemalige Grundschule Burgstraße. Natürlich war auch diese Schule, wie alle anderen Reformschulen, längst von besonderen Zwangsmaßnahmen der NS-Behörde hart getroffen worden. Dennoch schreibt sie darüber, wie sie 1936 in den Sommerferien Kinder der Burgstraße ins Schulheim an die Ostsee begleitet und dabei festgestellt habe, »wie viel Freude es macht mit jungen Menschen umzugehen.«

Es ist schon erstaunlich: Die Einflüsse nationalpolitischer Bildung oder gar des BDM, wo Loki ja inzwischen auch Erfahrungen im Umgang mit »jungen Menschen« hatte sammeln können –

dies wird in diesem Bildungsbericht mit keiner Silbe erwähnt. Auch wenn dies alles sicher nicht als bewusste Provokation formuliert war, die Abiturientin Hannelore Glaser dokumentiert hier, dass die neuen Bildungselemente der NS-Zeit offensichtlich auf ihren Bildungsgang keinen nennenswerten Einfluss hinterlassen hatten.[39]

Reichsarbeitsdienst und Lehrerstudium

Nach den bestandenen Prüfungen musste Loki – wie alle anderen Abiturientinnen auch – einen halbjährigen »hauswirtschaftlichen Vollkurs« an der Staatlichen Schule für Frauenberufe besuchen. Die Fächer, die hier unterrichtet wurden, um die Mädchen auf ihre spätere Rolle als Hausfrau und Mutter vorzubereiten, waren: Kochen und Backen einschließlich Nahrungslehre, Hausarbeit, Waschen und Plätten, Nadelarbeit, Hauswirtschaftliche Buchführung, Säuglings- und Krankenpflege. Alle ihre Leistungen wurden mit »sehr gut« oder »gut« bewertet. Ihr späteres Interesse an der Krankenpflege, aber auch ihre Neigung, in fadengehefteten Schulheften über ihren eigenen Haushalt über mehrere Jahrzehnte hinweg genau Buch zu führen, waren nachhaltig wirkende Ergebnisse dieses halben Jahres.

Nach Abschluss der Hauswirtschaftsschule erhielt sie nun am 31. März 1937 endlich auch ihr Abiturzeugnis. Für ein Studium immatrikulieren konnte sie sich aber immer noch nicht, denn für eine Einschreibung benötigte sie den Nachweis, die sechsmonatige Dienstpflicht im sogenannten Reichsarbeitsdienst absolviert zu haben. Bei den jungen Männern musste bereits seit 1935 jeder Wehrpflichtige vorab den Reichsarbeitsdienst leisten, die weibliche Jugend traf es mit Kriegsbeginn, angehende Studierende wie Loki schon zuvor. Die Funktion des RAD war aus Sicht der Nationalsozialisten eine doppelte: Zum einen war dieser Dienst mit seinem Einsatz für die Volksgemeinschaft ein Teil des allumfassenden NS-Erziehungssystems, zum anderen sollte er mit der erzwungenen »gemeinnützigen« Arbeitsleistung einen wirtschaftlichen Beitrag zur Stärkung der Volkswirtschaft leisten – durch Verringerung der Arbeitslosigkeit und den Einsatz kostengünstiger Arbeitskräfte. Die jungen Männer arbeiteten in den ersten Jahren z. B. in der Forstwirtschaft oder wie Helmut Schmidt beim Deichbau- und Wasserschutz, seit 1938/39 jedoch vorrangig am Ausbau militärischer Anlagen. Die jungen Frauen kamen in der Landwirtschaft zum Einsatz, in den Jahren des Krieges wurden sie auch als Ersatz für die an der Front stehenden Männer in Ämtern, Dienststellen oder z. B. im öffentlichen Nahverkehr eingesetzt.

Die Arbeitsmaid Hannelore Glaser, so ihre neue offizielle und paramilitärische Benennung, erhielt nach Ostern 1938 eine Abkommandierung zum Landwirtschaftsdienst nach Hagenow in Mecklenburg. Untergebracht unter einfachsten Verhältnissen auf dem Dachboden eines alten Herrenhauses, mit Strohsäcken und Waschschüsseln ausgestattet, musste sie auf Feldern von

Reichsarbeitsdienst,
Hagenow 1938

Kleinbauern im Umland der Kreisstadt harten Arbeiten nachgehen. Der Arbeitslohn betrug 20 Pfennig pro Tag. Trotzdem
konnte Loki den sechs Monaten durchaus Positives abgewinnen.
Die körperliche Arbeit hatte nach all den Schuljahren auch etwas
Befreiendes, sie erfreute sich an den neu erlernten landwirt-
schaftlichen und pflanzenkundlichen Fertigkeiten und Kenntnissen und genoss am Abend und am Wochenende die wenigen Stunden der Gemeinsamkeit mit den anderen Mädchen. Die
erste Zeit allerdings war hart. Eine unnachgiebige Lagerführerin
beharrte auf einer zwei Mal pro Woche angesetzten, primitiven
politischen Schulung. Helmut Schmidt hatte Vergleichbares in
seinem RAD erlebt und gedacht: »Genau das Gegenteil muss
man glauben!«[40] Loki ging es genauso. Schrecklich auch für sie
der morgendliche Flaggenappell sowie die hässliche erdbraune
Uniform, die man tragen musste. Dazu kam Heimweh. Als sie
einmal einen überraschenden Anruf von ihrem Klassenkamerad
Schmidt bekam, freute sie sich über den von ihm ausgesprochenen Trost. Mit Ruth Schmarje, einer neuen Lagerführerin, wurde
das Leben ein wenig freundlicher. Sie ersetzte die politische
Schulung durch gemeinsames Singen und kümmerte sich um die
Mädchen, wenn es ihnen schlecht ging. »Nach Schule und Abitur
lebten wir alle in den Tag hinein, vorläufig ohne irgendwelche
Pläne«, schreibt sie später.[41]

Dennoch war Loki erleichtert, als sie im Herbst nach Hamburg
zurückkam und sich um ihre Einschreibung für die Ausbildung
als Volksschullehrerin an der Hochschule für Lehrerbildung
kümmern konnte. Von der Klosterschule hatte sie für die Hochschule eine Art Befähigungsbericht erhalten. Zu ihren sozialen
Kompetenzen heißt es dort: »Sie hat eine ruhige, feine Art, sich
zu geben und einen ausgesprochenen Sinn für Kameradschaft-
lichkeit und soziales Verhalten. Für den Erzieherberuf wird sie
für sehr geeignet gehalten, da sie sich sicher ihrer Erziehungs-
aufgabe mit Hingabe und mit Verständnis für die Welt des Kindes widmen wird.«[42] Aussagen über Hannelore Glasers politische
Haltung, z. B. zu ihrer Einstellung zum Nationalsozialismus, bei

der Hochschule für Lehrerbildung sicher ein gewichtiges Kriterium, sind in dem Schreiben nicht enthalten.

Den Bericht der Klosterschule hatte Loki bereits während des RAD erbeten, sodass spätestens zu diesem Zeitpunkt, im Mai 1938, feststand, dass sie den Lehrerberuf ergreifen wollte. Vor allem die Finanzen sprachen dafür: Das Studium war – mit Ausnahme einer Einschreibgebühr – kostenfrei und vor allem auf nur zwei Jahre angelegt.

Im WS 1938/39 begann Loki ihr Studium als Volksschullehrerin. In der Weimarer Republik, genauer ab 1926, hätte sie dafür die Universität besucht, nun aber muss sie sich an der neuen Hochschule für Lehrerbildung einschreiben, die vorrangig in ehemaligen Gebäuden der Universität untergebracht ist. Diesen neuen Typus der Volksschullehrerausbildung hatten die Nationalsozialisten 1936 reichsweit eingeführt, nicht zuletzt mit dem Ziel, eine zuverlässige politische Ausrichtung sicherzustellen. Gegenüber dem vorherigen universitären Studium war die Ausbildung in Hamburg nun um ein Jahr verkürzt, das wissenschaftliche Studium eines Unterrichtsfaches aufgegeben, dafür aber eine politisch-ideologische Grundbildung in Charakter-, Rassen- und Volkskunde eingeführt worden. Zu Lokis Glück wurde die Ausbildung in Hamburg nicht wie andernorts internatsmäßig organisiert, sie konnte also weiter bei den Eltern wohnen und hatte nach den Seminaren und Vorlesungen noch freie Zeit, um zum Beispiel Nachhilfe für Schüler begüterter Eltern zu erteilen. Mit diesem Geld kam sie gut durchs Studium. Und auch eine zweite Besonderheit der Hamburger Hochschule wusste sie zu schätzen. Hier studierten weiterhin Männer und Frauen zusammen, an anderen Hochschulen für Lehrerbildung war hingegen eine nach Geschlechtern getrennte Ausbildung eingeführt worden.

In ihrem Studium, im Wesentlichen von Dozenten des früheren Pädagogischen Instituts der Universität durchgeführt, profitierte Loki vor allem von einem starken Praxisbezug. Dazu gehörte ein Betriebspraktikum – Loki absolvierte dies bei der

Mit Lehrer August Backhaus

Firma C. H. F. Müller, bekannt als Röntgenmüller –, jedes Semester zwei Hospitations- und Unterrichtspraktika an verschiedenen Hamburger Volksschulen und nicht zuletzt ein sechswöchiges Landschulpraktikum. Dieses führte Loki im Spätsommer 1939 ins niedersächsische Hambergen, das gut 100 km von Hamburg entfernt am westlichen Rand des Teufelsmoors liegt. Hier lernte sie vor allem einen nach Alter und Befähigung der Schüler differenzierten Unterricht zu erteilen, denn in ihrer Dorfschulklasse saßen Kinder vom ersten bis zum vierten Schuljahr.

Lebens- und zeitgeschichtlich markiert ihr Aufenthalt in Hambergen einen Einschnitt. Loki fühlte sich im Haus und der Schule des Lehrers Backhaus gut aufgehoben und wohl. »Herr Backhaus und ich frühstückten immer auf der Veranda vor seinem Schulhaus, von wo wir den Schulhof überblicken konnten. Dort haben wir über den Unterricht gesprochen, aber auch über einzelne Kinder. Ich bin diesem Landschulpraktikum ungeheuer dankbar, denn da habe ich eins gelernt, was für mich später

Landschulpraktikum in der zweiklassigen Dorfschule Hambergen, August 1939

wichtig war: im Unterricht zu differenzieren, damit jedes Kind das richtige ›Futter‹ bekam. Wie man das macht, das habe ich dort gelernt.«[43] In diese pädagogische Idylle brach am 1. September 1939 die Nachricht vom Angriff Deutschlands auf Polen ein, der Beginn des Zweiten Weltkriegs. Die neunzehnjährige Studentin fuhr mit dem Fahrrad zu den Eltern nach Hamburg. Pflichtbewusst kehrte sie aber für die noch ausstehenden zwei Wochen nach Hambergen zurück, verlängerte das Praktikum sogar und half dem Lehrer bei einer neuen Aufgabe: der Ausgabe und Verteilung von Lebensmittelkarten für die Bevölkerung der Region. Die ersten Auswirkungen des Kriegs waren nun selbst in der Provinz zu spüren.

Die politischen Anteile des Studiums berührten die junge Studentin offenbar wenig. Durch ihre Mitgliedschaft im Hamburger BDM-Orchester musste sie keinen aktiven Dienst in anderen NS-Organisationen aufnehmen. Auch nahm sie an keinem der von der Hochschule organisierten Studentenlager teil, sondern ging stattdessen auf eine volkskundliche Exkursion mit Studierenden des höheren Lehramts im Wahlfach Deutsch und Niederdeutsch. Loki sprach fließend Platt und hatte Erfahrungen im Volkstanz, deshalb haben die Dozenten sie mitgenommen. Ziel der Reise waren Holland und das flämische Belgien, gereist wurde per Fahrrad. Im Frühjahr 1939 waren Devisen knapp, und wenn der Hamburger Kaufmann und spätere Mäzen Alfred Toepfer die Reise nicht unterstützt hätte, wäre sie sicher nicht zustande gekommen.

Die Reise hinterließ tiefe Eindrücke: Loki lernte einfache Menschen und deren Leben auf dem Land kennen, sie besuchte Museen wie das Rijksmuseum in Amsterdam und das Den Haager Mauritshuis und konnte dort Bilder von Rembrandt und Vermeer ansehen, vor allem aber faszinierte sie das Stedelijk Museum mit seiner einzigartigen Sammlung von van Goghs, den sie damals besonders liebte. Einige der Kunstwerke, die sie hier sah, kannte Loki von den Kunstkarten und Kalendern ihrer Eltern, diese Gemälde nun im Original zu sehen, bedeutete ihr viel. Die Dozenten führten die jungen Leute auch zu Soldatenfriedhöfen des Ersten Weltkriegs, auch nach Langemarck, wo im November 1914 zweitausend vornehmlich junge, unerfahrene Freiwillige gefallen waren. Falls die Dozenten hier ihrer Gruppe den von den Nazis kultivierten Opfermythos der Schlacht von Langemarck hatten nahebringen wollen, so blieben sie zumindest bei Loki ohne Erfolg. Sie dachte dort nicht an den heldenhaften Dienst für das Vaterland, sondern an die Worte ihres Vaters am Tag der Machtübernahme der Nationalsozialisten am 30. Januar 1933: »Das bedeutet Krieg.«[44]

Auch von den sonstigen politischen Themen in den Seminaren der Hochschule blieb bei Loki offenbar nicht viel haften. »Manches rauschte einfach vorbei, unter anderem die ganze Vererbungslehre, die Pflichtfach war.«[45] Möglicherweise waren es auch die hohen zeitlichen Belastungen, die das Studium der ideologischen Fächer nicht hatte nachhaltig werden lassen. Bis zu vierzig Wochenstunden pro Semester hatte sie zum Teil belegt, dazu kamen längere Hochbahnfahrten zu den verschiedenen Standorten des Studiums und das abendliche Erteilen von Nachhilfe.

Dass allerdings Loki Schmidt in allen ihren schriftlich niedergelegten Erinnerungen nie über die Pogromnacht vom November 1938 berichtet hat, ist bemerkenswert. Denn zu diesem Zeitpunkt studierte sie seit einigen Wochen im Zentrum des jüdischen Lebens in Hamburg, im sogenannten Grindelviertel, und das bauliche Ensemble der Talmud-Tora-Schule und der stattlichen Bornplatzsynagoge prägte unübersehbar die Umgebung der benachbarten Universität und der Seminargebäude. In der Nacht vom 9. und in den frühen Stunden des 10. November war dieses imposante jüdische Gotteshaus von Nazitrupps schwer beschädigt worden, ebenso viele der jüdischen Geschäfte im Grindelviertel, und die Spuren der Zerstörung waren an der Synagoge über mehr als ein halbes Jahr bis zum endgültigen Abriss im Sommer 1939 sichtbar. »Wo heute noch ein paar traurige Trümmer stehen, wird bald ein freundlicher Grünplatz allen Volksgenossen Freude bereiten«, berichtete das *Hamburger Tageblatt* am 14. Juli 1939 in zynischen Worten über die bevorstehende endgültige Ausradierung eines ehemals stolzen Wahrzeichens jüdischen Lebens in der Hansestadt.

Planmäßig, am Ende des vierten Semesters im April 1940, legte Loki Glaser ihr erstes Lehrerexamen ab. Schwergefallen war ihr die Prüfung nicht. Als schriftliche Arbeit erstellte sie eine volkskundliche Studie zum ehemaligen Dorf – heute Hamburger Stadtteil – Horn. In der Biologieprüfung bei dem nach 1945 bekannt gewordenen Lehrbuchautor Harry Garms, erklärte sie, die von ihm vorgeschlagenen Bücher habe sie zwar nicht lesen können, aber wie sie ihren Biologieunterricht gestalten wolle, das wisse sie exakt zu beschreiben. Sie kam damit durch und erhielt sogar ein »gut«. Den Pädagogikprüfer hatte sie am Morgen vor der Prüfung abgefangen und ›zufällig‹ neben ihm in der Hochbahn Platz gefunden. Die eigentliche Prüfung wurde dann mehr zu einer Fortführung des morgendlichen, freundlichen Bahngesprächs. Abgesehen davon konnte sie zu ihrem Prüfungsthema, der Pädagogik Georg Kerschensteiners und seinem Konzept der Arbeitsschule, aus eigener Erfahrung als Burgstraßen- und Lichtwarkschülerin vieles beitragen. In allen Fächern und als Gesamtnote erhält sie ein »gut«, in Zeichnen und Handarbeit sogar die Bestnote »sehr gut«.[46]

Loki war nun gerade 21 Jahre alt und hatte dennoch bereits ein breites Spektrum an Erfahrungen nach dem Abitur sammeln können: eine zusätzliche hauswirtschaftliche Ausbildung, im Reichsarbeitsdienst Kenntnisse in der Landwirtschaft und das Leben in einer großen Gemeinschaft, Routine beim Unterrichten in der Großstadt- und in einer Dorfschule, die Produktionsabläufe in einem größeren Betrieb, einen ersten Auslandsaufenthalt und ein – wenn auch sehr kurzes – Studium. Auch im Umgang mit Autoritäten bewies sie Geschick und Begabung. Den neuen Herausforderungen, nun mit kleinen Schulkindern, sieht sie an der Schwelle zum Berufsleben mit Freude und Tatendrang entgegen.

Jugend in der NS-Zeit

In die Zeit der Nazi-Herrschaft fallen für Loki Schmidt prägende und ereignisreiche Jahre. Schulausbildung, Pubertät und erste Lieben, Abitur, Ausbildung und Start in den Beruf, Heirat, Geburt und Tod des ersten Kindes – all dies passierte in diesen zwölf Jahren zwischen 1933 und 1945. Neben den persönlichen Ereignissen waren diese Jahre aber auch ein Leben »unterm Hakenkreuz«. Die Nazis hatten nach 1933 schnell begonnen, neben der Schule eine lückenlose Struktur eigener Organisationen aufzubauen, die die Jugend erfassen und gewinnen sollte. Von den Pimpfen über die Hitlerjugend, über den Reichsarbeitsdienst bis zu den verschiedenen Gliederungen der Partei. Und das Leben in diesen Organisationen war für viele junge Menschen durchaus attraktiv. In den Jugendverbänden war man dem Einfluss von Eltern und Lehrern entzogen, es gab Freizeitangebote wie Ausflüge, Jugendlager und Reisen, Sport und Tanz für die Mädchen und für Jungen auch technische Angebote in Flieger- und Marine-HJ. Das Leben in der Gemeinschaft, das gemeinsame Singen und die Abende am Lagerfeuer übten auf viele junge Menschen einen Reiz aus. Für viele war die Identifikation mit dem NS-Staat, ihr Einstehen für »Volk und Führer« eine normale Haltung, Anpassungsverhalten musste oft nicht erzwungen werden, sondern geschah freiwillig und mit Bedacht.

Dass dies bei der Schülerin, der Jugendlichen und jungen Frau Hannelore Glaser anders war, haben die vorangegangenen Schilderungen gezeigt. Die Eltern waren aufgrund ihrer Herkunft und politischen Sozialisation für den Nationalsozialismus nicht anfällig, über seine Ziele und die Gefahren waren sich beide bei Machtantritt der Nazis sehr bewusst. Gertrud Glaser schildert das in ihrem für die Enkel geschriebenen Rückblick eindrucksvoll: »Wir beobachteten genau das Wachsen der Nazipartei und waren uns klar über die Auswirkungen, wenn sie ans Ruder kommt. 1933 sah so aus. Wir gingen abends durch den Hornerweg, eine Gruppe Jungvolk kam vorbei. Zwei junge Leute standen am Weg. Ein Befehl von einer schrecklich gemeinen Stimme, die Jungen standen still, ein paar ältere vom Jungvolk stürzten sich auf die beiden und verprügelten sie fürchterlich, ein Befehl, ruhig zog das Jungvolk weiter. Später hörte ich die beiden gehörten zum Reichsbanner«,[47] ein überparteiliches Bündnis, das sich vor 1933 für die Verteidigung der Republik eingesetzt hatte.

Wenig später gab es eine groß angelegte Hausdurchsuchung im Haus der Glasers, von der Lokis Mutter in ihrem Erinnerungsbericht schreibt: »Der ganze Block ist umstellt, auf den Dächern mit Gewehren. Wo ein Rauch aus dem Schornstein der Küchenherde dringt, sofort Hausdurchsuchung, es könnte ja Belastungsmaterial vernichtet werden. (…) Vorn im Haus wohnt ein jüdischer Arzt. 2. Etage. Den hatten sie die Treppe runter geworfen, und er brach sich einen Arm. Er ist zum Glück bald ins Ausland gegangen.« Da die Glasers nicht flaggten, erregten sie Aufmerksamkeit. »Der Blockwart klingelt. ›Warum haben Sie keine Flagge?‹ ›Mein Mann ist erwerbslos.‹ ›Es gibt billige.‹ Hermann brachte in weiser Voraussicht zwei Hakenkreuzfahnen Stück 5 Pf. mit, und wir steckten sie aus dem Klofenster.«[48]

Auch im unmittelbaren Freundeskreis geschah Schlimmes. Der enge Freund, Bürgerschaftsabgeordnete und Volkshochschulleiter Kurt Adams wurde fristlos aus dem Dienst entlassen. Einige der Lehrerfreunde der Glasers wurden versetzt und eingeschüchtert.

In diesem familiären Kontext erlebte Loki die Jahre 1933/34, die geschilderten Erfahrungen an der Lichtwarkschule verstärkten nur die ablehnende Haltung gegenüber dem Regime. Nein, für die Nazis konnte sich die junge Hannelore Glaser nicht begeistern. Auch die NS-Ideologie mit ihrer kruden Rassenkunde schien ihr abstoßend oder lächerlich. Die Eltern hatten jüdische Freunde, nicht wenige ihrer Schulkameraden waren Juden, dass diese nun als minderwertig galten und Angst um ihre Zukunft in Deutschland haben mussten, wirkte auf sie beschämend. Später sorgten die Eltern dafür, dass einige von diesen Freunden sich bei ihnen im Haus nachts verstecken konnten. Loki wusste davon, obwohl die Eltern bemüht waren, für sie Belastendes möglichst von ihr fernzuhalten. Und als in der Schule im Biologieunterricht für die angeordnete Rassenkunde Schülerköpfe vermessen wurden und sie die besten arischen Werte hatte, lachte nicht nur sie, sondern die ganze Klasse, weil sie von sich selbst behauptete, sie sehe mit ihren »Schlitzaugen« doch aus wie eine Chinesin.

1935/36 war auch die Zeit, in der sie, wie ihr Klassenkamerad Helmut Schmidt und einige andere, von der ehemaligen Lichtwarkschullehrerin Erna Stahl zu Lesetreffen eingeladen wurde. Erna Stahl war eine überzeugte Gegnerin des Nationalsozialismus und 1935 an die Oberschule für Mädchen im Alstertal zwangsweise versetzt worden. Die Wirkung der Treffen auf die eingeladenen Schülerinnen und Schüler war stark. Helmut Schmidt erinnert sich daran: »Ab Ostern 1934 wurde Erna Stahl

64

unsere Deutschlehrerin. Ob sie schon vor 1933 zur Lichtwarkschule gehört hat, weiß ich nicht mehr; jedenfalls verstand ich bald, dass sie gegen den Nationalsozialismus war. Das zeigte sich allerdings nicht in ihrem Unterricht – es sei denn indirekt, in ihrer Auswahl von unpolitischem Lesestoff –, sondern an den Leseabenden, zu denen sie eine Gruppe von Schülern – darunter Loki und mich – des Öfteren in ihre Wohnung einlud. Sie hat ein großes Verdienst daran, dass die gleichzeitige Beeinflussung durch HJ und BDM unsere Aufnahmebereitschaft und unser Empfinden nicht auf jenen geistlosen, grobschlächtig-primitiven Blut-und-Boden-Mythos einengen konnte, der damals im Schwange war. Ich erinnere, dass sie mit uns Goethe gelesen hat, Hans Carossa, Albrecht Schaeffer und Thomas Mann – auch Lyrik. Sie hat dafür gesorgt, dass ich im Umriss verstand, was Humanismus bedeutet, und auch, dass Literatur und lesen Bildung sind.«[49]

Vor dem Hintergrund all dieser Erfahrungen ist es verständlich, dass die junge Hannelore Glaser lange Zeit keinen Wunsch verspürt hat, in den Bund Deutscher Mädel einzutreten. In den Schulen allerdings musste dafür geworben werden, in der Behörde wurde sogar eine genaue Statistik geführt. So wissen wir, dass zu Ostern 1935 selbst an der Lichtwarkschule bereits mehr als ein Drittel der Schülerschaft in HJ bzw. BDM als Mitglieder geführt wurde. 1936 wurde reichsweit die Zwangsmitgliedschaft eingeführt, fortan sind nahezu alle deutschen Jugendlichen erfasst.

Ende 1935 trat auch Loki in den BDM ein. Um eine Anpassungshandlung handelt es sich dabei sicher nicht, denn ihr Schulleiter hatte das als Bedingung für den Verbleib auf der geliebten Schule gemacht. In ihrer Horner BDM-Gruppe machte sie Vorschläge für die Verschönerung des kargen Gruppenraums, und da sie handwerklich geschickt war, machten ihr die Renovierungsarbeiten sogar Spaß.[50] Weniger erfreulich waren für sie die stetigen Haus- und Straßensammlungen.

Schon in ihrer Lichtwarkschule galt Loki als eine »Führernatur«, wie eine Mitschülerin es formulierte. Sie galt als resolut, sportlich, geistig beweglich und an der Klassengemeinschaft interessiert. In der BDM-Gruppe wird das nicht anders gewesen sein, denn bereits im Sommer 1936 wird sie Kameradschaftsführerin, d. h. Leiterin einer BDM-Gruppe. HJ und BDM zelebrieren solche ›Beförderungen‹. Auf einem Wochenendlager in Großhansdorf wurde ihr feierlich und offiziell die rot-weiße Kordel als sichtbares Zeichen ihrer neuen Stellung überreicht. Von nun an musste sie die Heimabende gestalten. Eines der vorgegebenen Themen ist das Schicksal und Leben der sogenannten Auslandsdeutschen in den ehemaligen deutschen Kolonien. Der politische Hintergrund war das Wachhalten des Kolonialgedankens, wie es im Jargon der damaligen Zeit hieß. Im Jahr 1936 wurde Loki zur Scharführerin ernannt, die nächste hierarchische Stufe in der BDM-Struktur. Der normale Dienst war für sie jedoch bald beendet. Loki wurde ins BDM-Orchester aufgenommen, und von nun an traten an die Stelle von Heimabenden und Straßensammlungen Orchesterproben und öffentliche Musikeinsätze. Sie spielte hier Bratsche, Loki Schmidt erinnerte sich später an eine die Mädchen begeisternde Orchesterleiterin und daran, dass sie überwiegend Barockmusik gespielt hätten.[51] Für das BDM-Orchester gehörte aber gewiss auch das politische Liedgut der Zeit zum Repertoire. Die Ernennung zur Scharführerin sollte ihr im Übrigen nach 1945 im Entnazifizierungsverfahren noch einmal große Schwierigkeiten bereiten.

In diesen ersten Jahren der NS-Zeit erlebte Loki Glaser zwei oder drei Mal, dass auch sie die Inszenierungen der NS-Ideologen nicht ganz unberührt ließen.[52] Zum einen waren das die Rituale um das Lagerfeuer bei Wochenendausfahrten, an denen sie teilnimmt. Das feierliche Anzünden des Feuers, das gemeinsame Singen – all das war nicht ohne Wirkung auf sie, schaffte vielleicht auch ein Gemeinschaftsgefühl der versammelten jungen Menschen.

Das andere Erlebnis war deutlich stärker. 1934, als Hitler einen seiner ersten Besuche in Hamburg absolvierte, waren die Ham-

burger Schulen aufgefordert, sich an einem durchgehenden Spa-
lier vom Flughafen in Langenhorn bis in die Innenstadt zum Rathaus zu beteiligen. Lokis Lichtwarkschule hatte einen Platz auf
dem ersten Drittel der Strecke, in der breiten Alsterkrugchaussee
zugewiesen bekommen. Lange mussten die Schüler hier in Drei-
erreihen warten, und Loki hatte sich vorgenommen, auf keinen
Fall in die obligatorischen Begrüßungsrufe für den Führer einzu-
stimmen. Doch als dann ein Brausen in der Ferne anschwoll und
immer stärker wurde, war auch sie plötzlich mit ergriffen, hob
den Arm und machte mit in dem massenhaften Chor der Heil-
Rufe. Der Vorfall erschreckte und beschämte sie so sehr, dass sie
abends eingehend mit ihrem Vater darüber sprach. Dieser beruhigte sie, erzählte ihr einiges über das Phänomen der Massenpsy-
chose, aber die Scham über sich selbst, war noch nicht vergangen.

Bei aller geschilderten Skepsis, der Gedanke an irgendeine
Form des Widerstandes kam ihr nie. Nur einmal zeigte sie öffentlich eine deutliche Distanz. Als Ostern 1936 im Turnunterricht
der Lichtwarkschule für alle Schießübungen mit Kleinkaliberge-
wehren angeordnet wurde, erklärte sie gegenüber dem Schulleiter, dass sie »kein Gewehr anfassen würde«.[53] Dieser nahm es
hin, verlangte lediglich, dass sie das schriftlich zu erklären habe.
Ansonsten galt: Über die Abneigung gegenüber dem NS-System und »Adolf-Nazi«, wie dieser in ihrem Elternhaus genannt
wurde, verständigte man sich nur im kleinen, vertrauten Kreis,
schon in größeren Gruppen ließ sie Vorsicht walten. Sie hatte
eine Art siebten Sinn entwickelt, wem man trauen konnte und
bei wem man vorsichtig zu sein hatte. Fast unbewusst sei das gewesen, aber ein sehr starkes Gefühl. Die Lesetreffen bei Erna
Stahl schätzte sie nicht als ungefährlich ein. Und später, 1940, als
sie einmal ihren jüngeren Bruder zu einem Treffen mit offensichtlich oppositionellen Swing-Jugendlichen begleitete, war ihr
das so ungeheuer, dass sie das nicht wiederholte. Man tut der
jungen Hannelore Glaser sicher nicht unrecht, wenn man sagt,
dass der Wille, die Zeit unbeschadet zu überleben, stärker war,
als sich gegen das NS-Regime aktiv aufzulehnen.

Loki und Helmut: Eine Schülerfreundschaft

Loki Glaser und Helmut Schmidt wählten zu Beginn ihrer Lichtwarkschulzeit dieselbe Klassenlehrerin, und beide freundeten sich rasch an. Helmut war zwar fast einen Kopf kleiner als sie, sodass sie ihn manchmal vor dem Zugriff größerer Mitschüler schützen musste, aber er war flink, ein guter Sportler, und im Unterricht zeichnete er sich dadurch aus, dass er sich besonders gut auszudrücken wusste. Beeindruckt war die musikalisch geschulte Loki, als er bei einem Schulkonzert ohne Noten den *Fröhlichen Landmann* von Robert Schumann auf dem Klavier vortrug. Bei Schmidts gab es ein Klavier zu Hause, und auch wenn er das Üben und den weiten Weg zur Klavierlehrerin nicht mochte, dem Klavierspiel war er seit seiner Grundschulzeit treu geblieben.

Schon wenige Monate nach der Einschulung war Loki zu Helmuts Geburtstagsfeier eingeladen. Da er am 23. Dezember geboren war, wurde sein Geburtstag zusammen mit dem des Bruders im Juni gefeiert. Im Juni 1929 feierte er also seinen 10. Geburtstag nach. Es gibt ein Foto von dieser Geburtstagsfeier, Loki sitzt neben mehreren Jungen und überragt alle an Körperlänge. Selbstbewusst schaut sie in die Kamera. Diese Geburtstagsfeier in der bürgerlichen Umgebung der Familie Schmidt beeindruckte sie nachhaltig, und dass sie das einzige Mädchen war, das eingeladen war, hat sie nicht gestört.

Allerdings war Helmut keineswegs Lokis erste große Jugendliebe an dieser Schule. In der Quinta, also der zweiten Jahrgangsklasse an den höheren Schulen, fand sie irgendwann einen Zettel in ihrem Griffelkasten: »Willst du mit mir gehen?« Percy Gerd Watkinson war der Verfasser, und er hatte mehr Glück als Helmut. Alle Mädchen schwärmten für ihn, wusste Helmut über den Rivalen zu berichten.[54] Und tatsächlich befreundete sich Loki mit Gerd Watkinson, und die Freundschaft dauerte einige Zeit an. Im Stadtpark tauschte Loki nun Küsse mit Gerd aus, es gab gegenseitige Besuche zu Hause bei den Glasers und in dem no-

Loki mit Helmut (2. v. re.) und Freunden beim Kindergeburtstag, 1929

blen Elternhaus der Watkinsons. Watkinson, später Musikprofessor, beschrieb ihre Gemeinsamkeiten so: »Musik verband uns während der gemeinsamen Lichtwarkschulzeit. Loki spielte Bratsche und ich Geige, zunächst im Vororchester (Beethoven, deutsche Tänze), später im großen Schulorchester unter Pappi Schütt, dem exzellenten Musikpädagogen, Menschen und musischen Mittelpunkt. Wir musizierten im Funk (damals NORAG) Bachouvertüren und Hindemiths *Plöner Musiktag*, führten die Schuloper *Der Jasager* von Brecht/Weill auf, und manche bekannten Interpreten musizierten vor der Schulgemeinde. (…) Musik verband uns mehr, als uns damals bewusst war.«[55]

1935, vor einer Klassenreise nach Helgoland, war die Liebe zwischen den beiden aber beendet. Loki hatte ihr Interesse einem anderen jungen Mann geschenkt. Die Klassenreise und die damit gegebene Nähe zu Loki stimmte Gerd Watkinson wehmütig: »Ich schrieb Gedichte, aber Loki – kein Teenager mehr – liebte einen anderen. Der war Maler und wesentlich älter als ich. Und er malte viel besser!«[56] Für Loki war diese neue Freundschaft offenbar weit mehr als die vorangegangene Liebelei mit Gerd Watkinson: »Ich habe mich (…) mit sechzehn in einen zwei Jahre Älteren verliebt, den wollte ich auch heiraten.«[57] Willi Jacob, ihr neuer Freund, schien diese Ernsthaftigkeit zu teilen. Die Schule besuchte er nicht mehr, er hatte nach der mittleren Reife eine Lehre als Gebrauchsgrafiker begonnen.

Noch vor Kriegsbeginn war diese erste ernsthafte Beziehung allerdings zu einem abrupten Ende gekommen, Willi Jacob hatte sich einer anderen Frau zugewandt. Zwar stürzte für Loki die Welt nicht ein, aber traurig war sie schon sehr. In handschriftlichen Aufzeichnungen, die Helmut Schmidt in seiner Kriegsgefangenschaft angefertigt hat, hält er distanziert fest: »Loki enttäuscht und ernüchtert: er [Willi Jacob, R. L.] scheint für immer abgetan.«[58] Nach dem Krieg trifft Loki den ehemaligen Freund noch einmal wieder. »Da war Susanne aber schon da. Ich weiß noch, dass ich ihn einmal – er wohnte in den Grindel-Hochhäusern – mit Susanne besucht habe, aber das war sehr freundschaftlich. Natürlich hat man sich einen Kuss gegeben, aber ich hatte ja meine Familie. Das war mehr eine freundschaftliche Erinnerung an längst vergangene Zeiten.«[59]

Ein von Jacob gemaltes Tempera-Bild hängte Loki im Ferienhaus am Brahmsee auf, und es blieb über all die Jahre dort hängen. Nach mehr als sieben Jahrzehnten war für Helmut Schmidt Lokis erste große Liebe aus seinem »Gesichtskreis vollständig verschwunden«.[60] Immerhin erinnerte er sich aber in einem Gespräch über diese Zeit spontan an den Vornamen, und nach Begutachtung des Bildes am Brahmsee konnte er den Nachnamen Jacob beisteuern.

Neben diesen beiden Beziehungen in den acht Jahren der Lichtwarkschulzeit stand Loki immer auch in engem Kontakt mit ihrem Klassenkameraden Helmut Schmidt. Mit ihm konnte sie sich über viele Dinge gut unterhalten und diskutieren. Da es das Wort diskutieren – nach ihrer Erinnerung – noch nicht gab, nannte sie diesen verbalen Austausch »zanken«. Und da sie zusammen mit der Bahn zur Schule fuhren, fuhren sie auf dem

Heimweg einige Male ein, zwei Stationen weiter, weil sie noch nicht zu Ende waren mit ihrer »Zankerei«. Auf dem Hinweg schrieb sie manchmal die Mathematikaufgaben für ihn in sein Heft. Nicht, dass er die Aufgaben nicht hätte selbst lösen können, aber oft fehlte es ihm an dem richtigen Interesse. Helmut besuchte sie auch des Öfteren in der elterlichen Wohnung und war zunächst, wie bereits erwähnt, von den Wohn- und Lebensverhältnissen der Glasers erschrocken, erfreute sich aber an dem offenen und freundlichen Umgang, den die Glasers untereinander pflegten. Die vielfältigen Begabungen des Vaters, Gertrud Glasers emanzipierte Haltung, der auch politisch begründete Bildungsdrang der beiden: Dies alles beeindruckte den Sohn eines wohlgeordneten, apolitischen und auch etwas steifen kleinbürgerlichen Elternhauses sehr.

Angeregt durch den Kunstunterricht an ihrer Schule gab es auch gemeinsame kulturelle Interessen. Wie es scheint, war Loki dabei für Helmut ein Antrieb und Motivation. In seinen Aufzeichnungen schreibt Helmut Schmidt für das Jahr 1935, für sein 16. Lebensjahr also: »Unter Lokis Leitung erwachendes Interesse für Blumen, Malerei und Musik.«[61] 60 Jahre später rekonstruiert er für die Monate zwischen Ostern und Sommer 1937, also die Zeit, bei der er schon beim Reichsarbeitsdienst war, Besuche der beiden in damaligen Kunstläden der Stadt, um sich die unerschwinglichen Bilder und Drucke in den Auslagen anzuschauen sowie gemeinsame Besuche von Theater- und Kinovorstellungen.[62]

Betrachtet man die kurzen, aber aussagekräftigen Aufzeichnungen Helmut Schmidts zu dieser Schülerfreundschaft mit Loki, so scheint es, dass sie es war, die in dieser Freundschaft über Nähe und Distanz entschieden hat. Helmut hatte trotz einiger Freundschaften mit anderen Mädchen der Klasse ein so starkes Interesse an Loki, dass er in seinen Aufzeichnungen hin- und hergerissen wirkt. Wendete sich Loki ihm zu, berichtete er angetan und beglückt. Hielt Loki, sicher auch wegen ihrer anderen Freundschaften, Distanz, ringt er um seine Eigenständigkeit. Für

1934, als er fünfzehn ist, schreibt er versonnen und kryptisch als Eintrag hinter ihren Namen: »Figuren im Schnee. Früh- und Spätstunden, Spielerei wird Ernst.«[63]

1935 küssten sie sich erstmals im Stadtpark, was bei Loki aber keine nähere Hinwendung zu ihm bewirkte. 1936 notierte er: »Klasse in Sachsen: Loki schreibt zwei Mal! ... Loki, die Undurchsichtige. Ich emanzipiere mich ... Im Herbst Trennung von den Mädels [Loki und die anderen Mädchen wechseln an die Klosterschule, R. L.]. Sehe Loki nur noch selten; Versuche, die Oberhand zu gewinnen, misslingen.« Für die Zeit des Reichsarbeitsdienstes 1937 fasst er zusammen: »Beginn der endgültigen Emanzipation von Loki. (...) Ab und zu Treffen mit Loki – schüchternes Tasten, die Schwärmerei für Gertrud und den Glaserschen Haushalt verfliegt.«

1938 begann er seinen Wehrdienst und war in Bremen-Vegesack stationiert. Am Wochenende war er oft in Fischerhude, tauchte dort ein in die für ihn neue Kultur einer Künstlergemeinde. Nach Hause fuhr er selten: »Ab und zu Hamburg, auch Loki, oft jedoch nur Zufall.« Für das Ende des Jahres 1938: »Kaum noch Bindungen zu Loki.« 1939 äußerte er sich, wie schon zitiert, über das für Loki schmerzvolle Ende ihrer Liebe zu Willi Jacob und ihre Enttäuschung.

Nach Lokis Erinnerungen war das Verhältnis zu Helmut weniger spannungsreich, nüchterner, bewusst sprach sie von ihrem »Klassenkameraden«. »Helmut und ich waren schon in der Sexta miteinander befreundet gewesen, und 1935 hatten wir auf einer Bank im Hamburger Stadtpark erste zarte Küsse ausgetauscht. Mit ihm konnte ich mich so gut zanken, wie wir es nannten; auf unserem gemeinsamen Schulweg diskutierten wir endlos über Gott und die Welt. Als Helmut dann im Arbeitsdienst war, waren wir gelegentlich ins Theater gegangen und noch von Hambergen aus hatte ich den Rekruten Schmidt einmal in Vegesack besucht. Wir waren uns damals recht fremd, und für einige Zeit riss die Verbindung ab (...).«[64]

Erst Anfang 1941 gab es wieder Briefkontakte zwischen den

Studium, 1939   73 beiden. Helmut, der Lokis Adresse in der Kinderlandverschickung im bayerischen Kulmbach nicht kannte, hatte ihr über die Eltern einen Brief geschickt, den sie rasch beantwortete. Schnell stellte sich in ihrem Briefaustausch auch »die alte Vertrautheit wieder her.«[65] Es war der Auftakt einer lebenslangen Bindung.

In das Bild einer stark durch Loki bestimmten Beziehung passt, dass sie es war, die schließlich im Frühjahr 1941 vorschlug, ihn in ihren Sommerferien an seinem Standort in Berlin zu besuchen. Für die damalige Zeit war dies sicher ungewöhnlich im Rollenbild der Geschlechter. Solche Initiativen hatten in jenen Jahren eigentlich vom Mann auszugehen, aber vielleicht hatte die Koedukation auf der Lichtwarkschule vieles selbstverständlich gemacht, was in der Gesellschaft noch lange als Tabu galt. In der Rückschau beschreibt Helmut Schmidt noch einen anderen Aspekt: »Loki war damals deutlich reifer als ich, in ihrer Entwicklung war sie sicher zwei bis drei Jahre weiter. Ich selbst war eher ein ›Spätblütler‹.«[66]

BERUFSSTART UND FAMILIENGRÜNDUNG IN KRIEGSJAHREN

Junglehrerin in der NS-Zeit

Bereits wenige Tage nach ihren bestandenen Lehramtsprüfungen Ende April 1940 saß Hannelore Glaser in der Hamburger Schulbehörde in der Dammtorstraße, um sich für den Schuldienst zu bewerben. Die Schulbehörde war eines der großen Amtsgebäude, die Fritz Schumacher für die Hansestadt bereits vor dem Ersten Weltkrieg erbaut hatte. Noch heute existiert das Gebäude, inzwischen aber ist es Sitz privater Büros und architektonisch durch den benachbarten modernen und voluminösen Bau der Hamburger Staatsoper in den Hintergrund gerückt.

In der Schulbehörde war Loki bei dem Oberschulrat Fritz Köhne angemeldet. Er war Loki dem Namen nach bekannt, denn ihre Eltern und deren Lehrerfreunde hatten ihr bereits von ihm berichtet. Köhne war in den Weimarer Jahren Mitglied der SPD und ein ausgewiesener Schulreformer gewesen. Erst Schulleiter der Versuchsschule Telemannstraße in Eimsbüttel, dann war er zum Schulrat und Personalchef aller Hamburger Volksschullehrer befördert worden. Wegen seiner Expertise hatten ihn die Nazis nicht entlassen wollen, 1937 aber hatten sie ihn ultimativ aufgefordert, in die NSDAP einzutreten. Andernfalls müsse er den Dienst quittieren. Nach Absprache mit ehemaligen Kollegen und Genossen tat er diesen Schritt, trug in der Behörde das Parteiabzeichen, versuchte aber in seinem Amtshandeln ein anständiger Mensch zu bleiben. Ob ihm das immer gelang, bleibt eine offene Frage. Die Briten wussten allerdings um seine besondere Rolle im NS-Apparat und hielten ihn nach 1945 ohne einen Tag der Suspendierung im Amt und vertrauten ihm.

Zu diesem Fritz Köhne kam Loki nun und bat ihn um eine Schule mit Koedukation. Die war allerdings längst von den Nazis aufgehoben und wurde nur noch an einer Schule im Hamburger Stadtteil Horn praktiziert, in die Kinder aus dem von den Nazis abgerissenen Gängeviertel umgeschult worden waren. Köhne entsprach ihrem Wunsch, an der Horner Schule Bauerberg begann also Lokis Lehrerinnenlaufbahn. Auch vom Weg her war das günstig. Von der elterlichen Wohnung in der Snitgerreihe 44, wo Loki sich noch immer ein Zimmer mit ihrer Schwester teilte, war die Schule kaum mehr als 15 Gehminuten entfernt.

Bei der endgültigen Einstellung hatte man Loki angetragen, dass die Mitgliedschaft in der NSDAP erwünscht sei. Bereits 1937 hatte der Leiter des Volksschulwesens und hohe Funktionär des Nationalsozialistischen Lehrerbundes (NSLB) Albert Mansfeld die Hamburger Lehrer unmissverständlich aufgefordert, sich um Aufnahme in die NSDAP zu bewerben. In einem von den Vertrauensleuten des NS-Lehrerbundes in den Kollegien verteilten Schreiben vom 10. 6. 1937 heißt es: »Nach dem vom Führer aufgestellten Grundsatz ›Partei und Staat sind eins‹ wird es künftig immer weniger verstanden werden, wenn ein Beamter nicht Parteimitglied ist. (...) Es ist eine Selbstverständlichkeit, dass sich jeder hamburgische Erzieher und jede Erzieherin um die Aufnahme bewirbt.«[1] Der Druck war also groß, und auch Hannelore Glaser beugte sich ihm. Sie unterschrieb ein Eintrittsgesuch für die NSDAP und die NSV, die Nationalsozialistische Volksfürsorge. Ein Jahr später, im April 1941, erhielt sie ein vorgefertigtes Schreiben der Schulverwaltung, in dem nach ihrer Mitgliedschaft in der NSDAP nachgefragt wird.[2] Sie trug ein: »Antrag gestellt«, blieb danach von Partei und Behörde aber offenbar unbehelligt. Im Entnazifizierungsverfahren im April 1946 gab sie in dem sog. Entnazifizierungsbogen an, dass sie im Mai 1940 »wider Willen« gezwungen worden sei, »die Aufnahme in NSDAP und NSV zu beantragen, da ich eine Bescheinigung dieser Anträge der Schulverwaltung vorzeigen musste, um eine Anstellung zu erhalten. Nachdem ich meine Anstellung hatte, zog ich mich von NSDAP und

NSV zurück, zahlte keine Beiträge und hatte seit März 42 nie wieder mit NSDAP und NSV zu tun.« In einem Zusatzbogen vermerkt sie darüber hinaus in der Spalte »Aufnahme in die NSDAP«: »Ich wurde nicht aufgenommen, da ich 1942 zurückzog.«[3]

Die Aussagen entsprechen den tatsächlichen Umständen. Das Bundesarchiv bestätigt im März 2012 nach Auswertung aller einschlägigen Quellen – wie den personenbezogenen Akten des Berlin Document Center, des Reichserziehungsministeriums und der NSDAP-Mitgliederkartei –, dass Hannelore Glaser bzw. Hannelore Schmidt zu keinem Zeitpunkt Mitglied der NSDAP war.[4]

In den NS-Lehrerbund, dem in Hamburg bereits 1934 über 90 Prozent der Lehrerschaft angehörten, trat Loki Schmidt nicht ein. Das war ungewöhnlich, konnte aber bei Nachfragen dadurch kaschiert werden, dass sie die oben benannte Mitgliedschaft in der Nationalsozialistischen Volksfürsorge beantragt hatte. Die NSV unterstützte bedürftige Familien, unterhielt Kindergärten und Mütterheime. Mit mehr als elf Millionen Mitgliedern zu Beginn des Krieges war die NSV eine Massenorganisation und wurde von vielen gewählt, die der Mitgliedschaft in den stärker politisierten Organisationen des NS-Staates aus dem Wege gehen wollten.

Am 2. Mai 1940 – ihr Examenszeugnis der Hochschule für Lehrerbildung war auf den 29. April 1940 datiert – stand die Junglehrerin Fräulein Glaser vor ihrer ersten eigenen Klasse. Es war ein viertes Schuljahr mit 54 Jungen und Mädchen. Sicher kein einfacher Start, insbesondere auch, da der Schulleiter keine Anstalten machte, die neue Kollegin einzuarbeiten oder zu unterstützen. Mit zwei Kollegen, den Lehrern Liebnau und Bollmann, letzterer ebenfalls ein Lichtwarkschul-Absolvent, gab es einen regelmäßigen Austausch. Auch politisch stimmten die drei Junglehrer überein. Alle drei hielten einen großen inneren Abstand zum NS-Regime, ohne allerdings genauer sagen zu können, wie man sich ein anderes politisches System vorzustellen habe. Gesprochen wurde über solche Themen aus Vorsicht nur außerhalb des Schulgeländes.

An der festen Anstellung hatte die junge Hannelore große Freude. 126 Mark verdiente sie nun im Monat, den größten Teil des Gehalts gab sie, wie sie es sich vorgenommen hatte, an die Eltern ab. Freude hatte sie auch an den Kindern in ihrer Klasse. Sie zeigten sich aufgeschlossen und lernbegierig. In den Augen der NS-Behörde und des Schulleiters galten sie und ihre Eltern aus dem ehemaligen Gängeviertel als »asozial«, erinnerte sich Loki Schmidt später. Das Gängeviertel in der Hamburger Neustadt hatten die Nazis für kommunistisch »verseucht« gehalten, und nicht zuletzt deshalb hatte man es in den Jahren 1933 bis 1938 abreißen lassen und die Menschen umgesiedelt.

Schnell erlangte Loki Glaser das Vertrauen der Eltern ihrer Schüler. Sie bot freiwillige Spiel- und Sportangebote am Nachmittag und in den Sommerferien an, und mindestens einmal pro Woche machte sie reihum ihre Hausbesuche. Methodisch und pädagogisch knüpfte Loki vor allem an die eigenen Erfahrungen aus der Burgstraße, der Lichtwarkschule und die Anregungen aus ihrem Praktikum in Hambergen an. Offenbar hat die Junglehrerin in ihrer ersten Klasse nicht viel falsch gemacht. Nach einem zufälligen Wiedersehen mit einer früheren Schülerin ihrer Klasse am Bauerberg im Wahlkampf 1980, kam es schnell zu einem fröhlichen Klassentreffen mit den Ehemaligen, viele sollten danach noch folgen.

Ihre erste schwere Bewährungsprobe im neuen Beruf begann bereits im Oktober, also nur knapp sechs Monate nach ihrem Dienstbeginn: die Kinderlandverschickung, kurz KLV genannt. Nachdem die britische Royal Air Force bereits am 18. Mai 1940 einen ersten Luftangriff auf Hamburg geflogen hatte und bis zum Ende des Jahres 70 weitere Angriffe folgten, war die Hansestadt eine der ersten Städte im Reich, die im Herbst 1940 mit der Kinderlandverschickung von Schulkindern in sogenannte bombensichere Gebiete begonnen hatte. In den folgenden Jahren sollten diese Verschickungen zu einer gigantischen Aktion werden, in der mehr als drei Millionen Schulkinder involviert waren. Neben dem Sicherheitsgedanken verbanden die Nazis damit auch eine politische Intention. In der KLV hoffte man, den Einfluss der Elternhäuser zurückdrängen und die Kinder durch »nationalpolitische Erziehung« an den NS-Staat und seine Ideologie binden zu können. War die Teilnahme an der KLV zu Beginn noch freiwillig, wurden in den späteren Kriegsjahren ganze Schulen zwangsweise verschickt und in geschlossenen KLV-Lagern untergebracht. Politische Schulungen und paramilitärische Übungen bei Geländespielen und Ausmärschen gehörten zum Programm.

Im Oktober 1940 war die KLV allerdings noch ein Entwicklungsprojekt. In der Schule am Bauerberg wurde neben den beiden Kollegen Bollmann und Liebnau auch die Junglehrerin Hannelore Glaser – als unverheiratete Frau und ohne Familie – für die Verschickung ausgesucht. Mit 23 Mädchen zwischen 9 und 15 Jahren ging es per Bahn nach Kulmbach in Bayern. Ihr zugewiesen war, wie bei allen Kinderlandverschickungen üblich, eine BDM-Führerin. Diese sollte den BDM-Dienst am Nachmittag organisieren und der Lehrerin zur Seite stehen. Die Dauer des Aufenthalts war ungewiss. Am Ende sollte es ein ganzes Jahr werden, bis Loki Glaser mit ihrer Mädchengruppe zurückkehren konnte.

Als Loki müde und angestrengt von der langen Fahrt mit ihren Mädchen in Kulmbach ankam, musste sie als erstes feststellen, dass man vor Ort auf ihre Gruppe nicht vorbereitet war. Der Kampf um Unterkunft, Verpflegung und das Allernötigste wie Handtücher oder Bettwäsche bestimmte die ersten Tage und Wochen. Eigentlich sollte in der KLV am Vormittag der normale Unterricht für ihre Mädchen erteilt werden, aber daran war zunächst nicht zu denken. Dazu kam das Heimweh der Kinder, aber auch das eigene Heimweh der erst 21-jährigen Junglehrerin.

Besser wurde es Anfang 1941. Im Februar wurde sie mit ihrer Klasse in eine von Diakonissen geführte ehemalige Trinkerheilanstalt in dem nahegelegenen Ort Hutschdorf verlegt. Die Verpflegung war gut, die Kinder hatten Vierbettstuben, und auch auf sie wartete eine positive Überraschung: »Was mich betrifft, so hatte ich nun, mit fast zweiundzwanzig Jahren, zum ersten Mal in meinem Leben ein Zimmer für mich allein.«[5]

Die Bandbreite pädagogischer Erfahrungen, die sie in diesem KLV-Jahr machte, war groß. Für die Mädchen war sie Erzieherin, Lehrerin, Mutter- und Vaterersatz, Krankenpflegerin und einiges andere mehr. Dass sie, wenn sie Unterricht erteilte, Kinder aus der dritten bis zur achten Klasse unterweisen musste, war wohl eine der kleineren Herausforderungen.

Den Nachmittag plante sie mit ihrer BDM-Führerin oft gemeinsam. Auf dem Programm standen Wanderungen, Ausflüge, Spiele im Gelände, Singen, Vorlesen und – das musste bei Loki sein – das Anlegen von Herbarien. Einen gesonderten BDM-Dienst, wie die NS-Organisatoren es für die KLV geplant hatten, gab es in der KLV-Gruppe von Fräulein Glaser nicht.

Eigentlich waren die vielfältigen Aufgaben, die hier in der KLV bewältigt werden mussten, für die junge Lehrerin viel zu groß. Wenn sie später über diese Zeit und die vielen kleinen und großen Katastrophen des täglichen Lebens dort berichtet hat, konnte man noch spüren, wie stark sie damals überfordert war. Sie schlief schlecht, nahm ein Beruhigungsmittel und kam an die Grenzen ihrer Kräfte. Hinzu kam, dass sie ihre Nöte mit keinem Erwachsenen richtig teilen konnte. Die offiziellen, einmal pro Monat stattfindenden Treffen mit den anderen Kollegen in der KLV halfen nur wenig. Männliche Kollegen hatten in der KLV oft ihre Ehefrauen dabei, sie aber war allein und unerfahren. Die Probleme und manchmal wohl auch Verzweiflung wollte sie nicht an die Eltern weitergeben, also begann sie einen Briefwechsel mit dem schon erwähnten Schulrat Köhne, der ihr auch jedes Mal ausführlich mit Rat und Trost antwortete.

Tapfer hielt Loki ein ganzes Jahr bis zum Oktober 1941 durch. Ein einziges Mal, im August 1941, hatte sie Urlaub. Für einige Tage fuhr sie nach Berlin und traf dort ihren ehemaligen Klassenkameraden Helmut Schmidt – mit den bekannten weitreichenden Folgen. Danach fuhr sie zur Erholung nach Berchtesgaden. Gern wäre sie auf den Jenner gestiegen und hätte auf den

Kinderlandverschickung Kulmbach, Oktober 1940 bis Oktober 1941 (Loki vorne links)

eindrucksvollen Watzmann und den Königssee geblickt. Dauerregen und tiefe Wolken aber haben das verhindert. Zumindest ausgeschlafen kehrte sie nach Kulmbach zu den ihr anvertrauten Schülerinnen zurück. In der Rückschau auf die KLV schreibt sie: »Die Verantwortung für die Kinder mit all den vielen Problemen jeden Tag und jede Stunde zu tragen, hat mich unendlich belastet. (...) Für mich war es wohl das schwierigste Jahr meines Lebens überhaupt.«[6]

Zurück in Hamburg, wohnte sie wieder bei den Eltern in der Snitgerreihe und begann im November ihren Dienst als Vertretungslehrerin in ihrer alten Schule am Bauerberg. Zu Ostern 1942 erhielt sie zwei erste Klassen. Viele Lehrer waren inzwischen eingezogen, sodass es einen erheblichen Lehrermangel an ihrer Schule gab. Ihre Lehrverpflichtung lag bei 30 Wochenstunden, 15 Stunden pro Klasse und das bei 60 bzw. 63 Kindern. Auch dies war nun wirklich keine leichte Aufgabe, die sie bis zum Sommer 1943 zu erfüllen hatte.

Das Ende ihrer Hamburger Dienstzeit kam im Juli 1943 mit

den massiven Luftangriffen der Alliierten auf Hamburg. Danach lag die Stadt in Schutt und Asche, alle Schulen im Stadtgebiet blieben bis zum Kriegsende geschlossen. Die Zerstörung, die von deutschem Boden ausgegangen war, war auf deutschen Boden zurückgekehrt. Städte wie Hamburg zahlten den Preis für das Unheil, das das nationalsozialistische Deutschland in die Welt getragen hatte.

In Bernau, nahe Berlin, wo Helmut Schmidt seit dem Herbst 1943 stationiert war, kehrte Loki Schmidt noch einmal in ihren Beruf zurück. Es sollten aber nur wenige Monate sein, dann kam für sie das endgültige Ende ihrer Lehrerinnenzeit unterm Hakenkreuz. Das Verkünden von Durchhalteparolen oder auch Aufrufe für den Volkssturm, wie sie andernorts in den höheren Klassen der Schulen erwartet wurden, blieben ihr als Lehrerin erspart.

Hochzeit im Krieg

In Helmut Schmidts Aufzeichnungen aus der Kriegsgefangenschaft heißt es knapp, aber gefühlvoll im Rückblick auf das Jahr 1941: »Loki – Briefe, Ahnung der alten neuen Liebe. Loki in Berlin – glücklichste Zeit. (…) Bekenntnisse, (…) Mein Gott, die Welt ist schön (…) Schwerster Abschied. Lokis Ring und Versprechen mit nach Rußland.«[7] Schon in ihrem Briefverkehr zwischen Kulmbach, Lokis Standort in der Kinderlandverschickung, und Berlin, wo Helmut stationiert war, hatten die beiden eine neue Nähe zu spüren geglaubt. Als Loki schließlich im August 1941 ihren Schulfreund in Berlin besuchte, wurde daraus mehr.

Helmut hatte die beiden als verheiratet ausgegeben, um in einer Pension am Nollendorfplatz ein gemeinsames Zimmer mieten zu können. Es wurde für beide eine wunderbare Zeit in vertrauter Zweisamkeit. Am Ende versprachen sie sich die Ehe. »Ich habe mich wie verheiratet gefühlt, und mit dieser Gewissheit bin ich nach Russland gegangen«, beschreibt Helmut Schmidt seine damaligen Gefühle nach mehr als 70 Jahren.[8] Am

82

22. Juni 1941 hatte Hitler der Sowjetunion den Krieg erklärt, für Loki war es schwer zu verstehen, dass Helmut sich freiwillig für diesen Einsatz meldete. Er wollte sich als Soldat an der Front beweisen, so sein Motiv. Gleichzeitig war er aber überzeugt, dass dieser Krieg für Deutschland nicht zu gewinnen sei.

In diesen Tagen in Berlin sprachen sie viel darüber, wie die Welt nach dem Krieg aussehen würde, wurden sich aber darüber klar, wie Loki Schmidt nüchtern bekannte, »dass unser Leben auch in der Gegenwart wichtig sei, da wir am Ende des Krieges möglicherweise verbrauchte Menschen sein würden. Und da beschlossen wir eines Abends auf einer Bank in der Nähe des U-Bahnhofes Nollendorfplatz, dass wir, wenn Helmut gesund aus Rußland zurückkäme, heiraten wollten. Die letzten Tage vor Helmuts Abfahrt verbrachten wir verliebt und in neuer Vertrautheit. Als ich Helmut am 24. August zum Zug brachte, standen viele junge Frauen weinend auf dem Bahnsteig – wie ich. Wir fragten uns wohl alle, ob wir unsere Männer je wiedersehen würden.«[9] Vorher aber waren die beiden noch zu einem Fotografen gegangen und hatten Bilder von sich machen lassen. Loki beschnitt eines dieser Fotos und klebte es in ein Fotoalbum ein. Es wirkt wie ein inoffizielles Verlobungsfoto.

Fünf Monate später sah sie ihn wieder, auf den ersten Blick körperlich unversehrt, aber so stark von Rheumaattacken geplagt, dass er in einem Lazarett auf dem Bonner Venusberg kuriert werden musste. Ihr gegenseitiges Hochzeitsversprechen lösten sie im Sommer 1942 ein. Drei Schwierigkeiten galt es bis dahin zu lösen: Sie benötigten für die Heirat einen sogenannten »Ariernachweis«, Loki musste sich bei Helmuts Kommandanten vorstellen, um dessen Einwilligung zu erreichen, und schließlich musste sie für die verabredete kirchliche Trauung vorab getauft werden.

Für Loki war der von den Nazis erzwungene Nachweis der »arischen Abstammung« problemlos zu erbringen, Helmut Schmidt

Mit Bruder und Schwester musizierend auf einer Familienfeier in Neugraben, um 1940

brachte dies jedoch in arge Bedrängnis. Seit 1933/34 wusste er von seiner Mutter, dass sein Vater unehelich geboren war und einen jüdischen Kaufmann zum Vater hatte. Helmut war also in der Terminologie der Nazis ein »Vierteljude«, sein Schutz war bisher gewesen, dass der eigene Vater ein amtliches Schreiben besaß, auf dem vermerkt war, »Vater unbekannt«. All dies wusste Helmut, die Mutter hatte ihm aber mit hoher Dringlichkeit eingeimpft, mit keinem Menschen darüber je zu sprechen. Daran hatte er sich bislang gehalten, selbst Loki war nicht eingeweiht und sollte auch davon bis in die Nachkriegszeit nichts erfahren. Auf der Basis des beschriebenen amtlichen Nachweises erhielt Helmut von seinem Kommandanten die Bestätigung der arischen Herkunft letztlich dann doch ohne jegliche Probleme, für Details hatte der Vorgesetzte sich nicht interessiert. Bis zu diesem Zeitpunkt sorgte Helmut sich jedoch sehr.[10]

Aufregend wurde für Helmut Schmidt noch einmal Lokis Vorstellung bei seinem Vorgesetzten. Er hatte Loki zur anstehenden Verlobung eigens einen neuen Mantel gekauft, es war der erste nicht selbst genähte Mantel für sie. Den hatte sie nun an, und Helmut hatte ihr die Anweisung gegeben: »Mantel anbehalten, nur zehn Minuten bleiben.«[11] Es sollte möglichst wenig Zeit für unangenehme Nachfragen bleiben. Loki hingegen war keineswegs aufgeregt, als sie in den Osterschulferien 1942 nach Bonn an Helmuts Standort fuhr. Ihr Selbstbewusstsein sagte ihr, dass sie einen guten Eindruck machen würde, und von den Nachweisschwierigkeiten ihres zukünftigen Mannes wusste sie ja glücklicherweise nichts. Eine Stunde blieb sie, es war ein freundliches Gespräch, man unterhielt sich über die impressionistischen Gemälde im Zimmer des Oberstleutnants, der offenbar verwundert war über die Expertise der jungen Frau.

Mit der Heiratsbefürwortung des Kommandanten im Gepäck fuhr sie zurück, zu Ostern wollte man die Verlobung mit Musik und Volkstanz auf dem Wochenendgrundstück der Großeltern Martens in Neugraben feiern. Es wurde ein schönes Fest, und nur noch einmal danach, zur Silberhochzeit von Lokis Eltern im

Juni 1943, kam die Großfamilie zu einer gemeinsamen Feier zusammen. Vorab hatte Helmut natürlich bei Hermann Glaser auch formal um Lokis Hand angehalten und von dem lediglich zu hören bekommen: »Du kennst sie lange genug. Komm hinterher nicht und beklage dich.«[12] Problematischer war es mit dem Schwiegervater Gustav Schmidt. Für eine Heirat seien beide zu jung, hatte er Loki vorgehalten, und Helmut habe keinen Beruf und könne keine Familie ernähren. »Aber ich habe einen Beruf«, antwortete sie, und für eine Familie könne sie zur Not auch alleine sorgen.

Die Hochzeit wurde in zwei Etappen gefeiert. Die standesamtliche Trauung fand am 27. Juni 1942 in Hamburg mit anschließender Familienfeier in der geräumigen Wohnung der Schmidts statt. Gleichzeitig wurde die Verlobung des jüngeren Bruders Wolfgang Schmidt mit Gesa Teltau gefeiert – übrigens auch dies eine Freundschaft aus der Lichtwarkschulzeit. Vier Tage später, am 1. Juli, fand die kirchliche Trauung in der Felssteinkirche in Hambergen statt, an dem Ort, wo Loki 1939 ihr Landschulpraktikum absolviert und wo sie den örtlichen, ursprünglich aus Hamburg stammenden Pfarrer Flügge kennengelernt hatte.

Da Lokis Eltern beide aus der Kirche ausgetreten waren und ihre Tochter nicht hatten taufen lassen, begegneten sie, vor allem Lokis Mutter, der kirchlichen Trauung und der nötigen vorausgehenden Taufe mit Unverständnis und Ablehnung. Andere Freunde sahen in der kirchlichen Trauung hingegen eine politische Provokation gegenüber dem kirchenfeindlichen Nazi-Regime. »So hatten wir sie eigentlich nicht gemeint«, schreibt Loki aus der Rückschau, »aber ein gewisser Protest gegen die Zeit war es natürlich schon.«[13] Vor allem aber sahen die beiden darin ein Zeichen »unserer Hoffnung auf die moralische Kraft der Kirche, die nach dem erwarteten bösen Ende in Deutschland wieder eine anständige Gesellschaft herstellen würde.«[14]

Um am Tag der Trauung keine Unstimmigkeiten aufkommen zu lassen, feierte das Paar die kirchliche Hochzeit in Hambergen ohne die Familien. Es gibt Fotos von dem jungen Brautpaar, er

Ihre Vermählung geben bekannt:

Helmut Schmidt
Oberleutnant im R. J. M.

Hannelore Schmidt
geb. Glaſer

27. Juni 1942

Hamburg 23
Schellingſtraße 9

im Hauſe: Sonntag, 28. 6. 1942
15—16 Uhr

Vermählungsanzeige

als Oberleutnant in Unform, sie in einem weißen Kleid. Ganz so strahlend sieht Loki darauf nicht aus, unglücklicherweise plagte sie eine Angina. Eine Hochzeit in weiß war Loki sehr wichtig gewesen, ihr Kleid hatte sie mit viel Mühe und Freude selbst genäht. Den Stoff konnte sie nur mit Hilfe einer Sonderkleiderkarte erstehen, im dritten Kriegsjahr war inzwischen fast alles rationiert. »Weißen Stoff für einen Schleier«, so erinnerte sie sich, »gab es nicht mehr, und so trug ich einen rosa Schleier und einen selbstgebundenen Myrtenkranz. (...) Da die Trauung nach dem Gottesdienst stattfand, war die Kirche schon leer, doch auf der Empore standen meine ehemaligen Schüler und sangen.«[15]

Der Felssteinkirche in Hambergen blieb das Ehepaar verbunden. In Helmut Schmidts aktiver Politikerzeit besuchten sie den Ort und ihre Hochzeitskirche noch einmal, für Restaurationsarbeiten am Kirchengebäude überwiesen sie zwei Mal großzügige Spenden.[16]

Und mit der Hochzeit war noch ein bedeutsamer Einschnitt verbunden. Das junge Ehepaar besaß von nun an eine eigene

Kirchliche Trauung, Hambergen

Wohnung. Schon im Frühjahr war Loki zu Hause ausgezogen und hatte ein Zimmer im Stadtteil Wandsbek mieten können. Nun übernahmen sie in der Gluckstraße in Barmbek-Nord eine ganze Etagenwohnung, da die Eigentümer aus Hamburg weggezogen waren und ihnen die Wohnung überlassen hatten. Natürlich bewohnten sie nur wenige Zimmer in der großen Wohnung, viele eigene Möbel hatten sie nicht. Wenn Helmut zu kurzen Heimaturlauben nach Hamburg kam, luden sie des Öfteren ihre Freunde ein. Die fanden es »urgemütlich« bei den Schmidts. »Ihre Einrichtung bestand aus Kisten und Kasten, Decken und Kissen und alten Teppichläufern. Loki wusste aus allem etwas zu machen. Geschirrteile hatten sie von überall her geschenkt bekommen.«[17]

Sohn Helmut Walter

Als in der letzten Juliwoche des Jahres 1943 die Alliierten ihre schweren Luftangriffe auf Hamburg flogen, befand Loki sich glücklicherweise außerhalb der Stadt. Da sie bereits Schulferien hatte, war sie in das Ostseebad Kühlungsborn gereist, um in der Nähe ihres Mannes zu sein. Für einige Wochen war dieser auf den Truppenübungsplatz Rerik auf der Halbinsel Wustrow verlegt worden und konnte sie daher hier am Ostseestrand fast täglich besuchen.

Am 25. Juli, dem Tag der ersten Luftangriffe auf Hamburg, waren am Horizont die Rauchwolken des Feuersturms noch von der Ostseeküste aus zu sehen. Die Sonne blieb den ganzen Tag über vom Dunst verschleiert. Als die Nachricht von den verheerenden Bombenangriffen Kühlungsborn erreichte, machte Helmut Schmidt sich auf den Weg nach Hamburg und brachte in Erfahrung, dass ihrer beider Eltern ausgebombt waren, aber überlebt hatten.

Nach Hamburg kehrte Loki nicht mehr zurück. Die Schulen im Hamburger Stadtgebiet blieben nach den schweren Angriffen bis Kriegsende geschlossen. Von Kühlungsborn folgte sie ihrem Mann zunächst nach Berlin, wo sie einige Wochen in dem Haus einer Tante von Loki in der Siedlung »Freie Scholle« in Tegel wohnen konnten. Es ist die Siedlung, in der lange nach dem Krieg Lokis Bonner Freundin Marie Schlei mit ihrer Familie ein Haus beziehen und wo Loki sie auch besuchen wird. Nach den

Wochen in Berlin-Tegel wechselte das junge Ehepaar nach Bernau im Nordosten Berlins, Helmut Schmidts neuem Standort. Auf dem Berliner Stadtgut Schmetzdorf, etwa 3 Kilometer von Bernau entfernt, fanden sie eine kleine Wohnung in einem für die polnischen Saisonarbeiter des Gutes errichteten Gebäude. Eine Schnitterkaserne, wie man hier sagte, höchst primitiv ausgestattet. Das Leben war von nun an sehr ländlich, dazu lag Schmetzdorf recht abgelegen, zum Einkaufen nach Bernau lief Loki gut eine halbe Stunde.

Aus Hamburg bezog Loki Schmidt nach wie vor ihr Lehrergehalt, wofür sie auch gerne arbeiten wollte, und in Absprache mit ihrem Hamburger Schulrat nahm sie eine Stelle an der Stadtschule für Mädchen in Bernau an. Als ihr eine ständige Übelkeit zu schaffen machte, suchte sie Ende Februar 1944 den Standortarzt Dr. Arnold auf. Dieser eröffnete ihr, dass sie bereits im vierten Monat schwanger sei. Den Geburtstermin setzte er auf die ersten Juliwochen fest. Das junge Ehepaar war hoch erfreut ob dieser Nachricht, seit ihrer Jugend hatte sich Loki eine große eigene Familie gewünscht, wenn möglich mit sechs Kindern.

In Bernau wurde ihnen durch einen unerwarteten Brief auch noch einmal die Lichtwarkschulzeit präsent. Den Brief hatte Ilse Ahlgrimm geschrieben, die Lebensgefährtin der früheren Deutschlehrerin Erna Stahl. Am 4. Dezember 1943 war Erna Stahl von der Gestapo festgenommen worden und hatte einen Prozess wegen Hochverrats vor dem Volksgerichtshof zu befürchten. Hintergrund war die Enttarnung und Verhaftung der Hamburger Weißen Rose. Zu dem studentischen Widerstandskreis gehörten auch einige der ehemaligen Lichtwarkschüler Erna Stahls: Traute Lafrenz, Margaretha Rothe und Heinz Kucharski. In ihrer Verzweiflung hatte nun Ahlgrimm an Helmut Schmidt geschrieben, er als Oberleutnant der Wehrmacht habe doch sicher Einfluss und Möglichkeit, sich für Erna Stahl einzusetzen.

Loki und Helmut Schmidt waren konsterniert. Sie rätselten darüber, ob die ihnen persönlich gar nicht bekannte Briefschreiberin wirklich so naiv war, zu glauben, Helmut Schmidt könne in dieser Sache erfolgreich etwas bewirken, oder ob es sich hier um eine gefährliche Falle der Gestapo handelte. Sie entschlossen sich, den Brief nicht zu beantworten, ein schlechtes Gefühl blieb. Erst nach Kriegsende bringen die Schmidts in Erfahrung, dass der Brief von Ilse Ahlgrimm authentisch war und dass Erna Stahl wohl nur durch die Befreiung der Amerikaner im April 1945 vor einem Todesurteil gerettet wurde.[18]

Im März 1944 gab Loki auf Anordnung ihres Arztes die Lehrerarbeit auf, konzentrierte sich auf den kleinen Haushalt und traf Vorbereitungen für das baldige Leben zu dritt. Die Schwangerschaft verlief problemlos, als sie aber am 25. Juni in ihrer Schmetzdorfer Wohnung einen Blasensprung erlitt und viel Fruchtwasser verlor, war klar, dass die Geburt früher als erwartet einsetzen würde. Zum Glück war ihr Mann zugegen und konnte aus der Kaserne einen Wagen organisieren. In einem Generalsauto mit rotem Lederpolster fuhren sie ins örtliche Krankenhaus, inzwischen auch Lazarett. Nach einer langen und anstrengenden Geburtsphase brachte sie am Morgen des 26. Juni 1944 ihr erstes Kind zur Welt. Ihr Mann brachte ihr einen großen Strauß duftender Pfingstrosen mit in die Klinik, später wird sie beim Anblick von Pfingstrosen immer an diesen Strauß zur Geburt ihres Erstgeborenen denken.

Im Herbst, genauer am 28. Oktober, lassen die Eltern das Kind auf den Namen Helmut Walter taufen. Helmut nach dem Vater, Walter nach dem Namen seines Freundes Walter Plennis. Das hatte Helmut Schmidt ohne Kenntnis des Geschlechts des Kindes schon vor der Geburt vorgeschlagen. Dabei blieb es nun, und da die beiden Freunde von Loki und anderen Bekannten Max und Moritz genannt wurden, wird »Moritz« oder zärtlich »Moritzelchen« der Rufname des Kindes. Der Patenonkel, Walter Plennis, konnte zur Taufe allerdings nicht kommen, vermutlich war er zu dieser Zeit bereits in Kriegsgefangenschaft. Die Freude über den Sohn war bei den Eltern natürlich groß, doch sie waren auch traurig, als klar wurde, dass das Kind mit einer Fehlbildung

Loki mit Helmut Walter,
6. Oktober 1944

geboren wurde. In seinen Tagebuchnotizen notierte der junge Vater: »Wir überwinden bald die entsetzliche Enttäuschung und sehen der Zukunft gefasst entgegen. Wir lieben das Moritzelchen sehr. Herzliche Anteilnahme von allen Seiten.«[19]

Loki war nun ganz Mutter und Hausfrau, das tägliche Windelwaschen an der Pumpe im Hof mit anschließendem Aufkochen auf dem Küchenherd war umständlich, konnte aber die Freuden der jungen Mutter über ihr neues Leben mit dem Kind nicht trüben. Weihnachten und Silvester 1944 verbrachten sie als Familie zusammen, doch überschattete die Freude darüber das Wissen um eine Abkommandierung Helmut Schmidts an die Westfront in den ersten Januartagen des neuen Jahres. Schmidt hatte sich bei einer Schießübung auf einem Truppenübungsplatz kritisch über Hermann Göring und andere Nazi-Größen geäußert. Ein Verfahren wegen Wehrkraftzersetzung war eingeleitet worden, die Abkommandierung an die Front war eine erfolgreiche Schutzmaßnahme seiner Vorgesetzten. Das Verfahren wurde zum Glück

Von Loki erstellte Geburtsanzeige

nicht mehr eröffnet. Dennoch, dieser Abschied war schwer, erinnerte Loki Schmidt sich später.[20] Nicht nur sie vergoss Tränen, wie der Ehemann in seinen Notizen festhielt.[21] In der Eifel wurde dem Oberleutnant das Kommando einer leichten motorisierten Flak-Batterie übertragen.

Noch schwerer wurde es für die junge Mutter, als Mitte Januar 1945 der kleine Moritz plötzlich hohes Fieber bekam. Noch kurz zuvor hatte Dr. Arnold dem Kind »prächtige« Entwicklungsschritte attestiert und sogar Hoffnung gemacht, dass durch eine eventuelle Operation, die Fehlbildung des Kindes korrigiert werden könnte.[22] Nun aber musste Dr. Arnold eine schwerwiegende Diagnose stellen: Moritz war mit hoher Wahrscheinlichkeit an einer Hirnhautentzündung erkrankt. Adäquate Medikamente standen dem Arzt nicht zur Verfügung. Die Verordnung von Sulfonamiden war ein nahezu hilfloser Versuch. Wie ohnmächtig wird sich die junge Mutter gefühlt haben, sie konnte das Leiden ihres Sohnes nicht lindern oder gar beenden: »Ich konnte nur daneben sitzen, ich konnte nichts machen – außer mal seine Stirn abwischen.«[23] Nach drei Tagen mit hohem Fieber, Krämpfen und Bewusstlosigkeit stirbt das erstgeborene Kind von Loki und Helmut Schmidt. Es ist vier Uhr morgens, am 19. Januar 1945.[24] In diesen drei Tagen kam Loki an die physischen und sicher auch psychischen Grenzen ihrer Kräfte. Sie hatte fast nicht geschlafen und kaum etwas gegessen. Sie telefonierte nach dem Arzt, der stellte amtlich den Tod des Kindes fest. Im Sterberegister wird später als Todesursache »Grippe und Hirnhautentzündung« eingetragen.[25] Dr. Arnold nahm die entkräftete Loki mit zu seiner Familie. Sie musste erst einmal essen und schlafen. Das tote Kind blieb in der Schmetzdorfer Wohnung zurück. »Die Arztfamilie hat sich rührend um mich gekümmert und mich gedrängt, bei ihr zu übernachten, damit ich mit meinem Kummer nicht allein sein musste.«[26] Am nächsten Tag gelang es mit Hilfe der Arnolds einen Tischler zu finden, der einen kleinen weißen Sarg anfertigte.

Als das Kind aus der Wohnung geholt wurde und der kleine Sarg mit einem Pferdewagen über einen Feldweg zu dem nicht weit entfernten Friedhof des Dorfes Schönow gebracht wurde, schaute Loki tieftraurig hinterher. Am 22. Januar, einem grauen Tag, wurde Helmut Walter Schmidt von dem Bernauer Pastor Werner Kintzel zu Grabe getragen. Zuvor hatte es noch eine kurze Trauerfeier in der kleinen, kalten Friedhofskapelle gegeben. »Ohne Harmonium«, wie im Kirchenbuch der Gemeinde Schönow zu lesen ist. Loki musste dies alles ohne Unterstützung von ihr nahestehenden Menschen durchstehen. Nur einige Offiziersfrauen waren bei der Beisetzung zugegen. Ihr Mann war nicht dabei. Seit seiner Abkommandierung hatte sie ihm mindestens ein Mal pro Woche geschrieben, doch keiner dieser Briefe und damit auch nicht die Nachricht vom Tode ihres Kindes hatte ihn erreicht.

Zu der Verzweiflung um den Tod des Kindes, kam für Loki die Ungewissheit um den an der Front stehenden Mann. Die junge Frau zog es zurück nach Hamburg zu den eigenen Eltern. Auch wenn sie wusste, dass die Eltern nach der Ausbombung ihrer Wohnung im Juli 1943 in einer primitiven Wochenendbude auf dem Heidegrundstück der Großeltern bei Neugraben am südwestlichen Rand der Hansestadt lebten, war ihr das lieber, als weiter allein in Schmetzdorf zu verbleiben. Das Ehepaar Arnold sprach ihr ebenfalls zu, nicht zuletzt auch wegen des unaufhaltsamen Vormarsches der sowjetischen Truppen. Vor allem des Nachts glaubten sie bereits Gefechtslärm hören zu können.

Lokis Reise nach Hamburg war abenteuerlich und dauerte gut zwei Tage. Aus ihrem besten Betttuch hatte sie sich eine Rucksacktasche genäht und die ihr wichtigsten Dinge eingepackt. Dann war sie zu Fuß die drei Kilometer zum S-Bahnhof Bernau gelaufen und nach Berlin gefahren. Am Anhalter Bahnhof kaufte sie zunächst eine Bahnsteigkarte, als sich plötzlich ein mit Flüchtlingen überfüllter Zug in Bewegung setzte. Loki stieg ein, ohne zu wissen, wohin genau der Zug fuhr. Aber zu dieser Zeit fuhren ohnehin alle Züge nur nach Westen. Mit großen Umwegen und langen Halten wegen mehrerer Fliegerangriffe gelangte sie nach Hamburg. Dort fuhr tatsächlich noch ein Zug nach Cuxhaven, ein freundlicher Schaffner ließ sie einsteigen, auch wenn sie keine Fahrkarte vorweisen konnte. In Neugraben stieg sie aus, die letzte Wegstrecke bis zu den Eltern musste sie wieder zu Fuß zurücklegen. Und obwohl es spät in der Nacht war, waren die beiden Eltern noch wach. Lokis Mutter hatte geträumt, dass die Tochter zurückkäme. Sie waren aufgestanden und hatten den Ofen angemacht. Mit den Worten: »Da bist du ja!« wurde die überraschte Tochter empfangen. Sie war überglücklich, es hierher geschafft zu haben. »Mein Vater hat mich dann in den Arm genommen und ich bin eingeschlafen.«[27]

Erst Wochen nach dem Tod des Kindes erhielt Helmut Schmidt zwei der vielen Briefe seiner Frau. Wie bei der Feldpost für Soldaten damals üblich, hatten die beiden alle ihre Briefe nummeriert, sodass der andere jeweils wissen konnte, welche Briefe ihn erreicht bzw. nicht erreicht hatten. Erst Lokis Briefe mit den Nummern 9 und 10 gelangten zu ihrem Mann, aus diesen erfuhr er nun, dass sein Sohn verstorben war. Umgehend bemühte er sich um Sonderurlaub. Da, wie er sich erinnert, der letzte der beiden Briefe aus Hamburg adressiert war, machte er sich per Eisenbahn auf den Weg nach Neugraben zu seinen Schwiegereltern, wo er auch Loki vermutete. Glücklich wieder vereint zu sein, wenn auch unter schmerzlichen Bedingungen, beschlossen die beiden, nach Bernau zu reisen. Sie wollten gemeinsam das Grab ihres Sohnes aufsuchen und aus der Schmetzdorfer Wohnung noch einige persönliche Dinge retten.[28] Die Rote Armee war inzwischen bis zur Oder vorgerückt, die von Bernau nur etwa 40 Kilometer entfernt ist.

Die Reise nach Bernau und Schmetzdorf geschah unter bemerkenswerten Bedingungen. Von General Heino von Rantzau, seinem früheren höchsten Vorgesetzten aus Bernau, inzwischen aber Luftgaukommandant in Hamburg, erhielt Helmut Schmidt einen Marschbefehl nach Bernau. Loki machte der General kurzerhand zu einer im Dienst stehenden Flakhelferin. Mit diesen Papieren ausgestattet fuhr das junge Ehepaar nach Bernau. In der Schmetzdorfer Wohnung packte Loki einen Koffer voller Sachen – darunter ein Bild des Hamburger Malers Hugo Schmidt, eines der ersten originalen Ölbilder, das die beiden besaßen, verbunden mit Erinnerungen an den ihnen persönlich bekannten Künstler. Um es besser transportieren zu können, lösten sie es aus dem Rahmen heraus. Es war eines der bleibenden Lieblingsbilder von Loki, es zeigte einen Hamburger Hinterhof im Winter. Es hängt noch heute im Esszimmer des Langenhorner Hauses der Schmidts. Am Grab ihres Sohnes überwältigte sie die Trauer, es flossen Tränen, so Helmut Schmidt in seinen handschriftlichen Aufzeichnungen. Schließlich machte er akribische Notizen über die Lage des Grabes.[29]

Ein erneuter Besuch des Grabes im ostdeutschen Schönow wäre bis zum Bau der Mauer wohl möglich gewesen, danach wurde es schwieriger. Fast 35 Jahre sollte es dauern, bis Loki – im Dezember 1979 – wieder an diesem Grab stand, bei Helmut Schmidt waren es sogar noch einige Jahre mehr. Loki hatte in diesen Jahren den Tod des ersten Kindes inzwischen überwunden, vielleicht auch aktiv verdrängt. »Es half ja nicht, es musste ja weitergehen«, kommentierte sie diesen Zustand. Selbst mit einer ihr doch nahestehenden Frau, wie es Ingrid Apel war, die Ehefrau des Politikers Hans Apel, hat sie nie darüber das Gespräch gesucht.[30]

Doch zurück ins letzte Kriegsjahr: Als Helmut Schmidt Ende Februar 1945 wieder zurück zu seiner Truppe – inzwischen nach Bullay an der Mosel – musste, war dies für Loki und ihn wieder einmal ein schwieriger und trauriger Abschied, vor allem mit ungewissem Ausgang. Der Verlust des Kindes wog schwer, die Sorgen darum, ob ihr Mann seinen Kriegseinsatz unversehrt überstehen würde, waren aber gewiss nicht weniger belastend. Natürlich hatte sie Ängste, nach dem Verlust des Kindes auch noch ihren Ehemann in den Endkämpfen dieses furchtbaren Krieges zu verlieren. Unzähligen Ehefrauen und Müttern auf allen Seiten der Kriegsfronten, das wusste sie, widerfuhr dies in den letzten Wochen und Monaten des Kriegsgeschehens genau so.

NEUANFANG UND »AUFSTIEG«
DER FAMILIE SCHMIDT

Ein Neuanfang mit Schwierigkeiten

»Der 8. Mai – ich glaube alle, die ihn erlebt haben, werden das noch erinnern – war ein Maitag mit strahlend blauem Himmel, alles grün, die Vögel sangen, es war also wirklich ein Tag zum Freuen.«[1]

Seit dem Januar 1945 lebte Loki bei ihren Eltern in Neugraben. Am 3. Mai übergaben die deutschen Verantwortlichen Hamburg an die britischen Besatzer, am 8. Mai wurde die bedingungslose Kapitulation des Deutschen Reichs unterzeichnet. Für Loki und ihre Eltern war dieser Tag eine »doppelte Befreiung. Befreiung von der Nazizeit und Befreiung vom Krieg.«[2] Allerdings galt auch für sie wie für alle Deutschen: Jeder wusste, was an diesem Tag beendet war, doch nicht, was damit beginnen würde.

Für sie persönlich war zunächst das größte Glück, dass bereits am 24. August 1945 ihr Mann – zwar abgemagert und entkräftet, aber ansonsten unversehrt – aus der Gefangenschaft zu ihr zurückkehrte. In den nächsten Wochen kam Helmut Schmidt mit Lokis Hilfe und Kochkunst wieder zu Kräften. Unweit des elterlichen Grundstücks hatten sie in Neugraben in einem Wohnblock ein kleines Zimmer für sich mieten können. Der größte Vorteil war, dass es einen Ofen gab, ansonsten war das Zimmer arm und kärglich. Vater Glaser half das Nötigste zu bauen. Die beiden Schmidts erlebten ihre neue Zweisamkeit allerdings als Glück. In seinen damaligen Notizen hält Helmut Schmidt fest: »Man gewöhnt sich doch recht schnell an den Alltag – an die kleinen Sorgen und das große Glück. Die Jahre, die hinter uns liegen: Glück und Unglück – wir sind übereingekommen, sie als Vor-

schuss auf unsere jetzt erst regelrecht beginnende Ehe aufzu-
fassen.«[3]

Der britischen Besatzungsmacht war wichtig, dass möglichst
schnell wieder ein ziviles Leben möglich war. Schon im August
eröffneten die Briten daher den Schulbetrieb, allerdings unter
äußerst schwierigen Voraussetzungen. Vor allem im Stadtgebiet
waren die Schul- und Lebensbedingungen dramatisch schlecht.
Von den ca. 560 000 Wohnungen waren 300 000 zerstört oder un-
bewohnbar. Bei den Schulen war es nicht viel besser, nur 39 Prozent waren intakt geblieben. Mit dem Schutt und den Trümmern
in der Stadt hätte man nicht nur die Außenalster füllen, sondern
23 Meter hoch auftürmen können. Auch die Ernährungslage war
schwierig, sie sollte sich aber vor allem in den Wintermonaten
der beiden ersten Jahre nach Kriegsende zuspitzen. 1947 wie-
sen 40 Prozent der Hamburger Kinder einen schlechten Gesundheitszustand auf, nur ein Drittel lebte in eigenen Wohnungen,
der Rest zur Untermiete oder in Behelfsheimen der verschiedensten Art. Ein eigenes Bett hatte 1947 nur jedes zweite Kind.

Unter diesen Umständen einen Schulbetrieb wieder aufzubauen war eine schwierige Aufgabe. Zudem gab es einen erheblichen Mangel an Lehrerinnen und Lehrern, auf eine Lehrkraft
kamen 1945 mehr als 50 Schüler. Mit dem sogenannten Schichtunterricht, d. h. Unterricht vormittags, mittags und nachmittags
mit jeweils wechselnden Schülergruppen, versuchte man die
personellen und räumlichen Engpässe zu überwinden. Die Organisation und Gestaltung des Schulwesens hatten die Briten
einem ausgewiesenen Fachmann und Demokraten überantwor-
tet: Heinrich Landahl, ehemaliger und von den Nazis abgesetzter
Schulleiter der Lichtwarkschule, vor 1933 Mitglied der liberalen
Staatspartei, seit 1945 Mitglied der SPD. Eine seiner wichtigsten
Aufgaben war es, die von den Briten angeordnete *Re-education*
durchzusetzen: die Entnazifizierung der Lehrerschaft und eine
Demokratisierung des Schullebens.

Als am 6. August 1945 in den meisten Hamburger Schulen der
Unterricht begann, hatte Loki Schmidt schon einige Wochen zu-

vor ihren Dienst in einem ehemaligen Waisenhaus in den Harburger Bergen wieder aufgenommen. Landhaus Freude hieß das Heim und war die Unterkunft für gestrandete Flüchtlingskinder, Kriegswaisen und zum Teil auch für schwer erziehbare Jugendliche. All denen sollte Loki als einzige Lehrerin des Heims Unterricht erteilen, eine Aufgabe, die ohne jegliches schulisches Material und bei einem Altersspektrum von drei bis 14 Jahren sich schnell als nur beschränkt durchführbar erwies. Zusammen mit anderen Erziehern ging es also vor allem um die Regelung eines geordneten Tagesablaufs, dazwischen ein wenig Singen, Vorlesen und Erzählen.

Dort tätig, musste Loki bereits Ende Juni 1945 einen Fragebogen der Militärregierung ausfüllen, den sogenannten Entnazifizierungsbogen. Mit dessen Hilfe wollte die britische Militärregierung die angestrebte Säuberung von nationalsozialistisch gesinnten Beamten und Angestellten einleiten. Der Bogen war umfangreich, umfasste vier Seiten und fragte detailliert Partei- und Organisationszugehörigkeiten, Dienstverhältnisse, politische Tätigkeiten, veröffentlichte Schriftwerke und Reden ab. Gleich im Vorspann ist der Duktus unmissverständlich: »WARNUNG.

Im Interesse von Klarheit ist dieser Fragebogen in deutsch und englisch verfasst. In Zweifelsfällen ist der englische Text maßgeblich. Jede Frage muss so beantwortet werden, wie sie gestellt ist. Unterlassung der Beantwortung, unrichtige oder unvollständige Angaben werden wegen Zuwiderhandlung gegen militärische Verordnungen gerichtlich verfolgt.«[4]

Loki füllte den Bogen wahrheitsgemäß aus. Über vierzig Mal trug sie ein »nein«, vier Mal ein »ja« ein: BDM (1.1.1936–1.4.1938 Scharführerin), NSV, RAD, »NSDAP: ja Anwärterin«. Ihre Unterschrift datiert vom 21. Juni 1945, den Raum für Anmerkungen ließ sie frei. Nach Abgabe des Fragebogens wurde sie einige Zeit später noch einmal auf einer Dienststelle im benachbarten Harburg mündlich befragt, danach hörte sie mehrere Wochen von den zuständigen Stellen nichts. In diesem Fall kein gutes Zeichen, denn am 27. September wurde ihr von der Schulverwaltung »im Auftrage des Bürgermeisters« mitgeteilt, dass sie ab sofort suspendiert sei. Gehaltszahlungen oder andere Bezüge ständen ihr nicht zu. Und: »Ihre Wiederverwendung in dem Amte eines Lehrers ist von einer erneuten Überprüfung Ihrer Eignung nach Absolvierung eines 6-monatigen Sonderkurses (...) abhängig.«[5] Eine Begründung ist in dem Schreiben nicht enthalten, doch ohne Zweifel waren es Angaben aus dem Fragebogen, die zu dieser Maßnahme geführt haben. Denn in dieser ersten Phase der Entnazifizierung wurde schematisch ausgewertet, individuelle Motive und Besonderheiten wurden nicht berücksichtigt. Im November verschärfte die Behörde die Suspendierung und wandelte sie in eine sofortige Entlassung um. Die Auflage zur Teilnahme des Sonderlehrgangs bleibt bestehen.[6]

Für Loki und ihren Mann war dies ein harter Schlag. Neben der Ungewissheit, wie die Sache ausgehen würde, kam eine erhebliche Verschärfung ihrer wirtschaftlichen Lage durch die Streichung des Gehalts hinzu. In mehreren Eingaben bat sie um eine finanzielle Unterstützung, die aber wurde nicht gewährt. Da die Suspendierung erst am 22. Oktober per Post bei ihr eingegangen war, hatte sie bis zu diesem Zeitpunkt ihren Dienst getan, musste aber nun sogar das Oktobergehalt zurückzahlen. Entmutigen ließ sie sich nicht. Sie ging gegen die Entlassung an, und sie war entschlossen, mit anderen Arbeiten den Lebensunterhalt zu sichern. In den nächsten 14 Monaten arbeitete sie als Putzfrau, nähte abends Kinderkleider oder strickte Pullover für Bauern in der Umgebung und besser gestellte Familien.

Inzwischen hatte Helmut Schmidt im November 1945 sein Volkswirtschaftsstudium an der Universität Hamburg aufgenommen, seinem eigentlichen Wunsch nachzugehen und Architektur zu studieren, wäre mit einem längeren Studium und auch mit einem Weggang aus Hamburg verbunden gewesen. Beides kam nicht infrage. Um ihr Einkommen aufzubessern übernahm Helmut Schmidt kleinere Aufträge von Selbstständigen, z. B. das Erstellen von Steuererklärungen. Einige Male gingen Loki und Helmut zusammen auf Hamstertour, meist aber ohne großen Erfolg. Auf dem Schwarzmarkt ging es besser, hier verkaufte Helmut ihre Bezugskarten für Zigaretten. Aus dem Wald Brennholz zu stehlen, gehörte fast zur Normalität für das Ehepaar. Wegen der günstigen Gelegenheit zum »Holzklau« in Neugraben erhielten die beiden sogar eigens dafür Übernachtungsbesuch. »Wenn eine Bekannte aus Hamburg zum Holzklauen zu uns raus kam, dann schlief ich in der Mitte. Wenn es sich um ein männliches Wesen handelte, schlief Helmut in der Mitte.«[7]

Zu allem Unglück erlitt Loki am Heiligabend 1945 eine Fehlgeburt. In einem Schreiben an die Schulverwaltung vom März 1946, in dem sie ausführlich über ihre »besonders harte Notlage« berichtet und finanzielle Unterstützung erbittet, heißt es dazu: »Ich bin seit 4 Jahren verheiratet, mein Mann war 8 Jahre Soldat (1937 eingezogen), er steht jetzt mit 27 Jahren am Beginn des 2. Semesters und ist seit Mai 1945 ohne jedes Einkommen oder Beihilfen und dergl. Wir haben in diesem Kriege zweimal einen vollständigen Haushalt verloren, das zweite Mal im April 1945. Da wir für die zweite Wohnungseinrichtung alles Ersparte verbraucht hatten, sind wir zur Zeit ohne jegliche Mittel. Die beiderseitigen Eltern und alle näheren Verwandten sind gleichfalls total ausgebombt und wohnen in kümmerlichen Verhältnissen, so dass wir unseren eigenen Hausstand führen müssen. (…) Mein eigener Vater muß wegen Invalidität selbst unterstützt werden. Durch die Teilnahme am Sonderlehrgang kann ich neben meiner Hausarbeit nur unter großer Anspannung einem Nebenverdienst nachgehen. (…) Die Überlastung führte im Winter zu einer Fehlgeburt mit Bettlägerigkeit, Klinikaufenthalt und Operation.« Unter diesen Umständen konnten die Schmidts die Arzt- und Klinikkosten nicht begleichen. Loki bat um Befreiung, die ihr schließlich gewährt wurde.[8]

Ihr Sonderlehrgang, im Jargon der Zeitgenossen »Entbräunungskurse« genannt, lief von Ende 1945 bis in das Frühjahr 1946. Für Loki war damit ein weiter Weg verbunden, denn der Kurs fand im Pädagogischen Institut der Universität im Grindelviertel statt. In den Seminarräumen war es in den harten Wintermonaten bitterkalt, die Zugverbindungen waren schlecht und unzuverlässig, sodass sie immer erst am späteren Nachmittag nach Neugraben zurückkehren konnte. Die Themen im Sonderlehrgang waren vorrangig geschichtlicher und kulturkundlicher Natur, dennoch wurden die Beiträge der Teilnehmer wohl sorgfältig registriert. In einem der Dokumente aus der Schulverwaltung heißt es, dass Hannelore Schmidt sich an den Aussprachen in diesem Lehrgang »lebhaft beteiligt« habe. »Dabei wurde eine entschieden demokratische und kriegsgegnerische Haltung deutlich. Dabei ist sie nicht eigentlich politisch interessiert, nimmt vielmehr zu allen Fragen aus dem Bewusstsein inniger Verbundenheit mit der Schuljugend unter dem Gesichtspunkt der Erziehung zur Menschlichkeit Stellung.«[9]

Nach Beendigung des Lehrgangs wendete sie sich Anfang Mai 1946 mit einen offiziellen »Einspruch gegen die Entlassung der Lehramtsanwärterin Hannelore Schmidt« direkt an die »Militärregierung Hamburg« und beantragte ihre Wiedereinstellung. Zwei Gutachten von Oberschulrat Fritz Köhne und Lehrer Ernst Peters fügte sie bei, später sandte sie noch ein drittes Schreiben von ihrem ehemaligen Kollegen am Bauerberg und dem inzwischen kommissarischen Schulrat Christian Bollmann. Alle drei Gutachten relativieren ihre Tätigkeit als Scharführerin, bestätigen die zwanghafte Situation ihres Eintritts in den BDM und ihre Ablehnung gegenüber dem NS-System. Besonders Fritz Köhne und Ernst Peters, ehemaliger Lehrer an der Versuchsschule Berliner Tor, betonen die Anti-Nazi-Haltung ihrer Eltern. So schreibt Köhne: »Frau Schmidt stammt aus einem sozialdemokratischen Elternhause; sie hat diese Tradition in ihrer politischen Überzeugung nie verleugnet. Im Kollegium schloss sie sich eng an zwei Lehrer an, die ebenfalls schärfste Gegner des Nationalsozialismus waren.«[10]

Natürlich, Gutachten dieser Art haben bei der Entnazifizierung eine große und nicht unumstrittene Rolle gespielt. Auch viele Täter verschafften sich entsprechende Zeugnisse, nicht ganz ohne Grund sprach man von »Persilscheinen«. Im Fall von Hannelore Schmidt waren die Schriftstücke jedoch unzweifelhaft Ausdruck ehrlicher Meinungen und stellten die tatsächlichen Sachverhalte korrekt dar.

Inzwischen hatte Loki auch noch einmal einen zweiten Fragebogen ausfüllen müssen. Seit dem März 1946 hatten die Briten die Entnazifizierung an die deutschen Behörden übertragen und zur besseren Differenzierung war eine Kategorisierung in fünf Stufen – von Hauptschuldigen bis Entlastete – eingeführt worden. Natürlich wiederholte Loki ihre Antworten auch in diesem zweiten Bogen exakt, aber dieser zweite Bogen enthielt nun wesentliche Anmerkungen und Präzisierungen, die für das weitere Verfahren mit Sicherheit hohe Bedeutung hatten. So finden sich hier die später vom Berlin Document Center bestätigten Einlassungen zu ihrer »erzwungenen« NSDAP-Anwartschaft, die zeitliche Eingrenzung dieser Anwartschaft auf die Jahre 1940 bis 1942 und der Verweis auf den Rückzug von ihrem Antrag auf Mitgliedschaft in der NSDAP im März 1942. Anders als im ersten Fragebogen konnte Loki Schmidt jetzt auch die Angabe ihrer Mitgliedschaft in der NSV auf die Jahre 1940 bis 1942 präzisieren.

In den persönlichen Akten von Loki Schmidt, abgelegt im Langenhorner Archiv, existieren handschriftliche Notizen von Helmut Schmidt, die nahelegen, dass die beiden sich intensiv über die Einträge auf diesem zweiten Fragebogen ausgetauscht und gemeinsam nach Formulierungen gesucht haben. Helmut Schmidt fertigte sogar englische Übersetzungen an, offenbar waren die beiden davon ausgegangen, dass diese im weiteren Verfahren von Bedeutung sein könnten. Dies alles zeigte aber auch, wie sehr er sich für seine Frau eingesetzt und ihr in dieser schweren Zeit den Rücken gestärkt hat.

Auch in dieser zweiten Runde der Entnazifizierung sollte es eine längere Zeit dauern, bis es zu einer Entscheidung kam. Erst im November 1946 wurde über die Akte Hannelore Schmidt entschieden. Sie wurde nicht, wie die meisten dieser Fälle, als »Mitläufer« (Kategorie 4), sondern in die fünfte Kategorie und damit als »entlastet« eingestuft.[11] Kurz vor Weihnachten endlich erhielt Loki die Nachricht, dass ihr Einspruch gegen die Entlassung positiv beschieden und sie wieder eingestellt sei. Ihre neue Dienststelle wurde die nahegelegene Schule Fischbek, wo sie Mitte Januar 1947 ihren Dienst aufnahm. Und – für das Ehepaar nicht unerheblich – die Stadt zahlte ihre Bezüge bereits wieder ab dem 26. Dezember 1946. Wenn auch die alte Reichsmark nicht mehr viel wert war und es wenig zu kaufen gab, wussten alle, dass es irgendwann eine neue Währung geben würde. Bis zum 20. Juni 1948 sollte das jedoch noch dauern.

Das Jahr 1946 war aber nicht nur ein Jahr der Sorgen und Nöte. Es war auch ein Jahr des beginnenden Aufbruchs. Helmut Schmidt begann – unter den Einflüssen seines Mentors aus der Gefangenschaft, Hans Bohnenkamp, später Professor an der Pädagogischen Hochschule in Celle –, sich politisch zu orientieren. Im April 1946 traf er Bohnenkamp in Celle wieder, im Mai 1946 trat Schmidt der SPD bei, besuchte Versammlungen und wurde in seinem Wohnbezirk Neugraben nach seiner ersten Rede Vorsitzender der dortigen Jusos. Im Frühherbst 1946 wurde er zum ersten Vorsitzenden des Sozialistischen Studentenbundes (SDS) in Hamburg gewählt, 1947/48 war er sogar Bundesvorsitzender des

SDS. Loki unterstützte diese Aktivitäten, denn ein Mann, der sich nach den Erfahrungen in der Zeit des Nationalsozialismus nicht hätte sozial und politisch engagieren wollen, entsprach nicht ihrem Ideal. Demokratie und soziale Gerechtigkeit waren auch für sie die Grundpfeiler ihrer politischen Haltung. Für die politischen Fragen, wie es in Deutschland weitergehen sollte, interessierte auch sie sich, selbst in die SPD einzutreten, kam jedoch für sie nicht infrage. Denn bei all ihren Verpflichtungen hatte sie schlicht keine Zeit für ein Partei-Engagement. Allerdings half sie ihrem Mann, z. B. beim Malen und Herstellen von Plakaten für die erste Bürgerschaftswahl im Oktober 1946, bei der die SPD mit ihrem, aus der Emigration zurückgekehrten Kandidaten Max Brauer die absolute Mehrheit erreichte. Und auch an den Wochenendtreffen des SDS nahm sie häufig teil. Hier im Kreis von jüngeren Leuten und Gleichgesinnten fand sie eine kameradschaftliche, politisch und kulturell anregende Atmosphäre. Bei den Zusammenkünften des Hamburger SDS lernte sie auch Friedel und Willi Berkhan kennen. Zwischen den beiden Paaren entwickelte sich eine Freundschaft, die buchstäblich ein Leben lang hält.

Im Januar 1947, eineinhalb Jahre nach der offiziellen Wiedereröffnung der Hamburger Schulen, stand Loki Schmidt zum ersten Mal wieder vor einer Klasse. Zudem war sie erneut schwanger und hoffte sehr, dass dieses Mal alles gut gehen würde. Materiell ging es dem Ehepaar nun etwas besser, wenn auch mit ihrem Gehalt kein Reichtum verbunden war. Das Geld blieb knapp – so knapp, dass, als Helmut sich im Sommersemester 1949 zum Examen anmeldete und er 100 DM Gebühren einzahlen musste, Loki um einen »Gehaltsvorschuss in Höhe von 50 DM, rückzahlbar in zwei Raten« bei der Schulverwaltung bitten musste.[12]

Der Schulbetrieb in Fischbek verlief relativ normal. Wie überall fehlte es allerdings an Unterrichtsmaterialien, Papier und Schreibzeug. Die Briten hatten den Gebrauch der alten Nazischulbücher bei Strafe verboten, neue waren allerdings noch nicht vorhanden. So behalfen sich die Lehrer mit selbst erstellten Materialien, mit Büchern und Fibeln aus den Weimarer Jahren oder selbst zensierten Schulbüchern der NS-Zeit. Passagen zu Führer und HJ wurden unerlaubterweise rausgeschnitten, einzelne Sätze geschwärzt. Zum Glück war das Gebäude der Fischbeker Schule unzerstört geblieben, Schichtunterricht war daher nicht nötig. Allerdings machte sich die schlechte Ernährungslage auch hier bemerkbar. Lokis Schulkinder waren unterernährt, schnell müde und unkonzentriert.

Tochter Susanne

Der Wunsch nach einer eigenen großen Familie hatte auch nach dem Tod des Erstgeborenen Helmut Walter Bestand. Die Fehlgeburt im Winter 1945/46 hatte Loki Schmidt daher hart getroffen. Umso glücklicher waren sie und ihr Mann, als sie im Sommer 1946 erneut schwanger wurde und die Schwangerschaft einen guten Verlauf nahm.

Anfang März begann für Loki der Mutterschutz, der Arzt hatte offenbar die Geburt auf einen Apriltermin und damit zu früh berechnet.[13] Als die Geburt Anfang Mai tatsächlich bevorstand, zog sie zu Freunden nach Hamburg, die in der Nähe des Eppendorfer Universitätskrankenhauses wohnten. Loki und ihr Mann wollten kein Risiko eingehen.

Ihre Sorgen waren unbegründet, alles ging gut: Ihre Tochter Susanne kam am 4. Mai 1947 gesund auf die Welt. Loki war glücklich, ihr Leben hatte sich trotz der vielen Schwierigkeiten und Notlagen in diesen beiden ersten Jahren der Nachkriegszeit zum Guten gewendet. Mit ihrer Mütterkarte, die sie nach der Geburt für den Bezug von Lebensmitteln erhielt, wurde die Ernährungslage der Familie ein wenig besser.

Nach den Sommerferien konnte Loki ihren Dienst in der Fischbeker Schule wieder aufnehmen. Manchmal musste sie Susanne im Kinderwagen mitnehmen, während Helmut Schmidt an der Universität Vorlesungen und Seminare besuchte oder in der Bi-

Mit Susanne, 1948

bliothek arbeitete. Hin und wieder übernachtete er sogar bei Freunden in der Stadt, denn die Verbindungen nach Neugraben waren nach wie vor schlecht.

Bei den Kollegen in der Schule fand die junge Mutter Verständnis und Unterstützung: »In der großen Pause brauchte ich keine Aufsicht zu führen, damit ich mich um mein Kind kümmern konnte: Füttern, neu bünzeln, und dann habe ich sie wieder unter einen Fliederbusch gestellt. 1947 war ein ausgesprochen freundlicher Sommer, es hat so gut wie nie geregnet, sodass ich keine Sorge zu haben brauchte, dass das Kind nass würde.«[14]

Noch ein Jahr blieb die Familie in Neugraben wohnen, dann ging es zurück über die Elbe, in die Stadt. Für Loki war damit vor allem der Wunsch nach besseren Wohnverhältnissen und Teilhabe an dem wieder aufblühenden Kulturleben verbunden, für Helmut bedeutete dies einen kürzeren Weg zur Universität und zu seinen politischen Treffen von SDS und Partei. Auch nach dem Studium würde ein Arbeitsplatz für ihn eher in der Stadt als hier in den südlichen Vororten zu finden sein.

Spaziergang, 18. Juli 1948

Nach dem Umzug der Familie Schmidt 1948 nach Hamburg-Othmarschen wurde es mit Susannes Versorgung ein wenig schwieriger. Das Kind konnte inzwischen laufen, und der Vater musste nun regelmäßig morgens zum Kinderdienst zu Hause bleiben. Klappte das nicht, griff Loki zu ungewöhnlichen Maßnahmen, sie ließ die Tochter auch mal für wenige Stunden allein in ihrem Ställchen. »Heute würde man wegen Grausamkeit verklagt!«, kommentierte sie das 60 Jahre später mit einiger Berechtigung. Doch in der damaligen Situation wusste sie um keine Alternative: »Im Dezember 1948 machte mein Mann eine längere Studienfahrt nach England. Da wusste ich nun gar nicht mehr, was ich mit unserer Tochter machen sollte. Jeden Tag wollte ich sie nicht alleinlassen. (...) Ich hab dann ein Kinderheim gefunden bei der Klopstockkirche in der Nähe des Altonaer Rathauses, wo man sie aufgenommen hat. Ich bin also morgens vor der Schule über eine halbe Stunde mit dem Kind nach Altona geradelt und dann von dort eine Stunde nach Osdorf zur Schule. Und das Ganze retour.«[15]

Die Schwierigkeiten der berufstätigen Mutter waren das eine, die Freuden im Zusammenleben mit Mann und Tochter waren das andere. Loki war eine fürsorgliche Mutter, strickte und schneiderte für ihre Tochter, kochte und machte ein, verbrachte nach der Schule viel Zeit mit ihr, und wenn Helmut am Wochenende Zusammentreffen mit seinen Kommilitonen vom SDS hatte, begleiteten ihn Loki und Susanne, wann immer es ging. Dass Loki sich eine große Familie wünschte, darin wurde sie durch das neue Leben mit Susanne nur bestärkt. Und bei ihrem Mann war das nicht anders. Vor allem als dieser im Sommer 1949 eine feste Stelle im Hamburger Staatsdienst gefunden und sich ihre wirtschaftliche Situation verbessert hatte, war der Wunsch nach einem weiteren Kind bei den beiden Eheleuten besonders stark. Fünf Mal noch hatte Loki Schmidt in den nächsten Jahren die Hoffnung, dass der Wunsch sich erfüllen würde, fünf Mal wurde sie schwanger, doch jedes Mal erlitt sie eine Fehlgeburt.

Diese Jahre mit dem starken Kinderwunsch waren für Loki Schmidt eine schwere Zeit, letztlich blieb dieser existenzielle Wunsch in ihrem Leben unerfüllt. Natürlich bewegte Loki die Frage nach der Ursache ihrer Fehlgeburten. In ihrem letzten Lebensabschnitt machte sie einige Male auf eine Erkrankung an Toxoplasmose aufmerksam, eine hinreichende medizinische Erklärung für die vielen Fehlgeburten fand sie jedoch nicht.

Von ihrer Tochter hielt sie das Thema fern, auch in der Öffentlichkeit sprach sie erst anlässlich der publizistischen Aufarbeitung ihres Lebens darüber. Irgendwann in den Tagen um Lokis 90. Geburtstag kam das Ehepaar in einem gemeinsamen Gespräch noch einmal auf ihre frühere Familienplanung zurück: »Wir haben darüber geredet, Helmut und ich, wie anders unser Leben verlaufen wäre, wenn wir zum Beispiel vier Kinder gehabt hätten, oder fünf. Ich wollte als junger Mensch ja sogar sechs Kinder haben. Und dann wäre wohl vieles anders gewesen. Ich zum Beispiel hätte keine Expeditionen machen können, wäre viel mehr Mutter und Hausfrau gewesen. Und natürlich wäre Helmut auch in seiner freien Zeit mehr daran gelegen gewesen, sich um seine Kinder zu kümmern als um irgendwelche Themen in der Politik.«[16] Der unerfüllte Wunsch nach einer großen Familie ist ganz offensichtlich für Loki Schmidt ein Lebensthema geblieben.

Der Aufschwung der fünfziger Jahre

Die fünfziger Jahre in Deutschland waren die Jahre des Wiederaufbaus und des wirtschaftlichen Aufschwungs. Nach den schrecklichen Kriegs- und schwierigen Nachkriegsjahren genoss die Bevölkerung die zunehmende Normalität des Alltags und die Möglichkeiten am Wirtschaftswunder, wenn auch meist in bescheidenem Maße, zu partizipieren. Vor allem drei Faktoren waren für diesen wirtschaftlichen Aufstieg zentrale Voraussetzungen: Die Währungsreform vom Juni 1948 mit der Einführung der

D-Mark, die Zusammenführung der drei Westzonen zur am 23. Mai 1949 gegründeten Bundesrepublik Deutschland und die außenpolitische Anbindung der Bundesrepublik an den Westen. Bei der ersten Wahl zum Deutschen Bundestag im August 1949 lagen die Christdemokraten knapp mit 1,8 Prozent vor der SPD. Viele politische Beobachter hatten das nach den Erfahrungen mit NS-Diktatur und Krieg anders erwartet. Auch Loki und Helmut Schmidt waren enttäuscht, zum Glück hatte die SPD allerdings in Hamburg bewiesen, dass sie durchaus bei Wahlen mehrheitsfähig sein konnte. Am 15. September 1949 wurde Konrad Adenauer mit einer Stimme Mehrheit zum ersten Bundeskanzler der neuen Bundesrepublik gewählt. Sein Amtssitz wurde das Palais Schaumburg. Dass Loki 25 Jahre später einmal dort nur wenige Meter entfernt in einem modernen Bungalow wohnen und ihr Mann das gleiche Büro wie Konrad Adenauer beziehen würde, ahnte damals wohl niemand.

Wie für viele Familien brachten die fünfziger Jahre auch für die Schmidts eine zunächst langsame, aber stetige Verbesserung ihrer wirtschaftlichen und beruflichen Situation. So gesehen waren auch für Loki Schmidt die Fünfziger ein gutes Jahrzehnt. Über eine lange Zeit von 13 Jahren konnte sie nun endlich an einer Schule verbleiben, konnte ohne jede politische Einschränkung unterrichten und eine eigene professionelle Berufsidentität entwickeln. Ihre Wohnungssituation verbesserte sich, 1954 konnten sie ein erstes kleines Reihenhaus erwerben. Anders als bei vielen anderen deutschen Familien hatte Loki aber auch persönlich dafür einen durchaus hohen Preis zu zahlen. Da ihr Mann sich ab 1953 aktiv an der politischen und wirtschaftlichen Neugestaltung des Landes als Bundestagsabgeordneter beteiligte, führte Loki von diesem Zeitpunkt an über weite Strecken faktisch ein Leben ohne den Ehepartner und Vater ihrer Tochter.

Wohnung Lindenallee, heute Corinthstraße in Hamburg-Othmarschen, April 1948

Neue Wohnung, neue Schulen

Von Neugraben zogen die Schmidts im April 1948 ins vornehme Othmarschen, in eine Villa in der Lindenalle, der heutigen Corinthstraße. Ganz so luxuriös, wie sich die Adresse heute anhört, war die Situation allerdings nicht. Unten wohnten die Besitzer der Villa, oben teilten sich die Schmidts eine Art Einliegerwohnung mit zunächst drei, später zwei weiteren Parteien. Zwei Zimmer gehörten der Kleinfamilie Schmidt, Bad und Küche wurden von allen Mietern genutzt. Absprachen waren notwendig, gelegentliche Querelen blieben nicht aus.

Für die wirtschaftliche Situation aller Menschen im Nachkriegsdeutschland war der 20. Juni 1948, der Tag der lang ersehnten Währungsreform, ein herausragender Einschnitt. Ab dem nachfolgenden Montag konnte man in den Geschäften nur noch mit der neuen Währung bezahlen, die Reichsmark hatte ausgedient.

Loki war erstaunt, dass plötzlich die Schaufenster der Einkaufsläden volle Auslagen hatten. Auch die Händler hatten auf diesen Tag und die neue harte Währung gewartet. Freudig begrüßt wurde das sogenannte Kopfgeld, das allen Bewohnern der drei Westzonen ausgezahlt wurde: Zunächst 40 DM, wenig später noch einmal 20 DM. Selbstverständlich kaufte Loki von dem neuen Geld auch ein paar Päckchen Zigaretten.

Im angrenzenden Stadtteil Hamburg-Osdorf wurde ihr nach den Sommerferien eine neue Schule zugewiesen, allerdings blieb sie hier nicht lange. Die zackige, altbackene Pädagogik und das etwas seltsame Kollegium, das die Pausen getrennt nach Männern und Frauen verbrachte, missfielen ihr. Also fuhr sie in die Schulbehörde und erklärte ihrem Schulrat, dass sie an die Schule Hirtenweg versetzt werden wolle.[17] Keine beliebige Schule, nein, eine Schule mit einem guten Ruf und einem reformpädagogisch eingestellten Schulleiter. Dass der dortige Schulleiter Dammann nicht jeden Bewerber nahm, das wusste Loki Schmidt, sie konnte ihn aber im Bewerbungsgespräch mit ihren Erfahrungen an den Versuchsschulen und den eigenen, darauf aufbauenden Vorstellungen überzeugen.

Schon zu Ostern 1949 konnte sie ihren Dienst dort antreten, bis Ostern 1962 sollte sie an dieser Schule bleiben. Sie war nun 30 Jahre alt, und hatte, wenn man die Kinderlandverschickung hinzuzählt, unter schwierigen Bedingungen an nun bereits fünf Stationen pädagogische Erfahrungen sammeln können. Nur zum Vergleich: Heute liegt das Eintrittsalter in das Referendariat des Hamburger Schulwesens im Durchschnitt bei knapp über 30 Jahren. Für Loki wurden es 13 gute Lehrerjahre am Hirtenweg. Hier fand sie die kollegiale Akzeptanz und die nötige Unterstützung für ihre pädagogischen Ansätze. Die Schule Hirtenweg verließ sie nur, weil sie mit ihrer Familie von Othmarschen ins weit entfernte Langenhorn zog.

Im Sommersemester 1949 machte Helmut Schmidt sein Examen als Diplom-Volkswirt. Loki war ein wenig »gnatterig«, wie sie es nannte, dass er ein Semester länger als nötig gebraucht hatte – wobei es bei seinem politischen Engagement und den daraus entstehenden zeitaufwendigen Verpflichtungen fast verwunderlich ist, dass er es überhaupt so schnell geschafft hat. Und natürlich half Loki. Sie tippte seine mehr als 100 Seiten lange Diplomarbeit – ein Vergleich der japanischen und deutschen Währungsreformen nach dem Zweiten Weltkrieg – in mühseliger Abend- und Nachtarbeit auf einer Reiseschreibmaschine ins Reine.

Nach bestandenem Examen nahm Helmut Schmidt die Stelle eines Referenten in der Wirtschaftsbehörde an. Sein oberster Chef wurde Senator Karl Schiller, vormals Professor für Wirtschaftstheorie an der Universität Hamburg und Schmidts akademischer Lehrer. Der berufliche Aufstieg Schmidts ging rasant vonstatten. Schon bald wurde er zum Abteilungsleiter ernannt, 1952 wurde er Verkehrsdezernent und Amtsleiter.

Die wirtschaftliche Situation der Familie entspannte sich mit der Berufstätigkeit von Helmut Schmidt merkbar. Sein Anfangsgehalt lag bei etwa 300 DM netto, zusammen hatten die beiden ein Einkommen von deutlich mehr als 500 DM. Dass es der Familie nun in den frühen fünfziger Jahren deutlich besser ging, zeigen nicht zuletzt die Reiseaktivitäten: In den Schulferien zog es die Familie an die Seen in Schleswig-Holstein oder in die Berge des Harzes, aber auch wie 1951 mit einem Frachter der Reederei Ullmann nach Schweden, 1952 ging es nach Salzburg und 1953 nach Frankreich zu einer großen Rundreise.

Beinahe wäre im Sommer 1950 Helmut Schmidts erste große Dienstreise mit einer Wirtschaftsdelegation in die USA für die Familie zu einem Wendepunkt geworden. Nach Abschluss der offiziellen Geschäfte fuhr Schmidt zu einem Verwandtenbesuch nach Duluth in Minnesota, wohin die Familie eines Onkels ausgewandert war. Dort in Duluth hatte Onkel August Hanft mit beträchtlichem Erfolg eine kleine Eisengießerei aufgebaut. Helmut Schmidt war beeindruckt, und als Onkel August dem alerten und offenbar ökonomisch kompetenten, jungen Verwandten einen leitenden Posten anbot, kam dieser ins Grübeln. Kaum zu Hause besprach er mit seiner Frau mögliche Amerikapläne, doch Loki war deutlich reservierter als ihr Mann. Am Ende blieben sie in Hamburg, Karriere, das weiß man heute, sollte er auch hier machen.

1952 zog es die Schmidts aber erst einmal nach Barmbek, in eine Mietwohnung der gewerkschaftseigenen Wohnungsbaugesellschaft Neue Heimat. Ihre Wohnung lag am begrünten – inzwischen parkähnlichen – Schwalbenplatz, dem Zentrum einer großen Wohnanlage der zwanziger Jahre im typisch hamburgischen Backsteinstil. Im Krieg waren viele der Häuser hier schwer beschädigt, 1949 bis 1952 aber im ursprünglichen Stil wieder rekonstruiert worden. Für Loki war der Wohnungswechsel eine Rückkehr in vertraute Strukturen, wie sie diese von der Horner Wohnung ihrer Eltern kannte. Für den baldigen sozialdemokratischen Bundestagsabgeordneten Schmidt war das nördliche Barmbek Stammland seiner potenziellen Wählerschaft. Nach den vielen Jahren des beengten Wohnens war die Freude über die neue Wohnung bei Loki riesig. Die beiden Eheleute hatten genug Geld, um einiges für die Wohnung neu anzuschaffen. Auch den Freunden erschien die Wohnung luxuriös: »Sie war mit eigenen Möbeln eingerichtet, und Loki hatte Fenstervorhänge aus Dralon genäht. (...) Wir waren begeistert von dieser Neuerung.«[18]

Auch für Susanne brachte die neue Wohnsituation eine Verbesserung. »Da gab es eine Grünfläche zum Spielen, mit viel Klee bewachsen, und meine Mutter und ich haben vierblättrige Kleeblätter gesucht. Es gab auch einen Sandkasten, in dem ich mich getummelt habe, und wir haben mindestens in einem Jahr die

Sommerschulferien dort verbracht. Für meine arme Mutter kann das nicht besonders aufregend gewesen sein, denn sie war die ganze Zeit da und hat mit mir gespielt.«[19]

Lokis Weg von Barmbek nach Othmarschen zu ihrer Schule dauerte mehr als eine Stunde. Sie fand eine Frau, die auf Tochter Susanne aufpasste, wenn sie in der Schule war. Manchmal halfen auch die Schwiegereltern. Klappte das alles nicht, musste Susanne mit in die Schule. Sie saß dann in einer Ecke im Klassenraum, beschäftigte sich selbst oder hörte zu und lernte auf diese Weise gleich mit. Als sie 1953 am Hirtenweg eingeschult werden sollte, konnte sie bereits fließend lesen und in Druckschrift schreiben. Auch Rechnen hatte sie durch Monopolyspielen mit der Mutter geübt. Dementsprechend ließ Loki Susanne gleich in die zweite Klasse gehen. Der Klassenlehrer bemühte sich rührend um die Tochter der Kollegin. In Klasse drei und vier unterrichtete Loki das Fach Handarbeiten, wobei sie auch Susannes Klasse übernahm. Bei der Feier zur Umbenennung der Schule Othmarscher Kirchenweg in Loki-Schmidt-Schule im Jahr 2012 berichtete Susanne Schmidt davon, dass ihr das Stricken, Häkeln und Sticken großen Spaß gemacht habe, nicht jedoch, dass die Mutter ihre Lehrerin war. »So hat mir meine Mutter häufiger gesagt, das hast du wirklich schön gemacht und hättest eigentlich eine Eins verdient, aber die kann ich dir nicht geben, denn sonst sagen die Leute, die bevorzugt ihre Tochter. Das verstehst du doch!? Und ich hab immer ganz brav genickt, denn sie hatte ja Recht, aber fair fand ich das überhaupt nicht.«[20]

Im Dezember 1954 erwarben die Schmidts ein kleines Reihenhaus von der Wohnungsbaugesellschaft Neue Heimat im Zickzackweg in Hamburg-Othmarschen. Eine kleine neue Siedlung im ansonsten großbürgerlichen Villenviertel. Das Geld für den Hauskauf musste sich das Ehepaar bei der Bank leihen. Sie waren jetzt hoch verschuldet. Das neue Häuschen war schmal und hatte zwei Stockwerke, ein »Scheibenhaus«, wie Loki es nannte. Vor allem aber lag es ganz nah an Lokis und Susannes Schule, die beiden konnten von nun an zu Fuß zur Schule gehen.

Reihenhaus der Schmidts im Zickzackweg (links), Spätsommer 1955

Lernen bei Frau Schmidt

Spricht man heute mit ehemaligen Schülern Loki Schmidts aus der Schule Hirtenweg, so vermitteln diese nicht nur das Bild einer anerkannten und beliebten Lehrerpersönlichkeit, sondern auch Erinnerungen an einen lebendigen und lehrreichen Grundschulunterricht. Denn bei allen reformpädagogischen Idealen – Frau Schmidt wollte schon, dass am Ende des vierten Schuljahres möglichst viele ihrer Schülerinnen und Schüler den Wechsel auf die höhere Schule schafften. Dafür war es dann besonders in der vierten Klasse nötig, dass es auch intensive Übungsphasen gab, Loki Schmidt nannte das »Bimsen«.

Ansonsten hatte sie für ihren Unterricht ein ausgeklügeltes und innovatives System von festen Ritualen, Regeln, unterschiedlichen Arbeitsformen und dem Besuch außerschulischer Lernorte entwickelt. Ihr Leitziel war, so wie sie es selbst in der Lichwarkschule erlebt hatte, die Schüler zum eigenständigen Lernen und

Arbeiten zu ermuntern. In der schriftlichen Arbeit für ihre zweite Lehrerprüfung, die sie erst 1955 verfasste – in den Kriegs- und Nachkriegswirren hatte die Schulbehörde Loki Schmidts zweite Prüfung schlicht vergessen –, hat sie die besonderen Arbeitsformen der eigenständigen Grundschularbeit anschaulich beschrieben.

Besonders wichtig war ihr, dass das Lernen themenbezogen und praktisch war. Im 4. Schuljahr stand z. B. das Thema Hafen im Mittelpunkt. Eine ganze Woche fuhr sie jeden Morgen in die sog. Freiluftschule Kölhbrand auf der anderen Seite der Elbe, ziemlich genau dort, wo heute der Elbtunnel beginnt. Die Freiluftschulen waren eine Errungenschaft der Weimarer Schulpolitik, die den Kindern an Volksschulen eine kostengünstige Möglichkeit der Naturerkundung bieten wollte. Morgens ging es los, für Verpflegung war vor Ort gesorgt und abends ging es wieder zurück. Hier am Köhlbrand hatte man in den fünfziger Jahren die zu erkundene Vielfalt des Hafens quasi »vor der Nase«, wie Loki sagte. Verschiedene Berufe und Arbeitsbedingungen, Schiffe und ihre Fracht, die Aufgabe der Lotsen, die Eisenbahnfähre am Köhlbrand und schließlich auch die Gezeiten mit Ebbe und Flut. Alles konnte genau beobachtet und aufgezeichnet werden. Im Elbsand konnte man Schiffe bauen und zeichnen, in der Schule anschließend Seemannslieder singen und Bilder von fremden Ländern bestaunen, Berechnungen über die Frachten machen und ein Modell des Hafens anlegen. Über mehrere Wochen arbeitete die Klasse interdisziplinär an diesem einen Thema. Ein solches Vorgehen machte nicht nur den Schülern Spaß, es faszinierte auch die Eltern.

Zum pädagogischen Konzept von Loki Schmidt gehörten auch Klassenfahrten ins Schulheim. Zum Glück sah das ihr neues Kollegium genauso, und so hatte die Schule bereits eine alte Munitionsbaracke südlich von Mölln in Schleswig-Holstein gekauft. Die Lage war wunderbar, der Zustand der Baracke hingegen erbärmlich, und da das Geld knapp war, mussten Lehrer und Eltern mit anpacken. Auch Loki beteiligte sich beim Streichen und

Loki Schmidt (sitzend, 3. v. li.) mit dem Schulkollegium Othmarscher Kirchenweg, 1959

Säubern. Im Frühsommer war es so weit, und Loki gehörte mit ihrer vierten Klasse zu den ersten Schulheimbesuchern. Die Umgebung mit der Till-Eugenspiegel-Stadt Mölln, der Salzstraße und dem unberührten Tal des Hellbaches hatte sie bereits vorab erkundet. So wusste sie, was mit den Kindern zu tun war. Natürlich gehörten die Naturbeobachtung, das Botanisieren und der Bau eines kleinen Staudamms am Hellbach zu ihrem Programm. Trotz seiner zeitaufwendigen Tätigkeit als Amtsleiter in der Behörde und dem Wahlkampf zur Bundestagswahl im September 1953 kam Helmut sie am Wochenende besuchen.

Loki Schmidts außergewöhnliche Grundschularbeit war inzwischen auch bei den Lehrerbildnern an der Universität bekannt geworden. Man schickte einzelne Studierende für ein Praktikum zu ihr nach Othmarschen oder hospitierte mit einem kompletten Seminar in ihrem Unterricht. Viele der Lehramtsstudierenden lernten hier Unterrichtsmethoden kennen, von denen sie zuvor noch nie etwas gehört hatten: »Lehrspaziergänge« zum Beispiel, eine Spezialität der Kollegin Schmidt. Um die nähere und weitere Umgebung der Kinder zu erkunden, ging es regelmäßig für einen Vormittag raus aus der Schule. Zum Beispiel in das Ortszentrum, um Geschäfte und Verkehrsführung zu erkunden, in die Kunsthalle, um ein bestimmtes Bild zu besprechen, in die nahegelegen Natur, um Pflanzen zu bestimmen oder auch auf eine Baustelle, um die verschiedenen Stadien eines Neubaus und die verschiedenen Gewerke kennenzulernen.

Nicht immer so erfolgreich wie in ihrer Grundschularbeit war Loki Schmidt bei ihren gelegentlichen Einsätzen als Fachlehrerin für Handarbeiten und Biologie in den höheren Klassen ihrer Volks- und Realschule. Folgt man Schülerberichten, musste auch die erfahrene Pädagogin hin und wieder beim Biologieunterricht mit unmotivierten Schülern kämpfen oder ließ sich von den Mädchen im Unterricht auch schon mal von ihren eigentlichen Zielen ablenken. »Frau Schmidt erzählt gern von ›Jugenderinnerungen‹«, heißt es in der Schülerzeitung der Abschlussklasse 1961. »So vergehen die zwei Handarbeitsstunden. Viel geschafft haben wir nicht, aber uns sehr gut mit Frau Schmidt unterhalten.«

Und dass »Frau Schmidt« in Disziplinfragen eine Meinung vertrat, die selbst in den fünfziger und sechziger Jahren nicht von allen geteilt wurde, soll hier auch nicht unerwähnt bleiben. Fiel ein Schüler allzu sehr aus der Rolle, verteilte sie in ihren Grundschulklassen schon mal einen »Backs« oder »Klaps«, wie sie es als Hamburgerin nannte. Sie hielt das für sinnvoller als unendliches Reden und Ermahnen. Mit den Eltern besprach sie ihre Haltung auf dem ersten Elternabend, Widerspruch dazu gab es nach ihrer Erinnerung nie. Als sie diese Meinung 2005 bei der Präsentation ihres Buches *Mein Leben für die Schule* noch einmal wiederholte und verteidigte, rauschte der Blätterwald vernehmbar.

Neues Kulturleben

Bereits 1946 hatten Loki und ihr Mann begonnen, sich wieder für das Kulturleben zu interessieren. Vor allem Ida Ehres Kammerspiele in der Hartungstraße im Hamburger Grindelviertel waren damals für sie ein besonderer Magnet. Ida Ehre verstand ihre

Kammerspiele als moralische Anstalt, sie wollte mit ihrem Programm einen Beitrag zur kulturellen Neuorientierung ihres Hamburger Publikums leisten. Sie selbst war als Jüdin von den Nazis verfolgt worden, ihre Mutter und Schwester waren im KZ ermordet worden. Sie und ihr Theater nahmen im Nachkriegs-Hamburg eine herausragende Stellung ein. Drei ihrer ersten Produktionen spiegelten ihre Intention und die Situation, in denen sich ihre Zuschauer befanden: Thornton Wilders *Wir sind noch einmal davongekommen*, Wolfgang Borcherts *Draußen vor der Tür* und *Leuchtfeuer* von Robert Ardrey.

In die Kammerspiele pilgerten auch die Schmidts, sogar den weiten Weg von Neugraben scheuten sie nicht. Später, als die drei längst befreundet waren, erinnerte sich Ida Ehre, »dass Loki und Helmut Schmidt zu den allerersten Besuchern meines Theaters gehörten. Die Theaterbegeisterung, überhaupt die Kulturbegeisterung, war – was leider vergessen ist – nach dem Krieg grenzenlos. Wir alle hatten Überlebensschwierigkeiten und gleichzeitig doch einen unstillbaren Hunger nach Wissen über die versäumten kulturellen Ereignisse in der Zeit der Diktatur. Bei uns stellten sich die Besucher oft stundenlang nachts an, um am Morgen nach der Kassenöffnung um 9 Uhr bestimmte Karten zu bekommen. Dazu gehörte auch wiederholt das Ehepaar Schmidt.«[21]

Für Loki waren die Besuche bei Ida Ehre in den Kammerspielen wie geistige Nahrung. »Was sie uns geschenkt hat, war neu. Wir waren ja von der internationalen Literatur abgeschnitten gewesen und saugten uns bei ihr voll wie die Schwämme.«[22]

Den Kammerspielen blieben die Schmidts treu, aber auch die anderen Theater der Stadt wurden von ihnen in den nächsten Jahrzehnten regelmäßig aufgesucht: Thalia Theater, Ernst Deutsch Theater und das Schauspielhaus. Mit vielen der dort aktiven Kulturschaffenden waren sie bekannt. Die besondere Beziehung zu Ida Ehre blieb bestehen. »Es macht mich unendlich glücklich, wenn wir uns in der Öffentlichkeit begegnen und uns – trotz des illustren Kreises – heimlich Kusshände zuwerfen und über die Anwesenden hinweg ein Strom des Verstehens entsteht«, schreibt Ida Ehre am Ende der achtziger Jahre.[23]

Nach der Währungsreform konnte man endlich auch die moderne Literatur aus Frankreich, England und den USA und die verfemten deutschen Autoren wieder in Buchform erstehen. Bei Rowohlt, damals noch in Hamburg angesiedelt, erschien die preisgünstige Taschenbuchreihe Ro-Ro-Ro. Zuvor hatte es seit 1946 sogar Romane in einem großformatigen Zeitungsdruck gegeben. Wenn immer die Zeit es zuließ, griff Loki zu diesen neuen handlichen Taschenbüchern. Etliche von ihnen fanden später dann den Weg in das Ferienhaus am Brahmsee, wo sie heute noch in den Regalen stehen: Graham Greene, Fallada, Steinbeck, Hemingway, Proust und Camus. Stumme Zeugen eines Lesehungers, den heute so kaum noch jemand nachempfinden kann.

Frau eines Politikers

Durch seine Tätigkeit im Sozialistischen Deutschen Studentenbund (SDS) im öffentlichen Auftritt geschult, war Helmut Schmidt schon Ende der vierziger Jahre zu einem bekannten Redner und Politiker in der Hamburger SPD geworden. Hinzu kam schon damals eine gewisse Vielfalt seiner Themen: Wirtschaft und Währung, Handel und Verkehr sowie Europafragen waren Schwerpunkte, aber in dieser Zeit äußerte er sich auch zu Frauenfragen und Familienplanung. Oft wurde er zu diesem Thema als Vortragender eingeladen, neben ein Foto aus einer solchen Veranstaltung schreibt Loki in das Fotoalbum ein wenig spöttelnd: »Helmut, Lieblingsredner auf Frauenversammlungen.«

Auch Loki zweifelte nicht an seinem politischen Talent: Sein scharfer analytischer Verstand, seine Redegabe, sein attraktives und vorwärtsgewandtes Auftreten prädestinierten ihn, eine führende Rolle für die SPD einzunehmen. Als die Partei ihm eine Kandidatur für die Bundestagswahl im Herbst 1953 anbot und sich gleich drei Wahlkreise bei ihm meldeten, sagte er zu und entschied sich für den Wahlkreis Hamburg-Nord, wo sie auch lebten. Er wollte eigene Erfahrungen im politischen Betrieb gewinnen, eine Entscheidung für eine Laufbahn als Berufspolitiker war dies jedoch noch nicht. Loki leuchtete dieser Entschluss ein, hatte sie ja über die letzten Jahre verfolgen können, wie stark das politische Interesse ihres Mannes war und wie sehr er sich für die wirtschaftliche und politische Neugestaltung einsetzte. Da außerdem eine ihrer Maximen für ein gedeihliches Zusammenleben war, dass man nie versuchen sollte, den Partner in seiner Eigenständigkeit zu beschneiden und schon gar nicht umzuerziehen, stimmte sie den Plänen für den Bundestag zu. Mit einem für die damalige Zeit ungewöhnlichen gemeinsamen Auftritt unterstützte sie ihren Mann in diesem ersten eigenen Wahlkampf. In einem kleinen Werbefilm sieht man das Ehepaar mit Tochter Susanne aus einem U-Bahnhof auf die Straße treten, bevor sich der Kandidat an seine Wähler wendet. Für diesen Film hatte Loki Susanne eigens ein neues Kleid genäht, sie selbst trägt einen auffälligen Glockenhut im Stil der zwanziger Jahre. Ganz offensichtlich, Loki wollte, dass die Familie des Kandidaten ein gutes Bild abgibt. Die Idee zu diesem Film hatte der Filmproduzent Gyula Trebitsch, Besitzer der Real-Film, der erfolgreichsten Produktionsgesellschaft des Filmgeschäfts der fünfziger Jahre. Seine Filme *Des Teufels General* mit Curd Jürgens und *Der Hauptmann von Köpenick* mit Heinz Rühmann waren echte Kassenschlager.

In der Politik war 1953 das Medium Film als Werbeinstrument allerdings noch völlig unbekannt. Um möglichst viele Menschen zu erreichen, ließ Trebitsch seine Werbeclips für seinen Freund Helmut Schmidt an großen Hamburger U- und S-Bahnstationen laufen. Die Resonanz war so gut, dass er vier Jahre später diese Werbeaktion, dieses Mal mit einem Zeichentrickfilm, wiederholte.

Aus dieser Zusammenarbeit mit Gyula Trebitsch wurde Freundschaft. Das Ehepaar Trebitsch zählte Loki zu ihren engsten

Freunden, und als Erna Trebitsch 1991 starb, übernahm sie eine Art Mutterfunktion für deren 1949 geborene Tochter Katharina. Später produzierte die ebenfalls als Filmproduzentin tätige Katharina Trebitsch beeindruckende Porträts von Loki und Helmut Schmidt. Niemand in dieser Branche kannte die beiden so gut wie Katharina Trebitsch, kaum jemanden anders in der Medienwelt ließen die Schmidts so nah an sich heran wie sie.

Als Helmut Schmidt im September 1953 in den Bundestag in Bonn einzog, veränderte sich Lokis Leben fundamental. Ihr Mann arbeitete und lebte von nun an überwiegend in der Bundeshauptstadt, für ihre Tochter wurde sie gewissermaßen zur alleinerziehenden Mutter. Dass sie mit Susanne Hamburg verlassen und ihm nach Bonn folgen würde, stand nie zur Debatte. Zum einen war nicht klar, wie sich die politische Laufbahn ihres Mannes entwickeln würde, zum anderen wollte sie weder ihren Beruf noch das Leben in ihrer Heimatstadt aufgeben. Einfach war das nicht. Bis dato hatte sie von den politischen Aktivitäten ihres Mannes für den SDS und in der Hamburger SPD vieles miterleben können, von nun an verfolgte sie sein politisches Tun als Verkehrs- und Rüstungsexperte seiner Partei meist aus der Ferne.

Beunruhigt war sie, dass er die weite Strecke nach Bonn mit dem klapperigen VW der Familie zurücklegte. Bundestagsabgeordnete verdienten in jenen Jahren nicht sehr viel, das Kilometergeld für die Reisen zwischen Bonn und Wahlkreis war fest im Familienbudget eingeplant. Also unterstützte Loki ihren Mann in dem Plan, einen gebrauchten Mercedes Diesel 170 zu kaufen. Die dafür erforderlichen 5000 DM musste er sich als Privatkredit bei dem Hamburger Bankier Karl Klasen besorgen. Die Schmidts benötigten einige Zeit, um diesen Kredit zurückzuzahlen. Loki führte Buch über die Kassenlage. Später, in den Kanzlerjahren von Brandt und Schmidt, spielte Klasen als Präsident der Bundesbank eine gewichtige Rolle in Finanz- und Wirtschaftsfragen. Die Geschichte mit dem Autokredit haben Loki und Helmut Schmidt des Öfteren gern erzählt.

In Bonn kam der rhetorisch begabte Jungpolitiker bei den vielen älteren Kollegen der Fraktion gut an. Seine Schlagfertigkeit und sein Sachverstand, gerade im Verkehrswesen, waren gefragt. Das Straßen- und Schienennetz in Deutschland war ein Desaster, Verbesserungen waren für den wirtschaftlichen Wiederaufstieg gerade in diesem Bereich fundamental. Die Lage seiner Partei war allerdings im 2. Deutschen Bundestag wenig komfortabel: Unter Adenauer hatte die Union von 31 Prozent (1949) auf nun 45,2 Prozent zugelegt. Die SPD hingegen hatte nicht einmal die mageren 29,2 Prozent von 1949 halten können und lag nun bei nur noch 28,8 Prozent. Der SPD-Kandidat Erich Ollenhauer war gegen den amtierenden Bundeskanzler Adenauer ohne Chancen gewesen. Wirtschaftlich ging es bergauf, und der Volksaufstand vom 17. Juni 1953 in der DDR hatte sicher eher der CDU als den Sozialdemokraten genutzt. Auf ihren Wahlplakaten proklamierte

Juni 1955 – Der Wagen ist noch rot – Später wurde es grau.

die CDU: »Alle Wege des Marxismus führen nach Moskau«, und wollte damit nichts anderes, als die SPD politisch diskreditieren. Nach der Wahl hatte Adenauer mit seiner Koalition aus Union und verschiedenen kleineren Parteien, darunter FDP und Deutsche Partei (DP), eine Zweidrittelmehrheit. Unangefochten konnte er die Westbindung fortführen, führte die junge Bundesrepublik in die volle Souveränität, setzte die Wiederbewaffnung durch und betrieb ein Verbot der KPD. Oppositionsarbeit war unter diesen Mehrheitsverhältnissen wahrlich kein leichtes Geschäft.

Auch die persönlichen Arbeitsbedingungen der Abgeordneten in Bonn waren im Bonner Bundestag in diesen Jahren noch sehr schwierig. Man hatte kaum Unterstützung, die Büros waren eng und klein, die Unterkünfte knapp. Als Loki ihren Mann Ende 1953 das erste Mal besuchte, musste der Kollege Karl Wienand, mit dem Helmut Schmidt sich sein Büro teilte, aufstehen und rücken, damit sie auf einem herbeigeholten dritten Stuhl Platz finden konnte. Als Unterkunft hatte er ein Zimmer angemietet, vier Jahre später, als auch Willi Berkhan in den Bundestag einzog, teilten die beiden sich eine kleine Wohnung. Komfortabel war dies in den frühen Bonner Jahren alles nicht. Und so schnell zog es Loki nach diesem ersten Besuch nicht mehr an den Rhein.

Wenn Helmut Schmidt zu Hause in Hamburg war, hatte er Pflichten gegenüber dem Wahlkreis und der Partei. 1956 wurde er zum Vorsitzenden des mitgliederstarken Bezirks Nord gewählt. Schmidt aktivierte die Parteiarbeit auf Bezirksebene, initiierte attraktive Angebote und Versammlungen für die Mitglieder und machte den Bezirk Nord zu einer starken Bastion innerhalb der Hamburger SPD. Wann immer sie konnte, war Loki dabei.

1957 war es daher keine Frage, Helmut Schmidt kandidierte erneut und zog zum zweiten Mal in den Bundestag ein. In seinem Hamburger Wahlkreis engagierte sich u. a. der junge Hans Apel für Schmidts Wiederwahl, klebte Plakate mit Schmidts Bonner

Mitarbeiterin Ruth Loah. Später wurde Apel zuerst Finanz-, dann Verteidigungsminister im Kabinett des Kanzlers Schmidt. Durch die Parteiarbeit lernte auch Loki Hans Apel und dessen junge Frau Ingrid kennen. Bei Wahlkampf-, aber auch größeren Parteiveranstaltungen waren die beiden Frauen meist mit dabei. Loki habe immer sehr ausgeglichen und überlegt gewirkt, beschreibt Ingrid Apel die mehr als zehn Jahre ältere Loki Schmidt. »Ich habe ihr gerne zugehört, sie konnte gut erklären.« Auch erinnert sie sich, dass schon damals Loki und Helmut »eine Zigarette nach der anderen geraucht haben«.[24]

Helmut Schmidts Partei- und Bundestagsarbeit benötigte viel Zeit. Für Loki und Susanne blieb da nicht allzu viel übrig. Allerdings, wenn Helmut in Hamburg war, versuchten die beiden so häufig wie möglich auch am Kulturleben teilzunehmen. In den Hamburger Theatern sind der Bundestagsabgeordnete und seine Frau gern gesehen. »Wir Theaterleute bedürfen nicht nur des Interesses, sondern der Hilfe aller Politiker«, meinte der Intendant des von den Schmidts besuchten Ernst-Deutsch-Theaters Friedrich Schütter.[25] Auch damals ging es natürlich um die Sicherung und den Ausbau der staatlichen Unterstützung des Kultursektors. Bei ihren Besuchen fallen die beiden auf. Sie sind ein gut aussehendes Paar: beide schlank, beide pechschwarze Haare, beide mit Ausstrahlung. Der kleine Henning Voscherau, später Bürgermeister von Hamburg und Freund von Loki und Helmut Schmidt, saß mit seiner Mutter Mitte der fünfziger Jahre im Thalia-Theater, an dem sein Vater als Schauspieler engagiert war. Heute erinnert er sich noch daran, dass kurz vor Beginn noch einmal eine der Einlasstüren aufgegangen sei und ein beeindruckendes Paar schnell seine Plätze gesucht habe. Die Frau habe ihm gefallen, der Herr, so habe ihm seine Mutter zugeflüstert, sei Helmut Schmidt, »ein Mann mit großer Zukunft in der SPD«.[26]

Mit dem Leben auf Distanz zu ihrem Mann konnte sich Loki arrangieren. Ihre Arbeit in der Schule – sie hatte eine volle Stelle – war erfüllend und intensiv. Auch suchte sie außerschulischen Kontakt zu ihren Kollegen. Sie nahm teil an dem wöchentlichen kollegialen Singkreis unter der Leitung des Musiklehrers, einem Onkel ihres Mannes, und einmal im Monat traf sie sich mit drei Kollegen zu einem häuslichen Skatabend. Vorab wurde immer ein rustikales Abendessen serviert, zwischendurch fanden private, schulische, aber auch politische Gespräche statt.[27] Loki, die einzige Dame in der Runde, ist voll akzeptiert. Schnell hatten sich die Männer daran gewöhnen müssen, dass sie gut Skat spielte und häufig zu den Gewinnern des Abends gehörte.

Natürlich pflegte sie auch den Kontakt zu den Eltern, Besuche waren allerdings selten. Der Weg raus nach Neugraben war weit und ohne Auto zeitaufwendig. Mitte der fünfziger Jahre wanderten Bruder Christoph und Schwester Linde nach Kanada aus. Der Abschied von der Schwester war ein endgültiger. In Kanada erkrankte Linde schwer an Krebs. Um sie noch einmal besuchen zu können, vermittelten Loki und Helmut Schmidt 1961 den Eltern eine Passage auf einem Schiff der Reederei Alfred C. Toepfer. Bald nach deren Ankunft verstarb Linde. Die Glasers nahmen die Urne auf dem Schiffsweg mit zurück und vergruben sie im Garten ihres Hauses in Neugraben. Sicher ein wenig unkonventionell, aber für Gertrud und Hermann Glaser durchaus typisch. Zu ihrem Bruder Christoph und dessen Frau pflegte Loki einen kontinuierlichen und ausführlichen Briefkontakt. Einige Male besuchte sie die beiden: 1976, als sie mit Helmut zu Gast bei Premier Pierre Trudeau war und die Olympischen Spiele in Montreal besuchte oder in den achtziger Jahren zusammen mit der jüngsten Schwester Rose.

Nicht immer einfach war für Loki in den fünfziger Jahren die Erziehung ihrer Tochter; denn es war eine Erziehung faktisch ohne Vater. Natürlich hatten Susanne und sie ein sehr enges Verhältnis, sie verbrachten viel Zeit miteinander, viele der Dinge, die Loki gern mochte, übernahm auch die Tochter. Susanne musizierte gern, zunächst lernte sie Blockflöte, dann Klavier. Auch hatte sie eine enge Beziehung zu Tieren und zur Natur, und

Hausaufgaben mit Susanne,
Brahmsee 1960

wurde, wie Loki einmal sagte, die bessere Gärtnerin von den beiden. Auch das Malen und die Handarbeit waren ihr eine Freude. Möglichst viele Sachen selbst zu machen, eine Leitidee Lokis, das galt auch Susanne als Bereicherung. Vor allem war Susanne neugierig und wollte, wie die Mutter, immer alles genau wissen. Und auch bei der Lektüre hatten die beiden manchmal die gleichen Vorlieben: »Thor Heyerdahl hat uns Schmidts so beeindruckt, dass unsere Tochter lange Zeit Archäologin werden wollte. Als sein Buch *Aku Aku* erschien, begrüßte sie mich mittags, wenn sie aus der Schule kam, nur mit Zunge-heraustrecken und ›Aku Aku‹.«[28]

Wenn Helmut Schmidt in Bonn war, durfte Susanne mit Loki zusammen im Ehebett schlafen, kam der Vater am Wochenende nach Hause, musste sie weichen. Dann gab es auch schon einmal ein vernehmbares Murren. Gab es einen gemeinsamen Spielabend mit den Eltern, war Susanne natürlich begeistert, manchmal rangelten Vater und Tochter auch, ein ausgesprochen zärtliches Verhältnis hatten die beiden nicht zueinander, wie die Mutter konstatiert.[29]

Später allerdings schien Susanne doch auch dem Vater nachzukommen. Wie er studierte sie Wirtschaft, wie der Vater wurde sie früh Sozialdemokratin, als Bankerin verortete sie sich eher auf dem konservativen Flügel der Partei, ohne allerdings je politisch aktiv zu werden. Dass sie ihren Doktor gemacht hat, fand Loki richtig. Einer aus der Familie sollte den Doktortitel dann doch schon haben. Dass allerdings die Eltern besondere Notiz von ihrem Promotionsabschluss genommen hätten, daran kann sich Susanne Schmidt nicht erinnern.[30]

Ein Ferienhaus am Brahmsee

Seit Helmut Schmidt Abgeordneter in Bonn war, sprach das Ehepaar darüber, wie schön es wäre, in Schleswig-Holstein ein kleines Ferienhaus zu haben. Beide liebten die norddeutsche Seenlandschaft, Loki das Schwimmen und Helmut das Segeln. Ihre ersten Kurzurlaube Anfang der fünfziger Jahre hatten sie folgerichtig an die Holsteiner Seen geführt.

An einem Wochenende im Januar 1958 auf dem Rückweg von Bonn nach Hamburg machte Helmut Schmidt eine Bekanntschaft, die für die Erfüllung ihres Ferienhauswunschs entscheidend war. Der Zug war im Schnee stecken geblieben, und bei der langen Warterei kam Helmut Schmidt ins Gespräch mit dem zufällig mitreisenden Busunternehmer Bügler aus Kiel. Man unterhielt sich über die Probleme des Transportwesens, irgendwann aber auch über den Wunsch der Schmidts nach einem Ferienhaus in Seenähe. Da der Unternehmer einen Fahrer aus Langwedel am Brahmsee hatte, versprach er, diesen zu befragen.

Loki musste an diesem Wochenende lange auf ihren Mann warten, als dieser aber von der Begegnung mit Herrn Bügler erzählte, war das schnell vergessen. Sie hatte das Gefühl, dass daraus etwas werden könnte – und tatsächlich, wenig später ließ

Herr Bügler die Schmidts wissen, dass in Langwedel ein etwa 10 000 Quadratmeter großes Grundstück mit Seezugang zu verkaufen sei. Der Preis liege zwischen ein und zwei DM (Seeseite) pro Quadratmeter. Schnell war klar, dass für die Schmidts allein das Grundstück zu teuer und zu groß war. Sie besichtigten es daher noch im Februar 1958 gemeinsam mit dem befreundeten Ehepaar Friedel und Willi Berkhan. Es war kalt, der See vereist, aber man war sich einig, zusammen mit dem Busunternehmer aus Kiel das Grundstück in drei Parzellen aufzuteilen und zu kaufen. Die Lage gefiel ihnen: auf einer Moräne liegend mit Blick auf den See, der langgestreckt zwischen den Ortschaften Langwedel und Warder in einer Länge von etwa drei Kilometern harmonisch in die Moränenlandschaft eingebettet ist. Vom Dorf Langwedel ist man weit genug entfernt, um nicht gestört zu werden, aber nah genug, um die nötigen Besorgungen machen zu können. Letzteres war insbesondere für Loki ein gewichtiges Argument, war es doch absehbar, dass sie des Öfteren hier mit Tochter Susanne allein sein sollte und ohne Auto würde auskommen müssen.

Die Aufteilung des Grundstücks war schnell entschieden. Loki hielt fest: »Von dem Zuweg aus wurde es wie ein Tortenstück in drei Teile geteilt. Berkhans wollten gern ihr zukünftiges Haus auf der höchsten Erhebung der Moräne, Schmidts nahmen das Grundstück südlich mit Knickbegrenzung, Büglers das nördliche.«[31]

Die Familie Schmidt hatte es mit der Nutzung des Grundstücks eilig, Loki wollte möglichst bereits die Sommerferien am Brahmsee verbringen. Im Juni 1958 wurde daher auf ihren Namen eine Baugenehmigung eingeholt, ein kleines und einfaches Holzfertighaus gekauft und aufgestellt. Die Familie Bügler baute ihr Holzhaus ein Jahr später, die Berkhans errichteten ein festes Haus in Eigenarbeit und bezogen es 1960. Das winzige Fertighaus der Schmidts hatte knapp 30 Quadratmeter, ein Wohnzimmer, zwei halbe Zimmer und Küchennische, einen Minikeller mit der Propangasflasche sowie ein Plumpsklo im Anbau.

133

Die Innenwände des Ferienhauses waren aus Presspappe, die Außenverkleidung bestand aus Eternitplatten, die, wie man später erfuhr, asbestbelastet waren. Wasser gab es für alle drei Anrainer an einer Außenpumpe, Strom kam erst 1960 mit der Fertigstellung des Hauses der Berkhans und damit auch eine funktionierende Pumpe für eine Toilettenanlage. Auch eine Heizung gab es lange Zeit nicht. Im Winter wurde mit einem Petroleumofen geheizt, und dass dieser keinen funktionierenden Abzug hatte, hätte beinahe zu verheerenden Folgen geführt. Eines Nachts wurde Loki von den Gasen ohnmächtig und stürzte aus dem Bett. Von dem Geräusch aufgeweckt, konnte ihr Mann eingreifen, »sonst wären wir beide tot gewesen«, berichtete er später einmal lapidar.[32]

Alles andere also als eine Luxusherberge – aber für Loki war es dennoch ein Paradies, es wurde ein Stück Heimat, ein zweites Zuhause. Die Familie war hier ungestört, nur eine Handvoll Ferienhäuser gab es zu dieser Zeit am gesamten Brahmsee. Und es war durchaus einsam, vor allem nachts, wenn Loki und Susanne allein im Ferienhaus schliefen. »Einmal bin ich durch verdächtige Geräusche aufgeschreckt worden. Draußen bewegten sich Schatten. Ich dachte an Einbrecher. Seltsamerweise war aber der

Der erste Brahmseesommer, 1958

Hund ganz ruhig. Ich habe dann die Eindringlinge mehr gerochen als gesehen. Es waren Kühe.«[33]

Gleich im ersten Jahr starteten die Familien eine große Pflanzaktion. Wohl 1500 Büsche und Bäume, alle nicht höher als einen Meter, wurden in Gemeinschaftsarbeit auf dem kargen ehemaligen Roggenacker gepflanzt. Zwar dauerte es ein paar Jahre, aber dann war das Schmidt'sche Haus weder von dem hinführenden Weg noch vom See aus einsehbar. Der hohe, abweisende Zaun, der heute das gesamte Grundstück umgibt, wurde erst im Rahmen der Sicherheitsmaßnahmen für den Schutz des Bundeskanzlers errichtet.

Im Ort war Loki bald gut bekannt. Da sie nicht nur die Sommerferien, sondern oft auch die kleinen Schulferien mit Tochter Susanne, deren Freundinnen oder auch mit der Schwägerin und deren beiden Kindern am Brahmsee verbrachte, war sie häufig auch im Dorf zu sehen. Sie war die »nette junge Lehrerin aus Hamburg«, ihr Mann kam in den ersten Jahren am Brahmsee in der Wahrnehmung der Ortsbewohner erst an zweiter Stelle. Mit seiner wachsenden Bedeutung in Bonn sollte dies jedoch anders werden. Und für die Schmidts erfreulich: Mit der steigenden öffentlichen Aufmerksamkeit für das Urlaubsdomizil entwickelten die Dorfbewohner gegenüber Journalisten und Touristen eine Art Abschirmmechanismus. Fragten diese im Ort nach dem Haus der Schmidts, stellte man sich ahnungslos – »welche Schmidts?« – oder versuchte abzuwimmeln: »Da kommen Sie doch nicht ran! Und auch vom See her ist nichts zu erkennen.«[34]

Die Tage am Brahmsee waren ausgefüllt, Susanne verbrachte mit ihren Freundinnen viel Zeit bei den Pferden auf der nahen Weide und beim Spielen auf dem Gelände. Loki arbeitete auf dem Grundstück und im Haushalt. Die Wäsche musste in den ersten Jahren an der Pumpe und im See gewaschen werden, das Kochen auf zwei Herdplatten verlangte genaue Planung und gutes Timing, und auch die Besorgungen im Dorf brauchten ihre Zeit. Natürlich blieb dennoch genügend Zeit zum gemeinsamen

Die Gartenzwerge: Empfang für Mutti + Vati 7.8.1958

Spiel mit Susanne und Freundinnen oder zum Schachspiel mit dem Ehemann.

Gleich im ersten Jahr am Brahmsee begann Loki mit Susanne eine kleine schriftliche Tierdokumentation. Eines der von Loki geliebten, fadengebundenen Schulhefte wurde eigenhändig mit einem alphabetischen Verzeichnis versehen, die Tiere wurden nach Namen, Ort und Datum eingetragen. »Bleßhun, Schilfgürtel Brahmsee, 13.7.58«, lautet Susannes erster Eintrag, das fehlende »h« beim »Bleßhun« ist von der Mutter vorsichtig und dünn nachgetragen. Allerdings ließ die Begeisterung bei Susanne rasch nach, denn alle weiteren Eintragungen stammen von Loki selbst.

Jahre später fertigte sie eine lückenlose Dokumentation des Pflanzenbewuchses auf dem Grundstück und der näheren Umgebung an. Über 200 Pflanzen und Bäume führte sie auf, vom Adlerfarn bis zur Zwergmispel, jeweils mit deutscher und lateinischer Bezeichnung. Man erkennt deutlich: Loki war keine Hobbybotanikerin, sie beschäftigte sich intensiv mit der Pflanzenwelt um sie herum, und sie wollte ihre Beobachtungen möglichst systematisch und vollständig dokumentieren.

Bald wurde auch ein erstes Boot, ein Gummiboot, erstanden und ein eigener Steg gebaut. Später folgten dann eine Plastikjolle, ein Conger und 1978 – als Geschenk des kanadischen Premiers Pierre Trudeau – eine sportliche Laser Einhand-Jolle, bei stärkerem Wind äußerst anspruchsvoll zu steuern und für den Hobbysegler Schmidt eine Herausforderung, die er nicht häufig suchte. Das Segeln blieb das Metier des Hausherrn. Wenn Loki mitsegelte, dann meist als Vorschoter, nur selten saß sie an der Pinne. Ohne Zweifel, der Grundstückskauf am Brahmsee und der Bezug des neuen Wochenendhauses waren für Loki einschneidende und ausschließlich positiv besetzte Erlebnisse.

Die sechziger Jahre

Der Neubergerweg: ein Haus fürs Leben

Am 15. Dezember 1961 zog die Familie Schmidt in ihr neues Haus am Neubergerweg in Hamburg-Langenhorn ein. Von der Wohnungsbaugesellschaft Neue Heimat hatten die Schmidts bereits ihre letzten Wohnungen gemietet bzw. gekauft, und als die Neue Heimat in Langenhorn ein neues Siedlungsprojekt begann, entschloss sich die Familie die vordere Hälfte eines zweigeschossigen Doppelhauses zu kaufen, den hinteren Teil erstanden Lokis Schwiegereltern. Als sie den Vertrag unterzeichneten, war das Fundament bereits gelegt. Insgesamt bestand die neue Siedlung aus Reihen- und Doppelhäusern im roten Backsteinstil, der Baugrund war vormals als Feld und Viehweide landwirtschaftlich genutzt worden. Mit als erstes entdeckten die ornithologisch interessierten Schmidts Rebhühner und Schnepfenvögel, die hier ihren Lebensraum hatten.

Hier am Neubergerweg ist Hamburg fast zu Ende, die Landesgrenze nach Schleswig-Holstein ist nur etwa einen Kilometer entfernt. Dass man in einer Großstadt wohnt, bemerkt man am ehesten noch an dem gelegentlichen Lärm, wenn Flugzeuge über Langenhorn zum naheliegenden Flughafen Fuhlsbüttel einfliegen. Selbst das Zentrum von Langenhorn, damals noch beschaulich, heute ein architektonisch lieb- und gesichtsloses Einkaufszentrum, ist etwa drei Kilometer vom Neubergerweg entfernt.

In unmittelbarer Nähe zum Neubergerweg, nur wenige Minuten Fußweg von Lokis neuem Haus entfernt, gab es jedoch einen Ort, der Lokis Aufmerksamkeit sogleich auf sich zog: das Diekmoor, Reste eines durch die Eiszeit entstandenen Torfmoores. Das Gebiet ist kaum mehr als 40 000 Quadratmeter groß, aber für Loki war es ein Paradebeispiel für eine schützenswerte Naturfläche am Rand der Großstadt. Mit Hingabe beobachtete sie die zum Teil seltenen Pflanzen des Torfmoores: Sumpf-Haarstrang, Sumpf-Blutauge oder auch Moorlilie. Sie notierte, wenn eine Pflanze wie der Rundblättrige Sonnentau plötzlich nicht mehr wuchs und suchte nach möglichen Ursachen. Das Diekmoor wurde für sie zu einem Ort, an den sie immer wieder zurückkehrte und wohin sie botanisch interessierte Freunde und Besucher gerne führte. Ein Ort, den sie in ihren Büchern detailliert und kundig beschrieb und an den sie Kamerateams des Fernsehens lockte, um öffentliches Interesse für den Pflanzenschutz zu wecken.

Für Lokis botanische Neugier war die Lage des neuen Hauses also ein großer Gewinn, eine repräsentative Adresse für einen erfolgreichen, aufstrebenden Politiker war der Neubergerweg allerdings nicht. Ausschlaggebend für den Kauf waren der relativ günstige Preis und die Lage im Wahlkreis von Helmut Schmidt. Darüber hinaus war um das Doppelhaus herum aus-

Vor dem Haus am Neubergerweg

reichend Platz für eine kleine Gartenanlage, der sich Loki im Jahr nach dem Einzug mit Elan annehmen konnte. Und nicht zuletzt hatten die Käufer, da der Bau des Hauses über das Fundament noch nicht hinaus war, die Möglichkeit, eigene Vorstellungen in die weitere Planung einzubringen. So entstand durch die Auslassung einer Zwischendecke vor dem Wohnzimmer eine Art Eingangshalle, die bis unter das Dach des Hauses reichte, samt einer etwa sechs Meter hohen Klinkerwand, ideal für die Hängung von Kunstwerken. Auch einen offenen Kamin ließen sich die Schmidts einbauen. Die Küche, Lokis Domäne, wurde als reine Kochküche geplant, klein und mit bescheidener Ausstattung, aber praktisch. Die Schlafräume der Familie befanden sich im ersten Stock. Ein eigenes Arbeitszimmer hatte zunächst nur der Hausherr, ein zweites Arbeitszimmer für Loki sollte es erst Jahre später geben, als die Schwiegereltern verstorben waren und die Schmidts die zweite Haushälfte mit übernahmen.

Gemessen an dem sehr kleinen Reihenmittelhaus im Zick-zackweg war das neue Haus ein großzügiges Heim, wohnlich ein-gerichtet und bot viel Platz für Bücher, Bilder und andere Kunst-gegenstände, die die Schmidts in den folgenden Jahrzehnten kontinuierlich weiter sammeln und erwerben sollten. Wie weite Teile der Architektur der sechziger Jahre war es ein Haus, das be-scheiden wirkte, aber – wie die renommierte Architektin Louisa Hutton in einem Gespräch mit Helmut Schmidt anmerkte – die »Grundbedürfnisse des Wohnens« auf »eine elegante Art und Weise« erfüllen konnte.[35]

»Und siehe, es war gut«, schrieb Loki neben drei Fotos von ih-rem neuen Wohnzimmer in ein Fotoalbum aus den ersten Tagen nach dem Einzug. Ja, sie war stolz auf das neue Haus, die Mühen des Umzugs, der in der Hauptsache von ihr bewältigt worden war, hatte sie da schon fast vergessen.

Als Sven Simon, Fotograf und Sohn von Axel Springer, 1962 das Ehepaar Schmidt vor dem Haus am Neubergerweg fotogra-fierte, schaute ihm also ein stolzes, dazu schick gekleidetes Paar entgegen. Ferner lässt sich auf diesem Foto noch einmal deut-lich der Vorstadt- und Siedlungscharakter des Neubergerwegs erkennen. Von einer exklusiven Wohnlage war man wirklich weit entfernt. Fährt man heute zu dem Haus der Schmidts, ist dieser Eindruck einer bescheidenen Wohnumgebung noch immer vor-handen, obgleich inzwischen auch der Neubergerweg durch viele Neubauprojekte zunehmend Teil einer beständig wachsenden Stadt geworden ist. Selbst als Helmut Schmidt Kanzler wurde und später durch seine journalistische und schriftstellerische Ar-beit zu einem gewissen Wohlstand gelangte, kam das Ehepaar nicht auf die Idee, Langenhorn für ein repräsentativeres Haus in einem der bevorzugten Stadtteile an Elbe oder Alster zu verlas-sen. Fünf Mal waren sie nach dem Krieg innerhalb Hamburgs umgezogen, beide waren sich einig, hier im Neubergerweg woll-ten sie wohnen bleiben.

Allerdings entschloss sich das Ehepaar 1974 zu einem größeren Umbau. So entstand zur Straßenseite durch einen eingeschossigen Vorbau ein geräumiges Esszimmer mit Platz für größere Tischgesellschaften. Als eine Art Querriegel zur Straßenseite hin, fast wie ein Schutzwall wirkend, ließen sie vier Garagen bauen – außerdem eine kleine Wache, denn als Helmut Schmidt im Mai 1974 das Kanzleramt übernahm, mussten die Sicherheitsvorrichtungen auch in Langenhorn verstärkt werden. Zum Garten hin entstand ein kleines, mit Glas überdachtes, ca. 10 Meter langes Schwimmbecken mit einer Gegenstromanlage, das Loki fortan eifrig nutzte.

Im Zuge des Umbaus erwarb Loki auch eine neue und moderne Einbauküche mit umlaufenden Arbeitsflächen. Nichts Spektakuläres, aber grundsolide und von guter Qualität. In den folgenden fast vierzig Jahren wollte sie an ihrer Kücheneinrichtung nichts mehr ändern.

Alle diese Neuerungen waren im Familienrat unumstritten, der Wunsch des Hausherrn nach einer kleinen Bar allerdings erntete zunächst einmal scharfe Kritik von Loki und Tochter Susanne. »Das ist eine Schnapsidee, so was machen nur Snobs«, war deren

Im Haus am Neubergerweg, 2010

Meinung. Durchsetzen konnten sie sich nicht.[36] Und so entstand auf wenigen Quadratmetern zwischen dem neuen Ess- und alten Wohnzimmer die Schmidt'sche Bar, heute – nach dem Personenschützer Ernst-Otto Heuer, der hier gerne mal als Barkeeper aushilft – auch »Ottis Bar« genannt.

Ein etwas skurril wirkender Ort in dem ansonsten – durch den sehr zentral stehenden Flügel, den einladenden festen Schachspieltisch, die vielen Bücher und Kunstgegenstände – eher künstlerisch-intellektuell geprägten Wohnstil der Schmidts. Neben Getränken finden sich in dieser Hausbar Kuriositäten wie eine Sammlung von Seemannsknoten und eine Schiffsglocke, aber auch naturwissenschaftliche Fundstücke, die Loki von ihren Reisen mitbrachte: etwa eine Schlangenhaut oder ein Haifischgebiss. Zu allem konnte die Hausherrin eine Geschichte erzählen. Auch musste Loki später zugestehen, dass die mit der Bar verbundene Vorstellung von einem Ort für ungezwungene Kommunikation aufgegangen war. Sei es mit hohen politischen Besuchern wie dem spanischen Königspaar, Henry Kissinger, den Fords, Giscard d'Estaing oder Leonid Breschnew, die alle gern an der Bar Platz genommen haben, sei es bei Anlässen wie den Treffen der von den Schmidts initiierten Freitagsgesellschaft. Immer begann der Debattierabend für die nur in den Wintermonaten tagende Freitagsgesellschaft in »Ottis Bar«, dann servierte Loki ein Abendessen, und anschließend saß man zu Vortrag und zur Diskussion im Wohnzimmer.

Als Loki im Dezember 1961 einzog, war dies mit vielen Zukunftsplänen und Hoffnungen verbunden. Ein neues eigenes Heim, ihr Mann kam aus Bonn zurück und übernahm das Amt des Polizeisenators, wie der spätere Innensenator zu dieser Zeit noch offiziell hieß, ja, selbst die Chancen, dass er später einmal das Amt des Ersten Bürgermeisters der Hansestadt übernehmen könnte, waren aussichtsreich. Für Lokis berufliche Tätigkeit bestand die begründete Hoffnung, dass sie sehr bald eine neue Arbeitsstelle ganz in der Nähe finden würde. Der Weg zur Arbeit mit Bus und Bahn von Langenhorn nach Othmarschen betrug gut eineinhalb Stunden, sodass Loki bei der Schulbehörde schon im November 1961 den Antrag gestellt hatte, in einer der Schulen im Umfeld des Neubergerwegs eingesetzt zu werden. Sie fügte hinzu: »Seit zwölf Jahren habe ich ausschließlich in der Grundschule unterrichtet. Ich würde mich freuen, wenn ich diese Arbeit, die mir besonders liegt, auch an der neuen Schule fortsetzen könnte.«[37] Ihrem Wunsch wurde entsprochen, über die Frage des Oberschulrats, ob sie es denn überhaupt nötig habe, als Frau eines Senators zu arbeiten, war sie allerdings erstaunt. Es wäre ihr zu diesem Zeitpunkt gar nicht in den Sinn gekommen, ihren Beruf und damit auch ihre Selbstständigkeit aufzugeben. An der neuen Schule am Eberhofweg fing sie allerdings erst zum neuen Schuljahr an, nach den Osterferien 1962. Für Loki war klar, dass sie ihre alte Klasse an der Othmarscher Schule bis zum Schuljahresende begleitete.

Auch Tochter Susanne wechselte erst zum neuen Schuljahr vom Gymnasium Blankenese an das Gymnasium im Alstertal in Hamburg-Fuhlsbüttel. Der dortige Schulleiter war Dr. Hans Roemer, der ehemalige Klassenlehrer von Loki und Helmut aus der Lichtwarkschulzeit. Man kannte sich also sehr gut, so gut, dass Roemer Loki noch immer duzte. Bei diesem »du« von Dr. Roemer schwang nicht nur die Verbindung zu der ehemaligen Schülerin mit, sondern auch die Gewissheit um eine gemeinsame pädagogische Grundüberzeugung: die der Lichtwarkschulgemeinschaft, die Loki und auch ihrem Mann noch immer viel bedeutete. Loki wusste ihre Tochter also in guten Händen, gern gab sie auch mal die Bitte des Schulleiters an ihre Tochter weiter, wenn ein Lehrer in Susannes Klasse Probleme hatte und um Besänftigung der Mitschüler bat.

Im April 1962 übernahm Loki dann in der neuen Schule Eberhofweg, so wie sie es sich gewünscht hatte, eine erste Klasse. Der gleiche Schulrat, der ihr beim Schulwechsel noch ein Aufhören nahegelegt hatte, fragte nun sogar, ob sie die Stelle der stellvertretenden Schulleiterin übernehmen wollte. Nein, das wollte Loki nicht, unterrichten das mochte sie, für Schulorganisation

Schule Eberhofweg, 9. April 1964

und Bürokratie interessierte sie sich weniger. Vielleicht wollte sie aber auch mehr Zeit haben, um ihren Mann auf dienstlichen Reisen hin und wieder begleiten zu können. Im September 1962 schrieb sie an die Schulbehörde: »Ich bitte um Urlaub – bei entsprechender Kürzung meiner Bezüge – für die Tage Sonnabend, 13. Oktober bis Dienstag, 16. Oktober einschließlich. Ich möchte während dieser Zeit gerne meinen Mann auf einer Vortragsreise nach Bologna/Italien begleiten, nachdem ich seit vielen Jahren bei keiner der häufigen Auslandsreisen meines Mannes wegen meines Schuldienstes je die Möglichkeit gehabt habe mitzufahren. Mein Schulleiter ist einverstanden.«[38] Der Schulrat genehmigte nicht nur, er befürwortete sogar. Die Reise nach Bologna sollte aber während ihres aktiven Dienstes die einzige Reise mit einer Sonderurlaubsgenehmigung bleiben.

Sturmflut und Spiegelaffäre

Nur wenige Wochen nachdem die Schmidts in Langenhorn eingezogen waren, brach über Hamburg die größte Naturkatastrophe des 20. Jahrhunderts herein: die Sturmflut vom Februar 1962. Ihren Höhepunkt hatte sie in der Nacht vom 16. auf den 17. Februar, 20 Prozent der Stadt standen unter Wasser, 340 Menschen verloren ihr Leben. Helmut Schmidt, der für den Katastrophenschutz zuständige Senator, war am 16. Februar 1962 auf einer Tagung in Berlin und wurde erst für den folgenden Tag zurück erwartet, sodass ihn, als er am 16. Februar spät abends nach Hause kam, die Nachricht von der Katastrophe noch gar nicht erreicht hatte. Auch Loki hatte keine Nachrichten verfolgt, denn just an diesem Tag war die gesamte Familie Arnold aus Bernau in Langenhorn versammelt. Dr. Arnold und seine Frau, die Loki nach dem Tod ihres Sohnes Helmut Walter so sehr unterstützt hatten, waren aus der DDR über Schweden in den Westen geflüchtet und hatten als erste Station die Schmidts aufgesucht. Helmut hatte durch das Besorgen von falschen Papieren erst dafür gesorgt, dass diese waghalsige Flucht gelingen konnte. Die Freude über das Wiedersehen war also bei allen groß, Loki und Helmut Schmidt hatten über all die Jahre Kontakt gehalten und eine der Töchter in ihrem Haushalt aufgenommen. Am frühen Morgen des 17. Februar erreichte die Schmidts dann endlich eine Nachricht aus dem Krisenstab, der Senator fuhr sofort los und übernahm wenig später die Leitung aller Rettungsmaßnahmen. Ein Anruf von ihm machte auch Loki schnell klar, wie ernst die Lage war. Es gab bereits viele Tote, Menschen in Wilhelmsburg saßen auf den Dächern ihrer Häuser, die Lage war dramatisch. Dann ließ ihr Mann sie noch wissen, dass sie kein Leitungswasser mehr benutzen und die Nachbarn warnen solle. Loki machte sich sofort auf und lief den Neubergerweg entlang von Haus zu Haus. Nur ein kleiner Beitrag, aber mehr konnte sie nicht tun. In den folgenden Tagen sah Loki ihren Mann immer nur für wenige Stunden. Die Flutkatastrophe wurde zu einer großen Bewährungsprobe für den neuen Mann im Hamburger Senat, doch bald war deutlich, dass er genau der richtige Mann in dieser schwierigen Lage war. Bei all den zu beklagenden Opfern – vor allem durch den von Schmidt initiierten Einsatz von Bundeswehrsoldaten und durch die Unterstützung von Nato-Kräften war es gelungen, noch Schlimmeres zu verhindern.

Für die politische Laufbahn Helmut Schmidts war das erfolgreiche Krisenmanagement in den Tagen der Sturmflut ein entscheidendes Ereignis und sicher auch eine der Grundlagen seiner so hohen Popularität. Seine couragierte Haltung und die Fähigkeit, in einer äußerst prekären Lage den Überblick zu behalten und Führungsqualität zu zeigen, fanden in weiten Kreisen Anerkennung und Bewunderung. In diesen Wochen entsteht sein Nimbus als Krisenmanager. Er wird zum Prototyp eines souveränen Politikers, der es auch nicht scheut, sich über seine Kräfte hinausgehend zu engagieren. Erst später wurde daraus das ambivalente Bild des »Machers«, das seine Frau wie er selbst auch als ungerecht und unpassend empfand. Die Hamburger haben seine Verdienste in den Tagen der Sturmflut bis heute nicht vergessen. Und spätestens seit der Sturmflutkatastrophe wusste Loki, dass ihr Mann in der Politik eine herausragende Rolle würde einnehmen können.

Noch im gleichen Jahr bot die sogenannte Spiegelaffäre Schmidt eine weitere Gelegenheit, sich über Hamburgs Grenzen hinweg zu profilieren. Wegen angeblichen Geheimnisverrats wurden *Spiegel*-Chef Rudolf Augstein und andere Redakteure in Untersuchungshaft genommen, die Räume der Zeitschrift durchsucht. Die Empörung in Deutschland war groß, Schmidt agierte in diesen Tagen als Verfechter der Pressefreiheit und trug dazu bei, dass Verteidigungsminister Franz Josef Strauß in Bedrängnis geriet und schließlich zurücktreten musste. Danach aber stellte ihn sein Amt als Senator vor keine größeren Herausforderungen. Loki Schmidt spürte, dass Verwaltungsreformen, Eröffnungen von Revierwachen und Besuche von Polizeisportfesten ihren ehrgeizigen Ehemann auf Dauer nicht erfüllen würden. Ende 1965 zog es Helmut

Schmidt wieder zurück in die Bundespolitik. Er gab sein Senatorenamt auf und ging zurück nach Bonn. Loki folgte ihm abermals nicht, sie blieb in Hamburg. Ludwig Erhard, der erfolgreiche erste Wirtschaftsminister der Bundesrepublik, war nach dem Rücktritt Konrad Adenauers im Oktober 1963 inzwischen Bundeskanzler geworden. Es begannen politisch ereignisreiche Jahre, geprägt durch aufkommende wirtschaftliche Schwierigkeiten, eine sich zu Teilen radikalisierende, staatskritische Jugend- und Studentenbewegung und einen tiefgreifenden Wandel der gesellschaftlichen Wert- und Normvorstellungen. Nach der Bundestagswahl im Herbst 1965 blieb Ludwig Erhard Kanzler, doch bereits ein Jahr später zerbrach die christlich-liberale Koalition an der Frage von Steuererhöhungen. Die Zeit der ersten großen Koalition begann, Helmut Schmidt wurde Fraktionsvorsitzender seiner Partei, zunächst kommissarisch, nach dem Tod von Fritz Erler im Februar 1967 dann offiziell. Bei großen Veranstaltungen der Partei im Wahlkampf oder bei den jährlichen Parteitagen begleitete Loki ihren Mann, ansonsten verfolgte sie das politische Wirken ihres Mannes eher aus der Distanz. In dieser zweiten Hälfte der sechziger Jahre hatte sie allerdings auch sehr viel mit eigenen Sorgen und Problemen zu kämpfen.

Krisenjahre

Seit Mitte der sechziger Jahre musste sich Loki Schmidt mit ernsthaften körperlichen Schwierigkeiten auseinandersetzen. Sie selbst hat diese schwierigen Jahre als eine Zeit beschrieben, »in der Schwächen des Körpers und der Seele zusammenkamen«.[39] Die harten Jahre nach dem Krieg, in denen es nicht einfach gewesen war, die Existenz der Familie zu sichern, die Enttäuschungen, körperlichen und seelischen Belastungen der vielen Fehlgeburten, ihre Rolle als faktisch Alleinerziehende, seit ihr Mann 1954 nach Bonn gewechselt war – all das war nicht spurlos an ihr vorübergegangen. Und obwohl ihr Mann, seit er Senator in Hamburg geworden war, nun endlich wieder mit der Familie zusammenlebte: Viel von ihm hatte sie auch in diesen Jahren nicht. Lange Arbeitszeiten im Amt und viele auswärtige Verpflichtungen waren die Regel. Helmut Schmidt war in allen seinen Ämtern ein harter Arbeiter, hinzu kam sein intensives parteipolitisches Engagement in Hamburg und auf Bundesebene. Von 1956 bis 1964 leitete er den einflussreichen Kreisvorstand Hamburg-Nord, seit 1958 gehörte er dem Bundesvorstand seiner Partei an, 1964 berief Willy Brandt ihn in sein zehnköpfiges Schattenkabinett, und 1968 wurde er zum stellvertretenden Vorsitzenden der SPD gewählt. Wer die Binnenstruktur der SPD kennt, weiß, dass solche Ämter nur mit viel Fleiß und Präsenz zu erreichen sind. Das Familienleben blieb also auch nach dem Wechsel von Helmut Schmidt nach Hamburg weitgehend auf die gemeinsamen Ferien am Brahmsee reduziert.

Wie für viele Frauen in diesen Jahren galt auch für Loki: Die Doppelbelastung von Beruf und Haushalt war eine Herausforderung. Hinzu kam, dass Loki sich für die Schwiegereltern im Nachbarhaus verantwortlich fühlte und dass die Schmidts seit dem Sommer 1961 vorübergehend mit der jungen Mechthild Arnold eine Pflegetochter aufgenommen hatten. Die Familie war nach Kriegsende in der Sowjetischen Besatzungszone bzw. der DDR geblieben, die älteste Tochter Mechthild – seit einer frühen Kinderlähmung körperlich beeinträchtigt – hatte jedoch heimlich in West-Berlin ein Jurastudium aufgenommen. Die Schmidts wussten davon, und sie wussten natürlich auch, dass dieses Modell, bei den Eltern in Bernau zu wohnen und gleichzeitig im Westen zu studieren, mit dem Mauerbau im August 1961 abrupt zu Ende war. Mechthild solle zu ihnen nach Hamburg kommen, ließen sie die Arnolds wissen, und sie hielten dieses Versprechen bis die Pflegetochter 1963 bei den inzwischen wieder in Hamburg angesiedelten Eltern einziehen konnte. Loki Schmidt hat über diese Episode im Leben der Familie kaum gesprochen, bei aller Freude im Zusammenleben mit der sympathischen Mechthild Arnold bedeutete die Übernahme der zusätzlichen Verantwortung jedoch auch eine Belastung für sie.

Im April 1964 erlitt Loki Schmidt, wie sie es selbst formulierte, »einen schweren Herzanfall«. In den behördlichen Vermerken lautet der Befund »Herzinsuffizienz mit Ödembildung«. Sie »leide seither ständig an akuten Herzbeschwerden, die auf einen Herzmuskelschaden zurückgeführt werden«, schrieb sie im Juni 1964 an ihre vorgesetzte Schulbehörde.[40] Mehrere Wochen wurde sie im Krankenhaus Ochsenzoll stationär behandelt, danach von ihrem Hausarzt. Ihre volle Leistungsfähigkeit stellte sich jedoch zunächst nicht wieder ein. Der Körper zeigte Wassereinlagerungen, das Gehen fiel ihr schwer. »Zur Zeit stellt selbst der Weg zur U-Bahn-Station noch eine so große Belastung dar, dass sie sogleich zu Herzbeschwerden führt«, schrieb sie weiter an die Schulbehörde. »Ich werde sehr ernsthaft zu beobachten und zu prüfen haben, ob ich auf Dauer überhaupt im Schuldienst verbleiben kann. Da ich aber sehr an meinem Beruf hänge, so möchte ich auf jeden Fall den Versuch unternehmen, ihm treu zu bleiben.« Sie bat daher »um Stundenermäßigung auf 20 Stunden wöchentlich bis vorläufig zum 31. Dezember dieses Jahres«.

Zu einer Wiederaufnahme ihrer Lehrertätigkeit nach den Sommerferien kam es aber erst gar nicht. Im August musste sie sich erneut im Krankenhaus stationär behandeln lassen, anschließend verfügte der Personalärztliche Dienst der Behörde eine Kur in Bad Pyrmont. Sie blieb dort insgesamt sechs Wochen. Erst Ende November 1964 war sie wieder einsatzfähig, wenn auch nur eingeschränkt. Als Vertretungslehrerin kam Loki mit 15 Unterrichtsstunden pro Woche an eine neue Schule in Langenhorn, vom April 1965 bis Juli 1965 kehrte sie mit nur 15 Stunden an ihre Stammschule Eberhofweg zurück, ihre alte Klasse jedoch übernahm sie nicht wieder. Die wurde mittlerweile von einer jungen Kollegin geleitet, mit der Loki Kontakt aufgenommen und sich abgestimmt hatte. Loki Schmidts Verantwortungsgefühl hatte die junge Kollegin tief beeindruckt, und von Lokis pädagogischen Tipps konnte sie profitieren. Dass einige Kollegen über Lokis häufige Krankheitsphasen nachteilig redeten, konnte sie nicht nachvollziehen.[41] Die Schüler in Lokis alter Klasse hatten ihre Lehrerin nicht vergessen. Zu ihrem Geburtstag am 3. März 1965 schrieben sie ihr einen Brief:»Schade, dass Sie noch nicht bei uns sind, aber wir freuen uns schon alle darauf, Sie wieder bei uns zu sehen.«[42]

Im Frühjahr und Sommer 1965 hatte Loki sich wieder recht gut erholt, doch ihr Immunsystem war immer noch geschwächt. Als im Sommer in der Nachbarschaft die Gelbsucht grassierte, steckte Loki Schmidt sich an. Für Wochen lag sie auf der Quarantänestation in Ochsenzoll, zu Hause mussten alle Räume des Hauses desinfiziert werden, eine damals noch übliche Praxis. Von dem erneuten gesundheitlichen Rückschlag, erholte Loki sich nur mühsam.

Nach dem Jahreswechsel 1965/66 – ihr Mann hatte inzwischen sein Senatorenamt in Hamburg aufgegeben und war in den Bundestag zurückgekehrt – machte sie noch einmal einen Arbeitsversuch, der allerdings nur wenige Wochen dauerte. Anfang Februar 1966 entschied der Arzt erneut, dass sie dienstunfähig sei. In diese Zeit fallen mehrere Untersuchungen wegen des Verdachts auf einen bösartigen Brusttumor. Gerade wegen des frühen Krebstods der Schwester Linde im Jahr 1961 und einer Krebserkrankung ihrer Großmutter mütterlicherseits waren diese Untersuchungen eine weitere schwere Belastung. 15 Jahre später, 1980, sollte sie einen größeren operativen Eingriff wegen eines Brusttumors zu überstehen haben.

Hinzu kam, dass der *Stern* im Mai 1966 über eine Affäre Helmut Schmidts mit einer Hamburger Journalistin berichtete und über eine damit einhergehende Ehekrise spekulierte. Die Berichterstattung über das Privatleben von Politikern war in diesen Jahren eher unüblich, umso heftiger muss diese Loki Schmidt getroffen haben. Dennoch traute sie sich im Sommer 1966 zu, ihren Mann auf zwei Reisen zu begleiten. Im Juni folgten die beiden einer Einladung der Israelischen Arbeiterpartei nach Israel, und im Juli machten sie zusammen mit Tochter Susanne und einem Referenten aus der Bundestagsfraktion eine vierwöchige Tour durch die Tschechoslowakei, Polen und die Sowjetunion. Vor allem die zweite Reise in die Ostblockstaaten fand ein großes publizistisches Echo. Von der Öffentlichkeit konnte diese gemeinsame Unternehmung der Familie Schmidt gewiss als ein zumindest implizites Dementi der zuvor im *Stern* ausgebreiteten Ehekrise gesehen werden.

Das Programm in Israel war dicht gedrängt. Neben Gesprächen mit Politikern und Militärs besuchten sie die historischen Stätten Jerusalems, einen Kibbuz nahe dem See Genezareth, die Gedenkstätte Yad Vashem und begegneten Golda Meir, damals Generalsekretärin der Arbeiterpartei. Loki war tief betroffen von den Eindrücken in Yad Vashem, eine Erfahrung, die nachhaltig in ihrem Gedächtnis blieb. Ein großes Interesse erregte bei ihr das Leben im Kibbuz Degania. Einerseits faszinierte sie das Gemeinschaftsleben, andererseits gingen ihr der Verzicht auf viele individuelle Rechte und eine den ganzen Tagesablauf beherrschende Disziplin persönlich zu weit. Vor allem empfand sie die Trennung der Kinder von den Eltern durch eine in diesem Kibbuz konsequent praktizierte Gemeinschaftserziehung als unnatürlich und rigide. Wenn Helmut Schmidt in seinen Erinnerungen zu den Kibbuzerlebnissen schreibt, »wir hätten dort auf Dauer nicht leben mögen«, sprach er ohne Zweifel für sich und seine Frau.[43]

Auf der Reise in die drei Ostblockstaaten wenige Wochen später führte Helmut Schmidt in Absprache mit seiner Partei zahlreiche Gespräche mit Politikern und Gewerkschaftern, nicht zuletzt aber wollte er sich ein authentisches Bild von der politischen und wirtschaftlichen Lage in den drei Staaten des Ostblocks verschaffen. Da Loki und Susanne ebenfalls Interesse – vor allem an Polen und der Sowjetunion – bekundet hatten, waren die beruflichen Aspekte der Reise mit den privaten Ferienwünschen der Familie in Einklang zu bringen. Mit dem eigenen Opel Rekord reisten sie am 13. Juli 1966 in die Tschechoslowakei ein. Nach einem Aufenthalt in Prag ging es über Breslau nach Warschau und von dort in einer strapaziösen Tour unter zum

Mit Tochter Susanne und Sven Simon, Moskau, 1966

Teil abenteuerlichen Umständen nach Moskau. Da die Schmidts die Tour als private Reisegruppe angetreten hatten, waren sie mit Gutscheinen der staatlichen Monopol-Reiseagentur Intourist ausgestattet. Überall erwiesen sich die Unterkünfte als teuer, Service und Standard waren, mit Ausnahme von Prag, erschreckend schlecht. Der Rückweg führte die Schmidts zunächst nach Leningrad, sodann mit der Fähre nach Helsinki und zurück nach Lübeck. Über 5000 km legten sie zurück, fast überall war es enorm schwierig, oktanreiches Benzin zu erhalten, und bei den widrigen Straßenverhältnissen war es ein Wunder, dass der überladene Opel der Familie die Fahrt unbeschadet überstand.

In den Hauptstädten schaute sich die Reisegruppe die bekannten Sehenswürdigkeiten an, die beiden Frauen hatten dafür mehr Zeit als Helmut Schmidt, der sich vor Ort immer als erstes mit seinen politischen Gesprächspartnern traf. Loki berührte die wirtschaftliche Mangelsituation, die überall unschwer zu erkennen war. Auch für sie war es ja der erste Besuch in Staaten des Ostblocks. Insbesondere fiel ihr auf, dass die Preise nicht den Einkommen der Menschen entsprachen. Ihr Besuch des renommierten Warenhauses GUM im Herzen Moskaus kam ihr wie ein »Alptraum« vor: ein stark begrenztes Sortiment von schlechter Qualität und alles zu überhöhten Preisen. Triste Kleider und Herrenanzüge kosteten umgerechnet rund 250 DM, was mehr als 50 Prozent des Lohnes eines gut bezahlten Facharbeiters entsprach.[44]

In Moskau hielt sich die Gruppe eine gute Woche auf. Man besichtigte u.a den Roten Platz und den Kreml, die Eremitage und die Tretjakow-Galerie und bewunderte hier die ausgestellten Kunstschätze. Die Schmidts reihten sich ein in die lange Schlange vor dem Lenin-Mausoleum und erlebten so die hohe und ungebrochene Wertschätzung Lenins durch die Sowjetbürger. Zu einem Abendessen besuchten sie Bekannte und lernten die beengten und schlichten Verhältnisse einer Moskauer Wohnung kennen.

Loki Schmidt gewann auf dieser Fahrt sehr genaue Einblicke in die politischen und wirtschaftlichen Verhältnisse der damaligen Ostblockstaaten. Insofern war dies auch für sie eine ertragreiche Reise. Wenn sie sich in späteren Jahren z.B. mit amerikanischen Politikerfrauen austauschte und das Gespräch auf die Verhältnisse in den kommunistischen Staaten kam, war sie fast immer die Einzige, die gut informiert war und auf eigene Erfahrungen und Eindrücke zurückgreifen konnte. Auch ihr Mann zog für seine politischen Gespräche, obwohl er in keinem Land Politiker der ersten Reihe hatte sprechen können, eine positive Bilanz.

Nach den großen Schulferien im Sommer 1966 stellte sich für Loki die Frage nach der Weiterbeschäftigung als Lehrerin erneut. Seit dem Februar 1966 war Loki Schmidt dienstunfähig, im September konstatierte der Personalärztliche Dienst nach erneuten Untersuchungen, dass eine Wiederaufnahme des Lehramts aus gesundheitlichen Gründen nicht möglich, ja auch in näherer Zukunft nicht zu erwarten sei. Aus Sicht des Arbeitgebers folgerichtig, empfiehlt der Behördenarzt die Versetzung der Lehrerin Hannelore Schmidt in den vorzeitigen Ruhestand. Im Oktober schreibt ihr oberster Diensterr, der Schulsenator Wilhelm Drexelius:»Dem Gutachten des Personalarztes vom 19.9.1966 habe ich leider entnommen, dass Sie trotz allen guten Willens nicht mehr in der Lage sind, Ihren Dienst voll zu versehen. Bei dieser Sachlage muss ich Ihre Versetzung in den Ruhestand nach § 47 Abs. 1 des Hamburgischen Beamtengesetzes einleiten.«[45]

Loki Schmidt erhob keinen Einspruch, immerhin konnte sie sich bis Ende 1967 soweit wieder festigen, dass sie Anfang 1968 bei der Nachuntersuchung vom Amtsarzt wieder als dienstfähig eingeschätzt wurde. Zum 1. September 1968 wurde sie als Beamtin für den aktiven Dienst wieder aufgenommen. Allerdings hatte sie bereits zuvor in mehreren Gesprächen in der Schulbehörde deutlich gemacht, dass sie den aktiven Dienst zurzeit nicht antreten könne. Sie führte Verpflichtungen an, die ihr durch die Tätigkeit ihres Mannes als Fraktionsvorsitzender der SPD im Bundestag zugewachsen seien. Im Juni bat sie daher um eine Beurlaubung ohne Dienstbezüge. In einem Vermerk führte der Schulrat dazu weiter aus:»Es kommt Frau Schmidt dabei darauf an, sich die Möglichkeit zu erhalten, bei entsprechender Gestaltung ihrer persönlichen Verhältnisse wieder voll als Lehrerin tätig sein zu können. Außerdem liegt ihr daran, ihre Altersversorgung zu sichern. Sie erklärte mir, sie sei einfach nicht imstande, neben ihren häuslichen und insbesondere ihren repräsentativen Pflichten vollen Schuldienst zu machen. Es liege ihr jedoch nicht, nur mit halber Kraft und nicht mit ihrem ganzen persönlichen Einsatz in der Schule tätig zu sein. Frau Dr. W. [die Amtsärztin] habe ihr bei der Untersuchung erklärt, sie sei dienstfähig, wenn sie sich nicht so sehr in der Schule und in ihrer Arbeit engagiere. Sie solle die Dinge mehr auf sich zukommen lassen. Frau Schmidt erklärte, mit einer solchen Einstellung könne sie aber nicht an ihren Beruf herangehen.«[46] Der

154

Schulrat empfahl, die beantragte Beurlaubung ohne Zahlung von Bezügen bis Ende 1969 zu genehmigen. Seine Behörde folgte dem Vorschlag. Dies war im öffentlichen Dienst der Hansestadt Hamburg äußerst ungewöhnlich. Eine offizielle Verabschiedung an ihrer Schule hat es aufgrund dieser Umstände nicht gegeben. Das bedauerte Loki Schmidt später, damals aber hatte sie nicht darüber nachgedacht. Als sie sich 1969 für Bonn als neuen Lebensmittelpunkt und damit für ein gänzlich anderes Tätigkeitsfeld entschied, standen neue Aufgaben und Herausforderungen für sie im Vordergrund.

1968, Studentenproteste und die Folgen

Das Jahr 1968 gilt als historische Zäsur, es gilt als Jahr der Initialzündung für große Veränderungen in Staat und Gesellschaft, die durch die Studentenbewegung, die Proteste gegen den Vietnamkrieg und den Beginn der Außerparlamentarischen Opposition (APO) ausgelöst wurden. In den neuen Debatten ging es um Mitbestimmungsrechte in staatlichen und wirtschaftlichen Organisationen, Fragen der Moral, neue Formen in Kunst und Kultur, und nicht zuletzt um neue Formen des Miteinanders anstelle der Institutionen Familie und Ehe.

In den Folgejahren von 1968 entwickelten sich neue soziale Bewegungen, wie die neue Frauenbewegung, Bürgerinitiativen und Umweltbewegung, aus der letztlich dann Die Grünen als neue Partei entstanden, sowie die Friedensbewegung, die vom Ende der siebziger bis Anfang der achtziger Jahre Hunderttausende von Menschen gegen den von Helmut Schmidt verfolgten Nato-Doppelbeschluss auf die Straßen brachte.

Viele dieser Forderungen sowie die Formen und Inhalte der studentischen Proteste ließen sich mit der im Grunde wertkonservativen Haltung von Loki Schmidt nicht vereinbaren. Dennoch berührten diese neuen Entwicklungen und damit verbundenen Radikalisierungen ihr Leben in mehrfacher Hinsicht.

Ihre Tochter Susanne, die an der Hamburger Universität Volkswirtschaft studierte, berichtete von den radikalen Auseinandersetzungen auf dem Campus aus erster Hand. Als Ehefrau eines der führenden Politiker der BRD musste Loki z. B. auf politischen Veranstaltungen persönliche Vorwürfe und politische Angriffe auf ihren Mann hautnah miterleben. In ihrer Rolle als Naturschützerin schließlich hatte sie sich seit den siebziger Jahren ein Tätigkeitsfeld gewählt, das immer mehr von der neuen, politisierten Ökobewegung und später von den Grünen besetzt wurde. Mit keiner dieser neuen Bewegungen konnte sie sich identifizieren. Zwar unterstützte sie einige der zentralen Forderungen der neuen Frauenbewegung, als Feministin hätte sie sich aber nie bezeichnen wollen. Forderungen und Aktionen der Achtundsechziger und der späteren Friedensbewegung blieben ihr fremd, noch im hohen Alter spürte man im Gespräch mit ihr diese Ablehnung. Sie sah in den Aktionen der Studentenbewegung der späten sechziger Jahre einen Nährboden für den späteren Linksterrorismus durch die sogenannte Rote Armee Fraktion (RAF).

Bis zur Mitte der sechziger Jahre hatte die deutsche Studentenschaft noch als eher unpolitisch und angepasst gegolten. Der Vietnamkrieg, die von der Großen Koalition vorbereiteten Notstandsgesetze, und die verschleppten Reformen in den Hochschulen leiteten dann aber eine bemerkenswerte Politisierung ein. Der Vietnamkrieg wurde als imperialistische Einmischung der USA gewertet, die Notstandsgesetzgebung der Großen Koalition als Aushebelung demokratischer Rechte und die Strukturen der alten Ordinarienuniversität als autoritär und undemokratisch bekämpft.

So war die Sicht der Rebellierenden, die Sicht der Mehrheitsgesellschaft war eine andere. Für Loki Schmidt war schon die auf Ausschließlichkeit und Radikalität setzende Grundhaltung der Rebellierenden anmaßend und mit ihrer eher nüchternen und besonnenen Lebens- und Politikeinstellung nicht vereinbar. Weil die nun rebellierenden Bürgerkinder weder das Elend von Krieg und Nachkriegszeit kannten, noch die Aufbauleistung der Älteren zu würdigen wussten, fühlte sie sich offenbar auch persönlich angegriffen. Mit wenig Verständnis begegnete sie auch dem Vorwurf einer ausgebliebenen Bewältigung der NS-Vergangenheit. Letztlich war sie der Auffassung, dass alle, die die Zeit der Diktatur nicht miterlebt hatten, zu keinem wirklichen Verstehen und Bewerten der NS-Zeit in der Lage seien – was Gespräche mit ihr über diese Jahre nicht einfach machte. Die NS-Zeit gehörte zu den wenigen politischen Themen, über die auch im Hause Schmidt heftige Debatten zwischen Eltern und Tochter geführt wurden. »Natürlich habe ich als Kind alle permanent gefragt: Wie war das denn wirklich?«, berichtet Susanne Schmidt. »Wie konntet ihr das nicht sehen? (...) Meine Generation, eben die 68er, wir waren so jung, wir konnten es einfach nicht begreifen. ›Das muss Euch doch in die Augen gestarrt haben!‹, habe ich immer wieder gesagt. Ich habe jedenfalls ein bisschen gebraucht, um zu akzeptieren, dass es eben doch nicht allen Leuten in die Augen gestochen ist. Aber mein Grundgefühl war lange Zeit: So doof könnt ihr doch gar nicht gewesen sein. Ich glaube, ihr verschweigt was.«[47] Auch war die pauschale studentische Bewertung der politischen Klasse als konservatives ›Establishment‹ für Loki Schmidt ein Ärgernis. Schließlich hatte sie ihren Mann auf seinem politischen Weg engagiert und solidarisch begleitet, hatte seinen Einsatz für die junge Demokratie erlebt und war von der Richtigkeit seiner politischen Grundsätze und der parlamentarischen Demokratie vollständig überzeugt.

Vor allem weckten die Bilder von gewalttätigen Protesten der Studenten und später die mörderischen Anschläge der RAF Erinnerungen an die schrecklichen Zeiten des braunen Straßenterrors. Ein frühes und besonders einschneidendes Erlebnis war für Loki eine Wahlkampfveranstaltung im August 1969 in Hamburg-Bergedorf, dem neuen Wahlkreis ihres Mannes, den er mit legendären 61,1 Prozent für sich gewinnen und 15 Jahre lang vertreten konnte. Schon Monate vorher war Schmidt ins Visier

157

der linken Hamburger Studentenvertretung und der Bergedorfer APO geraten. Einer der abwegigen Vorwürfe gegen Helmut Schmidt lautete, dass er in der NS-Zeit mit den Nazis kollaboriert hätte und nun mit den Neonazis paktieren würde.[48] Die Bergedorfer Wahlveranstaltung am 26. August stand damit bereits unter einem schlechten Vorzeichen. Polizei und Veranstalter hatten massive Sicherheitsvorkehrungen getroffen, in den von SPD-Anhängern vorzeitig gefüllten Versammlungssaal hatten es aber nur wenige Störer geschafft. Umso wütender war der Lärm draußen. »Wer hat uns verraten? – Sozialdemokraten« und »SPD – SS« waren Rufe von Hunderten von Jugendlichen und Studenten, die bis in die Halle drangen. Nach der Veranstaltung kam es zu hässlichen Gewaltszenen. Die Demonstranten warfen einige Bauwagen um und attackierten einen Bus mit Anhängern Schmidts, die Polizei setzte Wasserwerfer ein. Es gab Verletzte, ein Polizist erlitt Verätzungen durch eine Attacke mit Buttersäure. Diese Ereignisse erschreckten Loki zutiefst. Fanatismus und Gewaltbereitschaft lehnte sie mehr denn je ab, Szenen wie diese wollte sie nie wieder erleben. Ihre ablehnende Haltung gegenüber den Achtundsechzigern hat sie nie revidiert, dieser Bewegung gar positive Impulse bei der Veränderung der verkrusteten Gesellschaft der fünfziger und sechziger Jahre zuzusprechen, kam ihr nicht in den Sinn.

LOKI EINE »ANGEHEIRATETE DER POLITIK«: DIE BONNER JAHRE

Aufbruch nach Bonn

Bei der Bundestagswahl vom 28. September 1969 reichte der Stimmenanteil von SPD und FDP aus, um erstmalig in der Geschichte der Bundesrepublik eine Bundesregierung ohne die CDU/CSU zu bilden und mit Willy Brandt den ersten sozialdemokratischen Kanzler zu stellen. Den etwas überhöht wirkenden Anspruch Brandts und seiner Anhänger, »einen Aufbruch zu neuen Ufern«[1] zu wagen, dürften die Schmidts eher skeptisch aufgenommen haben. Ohnehin galt für das Ehepaar, zunächst einmal Entscheidungen für sich selbst zu treffen. Welche Rolle wollte und konnte Helmut Schmidt im neuen Gefüge Bonns einnehmen und wie sollte sich ihr Zusammenleben als Ehepaar in den nächsten Jahren gestalten: Weiter getrennt in Bonn und Hamburg leben, oder sollte auch Loki nach Bonn kommen? Spätestens als klar war, dass Helmut Schmidt an die Spitze des Verteidigungsministeriums wechseln würde, war Loki entschieden, nach Bonn zu ziehen, um ihren Mann in seinem Amt als Minister zu unterstützen. Außerdem, so formulierte sie einmal später, »waren wir beide der Meinung, nun haben wir beide lange genug getrennt gelebt.«[2]

Lokis Entschluss, mit ihrem Mann nach Bonn zu gehen, war auch ein Bekenntnis zu ihrer Ehe. Es wurde ein folgenreicher Schritt. Zum einen war damit der endgültige Rückzug aus ihrem Beruf verbunden und zum anderen, das konnte 1969 natürlich noch niemand wissen, sollte Bonn für mehr als 15 Jahre zu ihrem Hauptwohnsitz werden. Als Loki nach Bonn zog – in ihren Worten: ihr »zweites Leben« begann –, stand sie kurz vor ihrem

159

fünfzigsten Geburtstag, und als das Ehepaar den Bonner Wohnsitz 1987 endgültig aufkündigte, hatte sie die 65 lange überschritten und war faktisch im Pensionsalter. Außerdem war sie 1969 außerhalb Hamburgs eine unbekannte Politikerehefrau; als sie Bonn wieder verließ, war sie in der ganzen Republik und weit darüber hinaus bekannt und als eigenständige und in ihren Tätigkeitsfeldern erfolgreiche Persönlichkeit anerkannt.

Loki auf der Hardthöhe

Die knapp drei Jahre, die Loki Schmidt auf der Hardthöhe, dem Sitz des Verteidigungsministeriums am Südwestrand von Bonn, verbrachte, waren für sie eine gute Zeit. Am 22. Oktober 1969 war Helmut Schmidt als Verteidigungsminister vereidigt worden. Wenige Wochen später – der Vorgänger im Amt, Gerhard Schröder, benötigte noch ein paar Wochen zur Wohnungssuche – bezogen die Schmidts den für den Minister wegen seiner Präsenzpflicht zur Verfügung gestellten Bungalow auf dem Gelände der Hardthöhe. Auf den ersten Blick nicht gerade eine wohnliche Umgebung, denn die Hardthöhe war von den angrenzenden Wohnvierteln durch einen bewachten Zaun abgegrenzt und bestand vornehmlich aus Zweckbauten für die etwa 3500 Mitarbeiter des Ministeriums und die Führungskräfte der Bundeswehr. Diese abgeschirmte Wohnstatt machte ihr das Einleben in Bonn nicht leicht, doch beherzt nahm sie ihre Aufgabe an und richtete den neuen Wohnsitz als neues Zuhause ein. Der Bungalow auf der Hardthöhe gefiel Loki, er war praktisch, erschien ihr aber riesengroß.

Eigentlich hatte Schmidt nach der gewonnenen Wahl sein Amt als Fraktionsvorsitzender im Bundestag fortführen wollen, fügte sich aber mit der Übernahme des Verteidigungsministeriums dem Wunsch Herbert Wehners und Willy Brandts. Nach Lokis Aussagen war es sogar eine »Bedingung«, die Wehner für seine Akzeptanz der »kleinen Koalition« aus SPD und FDP ausgesprochen hatte.[3]

Loki spielte bei dieser Entscheidung eine gewichtige Rolle. In einem Brief an Rudolf Scharping vom 16. Oktober 1998 – als dieser, wie Schmidt etwa zweieinhalb Jahrzehnte zuvor, vor dem Wechsel vom Fraktionsvorsitz der SPD zum Verteidigungsminister stand – beschreibt sie dies ausführlich: »Helmut hätte sehr, sehr gern den Fraktionsvorsitz 1969 behalten. Aber ihm wurde bedeutet, er habe Verteidigungsminister zu werden. Er hat damals mit vielen Menschen darüber gesprochen, übrigens auch mit mir, und hat sich schließlich der Parteidisziplin gebeugt, wie Du weißt. Bei dem Gespräch mit mir habe ich ihm folgendes gesagt, und da unterscheiden sich Eure beiden Situationen voneinander. ›Du bist der Wehrexperte deiner Partei gewesen‹, habe ich zu Helmut gesagt. ›Du bist der erste Sozi gewesen, der eine Ersatzübung gemacht hat. Du kannst jetzt nicht nein sagen, wenn Du Verteidigungsminister werden sollst.‹ Und dann habe ich ihm eine grüne, stachelige Esskastanie gegeben und zu ihm gesagt: ›Von außen ist sie stachelig, es ist aber möglicherweise ein essbarer Kern darin.‹ Diese Esskastanie, mit den Jahren etwas verschrumpelt und bräunlich geworden, hat Helmut immer auf seinem Schreibtisch liegen gehabt, auf der Hardthöhe, im Finanzministerium und auch noch während der Kanzlerzeit. Beim Ausräumen 1982 ist das kleine, verkrümelte Stück dann irgendwo verloren gegangen.« Und Loki schließt den Brief mit: »Lieber Rudolf, in Gedanken schenke ich auch Dir heute eine stachelige Esskastanie und wünsche, dass der Kern für Dich essbar wird.«[4]

Nur einige Tage später in diesem Oktober 1998, als der Altkanzler das sogenannte Helmut-Schmidt-Zimmer in der Hamburger Vertretung in Bonn räumte, fand er im Übrigen die Esskastanie wieder und konnte sie dann doch noch an Rudolf Scharping weiterreichen. Glück hat sie ihm nicht gebracht, weil, wie der Schmidt-Biograph Michael Schwelien schreibt, Scharping »eine zentrale Maxime Schmidts nicht beachtete und sein Privatleben in aller Öffentlichkeit führte.«[5]

Der erste Sozialdemokrat im Verteidigungsministerium kam

also gut vorbereitet in dieses Amt, dazu hatte er mit seinen Staatssekretären, den Hamburger Weggefährten Willi Berkhan und Hans Birckholz sowie dem ehemaligen Industriemanager Ernst Wolf Mommsen, eine exzellente Unterstützung. Zahlreiche Reformprojekte wurden initiiert und umgesetzt, vor allem die innere Reform der Bundeswehr mit dem Konzept des »Staatsbürgers in Uniform«, die Gründung der Bundeswehruniversitäten in Hamburg und München sowie eine Verkürzung des Wehrdienstes von 18 auf 15 Monate. Neu war auch der Führungsstil, den Schmidt mit ins Ministerium brachte. Er leitete es unter Beteiligung der drei Staatssekretäre in einem kollegialen Führungsgremium, dem sogenannten Kleeblatt, dem auch der Generalinspekteur Ulrich de Maizière angehörte, sodass sich die Generalität in die politischen Entscheidungen eingebunden fühlte. Öffentliche Kritik gab es daran, dass Mommsen von seinem ehemaligen Arbeitgeber unter Fortzahlung seiner Bezüge nur beurlaubt war. Helmut Schmidt setzte sich über diese Kritik souverän hinweg und vereinbarte mit ihm das symbolische Gehalt von einer DM, das ihm Loki auszahlte. Zur allgemeinen Erheiterung der Beteiligten im Bungalow überreichte sie dem Staatssekretär Mommsen jedes Jahr ein blank geputztes Markstück »aus ihrer Haushaltskasse«, wie sie sagte. In Bonn war so etwas noch möglich, die Berliner Republik würde eine solche Absprache und Inszenierung durch die Frau des Ministers sicher nicht hinnehmen.

Für Loki Schmidt war Eva de Maizière, Ehefrau des Generalinspekteurs, eine der ersten »offiziellen« Anlaufstationen in ihrem neuen Leben. Diese berichtete über das erste Treffen: »Es war ein kalter winterlicher Morgen 1970, als es klingelte. Ein wenig bänglich, wie sie mir später verriet, hatte sie – in Bonn noch nicht eingelebt – bislang noch nie ein Generalshaus betreten.«[6] Nicht gleich aber war Loki von der Generalsfrau angetan, denn Frau de Maizière beklagte sich zunächst einmal dezidiert über die neuen, bislang so nicht bekannten zeitlichen Arbeitsbelastungen der leitenden Mitarbeiter im Ministerium. Hintergrund war, dass vor allem Ulrich de Maizière als Generalinspekteur und Chef der Bundeswehr von dem Nachtarbeiter Schmidt noch gerne bis spät in den Abend mit Besprechungen und Anfragen beschäftigt wurde. Frau de Maizière sei wie eine »Kommandeuse« aufgetreten, fand Loki, dabei wollte sie sich in die Diskussionen um interne Arbeitsbedingungen nun wahrlich nicht einbinden lassen. Doch die beiden Damen hielten Kontakt, entdeckten ihre gemeinsame Vorliebe für Malerei und Kunst und verstanden sich bald prächtig. Jahre später hatte sich Eva de Maizière zu einer anerkannten und von Loki bewunderten Bildhauerin und Graphikerin entwickelt. Sie besuchte einige Ausstellungen Eva de Maizières und drei Plastiken, die sie von ihr geschenkt bekam, fanden einen Ehrenplatz im Haus der Schmidts in Hamburg-Langenhorn.

Bereits in der Vorweihnachtszeit dieses ersten Jahres auf der Hardthöhe lernte Loki das traditionelle Adventstreffen der Frauen aller Führungskräfte kennen. Ein Jahr später lud sie selbst dazu ein, setzte aber auch mit der von ihr initiierten musikalischen Begleitung einen neuen Akzent. Sie bat den Leiter des Stabsmusikkorps zu einem Gespräch und fragte, ob das Orchester auch klassische Musik im Repertoire habe und schlug z.B. Choräle aus dem Weihnachtsoratorium von Johann Sebastian Bach vor. Oberstleutnant Scholz nahm die Anregung gerne an und machte Loki einen schriftlichen Programmvorschlag. Auch waren der Oberstleutnant Scholz und seine Musiker angetan, als Loki sie bei den Proben besuchte. Loki ließ Einladungen versenden und sprach am Tag des Konzerts im Kasinosaal der Hardthöhe wenige Worte zur Einführung: Dank und Lob an die Musiker und ein kleiner ironischer Hinweis auf die Arbeitsbelastung im Ministerium. »Nach der Musik treffen wir uns im Nebenraum zu einer kleinen Erfrischung und können uns dort etwas näher kennen lernen und Kümmerchen austauschen. Mein Mann kommt z.B. auch immer so spät vom Dienst nach Haus.«[7]

Zum Adventstreffen des Jahres 1971 setzte Loki noch einmal eine weitere Neuerung durch, als sie zum ersten Mal auch alle weiblichen Mitarbeiterinnen der Hardthöhe zum Adventskonzert einlud. Dieses Mal nahm sie sich auch mehr Zeit für ihre Begrüßung und beleuchtete die wichtige Rolle der weiblichen Mitarbeiter auf der Hardthöhe, sicher eine Geste, die für das Arbeitsklima förderlich war. Das fanden auch die meisten der Generalsfrauen, denn diese lud sie zu gelegentlichen Ausflügen oder Erkundungen ein, zum Beispiel 1971 in das nahe gelegene Kloster Maria Laach.

Zur Protokollabteilung des Ministeriums entwickelte Loki nach anfänglicher Irritation – ein wenig zu überschwänglich war ihr die Frau des vormaligen Verteidigungsministers Gerhard Schröder als leuchtendes Beispiel dargestellt worden – ein gutes Verhältnis. Sie wusste, dass sie in dieser neuen Bonner Welt, in der Welt des gesellschaftlichen und militärischen Parketts einiges zu lernen hatte, und nahm daher die Unterstützung gerne an. Sie benötigte sie besonders wegen ihrer Aufgaben als Gastgeberin bei zahlreichen Empfängen und Tagungen mit nationalen und internationalen Gästen. Hilfreich war es, dass die Ehefrau von Hans Birckholtz, Wilma, auch nach Bonn gezogen war und Loki bei vielen Aufgaben unterstützen konnte. Beide Damen mussten sich im Übrigen erst einmal an das auf der Hardthöhe gebräuchliche »Gnädige Frau« als Anrede gewöhnen. Die darin zum Ausdruck gebrachte Höflichkeit fand Loki jedoch angenehm. Vor allem bei den Ordonnanzen. »So etwas hatte ich vorher nicht gekannt. Die jungen Leute, denen man auch schon mal auf die Schulter klopfte, wenn sie etwas besonders gut gemacht hatten, waren für mich eine große Hilfe. Wenn man sie anstrahlte, strahlten sie zurück. Das war sehr angenehm.«[8]

Nachdem sie das Leben auf der Hardthöhe erkundet hatte, wurde ihr klar, dass ein großer Teil des militärischen Personals von ständigen Versetzungen betroffen war. Wie ein »Verschiebebahnhof« nahm sie die Hardthöhe wahr, ständig kamen neue Mitarbeiter, die sich mit ihren Familien in Bonn einfinden mussten. Um diesen bei der Neuorientierung zu helfen, baute sie ein kleines Unterstützungssystem auf. Es wurden Adresslisten mit

Foto mit aufgeklebtem Dialog aus dem privaten Fotoalbum.
Mit Carl-Gero von Ilsemann, September 1970

Schulen, Ärzten und Behörden angelegt sowie Ansprechpartner für die Wohnungsvermittlung gewonnen. Sicher nur ein kleiner Schritt, aber Loki zeigte, dass sie sich um die Mitarbeiter im Ministerium kümmern wollte. Und sie fand Anerkennung dafür. Mette Ferber, Frau des Vier-Sterne-Generals Ernst Ferber, erinnerte noch mehr als 15 Jahre später daran in einem Brief und bedankte sich bei Loki für deren »Verständnis und Engagement für die Soldatenfrauen«.[9]

Zu den selbst auferlegten Aufgaben gehörte ihre Beteiligung an der Vorbereitung der traditionellen Sommerfeste auf der Hardthöhe. Mit Lokis Hilfe wurde es 1970 als »Biwak« gefeiert – in der Sprache der Bundeswehr ein Zeltlager bei der Durchführung von Geländeübungen. Loki und der Minister begrüßten also ihre Gäste am Eingang eines großen Zeltes, alles war zünftig als Biwak hergerichtet, einschließlich einer schnatternden Schar von Gänsen als Feststaffage. Am nächsten Morgen wurde Loki ein Ei überbracht, das eine der Biwak-Gänse in der Nacht gelegt hatte. Sie blies es aus, machte für ihren Mann und sich daraus Rührei zum Frühstück, bemalte das Ei und schenkte es dem Protokollchef.

Gelegentlich begleitete Loki Schmidt ihren Mann bei seinen Dienstreisen zur Truppe. Im August 1971 ging es zu dem Marinestützpunkt Olpenitz an der Mündung der Schlei in die Ostsee. Loki hatte sich anlässlich dieses Termins für einen Besuch des benachbarten Natur- und Vogelschutzgebiets Oehe-Schleimünde angemeldet und war von der Arbeit der Naturschützer so beein-

Auf der
Kieler Woche,
Juni 1970

druckt, dass sie noch vor Ort ihren Eintritt in den Verein Jordsand erklärte, der das Schutzgebiet betreute. »Ich habe wenig Zeit, um am Vereinsleben teilhaben zu können, aber wenn ihr mich braucht, ruft mich«, erinnert sich der damalige Vereinsvorsitzende Uwe Schneider an ihre Worte.[10] Tatsächlich konnte der Verein in den nächsten Jahren und Jahrzehnten auf Lokis Unterstützung zählen. Sie besuchte alle seine Außenstationen an Ost- und Nordsee, ging 1981 mit auf eine Exkursion nach England und Schottland, um dortige Vogelschutzkonzepte kennenzulernen, und half dem Verein bei der Gewinnung von Sponsoren. Vogelbeobachtung und Vogelschutz waren bei Loki mehr als nur ein Hobby. Die ornithologische Leidenschaft teilte sie mit ihrem Mann, der sich nach dem besagten Truppenbesuch in Olpenitz von seiner Marine in das Vogelschutzgebiet übersetzen ließ. Uwe Schneider und sein Vogelschutzwart vor Ort konnten längst nicht alle Fachfragen des Ehepaars an diesem Nachmittag beantworten. Dass die Schmidts so gute Vogelkundler waren, hatte sie überrascht.

Im Verlauf des Jahres 1971 musste Loki eine schwierige und schwerwiegende persönliche Entscheidung treffen. Es ging um ihr Beamtenverhältnis im Hamburger Schuldienst. Mit all den neuen Aktivitäten und Verpflichtungen in Bonn war ihre Lehrertätigkeit schnell in den Hintergrund getreten, doch es blieb die Frage nach ihrem Beschäftigungsverhältnis als Hamburger Beamtin. Langfristige Beurlaubungen, wie sie heute relativ problemlos möglich sind, waren in den sechziger und siebziger Jahren unüblich. Aus dem Briefwechsel mit der Hamburger Schulbehörde wird allerdings deutlich, dass man dort bereit war, Loki so weit wie möglich entgegenzukommen. Ihre erste Beurlaubung ohne Zahlung von Dienstbezügen hatte sie bis Ende 1973 verlängern lassen können. Ihrem Wunsch, die Beurlaubung unbegrenzt – in ihren Worten »bis auf weiteres, d. h. bis zur Beendigung der gegenwärtigen Tätigkeit meines Ehemanns«[11] – zu verlängern, wollte die Schulbehörde offenbar aber nicht nachkommen.

Für Loki war dies eine Belastung. Ihre berufliche Eigenständigkeit und die damit verbundene Unabhängigkeit waren ihr immer wichtig gewesen, die Möglichkeit in den eigenen Beruf zurückkehren zu können, hatte beruhigend gewirkt. Nun im Sommer 1971 hatte sie sich entschlossen, zum Ende des Jahres endgültig aus dem Dienst auszuscheiden und sich ihre erworbenen Pensionsansprüche auszahlen zu lassen. An das Gespräch mit ihrem Mann zu diesem Thema erinnerte sie sich dreißig Jahre später: »Wir haben uns dann so geeinigt: gleich nach dem Krieg musste ich meinen Mann ernähren, er hatte ja noch keinen Beruf, und nun musste er mich ernähren, und damit sind wir bis heute gut hingekommen.«[12] Allerdings ließen sich die beiden vorab sehr genau über die Modalitäten und Berechnungsgrundlagen des auszuzahlenden Pensionsanspruchs informieren. Ihr Mann stand ihr dabei zur Seite, prüfte die Unterlagen und machte handschriftliche Notizen.

Mitte Oktober schließlich teilte ihr die Schulbehörde mit, dass ihr bei einer Dienstzeit von 24 Jahren und 305 Tagen, die Jahre der Beurlaubungen waren nicht gezählt worden, die Summe von 53 462 DM überwiesen werden würde. Keine kleine Summe – wäre sie allerdings bis zum 65. Lebensjahr weiter beurlaubt und dann pensioniert worden, hätten sich die ihr zustehenden Pensionszahlungen auf weit mehr als das Zehnfache addiert. Einen großen Teil des ausgezahlten Geldes investierte Loki in den Umbau des Ferienhauses am Brahmsee. Oft hat sie in den darauffolgenden Jahren davon erzählt, wie schwer ihr diese Entscheidung damals gefallen sei. Und wirklich gerecht fand sie es auch nicht.

Die finanzielle Lage der Schmidts war damit aber nicht besorgniserregend geworden. Man kann sich sogar von der Finanzsituation des Ehepaares ein ziemlich genaues Bild machen. Im Wahlkampf 1980 hatte der *Spiegel* den Kanzler und seinen Herausforderer Franz Josef Strauß nach Einkommen und Vermögen gefragt. Anders als Strauß antwortete Helmut Schmidt auf der Grundlage seiner letzten Steuererklärung mit konkreten Zahlen. Sein zu versteuerndes Jahreseinkommen bezifferte er für 1978 mit 233 000 DM. »Nach Einkommen- und Kirchensteuer blieben DM 121 000. (…) Nach der letzten Vermögenssteuererklärung besaßen meine Frau und ich 1978 ein Haus in Hamburg. Einheitswert DM 196 000 (das Haus ist mit einer Resthypothek von DM 49 000 belastet) und ein Ferienhaus am Brahmsee mit einem Einheitswert von DM 41 000. Dazu kommen Bundesanleihen in Höhe von rund DM 98 000. Der Wert der Lebensversicherung betrug 1978 DM 21 000.«[13] Über diese Summen konnte der als vermögend geltende Strauß sicher nur milde lächeln, im *Spiegel* entzog er sich der Befragung mit einem Nietzsche-Zitat: »Mancher weiß nicht wie reich er ist, bis er erfährt, was für reiche Menschen an ihm noch zu Dieben werden.«[14]

Ende November, Anfang Dezember 1971 begleitete Loki dann ihren Mann zum ersten Mal in offizieller Mission auf eine große Auslandsreise. Die Reise führte in den südostasiatischen und pazifischen Raum mit Aufenthalten in Thailand, Japan, Australien, Neuseeland, den Fidschiinseln und Honolulu auf Hawaii. Es war eine Reise in sechzehn Tagen um die Welt, der Rückflug ging nach einem Zwischenstopp in Anchorage (Alaska) über den magnetischen Nordpol, Grönland und Skandinavien zurück nach Bonn. Exakt 46 672 km legte die Boeing 707 der Luftwaffe zurück, eine so weite Reise machte Loki nie wieder. Auch die begleitenden Presseleute waren beeindruckt: Von den vielfältigen Erlebnissen auf der Reise, der Arbeitsleistung und dem außenpolitischen Geschick des Ministers, aber auch von den Strapazen. Einer von ihnen führte rekordverdächtige Zahlen auf: Elfmal startete und landete »Luftwaffe eins« auf dieser Reise, fast 60 Stunden war man insgesamt in der Luft, zweimal wurde der Äquator überquert, einmal die Zeitgrenze. Beim ersten Äquatorüberflug nahe Neu Guineas erhält Loki eine Äquatortaufe mit Eiswasser und einer Rose.[15]

Loki hatte sich vorher ein wenig über die Länder kundig gemacht, zusätzliche Informationen über den fernen Osten erhielt sie von einem Botschafterehepaar, das ebenfalls an der Reise teilnahm. Natürlich sollten in den nächsten Jahren zahllose weitere

Auslandsreisen folgen, doch bei dieser ersten war ihr die besonders privilegierte Position noch sehr bewusst. Über die Bequemlichkeit des Reisens, wenn alles vorbereitet ist, wenn man im Flugzeug viel Platz hat und auf den langen Flügen richtig schlafen kann, über den Luxus der Unterkünfte, über den leichten Zugang zu den wichtigsten Sehenswürdigkeiten vor Ort – all das genoss sie. »Wer aus einem Elternhaus wie meinem kommt, denkt doch nicht daran, dass er jemals eine so gut organisierte Reise machen könnte. Und dann noch unentgeltlich.«[16] Letzteres schien Loki noch 40 Jahre später einer besonderen Erwähnung wert.

Ihre offiziellen Aufgaben auf der Reise waren begrenzt, hin und wieder ein Damenprogramm und in Canberra eine Pressekonferenz für australische Journalistinnen. Walter Kröpelin, Korrespondent des Bayerischen Rundfunks, ist von ihrem Taktgefühl und dem besänftigenden Einfluss, den sie ausübe, sehr beeindruckt. Bereits nach der ersten Hälfte der Reise notierte er: »Schon jetzt weiß ich: die Rose der Reise gebührt der Frau des Ministers. Sie ist die Feine, Stille, Liebenswerte aus dem Norden. Leider sind die Attribute etwas abgegriffen: Herzenstakt, Instinkt, Klugheit. (…) Und da soll noch einer sagen, aus Hamburg sei kein Charme zu erwarten.«[17]

Überschattet wurde die Reise davon, dass Helmut Schmidts Gesundheitszustand bedenklich war und dass sich die Reise über Zehntausende von Kilometern und mehrere Klimazonen als viel zu anstrengend für ihn herausstellte. Wenige Stunden nach der Landung in Bonn gab er eine Pressekonferenz zum neuen Weißbuch seines Ministeriums, anschließend flog er nach Brüssel zur Nato-Konferenz.[18] Im Oktober war er bereits wegen einer Magen- und Darmerkrankung im Bundeswehr-Krankenhaus Koblenz behandelt worden, in den anschließenden Wochen hatte Loki hilflos beobachten müssen, dass er erheblich und sichtbar an Gewicht verlor. Schließlich wog er nur noch 135 Pfund, man sah ihm die Erschöpfung zunehmend an. Auch wenn Loki ihm grundsätzlich eine »erstaunliche Konstitution wie ein belgischer

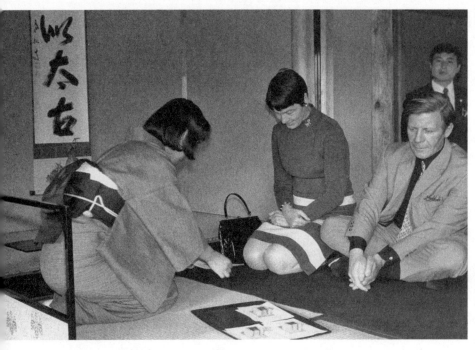

Teezeremonie, Südostasien-Reise 1971

Ackergaul«[19] attestierte, der Zustand war bedrohlich: Herzrasen, innere Unruhe, die Selbstkontrolle wurde immer schwieriger. Ein als Erholung geplanter Aufenthalt der drei Schmidts zum Jahreswechsel 1971/72 in Tansania brachte keine Besserung. Am 19. Januar 1972 schließlich wurde er wieder ins Koblenzer Krankenhaus eingeliefert, dieses Mal wurde eine akute fieberhafte Infektion diagnostiziert. Die richtige Diagnose aber wurde erst im April gefunden, Schmidt litt an einer Überfunktion der Schilddrüse. Die gute Nachricht war, dass diese Krankheit medikamentös behandelbar war, dieses Mal musste er aber länger in Koblenz verweilen, als er sich im Januar zugestanden hatte. Loki besuchte ihren Mann fast täglich, beruhigte seine Ungeduld durch gemeinsames Schachspielen.

»Abzug« von der Hardthöhe

Zur gleichen Zeit beschäftigte der Kampf um den Fortbestand der Regierung Brandt/Scheel und die Kontroversen um die von ihr verfolgte Versöhnungs- und neuen Ostpolitik die Republik. Weil mehrere Abgeordnete von SPD und FDP zur Unionsfraktion übergetreten waren, hatte die Regierung inzwischen ihre knappe Mehrheit verloren, und Rainer Barzel, Fraktionsvorsitzender der CDU/CSU, strebte mit einem konstruktiven Misstrauensvotum den Regierungswechsel an. Am 27. April 1972, dem Tag der Abstimmung und des Scheiterns dieses Antrags, hatte Helmut Schmidt natürlich seinen Platz im Bundestag eingenommen, um seine Stimme für den Kanzler abzugeben. Wie Millionen andere Deutsche verfolgte Loki diese Abstimmung gespannt vor dem Fernseher. Natürlich freute sie sich über das Scheitern des CDU-Antrags, sie wusste aber auch, dass damit ein neuer Bundestags-Wahlkampf eingeleitet war. Damit war auch klar, dass ihr Mann trotz der gerade erst ausgestandenen schweren Erkrankung an seinem Arbeits- und Lebensstil nichts verändern würde, selbst wenn sie das gewollt hätte. Als am 7. Juli 1972 Karl Schiller als Wirtschafts- und Finanzminister zurücktrat, geriet die Regierung Brandt/Scheel in eine weitere Bedrängnis. Das Angebot des Kanzlers zur Übernahme des Wirtschafts- und Finanzministeriums sah Helmut Schmidt zunächst äußerst skeptisch, zu instabil schien ihm inzwischen die Regierung, letztlich aber willigte er ein.

Lokis Einfluss bei dieser Entscheidung war nicht gering. Wie andere Berater vertrat sie die Meinung, dass er im anstehenden Wahlkampf wegen seiner neuen Funktion und als Gegenpol zu Franz Josef Strauß unersetzlich sei. Schon am 7. Juli 1972 war Schmidt neuer Wirtschafts- und Finanzminister, am gleichen Tag übernahm Georg Leber das Amt des Verteidigungsministers. Viel Zeit für Übergabe und Verabschiedungen gab es auf der Hardthöhe nicht. Nicht für den Minister, aber auch für dessen Frau nicht. Am 12. Juli wurde der Abschied Helmut Schmidts von der Hardthöhe mit einem Großen Zapfenstreich begangen. Loki stand an der Seite ihres sich bewegt zeigenden Mannes. Die *Bild*-Zeitung titelte: »Der Abend, an dem Helmut Schmidt plötzlich gar nicht mehr kaltschnäuzig war.«[20]

Gern verließ Loki Schmidt die Hardthöhe nicht, da ging es ihr wie ihrem Mann. Sie hatte sich hier inzwischen heimisch gefühlt, das Nebeneinander von Militärischem und Zivilem, die zahlreichen konkreten Aufgaben, die Nähe zu den Mitarbeitern – an allem hatte sie inzwischen Gefallen gefunden. Auch ihr Gesundheitszustand war stabiler geworden. Diese Jahre seien, so schreibt Eva de Maizière später in einem Brief an Loki, sehr »gehaltvoll« gewesen. Loki wusste inzwischen politische Vorgänge auf der Bonner Bühne genau zu analysieren und zu bewerten, ihr Rat war für ihren Mann wichtig, und in diesem Fall sicher auch ohne Einschränkung politisch richtig gewesen.

Von dem geräumigen Bungalow auf der Hardthöhe zogen sie nun in eine deutlich kleinere, Dreieinhalb-Zimmer-Wohnung in einem bescheidenen Mietshaus in der Schedestraße Nr. 4, am Rand des Regierungsviertels. Auch das war eine Umstellung. Allerdings waren die Schmidts damit zumindest räumlich ihrem künftigen Domizil, dem Kanzlerbungalow, schon einmal deutlich näher. Zu Fuß brauchte man von der Schedestraße gerade mal 10 Minuten bis in die Adenauerallee 139, wie die offizielle Postadresse für den im Park des Palais Schaumburg gelegenen Bungalow des Regierungschefs lautete.

Aus den Jahren auf der Bonner Hardthöhe gibt es noch eine kleine Anekdote nachzutragen. Loki, die erst im Frühjahr 1968 als fast Fünfzigjährige ihren Führerschein gemacht und noch wenig Fahrpraxis hatte, war auf die Idee gekommen, doch hin und wieder mal den Dienstwagen ihres Mannes zu steuern. Sie verabredete sich dafür mit dem Fahrer des Ministers und übernahm dann selbst das Steuer, auch schon mal auf der Autobahn. Als Vorwand sollte gelten, so war verabredet, dass der Fahrer sich nicht wohl gefühlt habe. Dieses Vergnügen endete abrupt, als ihrem Mann diese – wie er fand – Eskapade zugetragen wurde.

173

»Wenn das rauskommt, wird der Fahrer dafür zur Verantwortung gezogen, nicht du«, lautete seine Standpunkt, und Loki zeigte sich einsichtig.[21] Danach fuhr sie nur noch selten selbst. Als Kanzlergattin hatte sie später einen eigenen Fahrer, und auch Fahrten in Hamburg mit dem privaten PKW der Schmidts blieben Ausnahmen.

Loki wird Schwesternhelferin

Für Loki war der Wechsel des Ministeramts ihres Mannes – bis zur Bundestagswahl im November in das Superministerium für Wirtschaft und Finanzen, ab Dezember 1972 in das Finanzministerium – mit einer deutlichen Reduzierung ihrer Aufgaben als Ministergattin verbunden. An gelegentlichen Einladungen der Mitarbeiterinnen zeigten sich diese nicht sehr interessiert. »Bei denen drängte sich mir der Eindruck auf: Wir haben schon so viele Wirtschafts- und Finanzminister über uns ergehen lassen, diesen werden wir auch noch überstehen.«[22] Wenn man Loki nach diesen Jahren befragte, hatte man fast den Eindruck, sie fand es schade, dass sie sich dort im Ministerium so wenig hatte einbringen können.

Nach dem Weggang von der Hardthöhe war auch die Zeit vorhanden, dass Loki den schon länger gehegten Plan einer Ausbildung zur Schwesternhelferin absolvieren konnte. Befragt nach Ursprung und Motivation formulierte sie in einem Interview Anfang 1974: »Das liegt schon einige Zeit zurück, da war mein Mann noch Verteidigungsminister. Der Schwesternmangel in unseren Krankenhäusern war mir wie jedem von uns bekannt. Aber als ich erfuhr, dass allein im Bereich der Bundeswehr und des Katastrophenschutzes im Ernstfall rund 20 000 Schwestern fehlen, kam mir der Gedanke, selbst etwas dagegen zu tun.«[23] Die Ausbildung – beworben unter dem Titel »In 28 Tagen Schwesternhelferin« – umfasste einen Erste-Hilfe-Kurs, eine fachlich-theoretische Einführung und ein Krankenhauspraktikum. Loki absolvierte die Ausbildung im Herbst 1973 beim Bonner DRK,

Januar 1974

ihr Praktikum machte sie auf der chirurgischen Abteilung des Sankt-Petrus-Hospitals.

Die Frau eines Bundesministers als Schwesternhelferin – das war natürlich für die Verantwortlichen beim DRK und im Krankenhaus etwas Besonderes, und auf der Homepage des Krankenhauses findet sich noch heute ein Foto von Loki in Schwesterntracht. Bemerkenswert aus heutiger Sicht ist allerdings, dass Loki die ganzen vier Wochen ihres Praktikums inkognito bleiben konnte. Keiner der Patienten identifizierte »Schwester Hannelore« als die Frau des Finanzministers. Erst am Ende des Kursus gab es einen Pressetermin im Krankenhaus.

Ihr Fazit nach der Ausbildung war rundum positiv. Loki belässt es allerdings nicht bei allgemeinen Worten, sondern gibt in der DRK-Zeitschrift eine detaillierte Einschätzung ihrer Ausbildung. Besonders gut fand sie, dass die drei Ausbildungsteile nebeneinander und damit integriert angeboten wurden. Als Verbesserungsmöglichkeit schlug sie die Benennung von »Vertrauens-schwestern« vor, »an die sich die Schwesternhelferin jederzeit wenden kann, wenn sie sachliche Fragen oder Probleme hat.« Und nach der gesellschaftlichen Funktion der Ausbildung gefragt, antwortete sie: »Es ist eine Bereicherung für die Allgemeinheit, wenn möglichst viele Frauen und Mädchen von diesem Angebot Gebrauch machen und sich im sozialen Bereich betätigen (…) Wissen Sie: Wenn man von Schwesternhelferin redet, muss man den Begriff ›Helfen‹ besonders groß schreiben. Dies ist doch gerade für junge Menschen so wichtig, die im Grunde alle einen Drang zur Mitverantwortung, zum Sozialen verspüren.«[24] Loki Schmidt war Pädagogin, auf die Betonung der gesellschaftlichen Notwendigkeit eines solchen Engagements zu verzichten, hätte ihr nicht entsprochen.

Sie selbst profitierte in den späteren Jahren bei mehreren Anlässen von ihren Kenntnissen und Fertigkeiten als Schwesternhelferin. Während ihrer ersten Forschungsreise auf dem Amazonas versorgte sie professionell – zum Erstaunen und zur Erleichterung der mitfahrenden Wissenschaftler – die tiefe und stark blutende Schnittwunde eines Fremdenführers. Und nach ihrer eigenen Blinddarmoperation im Koblenzer Bundeswehr-Krankenhaus ließ sie es sich nicht nehmen, die Fäden bei sich selbst zu ziehen.

Vor allem bei der Pflege ihres Ehemanns konnte Loki medizinische Grundkenntnisse brauchen. Bedingt durch die hohe Arbeitsbelastung und den Stress stellten sich bei ihm immer wieder fiebrige Erkältungen ein, 1975 eine Lungen- und Rippenfellentzündung, im Januar 1980 dann eine eitrige Mandelentzündung, die den Herzmuskel schädigte. Fortan plagten den Kanzler gravierende Herzrhythmusstörungen. Einige Male musste Loki sogar miterleben, wie er für kurze Zeit das Bewusstsein verlor, eine Folge von sogenannten Adams-Stokes-Anfällen, bei denen die Pumpleistung des Herzens für einige Sekunden komplett ausfällt. In dieser Zeit war Loki ernstlich besorgt um das Leben ihres Mannes, erlitt er einen solchen Anfall zu Hause, übernahm sie die Erstversorgung. Erst nachdem ihm im Oktober 1981 ein erster Herzschrittmacher eingesetzt worden war, besserte sich sein Zustand. Und auch viele Jahre später, im Sommer 2002, bei seinem ersten schweren und lebensbedrohenden Herzinfarkt, war Loki an seiner Seite. Schnell erkannte sie die ernste Situation und sorgte dafür, dass ihr Mann per Hubschrauber vom Brahmsee in die Kieler Universitätsklinik transportiert wurde. Jahre später wiederholte sich dieses ein zweites Mal. In diesen Situationen konnte sie auf einige Kompetenzen vertrauen, die sie damals erworben hatte.

Bei den vielen dienstlichen Reisen, die Helmut Schmidt auch als Finanzminister zu absolvieren hatte, begleitete Loki ihren Mann nur selten. Eine gemeinsame Reise aus dieser Zeit, die Reise nach Nairobi zur jährlich stattfindenden Tagung von Weltbank und Weltwährungsfonds im September 1973, blieb für Loki allerdings unvergesslich. Auch Tochter Susanne nahm an dieser Reise teil; denn es war abzusehen, dass Zeit bleiben würde für einen gemeinsamen Abstecher nach Tansania. Sie fuhren zu dem mit einem Durchmesser von fast 20 Kilometern gigantischen Ngorongoro-Krater und in die Serengeti. »Es war ein begeisterndes Abenteuer: Löwen, Geparde, Büffel, Nashörner, Elefanten, Gnus und vielerlei Antilopenarten«, schwärmte Helmut Schmidt noch fast 30 Jahre später. Auf dem Rückflug musste die kleine Chartermaschine jedoch ein Gewitter durchqueren und geriet völlig außer Kontrolle. »Es prasselte auf Kabinendach und Tragflächen, und es war nichts mehr zu sehen; die Blitze erhellten lediglich die Wolkentürme, in denen wir hin und her geworfen wurden. Natürlich gab es weder Radar noch Funkfeuer, wohl aber im Sekundentakt ein lautes ›Piep piep‹ von einem Gerät im Armaturenbrett. Auf die Frage nach der Bedeutung dieses Signals sagte der Pilot: ›Wir verlieren an Höhe.‹ Er hatte vollkommen die Orientierung verloren; die Bergkanten des ostafrikanischen Grabens waren in unmittelbarer Nähe, und jeder hatte Angst, wir würden gleich gegen einen Berg rasen.«[25]

Susanne Schmidt erinnert sich an ihre Todesangst und daran,

177

dass ihre Mutter plötzlich zwischen Wolkenfetzen ein Gewässer entdeckt hatte, das dem Piloten die Orientierung ermöglichte.[26] Als sie schließlich unversehrt in Nairobi landen konnten, war die Freude und Dankbarkeit gegenüber dem Piloten groß. An diesem Abend wurde gefeiert, Loki trank Whisky und Planter's Punch, ein Cocktail aus braunem Rum, Ananas-, Zitronen- und Orangensaft. Flugangst blieb bei Loki nicht zurück, in den folgenden Jahren stieg sie ohne Bedenken immer wieder in große und kleine Maschinen und absolvierte eine nicht mehr nachvollziehbare Anzahl von Flugkilometern. Den etwa 300 km langen Flug mit der kleinen kenianischen Maschine von der Serengeti nach Nairobi hat sie aber nie mehr vergessen können.

Die Frau des Kanzlers

Im roten Kleid bei der Kanzlerwahl

Am 24. April 1974 wurden in dem Bonner Stadtteil Bad Godesberg der Kanzleramtsmitarbeiter Günter Guillaume und seine Frau wegen dringenden Spionageverdachts für die DDR verhaftet. Von der politischen Brisanz und der Tatsache, dass diese Verhaftung erhebliche Auswirkungen auf ihr eigenes Leben haben würde, davon ahnte Loki Schmidt an diesem Tag nichts. Von der Verhaftung erfuhr sie aus den Medien. Falls Helmut Schmidt bereits zuvor von dem Verdacht gewusst haben sollte, muss er gegenüber seiner Frau eisern geschwiegen haben. »Wenn er es für angebracht hält, kann er im Übrigen (…) ganz gut schweigen«, wusste Loki zu berichten.[27] Sie selbst war damals sprachlos, ein Spion in unmittelbarer Nähe des Kanzlers, das hätte sie nicht für möglich gehalten. Loki war allerdings wie ihr Mann der Meinung, dass ein Kanzler nicht grundsätzlich wegen eines solchen Spionagefalls von seinem Amt zurücktreten sollte – und das, obwohl ihre Haltung gegenüber Willy Brandt durchaus kritisch war. Häufig hatte Loki Willy Brandt am Rande von Parteiveranstaltungen, aber auch im Kanzlerbungalow, später anlässlich des Breschnew-Besuchs sogar in Langenhorn getroffen, nie war es allerdings zu einem längeren, vertieften Gespräch zwischen den beiden gekommen. In ihrer nüchternen hanseatischen Art war sie offenbar für die charismatische Ausstrahlung, die Willy Brandt zugesprochen wurde, wenig anfällig. Ein »bisschen abgehoben« habe er auf sie gewirkt, er sei zu sehr Visionär und zu wenig Realpolitiker gewesen, war Lokis Einschätzung.[28]

Günter Guillaume, ein 1956 vom Staatssicherheitsdienst der DDR in die BRD eingeschleuster Agent, hatte eine erstaunliche Karriere in der westdeutschen SPD durchlaufen und war 1972 sogar zum Parteireferenten von Willy Brandt im Kanzleramt aufgestiegen. In dieser Position hatte Guillaume Zugang zu vielen vertraulichen und geheimen Vorgängen und Akten. Als noch brisanter wurden seine direkten Einblicke in das Privatleben des Kanzlers Willy Brandt eingeschätzt. Es wurden in den Medien Vermutungen gestreut, Willy Brandt sei auf diese Weise dem Wohlwollen der DDR ausgeliefert, ja, selbst das Wort von der Erpressbarkeit des deutschen Kanzlers machte die Runde.

Spätestens auf der gemeinsamen Tagung von SPD- und Gewerkschaftsspitzen am 4. und 5. Mai in Bad Münstereifel wurde deutlich, dass Willy Brandt aus dem Spionagefall persönliche Konsequenzen ziehen wollte. Eine gewisse Amtsmüdigkeit und die Einsicht, dass aus ökonomischen Gründen die Möglichkeiten für eine Reformpolitik kleiner geworden waren, trugen zu dem Entschluss sicher mit bei. Nun sah Willy Brandt seinen Finanzminister Helmut Schmidt in der Pflicht. In einem kleinen vertraulichen Kreise schlug er ihn als seinen Nachfolger vor. Schmidts Führungsqualitäten und seine überragende ökonomische Kompetenz sprachen ohne Zweifel für ihn. Auch Loki war sich sicher, dass ihr Mann, wenn er denn die Nachfolge antreten sollte, der Richtige für dieses Amt war. Ja, sie traute ihrem Mann die Kanzlerschaft zu, »ohne wenn und aber«, wie sie es später formulierte. Aber, auch das wusste Loki, er hatte sich nicht in dieses Amt gedrängt, denn er kannte die Verantwortung und die Last einer Kanzlerschaft.

Wie verabredet hatte Loki ihren Mann am 5. Mai in Bad Münstereifel abgeholt. Sie fuhr ein wenig früher los, am Tagungsort begegnete ihr eine »große Ratlosigkeit« und eine angespannte Stimmung. Alles schien »drunter und drüber« zu gehen, ihren Mann erlebte sie aufgewühlt.[29] Eine kleine Gruppe machte sich schließlich auf, um in der Bonner Wohnung des SPD-Schatzmeisters Alfred Nau die Lage weiter zu sondieren. Nur zwei Frauen waren anwesend: Elfriede Nau und Loki Schmidt. In der Nacht, als das Ehepaar wieder zu Hause in der Schedestraße war, entschied sich Helmut Schmidt im Gespräch mit seiner Frau: »Das muss ich wohl machen.«[30]

Am 16. Mai 1974, zehn Tage nach der Rücktrittserklärung von Willy Brandt, wählte der Deutsche Bundestag mit den Stimmen der Fraktionen von SPD und FDP Helmut Schmidt zum neuen Kanzler der Bundesrepublik Deutschland. Loki saß bei dieser Wahl mit Tochter Susanne und Lilo Schmarsow, der langjährigen Sekretärin Schmidts, auf der Zuschauertribüne des Bundestags. Sie trug an diesem Tag ein rotes Kleid. Niemand konnte das übersehen. Bei aller Aufregung war sie jedoch in erster Linie stolz. Sie

Mit Tochter Susanne (li.) und den Sekretärinnen des Kanzlers im Plenarsaal des Deutschen Bundestags, 16. Mai 1974

war sich der Bedeutung dieses Ereignisses für ihren Mann, für ihre Familie und für ihr eigenes Leben bewusst: Sie war jetzt die Ehefrau des Kanzlers der Bundesrepublik Deutschland.

Leben im Kanzlerbungalow

Mit dem Wechsel von Helmut Schmidt ins Kanzleramt bezog das Ehepaar den 1964 fertig gestellten Kanzlerbungalow. Pragmatisch und vorsichtig, wie die Schmidts immer waren, gaben sie ihre Wohnung in der Schedestraße nicht gleich auf. Anders als Willy und Rut Brandt, die in den Bungalow nicht hatten einziehen wollen, war es für die Schmidts keine Frage, dass sie dieses eigens für den Kanzler der Bundesrepublik Deutschland errichtete repräsentative Gebäude beziehen würden.

Der in unmittelbarer Nähe zum Rhein, in der Parklandschaft des Palais Schaumburg gelegene Bungalow war ein modernes, lichtdurchflutetes Bauwerk, bestehend aus zwei quadratischen Bauteilen: ein etwa 80 Quadratmeter großer Gebäudeteil für dienstliche Repräsentationszwecke und ein ca. 140 Quadratmeter großer Bereich für das Privatleben des Kanzlers und seiner Gattin. Dieser neue offizielle Wohnsitz des Regierungschefs war auf Anregung Ludwig Erhards entstanden. Für die Planung hatte er den renommierten Architekten Sep Ruf gewonnen, der zuvor bereits das Privathaus der Erhards am Tegernsee errichtet hatte. Der Flachbau – im Prinzip ein verglaster Stahlskelettbau – zeichnet sich durch strenge Linienführung, Funktionalität und Transparenz aus. Anders als Regierungssitze in anderen Ländern ist der Kanzlerbungalow moderat in den Ausmaßen und verzichtet auf jede Geste der Einschüchterung durch großflächige Räumlichkeiten, breite Treppen oder üppiges Dekor. Die Architektur des Bungalows stand der noch jungen Bundesrepublik, die auf Bescheidenheit und Modernität setzen wollte, gut zu Gesicht. Die einzige Sonderausstattung war ein kleines Schwimmbecken in einem der beiden Innenhöfe. Aus heutiger Sicht ist es völlig unverständlich, dass das Becken mit seinen 3x6 Metern die Medien zu spöttischen Bezeichnungen wie »Ludwigslust« oder »Palais Schaumbad« animierte. Bei den verschiedenen Bewohnern und Besuchern rief der Bungalow unterschiedliche Bewertungen hervor. Ludwig Erhard und Ehefrau Luise, die sich bei den Planungen beteiligt hatten, waren mit der Wohnsituation im Bungalow sehr zufrieden. Kanzler Georg Kiesinger hingegen fehlte es an Behaglichkeit, auch fand er den Bau beengend. Willy Brandt zog gar nicht erst ein und nutzte den Bau ausschließlich für Empfänge und ähnliche Repräsentationszwecke. Helmut Kohl, der hier mit fast 16 Jahren am längsten wohnte, beklagte die Unbequemlichkeiten wie auch die Familienunfreundlichkeit des Hauses. Dazu kritisierte er die hohe Miete (1982 waren es monatlich 3500 DM). Norbert Blüm, häufiger mal abendlicher Gast bei Helmut Kohl, fühlte sich im Bungalow sogar an den »Charme einer Hundehütte« erinnert.[31]

»Uns hat der Bungalow jedenfalls gefallen«, beschrieb Loki Schmidt später einmal das Verhältnis zu ihrem neuen Wohnsitz. »Mit seinen klaren Konturen und Anklängen vom Bauhaus entsprach er mehr unserem Stil als irgendwelche Jahrhundertwende-Prachtbauten.«[32] Im privaten Bereich gab es ein Wohn- und Esszimmer, ein Arbeitszimmer für den Kanzler und ein kleineres Zimmer für die Dame des Hauses, zwei durch ein gemeinsames Bad verbundene Schlafzimmer und drei Gästezimmer mit jeweils eigenem Bad. Zwei der Gästezimmer waren von den Hamburger Sicherheitsbeamten belegt, die umschichtig jeweils 14 Tage am Stück Dienst hatten.

Das Bad und die Schlafräume der Schmidts waren karg ausgestattet, beherrschendes Stilelement im Privatbereich waren die eingebauten Wandschränke und die sehr schmalen, langen Flure. Kritik übte Loki an einigen Funktionsmängeln im Wohnbereich. So musste man, wenn das Schlafzimmer gelüftet werden sollte, eine ganze Glaswand beiseiteschieben. Für private Gäste fehlten eine Garderobe und eine eigene Toilette. Besonders störend war für Loki, dass es im privaten Bereich keine eigene Küche gab. Auf ihr Drängen wurde deshalb eine kleine Teeküche installiert, in der sie rasch eine Kleinigkeit zubereiten konnte. Außerdem kritisierte sie, dass ihr Damenzimmer für wirkliche Büroarbeit viel zu klein war. Büroarbeit hatte der Architekt für die Kanzlergattin offenbar nicht vorgesehen. Darüber, dass die Sicherheitsbeamten im Privatteil des Kanzlerbungalows untergebracht waren, hat sich Loki im Übrigen nie beklagt.

Ansonsten sorgte sie dafür, dass durch einige private Dinge, vor allem Kunstwerke der klassischen Moderne, ein gewisses Vertrautheitsgefühl und Privatatmosphäre im Bungalow entstehen konnte. Eigene Vorlieben und öffentliche Pflichten verband sie mit Einladungen zu Hauskonzerten. Der Flügel des Kanzlerbungalows wurde auch vom Hausherrn genutzt, oft noch spät abends, um so die Anstrengungen des Tages hinter sich zu lassen. Loki lud auch regelmäßig ausgewählte Besuchergruppen, wie Diplomatenfrauen oder Abgeordnete und Journalistinnen, zum zwanglosen Austausch bei Kaffee und Kuchen ein, und natürlich empfing sie im privaten Wohnzimmer der Schmidts ihre Freunde, Bekannten, Mitstreiter und Gesprächspartner in Sachen Naturschutz und anderer Projekte. Größere Runden – wie etwa die Ehefrauen aller neuen Botschafter in Bonn oder Aussiedlergruppen aus Osteuropa – wurden im Repräsentationsbereich des Bungalows empfangen.

Eine bemerkenswerte Aktion war Lokis Einladung aller weiblichen Bundestagsabgeordneten im Dezember 1974. Von Beginn an war klar, dass sie nicht allein die sozialdemokratischen Abgeordneten, sondern auch die Frauen aus den anderen Fraktionen einladen wollte. Ein Platzproblem gab es dabei nicht, der Empfangsraum des Bundeskanzlerbungalows war allemal groß genug für die insgesamt nur 30 Frauen des siebten Bundestages (1972–1976), 15 Frauen gehörten der CDU/CSU an, 13 der SPD und zwei der FDP. Damit lag der Frauenanteil in diesem 7. Deutschen Bundestag bei gerade mal 5,8 Prozent und damit noch unter dem des ersten Bundestages, dem 6,8 Prozent Frauen angehört hatten.[33] Der Anteil der Frauen im Bundestag wuchs erst merklich mit dem Einzug der Grünen, die mit ihrer festgesetzten Frauenquote von 50 Prozent indirekt Druck auf die anderen Parteien ausübten. Trotzdem ist selbst heute, im 18. Deutschen Bundestag, der Frauenanteil mit 36 Prozent immer noch von einer wirklichen politischen Gleichstellung der Geschlechter deutlich entfernt.

Lokis Einladung der Frauen aus den drei Parteien war ein Zeichen grundlegender Anerkennung und Wertschätzung ihrer politischen Tätigkeit. Loki sprach an diesem Nachmittag ein paar herzliche Worte zur Begrüßung, die aktuelle Politik, vor allem die Parteipolitik spielte eine untergeordnete Rolle. Die Abgeordneten waren von Lokis Einladung angetan, die Berliner CDU-Abgeordnete und Vorsitzende des Petitionsausschusses Liselotte Berger schenkte Loki als Dankeschön eine Gartenbank. Sie verband das Gastgeschenk mit dem Rat an Loki, auf der Bank gelegentlich zu verweilen und sich am Blick auf den Rhein und den Park zu erfreuen.[34] Loki stellte die Bank tatsächlich an einem prominenten Platz mit Rheinblick auf. Da diese Veranstaltung so viel Anklang gefunden hatte, wiederholte Loki ihr politisches Frauentreffen einige Male. Es freute sie, dass Politikerinnen, die sonst »miteinander – leider häufig auch gegeneinander – im Parlament die Gesetze machen«, bei diesen Treffen auch einmal »ein Wort zueinander finden« konnten, wie sie es in ihrer Begrüßung zum zweiten Treffen 1975 formulierte.[35]

Nicht ganz so positiv war die Resonanz auf ihre Einladung zu einem Adventskaffee aller in Bonn tätigen weiblichen Journalisten im Dezember 1979. Die Einladung war über die Pressestelle des Bundeskanzleramts verschickt worden, und die eine oder andere der etwa 40 Journalistinnen wird die Bundestagswahl im folgenden Jahr als eigentlichen Anlass der Einladung angesehen haben. Außerdem hatte Loki bereits einem Fernsehsender zugesagt, der einen Film über Journalistinnen in Bonn drehen und Aufnahmen aus der Kaffeerunde haben wollte. Beim Anblick der bereits aufgebauten Kameras habe es »hochgezogene Augenbrauen bei den Zeitungsfrauen« gegeben, berichtet eine der Anwesenden.[36] Loki selbst war angestrengt und unausgeschlafen, weil sie gerade erst von einem Parteitag der SPD mit langen

Nächten zurückgekehrt war. »Kaffeklatsch als Pflichterfüllung einer armen, müden Frau im Zentrum des Bonner Regierungsviertels«, fasste in der *FAZ* die Journalistin Angela Nacken zusammen.[37] Nicht immer verliefen Lokis Initiativen so, wie sie es beabsichtigt hatte.

Zu den von ihr geliebten privaten Regelmäßigkeiten des Lebens im Bonner Kanzlerbungalow gehörte das Schwimmen in dem von den Medien bespöttelten Swimmingpool. Fast jeden Morgen schwamm sie hier bis zu 1000 Meter, und dies in einem Becken, das, wie ihr Mann zu sagen pflegte, so groß war »wie ein halber Esszimmertisch«.[38]

Beglückend waren für Loki die wunderbare Parkanlage und die großzügig angelegten Blumenbeete, die von Gärtnern gepflegt wurden. Hier konnte sie ihrer Pflanzenliebe nachgehen und die Natur beobachten. Herrliche Fotos von Sven Simon zeigen sie, auf den Knien liegend, bei der Betrachtung besonderer Blumen und wie sie diese einer Besucherin näher erklärt.

Ein kurzer Gang durch den Park bot oft auch die Möglichkeit,

Im Park des Palais Schaumburg

wichtige Themen mit ihrem Mann zu besprechen. Denn Helmut Schmidt war ebenfalls empfänglich für die Schönheit des Parks und empfahl seinen Mitarbeitern im Kanzleramt, die wundervolle Anlage zum gelegentlichen Abschalten und Erholen zu nutzen. Lokis Zuhause und Heimat aber blieb das Doppelhaus im Neubergerweg in Hamburg-Langenhorn. Wenn Loki von »unserer Wohnung« sprach, meinte sie immer das Haus in Langenhorn, nie den Kanzlerbungalow. Wann immer der Terminkalender es zuließ, zog es die beiden an den Wochenenden nach Hamburg. Manchmal fuhr Loki schon vor, reisten sie zusammen, ging es zunächst immer mit dem Hubschrauber zum Flughafen Köln-Wahn, von dort mit einer Maschine der Luftwaffe zum Flughafen Fuhlsbüttel und schließlich per Dienstwagen mit Fahrer nach Langenhorn. »Wenn wir nach Hause kommen, gehen wir erst mal gemeinsam durch den Garten und das Haus«, erzählte Loki der Journalistin Nina Grunenberg 1976, als diese vier Tage lang den Bundeskanzler in Bonn bei allen Terminen begleiten konnte.[39] »Ich wüsste keinen Politiker«, schreibt sie, »bayerische vielleicht ausgenommen, der aus seiner Stadt so viel Kraft ziehen würde wie Helmut Schmidt – und seine Frau – aus Hamburg.«[40]

Oft verband Loki den Aufenthalt in Hamburg mit einem Besuch bei ihrem Langenhorner Friseur. In Bonn hatte sie zwar inzwischen auch einen deutlich ambitionierteren Salon gefunden, aber das Schneiden überließ sie doch gern ihrem Langenhorner Friseurmeister. Ihr Bubikopf war inzwischen ihr Markenzeichen geworden.

Neue Aufgaben

Im staatlichen Leben der Bundesrepublik hat die Frau des Bundeskanzlers – wie auch die des Bundespräsidenten – keine offizielle Funktion. (Das gilt natürlich auch für die Ehemänner von Kanzlerinnen und zukünftigen Bundespräsidentinnen.) Gleichwohl wird erwartet, dass die Ehefrau eines Kanzlers ihn bei repräsentativen Auftritten wie z.B. Staatsbesuchen begleitet und ihn durch die Übernahme von Ehrenämtern oder Schirmherrschaften in seinem gesellschaftlichen Wirken unterstützt. Loki war von Anfang an klar, dass sie diese neue Rolle aktiv wahrnehmen und sich keineswegs auf Repräsentationsaufgaben an der Seite ihres Mannes beschränken wollte. Als Pädagogin, so schlug man ihr vor, könne sie vielleicht Einrichtungen für behinderte Kinder und Jugendliche unterstützen, und sie nahm sich dieser Aufgabe an. In ihrer Lehrerzeit an der Schule Othmarscher Kirchenweg hatte sie bereits eigene Erfahrungen im Unterricht mit behinderten Kindern gesammelt und freute sich, daran anknüpfen zu können.

Regelmäßig begleitete sie die Ehefrauen von Staatsgästen bei deren Damenprogramm in Bonn. Zum Standard gehörte bei diesen Gelegenheiten eine Schiffsfahrt auf dem Rhein, in deren Verlauf einige der idyllischen kleinen Ortschaften entlang des Stroms angesteuert wurden. Loki baute nach und nach engere Kontakte zu einzelnen Bürgermeistern auf, die erfreut waren, ihre Sehenswürdigkeiten präsentieren und die Damen im Rathaus empfangen zu können. Zum Einkaufen führte Loki ihre Gäste meist nach Köln. Dort nutzte sie dann oft die Gelegenheit für einen Besuch im Römisch-Germanischen Museum, auch wenn nicht alle Damen daran so recht interessiert waren. Einmal im Jahr lud Loki auch die – wie sie in der Einladung am 23. Juni 1976 zum Besuch der deutschen Edelsteinstraße schrieb – »geplagten Minister-Ehefrauen« aus dem Kabinett ihres Mannes zu einem »Betriebsausflug« ein.

Bei den zahlreichen Auslandsreisen des Kanzlers gab es durchweg drei Aufgaben, die sie als Frau des Kanzlers zu bewältigen hatte. Zunächst die Begleitung des Kanzlers bei offiziellen Empfängen, öffentlichen Terminen und gesellschaftlichen Einladungen der Repräsentanten des Gastlandes. Zweitens war sie selbst Protagonistin des jeweiligen Damenprogramms, das sie aber so oft wie möglich zu beeinflussen suchte. Schließlich fungierte sie als Bindeglied zum Begleittross, zu den Mitarbeitern aus dem

Programm mit den Damen Callaghan, Giscard d'Estaing, Carter (v. li.), Gipfel auf Guadeloupe 1979

Kanzleramt, den Journalisten sowie den vom Kanzler eingeladenen Vertretern aus Wirtschaft, Gewerkschaft und Wissenschaft. Man traf sich häufig abends, und Loki nahm dann in diesem Kreise eine vermittelnde Rolle ein. Hierin zeigte sie großes Geschick und war, wie die *Zeit*-Journalistin Nina Grunenberg berichtete, insbesondere bei den Presseleuten beliebt.

Unter Lokis Bonner Pflichtterminen nahm das aufwendige Sommerfest des Kanzlers mit über 2000 Gästen eine prominente Rolle ein. Mit Ideen zur Gestaltung, mit einer eigenen Einladungsliste und mit publizistischer Begleitung wirkte Loki an der Planung und Organisation der Feste mit. Beim Sommerfest 1977, das nicht im Park des Palais Schaumburg, sondern wegen eines besonderen Kulturprogramms im Theater der Stadt Bonn stattfand, gab sie beispielsweise im Vorfeld des Festes eine Pressekonferenz und führte eine Verlosungsaktion für die Eintrittskarten zum Kanzlerfest in Geschäften der Bonner Innenstadt durch.

Hinzu kamen die Sommerfeste anderer Ministerien, die Veranstaltungen der Hamburger Vertretung in Bonn und natürlich der Besuch des Bundespresseballs, den man als Kanzlerehepaar nicht auslassen konnte. Gefeiert wurde der Presseball in den siebziger und achtziger Jahren in der Bonner Beethovenhalle, die bei den Gästen mit ihren großen Tanzflächen und ausreichend Platz zum Flanieren sehr beliebt war. Für Helmut Schmidt, der nicht gerne tanzte, war der Presseball eher ein Pflichttermin, für Loki hingegen ein vergnügliches Ereignis. Sie war ein kontaktfreudiger Mensch, lernte gern neue Menschen kennen und hatte Stehvermögen, bei solchen Veranstaltungen ein großer Vorteil. So wurde von ihr berichtet, dass sie beim Presseball 1978 noch morgens um drei Uhr »sektglasschwingend« zusammen mit Annemarie Renger durch die Räume geschwebt sei. Die neue Kanzlergattin machte auf den Pressebällen eine gute Figur, was nach den glamourösen Auftritten der Vorgängerin Rut Brandt zunächst gar nicht so leicht erschienen war.

Immer war Loki auch präsent, wenn internationale Orchester und Solisten Konzerte in der Bundeshauptstadt gaben. Da ihr Mann für Konzerte keine Zeit hatte, ging sie meist allein oder ließ sich von Freunden begleiten. Im Anschluss lud sie häufig einige der Künstler auf einen Drink nach Hause ein. »So haben wir nacheinander fast alle großen Dirigenten der Welt spät abends im Kanzlerbungalow zu Gast gehabt, von Leonard Bernstein bis Zubin Mehta«, berichtet Helmut Schmidt.[41] Kam Leonard Bernstein wurde Whisky getrunken, der Meister spielte auf dem Flügel des Hausherrn und Loki sang mit den Herren Gershwin-Melodien. In den nächsten Jahren lernte Loki noch viele andere herausragende Musiker kennen. Anlässlich eines Besuchs der Osterfestspiele in Salzburg lud Herbert von Karajan das Ehepaar Schmidt zu einem mehrtägigen Aufenthalt in seinem Haus in Anif ein, was das Ehepaar Schmidt als eine besondere Geste empfand. Auch dass der Maestro nach den Konzerten Loki auf dem Heimweg stets nach ihren Eindrücken fragte und an ihrem musikalischen Urteil interessiert war, fand sie bemerkenswert, auch wenn ihr die Antworten nicht immer leichtfielen.

Hausmanagement und Büroarbeit

Als Loki ihre Aufgaben als Ehefrau des Bundeskanzlers aufnahm, hatte sie zunächst keine Unterstützung. Eine Referentenstelle oder Sekretärin für die Frau des Bundeskanzlers war nicht vorgesehen, bis dahin auch offenbar nicht nötig gewesen. Peter Walter, Referent bei Helmut Schmidt seit dessen Zeit als Finanzminister, war der Erste, der sie professionell unterstützte, aber im wesentlichen andere Arbeiten im Büro des Kanzlers zu verrichten hatte. »Etwas scheu und unsicher« sei sie am Beginn der Kanzlerschaft ihres Mannes gewesen, schreibt er in seinen Erinnerungen und habe gerne die Hilfe derer angenommen, die sich im Umgang mit der Öffentlichkeit auskannten. Als persönlicher Mitarbeiter im Büro des Kanzlers sei es klar gewesen, dass er diese Aufgabe mit zu übernehmen hatte, schreibt er. Das Einverständnis von Helmut Schmidt lag allerdings gewiss vor. Der wesentliche Teil seiner Arbeit für Loki war die Beantwortung von Briefen vorzubereiten und ihr vorzulegen. »Vom Zeitaufwand zwar geringer, von der Sorgfalt aber umso wichtiger, war die Vorbereitung ›kleiner‹ Sprechzettel.« Eine in der Tat nicht ganz einfache Aufgabe, sollte der Sprachduktus von Loki doch möglichst getroffen werden. Wegen dieser engen Zusammenarbeit bei öffentlichen Auftritten nannte Loki Peter Walter gerne mal »ihren lieben Zirkusdirektor«.[42]

Für die konkrete Arbeit im Bungalow und in den dazugehörigen Anlagen waren zwei Hausdamen, für den Park des Bundeskanzleramts der Obergärtner Franz-Josef Dewes verantwortlich. Zu Herrn Dewes pflegte Loki ein besonderes Verhältnis, denn mit ihm konnte sie fachsimpeln, auch mal am Küchentisch botanisieren, Tischschmuck für offizielle Essen besprechen und auch das eine oder andere umgestalten. Zum Beispiel die Umwandlung eines etwa 200 Quadratmeter großen Rasenstücks im Garten in eine Blumenwiese mit Wildpflanzen. Dieses kleine Renaturierungsexperiment plante und dokumentierte sie genau. Auf einer Konferenz in England hat sie 1977 darüber genau berichtet: »Im ersten Jahr wurde nicht gedüngt und nur einmal gemäht. Es kamen spontan Cardamine (Wiesen-Schaumkraut), verschiedene Veronica, Lotus, Trifolium (Klee). Im zweiten Jahr haben wir dazu gepflanzt Chrysanthemen und Aquilegia (Hahnenfußgewächse). Im dritten Jahr setzten wir noch Krokuswildarten und Narzissus ein. Alle haben sich auch im vierten Jahr gut gehalten.«[43] Dass die von Loki und Helmut Schmidt wenig gelittenen und etwas spießigen, von den Architekten aber ausdrücklich gewünschten Buchsbaumhecken beim Kanzleramtsgebäude irgendwann entsorgt wurden, dafür wollte Loki allerdings nicht die Verantwortung übernehmen. Das habe ein spezieller Käfer besorgt, der im Übrigen freiwillig gekommen sei, berichtete sie später mit einem Schmunzeln.[44]

Zur Belegschaft des Schmidt'schen Haushalts gehörten auch der für Loki zuständige Sicherheitsbeamte und Lokis Fahrer. Einen eigenen Fahrer und einen eigenen PKW zu haben – Loki hatte sich einen knallroten BMW ausgesucht – empfand sie als ein Privileg, aber eines, das sie sich durch ihre Arbeit auch verdient hatte. Dieser Mitarbeiterkreis – Hausdamen, Gärtner, Fahrer und Sicherheitsbeamte – kam jeden Mittag im Bungalow mit Loki zur Mittagsrunde zusammen. Dort wurde gemeinsam gegessen und über die anstehenden Aufgaben gesprochen.

Zur Hamburger Sicherheitsgruppe gehörten insgesamt vier Beamte: Waldemar Guttmann, Ernst-Otto Heuer, Werner Seewald, und Günter Warnholz. Loki nannte sie in einem Gespräch mit Bonner Journalistinnen einmal »die vier schönsten Polizisten Hamburgs«.[45] – »Das mit den hamburgischen Beamten hatte einen besonderen Grund«, weiß der ehemalige Referent von Helmut Schmidt, Peter Walter, zu berichten und verweist auf die Indiskretionen aus dem Privatleben von Willy Brandt, die angeblich auch aus dem Kreis der Sicherheitsbeamten stammten.[46] Die vier Leibwächter arbeiteten umschichtig, sodass jeweils zwei in Bonn 14 Tage Dienst hatten, während die beiden anderen in Hamburg bei ihren Familien waren. In den Bonner Dienstzeiten war einer der Beamten für Loki, der andere für den Bundeskanzler zuständig. Ihre Aufgabe war der unmittelbare Personenschutz des Ehepaars, in den Zeiten der Terroraktionen und Morddrohungen der RAF keine Formalie. Loki war der Meinung, dass ein Leben mit der Sicherheit nur erträglich bleiben könne, wenn man die Beamten in die Familie integrierte. Schließlich waren die Beamten 24 Stunden am Tag präsent, begleiteten die Schmidts auf Dienstreisen und privaten Urlauben, und feierten mit ihnen Silvester und andere Feste. Vertrauenswürdigkeit und Loyalität waren in dieser Aufgabe unerlässlich, und die Schmidts waren sicher, sich auf ihre Sicherheitsbeamten verlassen zu können.

Lokis Zugewandtheit und Freundlichkeit trugen viel zu dem guten Verhältnis zwischen den Schmidts und ihren Bewachern bei. So interessierte sie sich auch für die Partnerinnen der Beamten, schrieb zu Geburtstagen, Festtagen und Hochzeiten. Im Mai 1979 reiste sie zur Hochzeit von Otti Heuer und Ehefrau Monika an. Bei dem Ehepaar Warnholz hieß die Anrede in Briefen: »Liebe Warnhölzer«. Günter Warnholz hatte 1983 seine Frau in München während seiner Dienstzeit bei der Begleitung von Loki zu einem Naturschutztreffen kennengelernt. 1978 übernahm Loki auf Wunsch von Günter Warnholz die Schirmherrschaft der Deutschen Wasserskimeisterschaft. Warnholz war begeisterter und erfolgreicher Wasserski-Läufer, und die Deutsche Meisterschaft fand in diesem Jahr in seinem Heimatclub in Neuhaus an der Oste statt. Loki und ihr Mann reisten sogar zur Eröffnung an. Zu seinem 40. Geburtstag, den Warnholz im Dienst bei den Schmidts am Brahmsee verbrachte, entschied sie spontan, eine Grillparty mit Musik für den Beamten zu veranstalten. Gefeiert wurde auf dem Dach des Bootshauses mit herrlichem Blick auf den See. Auch die Nachbarfamilie Berkhan war dabei.[47] Wegen

192

Selbst bei sportlicher Betätigung sind Sicherheitsbeamte dabei

solcher Gesten waren die Sicherheitsleute den Schmidts im besonderen Maße verbunden und dankbar, es stärkte ihre Loyalität und ihr Engagement. Engere Verbindungen blieben zu den Beamten auch nach deren Pensionierung bestehen, Loki hielt Briefkontakt zu allen, zu einem runden Geburtstag, wie dem siebzigsten von Otti Heuer, erschien sie mit ihrem Mann. Otti Heuer kümmert sich darüber hinaus bis heute um das Grundstück der Schmidts am Brahmsee und bewirtet traditionell die Gäste an der Bar bei den Treffen der Freitagsgesellschaft im Neubergerweg.

Erst im November 1979 wurde im Bundeskanzleramt die Stelle einer persönlichen Mitarbeiterin im Büro von Loki Schmidt eingerichtet und mit der jungen Eva-Maria Stein besetzt. Für die Verwaltungsangestellte waren die ihr zugedachten Aufgaben Neuland, aber sie empfand es als persönliche Herausforderung und »als Ehre, für die Frau des Bundeskanzlers zu arbeiten«.[48]

Mit Eva-Maria Stein bei der Büroarbeit

Für Loki war es eine erhebliche Erleichterung, nun jemanden zu haben, der alle Büroaufgaben im Auge behielt und die Abläufe koordinierte. Dazu zählten die Bearbeitung des umfangreichen Briefverkehrs, die Archivierung des Schriftguts, die Beantwortung von Anfragen, die Überwachung des Terminkalenders und die organisatorische Vorbereitung von auswärtigen Terminen und Reisen, das Tippen von Reden, Beiträgen und Grußworten. Das Büro, das beide sich teilten, war ein Zimmer im Kanzlertrakt des neuen Bundeskanzleramts mit Blick auf die Skulptur *Large Two Forms* von Henry Moore, ein Ausblick, den beide Frauen sehr mochten. Wie zu den Sicherheitsbeamten und anderen Angestellten im Bungalow entwickelte sich zwischen Eva-Maria Stein und Loki schnell ein gutes, fast freundschaftliches Verhältnis. Die »Chefin rausgekehrt«, habe Loki nie, so Eva-Maria Stein. Allerdings sei der Job sehr arbeitsintensiv gewesen. Loki hatte den Anspruch, alle Post zu beantworten, d.h. sie diktierte den Text und fügte handschriftlich oft noch eine Anrede oder Grüße dazu.

Die Zahl der eingehenden Briefe war beträchtlich. Im Archiv

der Friedrich-Ebert-Stiftung in Bonn ist ein Teil dieser Korrespondenz gelagert und bereits an diesem Teilbestand erkennt man leicht, dass gleich vom ersten Jahr der Kanzlerschaft Helmut Schmidts bis lange nach seiner Amtszeit seine Frau als Adressatin sehr unterschiedlicher Wünsche, Fragen, Anregungen, Lob und Kritik gefragt war. Sie erhielt Briefe von Menschen in einfachen Berufen und von Akademikern, von Rentnern und Schulklassen, Lehrern, Künstlern, Fotografen, Gartengestaltern, Rechtsanwälten und Friseurmeistern. Es ging um Rentenfragen und Scheidungsansprüche, fehlende Lehrstellen, Klagen von Vertriebenen, von Menschen, die Angehörige in Ostblockstaaten zurücklassen mussten, Krankheitsgeschichten, Wohnungskündigungen und vieles mehr. Natürlich konnte Loki Schmidt selbst fast nie direkt helfen, oft aber gab sie die Briefe an Mitarbeiter anderer Bundesministerien zur Beantwortung weiter, schrieb auch schon einmal an die Regierungschefs sozialdemokratisch regierter Bundesländer oder gleich an die zuständigen Bezirksämter.

Darüber hinaus erhielt sie immer häufiger Anfragen zum Naturschutz, Einladungen zu Ausstellungen und anderen Veranstaltungen, ja, sogar Angebote zum Erwerb von Kunstwerken. Es gab auch Beschimpfungen und Kritik, meist aber waren es im Ton freundliche Schreiben, oft verbunden mit Anfragen nach einem Autogramm oder Porträtfoto. Hin und wieder bekam sie auch Briefe von Menschen, die ihre Beratung anboten, z. B. in Sachen Mode und vor allem Frisur. Den Vorschlag, ihren Pony länger zu tragen, lehnte sie ab, einem anderen Vorschlag mit Foto ist sie aufgeschlossener gegenüber: »Die Frisur gefällt mir, das muss ich zugeben. Vielleicht reicht »meine Haarpracht dafür doch noch aus. Wer weiß, wer weiß ...«[49]

Liest man sich durch diesen Briefbestand, erfährt man einiges über die Sorgen der Menschen und die Themen der siebziger und achtziger Jahre: Rentenfragen, Wohnungsnot, Scheidungsrecht, Fragen von Aussiedlern aus Osteuropa. Die oft genutzte Anrede »Sehr geehrte Frau Bundeskanzler« kann man ebenfalls als Do-

Autogrammkarte

kument der Zeit sehen. Niemand käme heute wohl auf die Idee, den Ehemann von Angela Merkel mit der Anrede »Sehr geehrter Herr Bundeskanzlerin« anzuschreiben. Die Vielzahl der Briefe und die Heterogenität der Themen verlangten aber auch viel Zeit und Aufmerksamkeit von Loki Schmidt. Ihren Anspruch, möglichst alle Post zu beantworten, gab sie all die Jahre über nicht auf. Wie sie das schaffte, das beschreibt ihre Referentin Eva-Maria Stein wie folgt: »Sie kam ins Büro, wann immer sie Zeit hatte und erledigte ihre Arbeit sehr konzentriert, zügig, ohne Pause, rauchte aber eine Zigarette nach der anderen. Süßigkeiten lehnte sie grundsätzlich ab. Auch wenn es ihr mal nicht so gut ging, gejammert wurde nie, und am nächsten Tag war alles vorbei. Sie war ein richtiges ›Stehaufmännchen‹. Selbst hatte man ein schlechtes Gewissen, mal krank zu sein.«[50]

»Im Schaufenster der Republik«

An einem der ersten Abende nach der Entscheidung ihres Mannes, das Amt des Bundekanzlers zu übernehmen, saß Loki Schmidt mit Egon Bahr in der Küche der kleinen Wohnung in der Schedestraße. Helmut Schmidt führte im Wohnzimmer Personalgespräche über die Zusammensetzung seines Kabinetts und Loki berichtete Egon Bahr, dass sie »Bammel habe« vor ihrer neuen Aufgabe. Auch werde sie nie die elegante Rolle verkörpern können, die Rut Brandt eingenommen habe. Verstehen konnte er dieses Unsicherheitsgefühl, aber Egon Bahr war sich auch sicher, dass Loki der Herausforderung gewachsen sei: »Ich habe ihr gesagt, dass sie gewiss ihren eigenen Stil finden und auf ihre eigene, unverwechselbare Weise erfolgreich sein würde.«[51]

Loki half dieser Zuspruch wie auch der anderer Vertrauter, allerdings war das, was sie aus dieser neuen Rolle machen sollte, ein Ergebnis von Anstrengung, Mühen und »harter Arbeit«, wie die Loki Schmidt nahestehende Hamburger *Zeit*-Journalistin Nina Grunenberg es formulierte.[52] Vor allem das öffentliche Reden machte ihr zu schaffen, vor vielen Leuten das Wort zu ergreifen, kleinere und größere Reden zu halten, das verursachte feuchte Hände und Beklommenheit. Dass in der Presse zu lesen war, sie habe eine piepsige Stimme und einen zu hanseatischen Tonfall, machte es ihr nicht leichter.

Mit den Medien richtig umzugehen, das war eine Herausforderung. Zwar hatte Loki Schmidt schon vor dem Einzug in den Kanzlerbungalow zahlreiche Kontakte mit der Presse gehabt und Interviews gegeben, doch nun war sie die »Frau im Schaufenster der Nation«, wie die Zeitschrift *Stern* titelte.[53] Sie wusste: Schwächen, die sie zeigen würde, könnten zumindest indirekt auch auf die Amtsführung ihres Mannes bezogen werden. Sie nahm sich daher vor, keine Angriffsflächen zu bieten, aber sich zu verbiegen, das wollte sie auch nicht.

Das erste große Interview als Kanzlergattin gab sie der als seriös geltenden Frauenzeitschrift *Für Sie* wenige Wochen nach der

Mit der spanischen Königin Sofia vor dem Kanzlerbungalow in Bonn

Amtsübernahme ihres Mannes. Loki hatte sogar zugestimmt, das Gespräch im Bungalow stattfinden zu lassen, obwohl die Einrichtung noch lange nicht ihren Wünschen entsprach. Die Zusage war ihr leichter gefallen, da die Redaktion Sven Simon als Fotografen gewonnen hatte. Sven Simon, Schüler an Lokis ehemaliger Schule in Hamburg-Othmarschen und Sohn Axel Springers, war für Loki eine Art Vertrauensperson.

Unumwunden gab sie in diesem ersten Interview erst einmal zu, dass ihr Gespräche mit der Presse ein wenig »unheimlich« seien, bewies aber dann, dass sie durchaus Strategien hatte, Gespräche zu beeinflussen und zu lenken. Ihre wichtigste Strategie war es, Person und Haltung der Interviewer mit einzubinden. Sie selbst fragte nach deren eigenen Meinungen und Erfahrungen und signalisierte so, dass Journalisten auch außerhalb ihrer beruflichen Funktion für sie interessante Gesprächspartner waren. Und da sie ein exzellentes Gedächtnis hatte, erinnerte sie später wieder, was die Journalisten ihr einmal erzählt hatten, fragte nach und erntete damit immer hohe Sympathiewerte. Der Hamburger Journalist Hermann Schreiber berichtete noch 35 Jahre später von einem Treffen mit Loki Schmidt am Rande der Olympischen Spiele in Ottawa, bei dem Loki ihn auf eine schwierige private Situation angesprochen und ihm ihr Mitgefühl gezeigt habe.

In diesem ersten Gespräch als Kanzlergattin zeigte sie sich offen und zugleich offensiv im Umgang mit vermeintlichen Schwächen – z. B. damit, dass sie sich nicht für telegen halte und dass sie noch keine konkreten Pläne für ein besonderes Engagement als Kanzlergattin habe. Letzteres ist erstaunlich, dann da hätte sie ja eigentlich eine unverbindliche Antwort geben können. Aber das wäre nicht ihr Stil gewesen. Zurückhaltender in ihren Antworten – und das ist eine Haltung, die sie in den nächsten Jahren beibehielt – wurde sie immer dann, wenn es um ihren Mann ging.

Zu ihrer Professionalisierung gegenüber den Medien und bei den neuen Aufgaben gehörte, dass sie sich in den ersten Jahren zielstrebig Rat einholte. Im Kanzleramt ließ sie sich von Personen ihres Vertrauens vor wichtigen eigenen Terminen ausführlich informieren und, wenn sie Ansprachen zu halten hatte, Redeentwürfe anfertigen. Mit dem Hamburger Journalisten Hermann Schreiber und dem besagten Fotografen Sven Simon kam sie einige Male zusammen, um über ihr Auftreten in der Öffentlichkeit zu beraten. Hermann Schreiber gab ihr gelegentlich auch eine schriftliche Rückmeldung – z. B. als am 9. März 1977 die *Bild*-Zeitung die Ehefrau des Kanzlers und Udo Lindenberg zusammen bei einem Gespräch fotografierte und titelte: »Alles klar bei Deutschlands neuem Schlagerpaar: Panik-Udo singt mit Loki Schmidt.« Schreiber zeigte sich entsetzt und riet dringend ab: »So wohltätig kann ein Zweck gar nicht sein, dass er den Einsatz solcher Mittel rechtfertigte.«[54] Loki nahm die Kritik gelassen: »Lieber Herr Schreiber! Es ist – um es schnell zu sagen – pure Erfindung eines albernen Reporters.« Sie wunderte sich aber auch über Schreibers »Gläubigkeit« gegenüber der *Bild*-Zeitung.[55]

Die anfängliche Schüchternheit konnte Loki Schmidt überwinden, ihre unverstellte und herzliche Art machte sie bei den Medienleuten beliebt, im Umfeld des Kanzlers wusste man, dass man auf ihre positive Ausstrahlung bauen konnte. Spätestens nach einem Jahr im Kanzlerbungalow hatte sie eine Eigenständigkeit in ihrer neuen Rolle gefunden. Im März 1975 eröffnete sie die Westdeutsche Kunstmesse in Köln, unter einem Foto von dieser Veranstaltung hielt sie in einem privaten Album fest: »Loki fängt langsam an selbständig zu werden.« Klaus Bölling, damaliger Chef des Bundespresseamts beobachtete in dieser Zeit, dass sie inzwischen sogar durchaus genießen konnte, im Mittelpunkt des öffentlichen Interesses zu stehen. Minister wie Jürgen Schmude oder Rainer Offergeld, die einige Jahre später ins Kabinett des Kanzlers Schmidt aufrückten, erlebten Loki Schmidt bereits als politisch versierte Gesprächspartnerin und Persönlichkeit, die sich souverän auf der Bonner Bühne bewegte. Auch als sie 1976/77 verstärkt mit ihrer Naturschutzarbeit in die Öffentlichkeit ging, zeigte sich, dass sie sich inzwischen zu einem Medienprofi entwickelt hatte.

Rollenfindung und Vorbilder

Bei der Findung ihrer neuen Rolle konnte und wollte sie nicht auf Ratschläge oder Vorbilder der vorangegangenen Kanzlerehefrauen zurückgreifen. Luise Erhard und Marie-Luise Kiesinger waren altersmäßig fast eine Generation von Loki entfernt, in der Öffentlichkeit wirkten sie wie distinguierte ältere Damen. Beide hatten bewusst entschieden, sich nicht von dem politischen Betriebe einfangen zu lassen und waren in der Öffentlichkeit fast ausschließlich an der Seite ihrer Männer präsent. Während Luise Erhard zumindest den Vorsitz von einigen karitativen Einrichtungen übernommen hatte, ließ sich Marie-Luise Kiesinger selbst in diesem politikfernen Bereich nicht auf ein eigenes

Engagement ein. In ihnen Vorbilder zu sehen, wäre Loki nicht in den Sinn gekommen.

Mit Rut Brandt war dies partiell anders. Die beiden Frauen kannten sich seit langem, nannten sich beim Vornamen und hatten sich auf politischen Veranstaltungen und Parteitagen immer mal wieder getroffen. Sie hatten sich schätzen gelernt, ohne dass daraus eine engere Freundschaft entstanden wäre. Die gebürtige Norwegerin, die sich in der NS-Zeit in ihrem Heimatland aktiv am Widerstand gegen die Nazis beteiligt und für einige Jahre als Journalistin gearbeitet hatte, hatte nach ihrer Heirat ihren Beruf aufgegeben und sich ganz der Familie gewidmet. Durchaus unterstützend und wohlwollend begleitete sie die politische Karriere ihres Mannes, sie selbst jedoch engagierte sich nicht politisch. Allerdings kam dem in der Öffentlichkeit meist verschlossen wirkenden Willy Brandt der Charme und die Ausstrahlung seiner Frau zugute. Als Brandt 1966 Außenminister und Vize-

Im Kanzlerbungalow, Juni 1974

kanzler geworden war, zog seine Frau mit großer Reserviertheit von Berlin nach Bonn. Sie begleitete ihn auf einigen Auslandsreisen, erfüllte mit Bravour repräsentative Aufgaben, aber sich ganz auf die Politik einzulassen, lehnte sie ab. Eine besondere Abneigung hatte sie gegenüber Wahlkampfauftritten. Sie wusste, dass man hier mehr von ihr erwartete, aber sich »in den Wahlkämpfen als Willy Brandts glückliche und bewundernde Ehefrau hinzustellen«, das wollte sie nicht.[56] Das blieb auch so, als Brandt 1969 von SPD und FDP zum Kanzler gewählt worden war. »Ich hatte nicht die Absicht, mich stärker und anders zu engagieren, als ich das vorher getan hatte«, schrieb sie 1992 in ihrer Autobiographie und fügte in Abgrenzung zu anderen Politikerfrauen und explizit zu Loki Schmidt hinzu: »Ich strebte nicht danach, meinen Namen mit einer Stiftung zu verbinden, oder nach mir benannte Rosen zu taufen.«[57]

Als Person fand Loki Schmidt Rut Brandt sympathisch, sie bewunderte ihr Aussehen und ihre Ausstrahlung, aber als Rollenvorbild konnte sie für die viel politischer denkende und in vielen Feldern agierende Loki Schmidt nicht dienen. Es ist fast ein wenig symptomatisch für ihr Verhältnis zu Rut Brandt, dass es Helmut Schmidt und nicht sie selbst war, der nach der Scheidung der Brandts 1980 an Rut schrieb und ihr die Fortsetzung der persönlichen Freundschaft zusicherte.[58]

Und wie wirkte Loki auf ihre Nachfolgerin, auf Hannelore Kohl? Zu einem wirklichen Austausch zwischen den beiden Politikerfrauen kam es nicht, die herzliche Abneigung, die die beiden Männer miteinander verband, trug sicher dazu bei. Auch in der Presse wurden die Unterschiede der beiden Frauen betont, es schien undenkbar, dass Hannelore Kohl Aufgaben oder Eigenarten von Loki Schmidt einfach hätte übernehmen wollen. Die Beschreibungen ihres Biographen, Herbert Schwan, die beiden hätten nie ein Wort miteinander gewechselt, ja, Loki Schmidt hätte ihr die Hand verweigert und somit wohl auch eine geordnete Übergabe im Kanzlerbungalow abgelehnt, sind jedoch unrichtig.[59] Noch im Oktober 1984 hatte Loki Hannelore

Ehepaare Schmidt und Brandt, etwa 1971

Kohl in den Bungalow eingeladen, ihr das Personal vorgestellt und die Räumlichkeiten gezeigt.[60] Kennengelernt hatten sich die beiden Frauen bereits 1976 anlässlich einer Wohlfahrtsveranstaltung. Beide waren zu einem öffentlichen Eisverkauf in der Bonner Innenstadt eingeladen worden, beide waren gekommen und hatten sich natürlich auch miteinander unterhalten. Bei Loki Schmidt hat Hannelore Kohl einen nachhaltigen Eindruck hinterlassen, sympathisch und tüchtig sei sie ihr damals erschienen, erinnerte sie sich noch 35 Jahre später. Allerdings lehnte sie es Jahre später ab, als die *Welt am Sonntag* sie um einen Beitrag zu Hannelore Kohls 60. Geburtstag bat.[61] Auch für Helmut Kohl fand Loki laut ihrer Vertrauten Angela Grützmann keine positiven Worte.[62]

1976: Die Eine-Frau-Wählerinitiative

In den Wahlkampf zur Bundestagswahl am 3. Oktober 1976 ging Helmut Schmidt als Amtsinhaber, der sich in den gut zwei Jahren seiner Kanzlerschaft rasch als starker, versierter und erfolgreicher Regierungschef erwiesen hatte. Was viele an Willy Brandt vermisst hatten, war bei ihm geradezu Markenzeichen: eine ausgeprägte Führungsfähigkeit, hohe Kompetenz in Finanz- und Wirtschaftsfragen und eine geradezu asketische Arbeitsdisziplin. Allerdings hatten sein kompetentes Auftreten und die Schnelligkeit bei der Bewertung von politischen Sachverhalten und Menschen in Presse und Öffentlichkeit auch zu kritischen Kommentaren Anlass gegeben. Er neige zu Arroganz, sei zu wenig verbindlich und an schlechten Tagen geradezu bärbeißig, hieß es.[63] Im Sommer 1976, also zu Beginn der heißen Phase des Wahlkampfes, lag die SPD in Umfragen mit 42 bis 43 Prozent deutlich hinter der von Helmut Kohl als Kanzlerkandidat geführten CDU, der man um die 48 Prozent der Wählerstimmen prognostizierte. Es wurde also eng, auch weil die strukturelle Arbeitslosigkeit trotz steigender Wachstumsrate – 1976 lag diese immerhin bei 5,6 Prozent – bei einer Million Arbeitsloser verblieben war. Dazu war ein weiteres heikles Thema in den Vordergrund geraten, die Sicherheit des Rentenniveaus. Die Anspannung beim Kanzler und seiner Umgebung war stark, wenngleich bei der Fortführung einer Koalition mit den Liberalen eine erneute Kanzlerschaft Helmut Schmidts realistisch erschien.

In dieser Situation wurde von den Eheleuten und dem engeren Beraterkreis offenbar schon früh darüber nachgedacht, ob und wie Loki Schmidt sich in den Wahlkampf einbringen könnte. Bereits am 24. Februar 1976 regte der Kanzler in einem Vermerk für den Leiter des Kanzlerbüros Klaus-Dieter Leister an, Loki in die Vorbereitung des Wahlkampfs konkret mit einzubeziehen. Bereits im Vorwahlkampf besuchte Loki Schmidt in der zweiten Märzhälfte Betriebe, Behindertenwerkstätten und Berufsbil-

204

dungswerke in diversen Städten Baden-Württembergs. Auch wenn sie Wahlkämpfe nicht gerade liebte, die Bereitschaft zu einem Engagement für ihren Mann war ausgeprägt. Niemand musste sie überreden. Allerdings war auch klar, dass sie nicht nur eine »begleitende Rolle« etwa bei Großveranstaltungen spielen wollte, sie war gewillt, wie sie sich ausdrückte, »auch etwas eigenes« zu machen.[64] Darüber hinaus wollte sie ihren Mann bei den Rundreisen mit dem Sonderzug begleiten, den der Kanzler nutzte, um in zwei bis drei Tagen an möglichst vielen Kundgebungen in verschiedenen Orten und Städten teilnehmen zu können.

Lediglich von einer ›aktiven Beteiligung‹ Lokis am Wahlkampf 1976 zu reden, wäre eine Untertreibung. Nie zuvor hatte die Ehefrau eines deutschen Politikers eine so starke öffentliche Präsenz im Wahlkampf gehabt wie Loki Schmidt in diesem Wahljahr 1976. In der Zeitung *Die Welt* vom 25. Juli 1976 heißt es in der Kolumne »Bonn vertraulich«, dass nahezu alle Politikerfrauen sich zurückhielten und dass z. B. Hannelore Kohl für Wahlkampfhilfe wegen ihrer Familienarbeit »gar keine Zeit habe«. Und schließlich etwas spitz: »Die Ausnahme unter den besseren Hälften der

Dokumentation des Wahlkampfs 1976 im privaten Fotoalbum

Spitzenkandidaten macht nur die ehemalige Lehrerin, Kanzler-Gemahlin und Genossin Hannelore (›Loki‹) Schmidt. Seit gestern mit ihrem Mann auf Urlaub am Brahmsee im eigenen Eternit-Ferienheim, plant Frau Schmidt zur Zeit die Termine für ihre Wahlkampf-Auftritte.«

Der *Welt* gefiel dieses Engagement offenbar weniger, Loki aber konnten solche Kommentare nicht verunsichern. Im Gegenteil: Sie intensivierte ihr Engagement wegen der Zustimmung, die sie bei ihren Auftritten durchweg erfuhr. Bei fast allen ihren Wahlkampfaktivitäten erhielt sie die Unterstützung von der fast zwanzig Jahre jüngeren Berliner SPD-Politikerin Angela Grützmann, die 1974 als Nachrückerin in den Bundestag eingezogen war. Kennengelernt hatten sich die beiden Frauen im Kessenicher Hof anlässlich einer Zusammenkunft der sogenannten Kanalarbeiter um Egon Franke, eine rechte SPD-Gruppierung, auf deren Unterstützung Helmut Schmidt sich verlassen konnte. Schnell standen sich die beiden Frauen nahe, in der Presse wurde Grützmann des Öfteren als Freundin der Kanzlergattin bezeichnet. Im Nachhinein sieht Angela Grützmann sich in diesen Jahren vielleicht eher als eine Art Tochterersatz für die in Hamburg lebende Susanne. Die enge persönliche Beziehung der beiden in diesen Jahren wird dadurch belegt, dass Loki ihr einen ihrer eigenen Ringe schenkte, von ihr selbst entworfen, aus Gold und mit einem länglich aufgesetzten lilafarbenen Opal.

Dass Angela Grützmann Loki im Wahlkampf unterstützen würde, war keine Frage gewesen, schon in dem bereits erwähnten Vermerk des Bundeskanzlers vom Februar 1976 taucht ihr Name auf, später verfasste sie professionell strukturierte Zeitpläne für Loki Schmidts Auftritte mit Zielorten und Gesprächspartnern, Abfahrts- und Ankunftszeiten, Transportmitteln und Telefonnummern vor Ort, unter denen Loki zu erreichen war. Und wann immer sie Zeit hatte, begleitete Angela Grützmann Loki Schmidt auf deren Wahlreisen durch die Republik. Bei Wahlkampfauftritten von Helmut Schmidt saßen die beiden dann in der ersten Reihe, meist zusammen mit den Frauen der örtlichen SPD-Prominenz, den »Gattinnen«, wie Loki zu sagen pflegte.

Als Dank für das Engagement Angela Grützmanns reiste Loki mit ihr nach Berlin.[65] Bekanntlich durften die Berliner ja wegen des Viermächteabkommens nicht in direkter Wahl für den Bundestag abstimmen. Die Abgeordneten wurden proporzmäßig entsandt und von den Parteien intern ausgewählt. Insofern hatten die Berliner Abgeordneten keinen realen Wahlkreis, nur einen Bezirk, für den sie sich verantwortlich fühlten. Für Angela Grützmann war dies der Bezirk Kreuzberg, hier besuchte sie mit Loki öffentliche Einrichtungen und Betriebe. Andere SPD-Kandidaten für den Bundestag gesellten sich hinzu. »Für junge Politiker war es günstig, dass man bei einem Einzug in den Bundestag mit der Frau des Kanzlers bekannt war, dass sie ein Gesicht dem neuen Namen zuordnen konnte«, bewertet Angela Grützmann heute die damalige Situation.[66]

Die Wahlkampfauftritte von Loki Schmidt führten die Frau des Kanzlers durch das ganze Land. Zu Beginn der heißen Phase gab es eine Auftaktveranstaltung der Sozialdemokratischen Wählerinitiative mit der Taufe eines als Schiff verkleideten Wahlkampfbusses in Langwedel am Brahmsee. Viele wollten dabei sein, als am 14. August 1976 »die prominente Taufpatin Loki Schmidt auf dem Dorfplatz eintraf, um den Taufakt zu vollziehen. Bei bester Stimmung und unter dem Beifall der Brahmsee-Urlauber bestieg sie eine große Leiter, schmetterte ein Riesensektglas gegen den Bug des Schiffes, taufte den Bus-Kahn auf den Namen ›Vorwärts‹ und wünschte gute Fahrt bis zum 3. Oktober«, berichtete ausführlich die überregionale Presse.[67]

Sie absolvierte in den Wochen und Monaten nach den Sommerferien etwa 180 auf ihre Person zugeschnittene Veranstaltungen,[68] gab eigene Interviews, machte Telefonaktionen für Leserinnen und Leser bei Zeitungen und fand dennoch die Zeit, die Wahlkampftouren ihres Mannes im von der SPD gemieteten Sonderzug zu begleiten. Die eigenen Veranstaltungen waren u. a. Treffen und Gesprächsrunden mit Gewerkschaftern und Be-

Wahlkampfveranstaltung in der Grugahalle Essen, 1976, rechts neben Loki Schmidt die Sprint-Olympiasiegerin Annegret Richter

schäftigten in öffentlichen Betrieben, waren Besuche in Seniorenheimen, in Schulen, Ausbildungsstätten für Behinderte oder arbeitslose Jugendliche und junge Erwachsene. Wenn ein örtliches SPD-Büro oder einzelne Bundestagskandidaten Interesse an einer Unterstützung anmeldeten, wurde dies in Bonn von Angela Grützmann in die Reiseplanung aufgenommen und koordiniert.

Außerdem nutzte Loki Schmidt das Erscheinen der Schallplatte *Aus Liebe zur Natur*, die sie eigentlich zugunsten ihrer Naturschutzprojekte auf den Weg gebracht hatte. Meist ließen sich jedoch ihre Signierstunden mit ein wenig Wahlkampf verbinden.

Fast überall hatte Loki Schmidt eine gute Presse. Es wurde zwar vermerkt, dass sie kein »Mensch großer Worte« und eher ein »wenig zurückhaltend« sei, den Menschen aber genau dies gefalle.[69] »Wo immer sie auftrat, gewann sie durch ihre fast altmodisch wirkende Bescheidenheit, ihren natürlichen Charme und ihr unauffälliges, aber doch eindringliches Interesse an den Problemen älterer Bürger, Behinderter oder auch den Fragen des Naturschutzes, die Sympathie ihrer Zuhörer.«[70] Ein Fazit, das die *Neue Westfälische* zog, kann als stellvertretend für Loki Schmidts gesamten Wahlkampf gelten: »Ein runder Erfolg«, heißt es da, sei der Auftritt in der Kleinstadt Oerlinghausen gewesen, und: »Die örtliche SPD war gut beraten, als sie vom Bezirksbüro in Detmold Frau Schmidt offeriert bekam. Und das Erfreuliche: Über die Wahl und Politik wurde kaum gesprochen. Und dennoch: Eine bessere Wahlhelferin als Loki Schmidt kann der Bundeskanzler gar nicht ins Feld schicken.«[71]

In Oerlinghausen gab sie zum Schluss noch einen kleinen Beweis ihrer Schlagfertigkeit. Als die Stadtoberen ihr einen Strauß mit heimischen Feldfrüchten und Blumen überreichten, bestimmte sie, zum Erstaunen der Anwesenden, zunächst alle Pflanzen mit lateinischen Namen und bedankte sich dann für diesen »hübschen Brennnesselstrauß«, von dem sie nun überall erzählen könne.[72]

Trotz dieser Lockerheit bei den meisten ihrer öffentlichen Auftritte, die anstrengenden Fahrten und der eng getaktete Terminkalender verlangten Loki Schmidt viel ab. Weit über 20 000 Kilometer legte sie zurück und übertraf damit den im Wahlkampf sehr präsenten Parteivorsitzenden Willy Brandt um das Zweifache. Nur ihr Mann war mit 35 000 km über weitere Strecken unterwegs als Loki.[73] Loki hatte gewusst, das Wahlkämpfe anstrengend sind, denn schon 1969 und 1972 hatte sie ihren Mann des Öfteren begleitet. 1976 und 1980 machte sie nun ihre ganz eigenen Erfahrungen. Die Abläufe von zwei Tagen aus ihrem Programm bieten dafür erhellende Beispiele.

Nach einer schweren Woche ging es am Freitag, dem 24. September, nach München. Hier begann Loki den Auftritt mit einer Telefonaktion für Leser der *Abendzeitung* und stellte sich den Fragen von Sympathisanten, Zweiflern und Gegnern ihres Mannes. Einige ausgewählte Anrufe beantwortete Loki pointiert, die

Gespräche wurden in Kurzform am nächsten Tage abgedruckt. Z. B.:»M. S.: Ich bin schockiert über die Art ihres Mannes andere abzukanzeln. Ich glaube, dass sein arrogantes Auftreten auch im Ausland uns schadet. LS: Ich kann Sie beruhigen: Das ist ein falscher Eindruck von meinem Mann. Fahren Sie ins Ausland, dann werden Sie sehen, dass mein Mann überall geachtet wird.«[74] Wahlstrategisch war diese Aktion ein Erfolg, über mehrere Tage war Loki und damit indirekt natürlich auch der Kanzler, großformatig und mit Fotos in einer wichtigen Münchener Zeitung präsent, und darüber hinaus konnte sie einige der vorherrschenden Kritikpunkte an ihrem Mann öffentlichkeitswirksam zurückweisen. In der Wortwahl vorsichtig, aber bestimmt.

Im Anschluss an die Telefonaktion mischte sie sich auf dem Marienplatz unter die Menschen, gab Autogramme und führte kurze Gespräche, dann nahm sie an einer großen Wahlveranstaltung von Willy Brandt und dem Kanzler mit 20 000 Besuchern teil. Es folgte ein Kurzbesuch auf den Wiesn mit einer Einlage als Glücksfee. Anschließend ging es mit dem Kanzlersonderzug nach Passau. Hier hatte Helmut Schmidt einen letzten großen Auftritt an diesem Tag und war bereits mit dem Hubschrauber voraus geflogen. Loki kam also ein wenig später in Passau an. Allerdings war dies durchaus Teil der Regie, denn auf diese Weise hatte sie einen zusätzlichen eigenen Auftritt.»Mit dem gleichen Jubel wie ihr Mann« sei sie empfangen worden, heißt es in der *Passauer Neuen Presse* und weiter:»Charmant winkte sie mit beiden Armen der Menge zu – und Ehemann Schmidt konnte sich ein leises, stolzes Lächeln über die Erfolge seiner Frau nicht ganz verkneifen.«[75] Dieses spätere Eintreffen von Loki wurde von den beiden regelrecht inszeniert.»Oh, da sehe ich ja meine Frau kommen«, pflegte Helmut Schmidt dann zu sagen.»Herzlich willkommen. Sie war noch ein wenig unterwegs als Ein-Mann-Wählerinitiative, Verzeihung als Ein-Frau-Wählerinitiative.«[76] Und üblicherweise gab es danach einen herzlichen Empfang für Loki Schmidt.

Am folgenden Wochenende waren die Schmidts zu Hause in

Hamburg, der Wahlkampf hörte aber auch hier für Loki nicht auf, die Wahlparty der Bergedorfer SPD am Samstag war ein Pflichttermin. Am folgenden Dienstag hatte Loki die nächsten eigenen Veranstaltungen. Am frühen Morgen des 28. September ging es von Bonn aus per PKW nach Kassel. Als erstes führte sie bei einem Mittagessen Gespräche mit Gewerkschafterinnen, Betriebsräten und Vertreterinnen von Frauenverbänden. Danach: Besuch einer Behindertenwerkstatt in Baunatal und eine Signierstunde ihrer Schallplatte in einer Buchhandlung am Rathaus. Danach folgte eine Dampferfahrt auf der Fulda mit Kasseler Senioren. Wieder gelandet, stand zum Abschluss des Abends die Teilnahme an der Wahlkampfveranstaltung ihres Mannes auf ihrem Programm. Insgesamt zeigte Loki also an einem einzigen Tag nach einer längeren Anfahrt an fünf verschiedenen Veranstaltungen Präsenz. Anders als der aus Sicherheitsgründen immer eng abgeschirmte Kanzler war sie stets in direktem Kontakt mit den Menschen, war konfrontiert mit ihren Fragen, Bitten und Sorgen. Freimütig gab sie hin und wieder Journalisten zu verstehen, dass dies ihr nicht immer leichtfalle.[77]

Wie Henning Voscherau zu berichten weiß, hatte Loki im eigenen Wahlkreis von Helmut Schmidt bei einer Wahlveranstaltung in Hamburg-Jenfeld einen besonderen Auftritt. Für Helmut Schmidt war dies die vierte oder fünfte Veranstaltung an diesem Tag, und als er ankam, war er eigentlich mit seinen Kräften schon am Ende. Einmal begonnen redete er sich aber in Fahrt und hatte längst weit mehr als eine Stunde in der übervollen Schulaula gesprochen, als Loki die Notbremse zog. Sie stand demonstrativ von ihrem Sitz in der ersten Reihe auf und wedelte gut sichtbar mit ihrer Uhr als Zeichen, endlich einen Schluss zu finden. »Meine Frau meint, ich rede schon zu lange und soll langsam aufhören«, so der Wahlkämpfer, worauf er dann aber doch noch einige Minuten brauchte, um ein endgültiges Ende zu finden. Fragen wurden nicht mehr zugelassen, zu erschöpft war Schmidt, dennoch begleiteten Loki und er das Wahlkampfteam zu einem Bier in eine nahegelegene Gaststätte. Und auch hier war es wieder Loki, die dann zum endgültigen Abschied drängte. Sie hatte die Gesundheit ihres Mannes oft besser im Blick als er selbst.[78]

Mehr als je zuvor war das Ehepaar Schmidt im Wahlkampf 1976 auch zu einem politischen Team geworden. In einer Zeitung hieß es, dass die beiden in diesen Wochen mehr Zeit zusammen verbracht hätten als in normalen Zeiten.[79] Da Loki abends fast immer an den Veranstaltungen ihres Mannes teilnahm und sie die Abende im Salon des Sonderzuges zusammen verbrachten, traf dies gewiss auch zu. Auch die Journalisten, die im Sonderzug mitfuhren, erlebten das Ehepaar als Team. Auf eine Frage, wie sie ihren Mann unterstütze, verwies sie zwar auf ihre eigenen Veranstaltungen, brachte es aber mit einer bescheidenen Formulierung auf den Punkt: »dadurch, dass ich da bin.«[80]

Zu den großen Themen des Wahlkampfes 1976 – Arbeitslosigkeit, Sicherheit der Renten, steigende Kosten im Gesundheitswesen – äußerte sie sich zumindest im Beisein der Medien nicht. Nachgesagt wurde ihr allerdings ein gewisser Einfluss darauf, dass der Kanzler sich in all seinen Wahlkampfreden ausdrücklich zu Frauen- und Bildungsfragen äußerte. Insbesondere zum Thema § 218, also zum Schwangerschaftsabbruch, ergriff er regelmäßig das Wort.[81] 1974 hatte die sozial-liberale Koalition durch die Einführung einer Fristenregelung den § 218 reformiert, war damit aber auf eine erbitterte Ablehnung der CDU gestoßen. Im Februar 1975 beurteilte das von der Opposition angerufene Bundesverfassungsgericht die Fristenregelung als nicht verfassungskonform, sodass die Regierung 1976 die Fristenlösung durch ein erweitertes Indikationsrecht ersetzen musste. Das Thema hatte heftige Debatten ausgelöst. Und die Frauen wüssten, wer in dieser Frage in den letzten Jahren an ihrer Seite gestanden habe, war eine der überall vorgetragenen Wahlkampfaussagen von Helmut Schmidt. Loki hatte in diesen Auseinandersetzungen den beteiligten Frauen in der SPD ihre Sympathie und Unterstützung zukommen lassen, und noch Jahrzehnte später sprach sie den 374 Frauen ihre Bewunderung aus, die sich in der legendären Aktion der Zeitschrift *Stern* am 6. Juni 1971 zu einer vorgenommenen Abtreibung und damit zum Rechtsbruch öffentlich bekannt hatten.[82]

Und auch wenn der Kanzler im Wahlkampf kämpferisch für eine verbesserte Bildungsbeteiligung junger Mädchen und Frauen eintrat, wurde vermutet, dass Loki einen deutlichen Anteil daran hatte. Nur zu oft hatte sie in ihrer eigenen Laufbahn als Lehrerin miterlebt, dass aus sozialen Gründen, aber auch aus Unwissenheit und Unvermögen der Eltern, junge Mädchen den ihnen angemessenen Bildungsweg nicht hatten einschlagen können.

Der Wahlkampf war lang geworden. Noch am Wochenende vor der Wahl besuchte Loki Veranstaltungen in Essen und Dortmund. Am Freitag vor dem Auftritt des Kanzlers in der Grugahalle erhielt Loki die Nachricht, dass es auf der Autobahn in der Wagenkolonne ihres Mannes einen schweren Auffahrunfall gegeben habe. Es gab Schwerverletzte, der Kanzler war direkt nicht betroffen, kam aber mit erheblicher Verspätung in Essen an. Wie immer hielt er seine Wahlkampfrede, Loki war froh, dass die Anstrengungen nun zu Ende gingen.

Am Wahlsonntag, dem 3. Oktober 1976, gaben beide in ihrem Langenhorner Wahllokal, umringt von den Medienvertretern, ihre Stimmen ab. Nachmittags ging es zurück nach Bonn. Das Ehepaar gönnte sich vor der Wahlberichterstattung im Fernsehen einen entspannten Gang durch den Park des Kanzleramts. Noch schwärmte Loki – »ein Tag wie gemalt« – und bewunderte die herbstliche Farbenpracht im alten Park.[83] Dann setzten sich die beiden ohne jegliche Begleitung im Büro des Kanzlers vor den Fernseher. Keiner hatte in den nächsten anderthalb Stunden Zugang zu ihnen. Und das Wahlergebnis war so knapp, dass der enttäuschte Kanzler erst nach 19.30 Uhr sein Büro wieder verließ. Natürlich zeigte er sich vor den Mitarbeitern und der Presse aufgeschlossen und optimistisch. Erst Minuten später tauchte Loki auf. »Sie hielt den Kopf gesenkt und war nicht ansprechbar«, schrieb eine anwesende Journalistin.[84] Trotz aller Anstrengungen lag ihr Mann mit 42,6 zu 48,6 Prozent deutlich hinter dem Herausforderer Helmut Kohl. Die SPD hatte damit mehr als drei Prozent weniger als 1972 erreicht, die FDP lag relativ stabil bei 7,9 Prozent. Auch Loki wusste wohl nur zu gut, dass bei dieser knappen Mehrheit der Koalition ein Rest Ungewissheit bis zur anstehenden Kanzlerwahl im neuen Bundestag verbleiben würde.

Insbesondere die Rentenfrage wurde nach der Wahl virulent, denn die versprochene Rentenerhöhung geriet in die Diskussion. Die einen rechneten die finanziellen Folgen vor, die anderen brandmarkten das Ganze als »Wählerbetrug«. Auch wenn schließlich die Erhöhung gegen jede wirtschaftliche Vernunft zum 1. Juli 1977 durchgeführt wurde, das Stigma der »Rentenlüge« begleitete Helmut Schmidt fortan. Nichts habe ihn mehr getroffen als dieser Vorwurf, sagte Loki später. Und auch die Tatsache, dass er bei der Kanzlerwahl am 15. Dezember 1976 mit nur einer Stimme Mehrheit gewählt wurde – und ihm damit aus den eigenen Reihen drei Stimmen fehlten – trug nicht zur Stärkung seiner Position bei. Es gab sogar deutliche Anzeichen, dass der ein oder andere Sozialdemokrat es gar nicht schlecht fand, dass der übermächtig scheinende Helmut Schmidt einen Dämpfer erhalten hatte.[85]

Vier Jahre später, in den Monaten vor der Bundestagswahl 1980, hatte Loki Schmidt die Strapazen des Wahlkampfes 1976 nicht vergessen. Dennoch scheute sie sich nicht vor einer erneuten Kraftanstrengung. Der 1980er Wahlkampf wurde für Loki mindestens so aufwendig und intensiv wie der vier Jahre zuvor.

Auf Reisen mit dem Kanzler

In den acht Jahren seiner Kanzlerschaft begleitete Loki Schmidt ihren Mann auf nahezu allen offiziellen Staatsbesuchen, ein großes Pensum mit Zielen auf allen Kontinenten. Da sie bei diesen Auslandsbesuchen nicht an den politischen Gesprächen und Verhandlungen beteiligt war, konnte sie über die Alltagskultur der Länder oft mehr in Erfahrung bringen als ihr Mann. Abends, wenn sie nach getrennten Programmen wieder zusammenkamen, tauschten die beiden sich über das Erlebte aus, um so mit den Erfahrungen des anderen den eigenen Blick auf die jeweiligen Länder noch einmal erweitern zu können.

Die vielfältigen Reiseimpressionen, die Begegnungen mit den jeweiligen Staatsoberhäuptern und deren Ehefrauen und Delegationen, die Erlebnisse am Rande des Protokolls, all dies hat Loki begeistert. Noch fast drei Jahrzehnte nach der Bonner Zeit war sie als über 90-Jährige in der Lage, mithilfe einiger Aufzeichnungen und Fotos in einem Gesprächsbuch mit dem Journalisten Dieter Buhl anschaulich und detailfreudig davon zu berichten.

Vor jeder offiziellen Reise erhielt Loki Schmidt vorab eine Informationsmappe des Auswärtigen Amts mit den wichtigsten Daten und Entwicklungen des jeweiligen Landes. Meist war Loki jedoch bemüht, sich darüber hinaus selbst kundig zu machen. Eine weitere gute Gelegenheit, sich über das zu besuchende Land zu informieren, war der offizielle Auftaktbesuch des jeweiligen Botschafters im Kanzleramt oder Kanzlerbungalow, dem Loki gerne beiwohnte. Vor Ort stand natürlich der jeweilige deutsche Botschafter für Auskünfte zur Verfügung.

Am Besuchsort gab es ein eigenständiges Programm für die Kanzlergattin, das sogenannte Damenprogramm, für das sie immer eigene Wünsche anmeldete. Botanische oder zoologische Gärten, Museen, gern auch Naturkundemuseen, waren Orte, die Loki Schmidt immer besonders interessierten. War das im Vorhinein nicht zu regeln, sprach sie die Bitte im jeweiligen Lande an.»Wenn es um meine Vorstellungen um das Besuchsprogramm ging, habe ich hübsche Sachen erlebt. Die Gastgeber – wo auch immer – waren es natürlich nicht gewohnt, dass die Frau eines offiziellen Besuchers ausgerechnet einen Zoo besichtigen wollte. Natürlich mussten dann die Gattinnen von Ministern oder anderen Hochgestellten mit mir marschieren. Bei fast allen war es das erste Mal, dass sie einen Zoo oder einen botanischen Garten gesehen haben. Ich freu mich noch heute darüber, wie entzückt die Damen waren.«[86]

Bei ihrem ersten Besuch in Saudi-Arabien im Mai 1976 war es für die deutschen Diplomaten allerding gar nicht so einfach, ein Damenprogramm oder auch nur eine Begegnung mit der Frau von König Khalid für Loki zu organisieren, denn die Gastgeber waren darauf nicht eingestellt. Nicht einmal der Name der Frau des Königs war bekannt.[87] 1981 ging es ein zweites Mal nach Saudi-Arabien und in die Vereinigten Arabischen Emirate.»Frauen gelten dort nichts«, hatte Loki von Veronika Carstens, der Gattin des damaligen Bundespräsidenten, vorab gehört. Das deutsche Präsidentenpaar war einige Wochen vor dem Kanzlerbesuch in den Vereinigten Arabischen Emiraten gewesen, und Veronika Carstens hatte erst das Flugzeug verlassen dürfen, als ihr Mann mit den Gastgebern in der offiziellen Kolonne bereits den Flugplatz verlassen hatte.

Loki hatte sich davon nicht beeindrucken lassen, hatte in Abu Dhabi mit ihrem Mann das Flugzeug verlassen und war mit der offiziellen Kolonne in die Stadt gefahren. Später saß sie bei dem Gespräch ihres Mannes mit dem Scheich neben diesem auf einem Sofa und unterhielt sich mit ihm über die prachtvolle Bepflanzung entlang der Straßen Abu Dhabis und deren Bewässerungssystem. Eine sehr ungewöhnliche Situation in den Vereinigten Arabischen Emiraten, so ungewöhnlich wohl wie ihr Wunsch nach einem eigenen Programm im benachbarten Saudi-Arabien. Dort nahm sie in der Hauptstadt Riad an der Ankunftszeremonie teil, zwar ein wenig abseits auf einem eigenen kleinen roten Teppich, aber immerhin zeigte sie Präsenz. Davon hat sie später oft erzählt. Es war ein Moment, der sie bewegte und mit Stolz erfüllte:»Du stehst hier für alle Frauen der Welt. Das ist noch nie passiert, dass in Saudi-Arabien eine Frau bei der Ankunftszeremonie für einen Staatsgast dabei sein darf.«[88]

Eine Randnotiz dieser Reise: Als persönliches Geschenk überreichte ihr die Frau des Scheichs in Abu Dhabi eine schwere Perlenkette. Zurück in Bonn bat sie Manfred Lahnstein, den damaligen Chef des Bundeskanzleramts, die Kette bei einem Bonner Juwelier schätzen zu lassen. Als der ihr berichtete, der Wert liege bei ca. 30 000 DM, entschloss sie sich zum Verkauf. Den Erlös stellte sie dem Arbeiter-Samariter-Bund für den Ankauf eines Krankenwagens zur Verfügung. Für Manfred Lahnstein ist das eine Geschichte, die man wohl nur mit Loki Schmidt habe erleben können.

1975 begleitete Loki Schmidt ihren Mann auf dessen erste große Chinareise als neuer Kanzler der Bundesrepublik Deutschland. Politische Gespräche führte Helmut Schmidt vor allem mit Deng Xiaoping, dem starken Mann nach Mao Tse-tung, aber er und seine Frau wurden auch von dem greisen Mao empfangen. Dessen Zustand wirkte auf die deutsche Delegation jedoch erschreckend. Schmidt hielt in seinen Memoiren fest:»Das Kinn hing herunter, der Mund stand offen: ein verfallenes Gesicht. Mao konnte uns nicht entgegengehen; ein Mann nach einem schweren Schlaganfall, so schien es mir.«[89] Zu Schmidts Erstaunen war Mao dennoch zu einem ertragreichen Gedankenaustauch in der Lage. Loki durfte nur am Beginn dieses Austauschs dabei sein, wurde von Mao per Handschlag begrüßt, stellte sich mit einigen aus der deutschen Delegation zu einem Gruppenfoto mit Mao, wurde dann aber herausgebeten.

Obwohl es zu keinem Gesprächsaustausch gekommen war, war Loki von der kurzen Begegnung beeindruckt. Was sie jedoch in unmittelbarem Anschluss daran erlebte, fand sie befremdlich. Weil sie zum Empfang nicht zugelassen war, hatte die Frau des chinesischen Botschafters in Deutschland auf Loki in ihrem Wagen gewartet.»Sie hat mich sofort ausgefragt, wie die Begegnung mit Mao gewesen war. Vorher war sie sehr reserviert gewesen, aber nach meiner Schilderung hat sie meine Hand genommen, sie gedrückt und geküsst. Sie küsste die Fläche meiner Hand, die zuvor von Mao berührt worden war. Ich empfand das als bedrückend.«[90]

Auf den Besuch der chinesischen Mauer, dieses gewaltigen,

217

An der Chinesischen Mauer, 1975

teils über 2500 Jahre alten und fast 9000 Kilometer langen Bauwerks, hatte sich Loki Schmidt schon lange vor Reisebeginn zusammen mit ihrem Mann gefreut, mehrfach hatten sie davon gesprochen. Von Peking aus ging die Fahrt durch »eine karge herbstliche Landschaft. Der Aufstieg zur Mauer war anstrengend gewesen, aber der Spaziergang auf der Krone der Mauer lohnte die Mühe. Der Blick war unvergleichlich: Den Hügeln und Tälern folgend, windet sich das grandiose Bauwerk durch die Landschaft, bis es sich irgendwo im nebeligen Dunst der kulissenartigen Berge zu verlieren scheint.« Helmut Schmidt fühlte sich an eine chinesische Tuschzeichnung erinnert, auf der »sich die Berge in ähnlicher Weise vor einander schieben.«[91] Diese Eindrücke blieben bei Loki lebendig. Lebendig blieben aber auch Eindrücke von einer uniformen und politisch ständig agitierten Gesellschaft, in der der Einzelne wenig zählte und Abweichung gnadenlos verfolgt und ausgeschaltet wurde. »Angesichts dieses weitgehenden Verlusts der Menschlichkeit hätte ich im Reiche Maos und seiner Kulturrevolution um keinen Preis der Welt leben wollen«, resümiert Helmut Schmidt in seinen Memoiren.[92] Für Loki galt das ohne jede Abstriche genauso.

Zu einer erfreulichen Begegnung mit einem der Großen des Weltgeschehens kam es 1978, als Loki ihrem Mann auf einen Staatsbesuch nach Japan begleitete und zu einem Festbankett für den deutsche Kanzler und seine Frau in den Palast des Tennos eingeladen war. Den Empfang vor dem Essen hatte Loki lebhaft und fast ungezwungen erlebt. Angeregt hatte sich der Kaiser an der in Englisch geführten Kommunikation beteiligt. Beim Essen allerdings saß nun ein müder älterer Herr neben Loki, den sie, auf Anweisung des gestrengen Hofprotokolls nicht einmal hätte ansprechen dürfen. Loki hielt sich aber nicht an diese protokollarische Vorgabe und fragte den Tenno leise, ob er sich noch immer gerne mit Fischen beschäftigen würde. »Die Veränderung meines Nachbarn war erstaunlich. Er saß gerade, guckte mich freundlich an und fragte: ›Interessieren Sie sich auch für Fische?‹ Ich berichtete von einem Artikel, den ich Jahre zuvor in einem naturwissenschaftlichen Journal von ihm gelesen hatte. Auf seine Frage hin erzählte ich von meiner Stiftung zum Schutz gefährdeter Pflanzen und meinem Bemühen bei Kindern ein Naturverständnis für Tiere und Pflanzen zu wecken. Von ihm erfuhr ich, dass sein Sohn gerade eine neue Fischart in der Bucht von Tokio entdeckt hatte. Nach dem Essen standen alle auf. Der Tenno verabschiedete sich und lächelte mir noch zu. Kaum war er verschwunden, kamen die beiden Protokollchefs auf mich zu. ›So viel hat der Tenno noch nie geredet. Worüber haben Sie gesprochen?‹« Am nächsten Tag erhielt Loki dann noch eine – offenbar sehr selten ausgesprochene – Einladung in die private Bonsaisammlung des Kaisers.[93] Mit ihrer unverkrampften, freundlichen Haltung hatte sie den Tenno für sich eingenommen – und hatte offenbar einen kleinen Sieg über das steife Protokoll am japanischen Hof errungen.

Und wie hielt sie es mit der britischen Monarchin? Für Einladungen und Treffen mit der englischen Königin gab es strenge protokollarische Verhaltensregeln. So galten 1965 beim ersten Besuch der Queen in Deutschland für Damen noch Hut und Handschuhe als Pflichtbekleidung, bei der Begrüßung war als Zeichen der Ehrerbietung ein Knicks angesagt. Dreimal hat Loki die Queen getroffen, das erste Mal 1965 in Hamburg als Frau des damaligen Innensenators, zwei weitere Male in der Zeit der Kanzlerschaft ihres Mannes in Bonn und London. Der besonderen Bekleidungspflicht war sie 1965 gefolgt, bei den beiden nächsten Begegnungen aber nicht mehr. Den Knicks jedoch hatte sie schon in Hamburg abgelehnt. »Ich habe weder vor der englischen Königin noch sonst vor irgendwelchen gekrönten Häuptern einen Knicks gemacht«, resümierte sie am Ende ihres Lebens selbstbewusst. »Das wollte ich auch ganz bewusst nicht, denn irgendwie widerspricht diese Geste meiner persönlichen Grundhaltung. Die ist (…) überzeugt republikanisch.«[94] Als eine nette persönliche Geste empfand Loki im Übrigen, dass die Queen sich bei dem Kanzlerempfang im Buckingham Palace nachdrücklich bei ihr nach ihrer Tochter Susanne erkundigt hatte. Die Königin war von ihrem Protokoll gut informiert worden und wusste, dass Susanne in England lebte und arbeitete. Es gab also so etwas wie ein Gespräch zwischen zwei Müttern.

Am häufigsten hat Loki Schmidt in den Jahren der Kanzlerschaft ihres Mannes die Vereinigten Staaten von Amerika bereist. Noch als Helmut Schmidt Bundestagsabgeordneter war, hatte sie ihn hierher zum ersten Mal begleitet. Mit dem Schiff war man angereist, und Loki hatte die Ankunft in New York fasziniert. In den Kanzlerjahren von Helmut Schmidt gab es mit den USA einen besonderen Abstimmungs- und Besuchsbedarf, denn die

Präsidentschaft wechselte in diesen Jahren dreimal, sodass Loki insgesamt vier verschiedene amerikanische Präsidenten persönlich kennenlernte: Richard Nixon (Präsident von 1969–1974), Gerald Ford (1974–1977), Jimmy Carter (1977–1981) und Ronald Reagan (1981–1989). Gerald Ford war ihr der liebste, und in dessen Amtsperiode fiel auch ein Besuch aus Anlass der 200-Jahr-Feier der Unabhängigkeitserklärung der Vereinigten Staaten 1976.

Über den Besuch und das Damenprogramm existiert ein ausführlicher und in dieser Form einzigartiger Bericht von Wendelgard von Staden, der Frau des deutschen Botschafters in Washington von 1973 bis 1979:

»Für die deutschen Gäste hatte sich das amerikanische Protokoll ausgedacht, dass sie den ersten Abend in Williamsburg verbringen sollten. Dort, am James River in Virginia, hatte die Kolonisation Amerikas durch die Weißen begonnen. (…) Anderntags begann das offizielle Programm mit der Begrüßungszeremonie vor dem Weißen Haus. Dann spulte das Programm ab, sich auffächernd in das des Kanzlers, des Außenministers, das für die Sondergruppe und das für die Damen. Wie Wollfäden liefen die Programme gleichzeitig nebeneinander her, vereinigten sich an gewissen Punkten, trennten sich wieder.

Mit Disziplin, immer pünktlich, immer fertig und immer freundlich war Loki in diesen Tagen. Auf die Minute genau stieg sie – und ich trabte an ihrer Seite – in den wartenden Wagen, der sie vom Blair House, dem Gästequartier, zum Weißen Haus brachte, dann wieder zurück, mittags zum Presseclub zu der Kanzlerrede, nachmittags, bei furchtbarem Gewitter zur Einweihung des ›Spacerium‹ (einem von der Bundesrepublik Amerika geschenkten Planetariums), dann wieder zurück zum Umziehen in erheblicher Eile und zum festlichen Dinner beim Präsidenten.

Der nächste Tag begann mit einem Frühstück in der Residenz unter Anwesenheit von Damen der Botschaft. Loki fragte viel und interessierte sich für alle Probleme, die zur Sprache kamen. Alsdann eilten wir zum Smithsonian Institute, wo sie durch eine Ausstellung geführt wurde. Anschließend eilte man wieder zum

State Department zu dem vom amtierenden Außenminister Henry Kissinger und seiner Frau Nancy gegebenen Mittagessen, um sogleich nach dem Kaffee sich in großer Wagenkolonne nach Baltimore zur Johns Hopkins University zu begeben. Der Kanzler erhielt dort die Ehrendoktorwürde und bedankte sich mit einer viel beachteten Rede. Der Tag endete am Kai im Hafen von Baltimore an Bord des Schulschiffes Gorch Fock. Bei prasselndem Regen und großer Schwüle empfingen der Bundeskanzler und Frau Schmidt den Präsidenten und Mrs. Ford. (...) Am nächsten Morgen begleiteten wir die deutsche Delegation zum Abflug. Meine Bewunderung für Loki, für ihre jeweils gesammelte Aufmerksamkeit und immerwährende freundliche Ruhe war ins Unermessliche gewachsen. Ich selbst brauchte etwas Zeit, um nach diesen Tagen wieder zu mir zu kommen.«[95]

Frau von Staden hatte nach 1976 noch mehrere Male die Gelegenheit, Loki bei den Besuchen des Kanzlers in den USA zu begleiten. Ihr Auftreten habe überall Gefallen gefunden, die Amerikaner hätten sie als »unassuming« erlebt, sie sei also stets mit sicherer Bescheidenheit aufgetreten, habe für sich keine besondere Aufmerksamkeit gefordert, sei aber stets interessiert und präsent gewesen. Selbst ihre kleinen Ansprachen in englischer Sprache fanden Anklang. Besonders ihre gern genutzte Eingangspassage: »Ladies and gentlemen – ich wage es, Sie in Englisch anzureden, obwohl ich es nicht gut spreche. Ich kann überhaupt nicht gut öffentlich reden. Denn es gibt nur einen in unserer Familie, der Reden hält und das Sagen hat – und das bin nicht ich.«[96] Eine charmante Untertreibung, inzwischen war Loki eine durchaus geübte Rednerin, und inzwischen war auch ihr Englisch mehr als passabel geworden.

Loki Schmidts Auftritte in Amerika waren im Übrigen nicht immer unpolitisch. Wenn Helmut Schmidt in Washington über außenpolitische oder bilaterale Strategien mit führenden Politikern konferierte, kamen die anstehenden Themen auch im Kreise der Politikerfrauen zur Sprache. Zum Jahreswechsel 1981/82 hatten die Schmidts mit Tochter Susanne einen Kurzurlaub auf der kleinen Insel Sanibel im Südwesten von Florida verbracht und waren im Anschluss auf Einladung Ronald Reagans für drei Tage nach Washington gereist. Anlass war die in den USA mit Besorgnis verfolgte Zuspitzung der Lage in Polen. Dort hatte General Jaruzelski in der Nacht vom 12. auf den 13. Dezember 1981 wegen des wachsenden politischen Drucks durch die Solidarność das Kriegsrecht ausgerufen und Hunderte von Gewerkschaftsaktivisten verhaften lassen. Beim Besuch von Helmut Schmidt sollten Irritationen über die angeblich nicht eindeutige deutsche Haltung ausgeräumt und eine gemeinsame Linie mit der amerikanischen Politik gefunden werden. Neben dem Präsidenten traf Helmut Schmidt auch seine bevorzugten amerikanischen Gesprächspartner Gerald Ford, John McCloy, George Shultz und Henry Kissinger. Auch bei Lokis Treffen mit den Ehefrauen dieser Politiker wurde über die Situation in Polen gesprochen, und ihr Mann zeigte sich dankbar, dass sie den Kenntnisstand der Damen ein wenig verbessern konnte: »Tagsüber hatte meine Frau ein Gespräch mit amerikanischen Damen gehabt, bei dem das politische Thema zwangsläufig aufkam. Loki berichtete über ihre verschiedenen Besuche in Polen und über ihre privaten Gespräche mit polnischen Freunden und Bekannten; die Polen seien zehnmal Polen, zehnmal Katkoliken und danach – wenn es hoch kommt – einmal Kommunisten. Loki traf mit solchen Äußerungen auf großes Erstaunen; auch als sie berichtete, dass sie den Kommunismus in verschiedenen Staaten Osteuropas in sehr unterschiedlicher Form erlebt habe. Offenbar besaßen die amerikanischen Gastgeberinnen nur recht schablonenhafte Vorstellungen von der tatsächlich sehr differenzierten Situation hinter dem Eisernen Vorhang.«[97]

Von den vier Präsidenten und deren Ehefrauen waren es Gerald und Betty Ford, zu denen die Schmidts das beste und verbindlichste Verhältnis entwickelten. Man vertraute einander, Schmidt schrieb später, dass es kein Problem gegeben habe, das man nicht offen besprechen und schnell habe lösen können.[98] Auch die beiden Frauen der Politiker entwickelten ein sehr

Mit Gerald und Betty Ford, USA-Reise, Juli 1976

freundschaftliches Verhältnis, sodass Betty Ford mit Loki sogar offen über ihre Alkoholabhängigkeit sprach.

Nach der Kanzlerschaft von Schmidt intensivierte sich der Kontakt der Familien. Loki begleitete ihren Mann auf das jährliche Treffen mit den ehemaligen Regierungschefs Gerald Ford, James Callaghan und Valéry Giscard d'Estaing in Fords Anwesen in Beaver Creek, Colorado, mitten in den Rocky Mountains. Schmidts wohnten im – mit allein 7 Schlafzimmern – durchaus großzügigen Haus der Fords; die häusliche Situation empfand Loki aber als einfach und unkompliziert. Sie mochte das Zusammensein mit den Ehefrauen der anderen Politiker, auch gab es bei den Treffen der Ex-Regierungschefs ein eigenes Programm für die Damen. Noch lieber aber erkundete sie die Umgebung, wie Gerald Ford festhielt: »Loki ging regelmäßig allein spazieren, um – bergauf, bergab – die Gebirgspfade zu ergründen und die einzigartigen Blumen zu betrachten.«[99]

1985 besuchte Gerald Ford die Schmidts in ihrem Haus in Langenhorn, seine Frau hatte ihn wegen eines Rückenleidens nicht begleiten können. Loki war eine perfekte Gastgeberin. Man zeigte dem Expräsidenten Hamburg, besuchte mit ihm den Hafen und abends die Oper, man fuhr nach Lübeck und in das Wochenendhaus am Brahmsee. Auch bei Schmidts ging es einfach und ungezwungen zu. Loki hatte für die Übernachtungen von Gerald Ford im Langenhorner Haus das Gästezimmer hergerichtet. Ein kleines Mansardenzimmer mit Stuhl und Dachfenster.

Auf den zum Teil doch arg strapaziösen Staatsbesuchen und offiziellen Reisen hatte Loki Schmidt fast nie mit körperlichen Befindlichkeiten und Schwächen zu kämpfen. Eine Ausnahme bildete ihre erste Reise nach Ägypten im Dezember 1977, wo sie von einer Stunde auf die andere heftig erkrankte. Im prachtvollen Kairoer Abdeen-Palast, in dem die Schmidts untergebracht waren, wurde für sie ein Krankenlager eingerichtet. »Was ich genau hatte, weiß ich nicht, wahrscheinlich war ich auch wegen des Klimawechsels völlig erschöpft oder hatte mir irgendetwas eingefangen. Jedenfalls verordnete mir Dr. Völpel, der uns begleitende Arzt, Bettruhe, versorgte mich mit Büchern und erklärte, er werde mich bei unserer Delegation krankmelden. Ich lag in einem riesigen Schlafzimmer des Palastes, einem richtigen Saal, und jedes Mal, wenn der Arzt zu mir kam, verbeugte er sich tief in der Tür wie vor einer Majestät. Ich fühlte mich ganz und gar nicht majestätisch.«[100] Zum Glück war sie bald wieder genesen und konnte an der lang ersehnten Nilreise in Begleitung des ägyptischen Präsidenten Anwar as-Sadat teilnehmen. Die beiden Männer vertieften sich bis spät in die Nacht in Gespräche über die gemeinsamen Wurzeln der drei monotheistischen Religionen, ein Thema, das auch Loki interessierte und auf das Helmut Schmidt in seinen Schriften und Reden immer wieder zurückgekommen ist. Vor allem aber hinterließen die Zeugnisse der jahrtausendealten ägyptischen Kultur einen nachhaltigen Eindruck. Die Pyramiden und die aus einem Stein gearbeiteten Obelisken begeisterten das Ehepaar, die Tempelbauten entlang des Nils, in Theben, Luxor, Karnak und im Tal der Könige waren für sie schlichtweg überwältigend. »Welch machtvolle Staatsorganisation muss dazu gehört haben, aber auch welche Heere von Arbeitssklaven – und wie viel Selbstbewusstsein und Stilsicherheit der Herrscher! Wir hatten Athen und die Akropolis und andere griechische Tempel gesehen, ebenso Rom, auch die Chinesische Mauer, und waren jedes Mal nahezu kleinlaut wieder nach Hamburg oder Bonn zurückgekehrt! Aber das ägyptische Kunsterlebnis übertraf alle unsere bisherigen Erfahrungen.«[101]

Auf dieser Reise richtete Loki Schmidt auch für Jehan as-Sadat, die Frau des ägyptischen Präsidenten, in der deutschen Botschaft einen Empfang aus. »Gleich zu Beginn unserer Begegnung fühlten wir uns zueinander hingezogen«, schrieb Jehan as-Sadat über Loki und führte das auf vergleichbare Berufserfahrungen als Lehrerin und ein ähnliches Engagement zurück.[102] Jehan as-Sadat hatte sich in ihrem Land für die Rechte der Frauen eingesetzt, Projekte wie die Gründung von SOS-Kinderdörfern unterstützt und die Bildung von Mädchen und Frauen gefördert. In einem Interview mit der *Zeit* im Jahre 2009 war letzteres für sie immer noch ein Schlüsselthema ihres Landes, da noch immer über 40 Prozent der Frauen in Ägypten Analphabeten seien.[103]

Vor dieser Ägyptenreise hatten die beiden Frauen sich bereits drei Mal in Bonn getroffen, zuletzt Anfang April 1977. Auch bei dieser Gelegenheit hatte Loki ein Mittagessen für die Frau des ägyptischen Präsidenten gegeben und ausgeführt, was sie an ihr schätzte: »Wir bewundern ihren Einsatz im Interesse ihres Landes, in den Bemühungen zur Emanzipation der Frau, der Familienplanung, der Kommunalpolitik und nicht zuletzt ihre großen Leistungen im humanitären und sozialen Bereich.« Und sie fügte hinzu: »Sie haben uns gezeigt, dass auch in arabischen Ländern die Frau nicht nur die Frau des Herrn X zu sein braucht, sondern eine eigenständige Rolle übernehmen kann.«[104]

Die im Langenhorner Archiv überlieferten Reden für Jehan as-Sadat sind im Übrigen ein schönes Beispiel für Lokis selbstbewussten Umgang mit den für sie geschriebenen Redevorlagen aus dem Umfeld des Kanzleramts. Durch Streichungen und Veränderungen passte sie diese Vorlagen ihrem eigenen Sprachduktus an und verlieh ihnen Authentizität durch das Hinzufügen persönlicher Erfahrungen – z. B. ergänzte sie in ihrer Kairoer Rede, dass ihre Eltern bereits fasziniert über Ägypten und die Gräber der Pharaonen berichtet hätten. In der Einleitung ihrer Ansprache für Jehan as-Sadat in Bonn im April 1977, die lauten sollte: »ich freue mich sehr, Sie heute in dieser Runde ganz herzlich begrüßen zu dürfen, während sich unsere Männer den ernsthaften Staatsgeschäften widmen«, streicht sie den letzten Halbsatz. Eine indirekte Zuschreibung von Belanglosigkeit für das Frauentreffen wollte sie nicht in ihrer Rede belassen.

Die Beziehung zu dem Ehepaar Sadat und ihre Verbundenheit zu Jehan as-Sadat waren so stark, dass Loki Schmidt im Oktober 1981 ihren Mann zu der offiziellen Trauerfeier für Anwar as-Sadat nach Kairo begleitete. Sadat, der nach außen einen Friedensprozess mit den Israelis eingeleitet und nach innen die Errichtung eines Gottesstaates abgelehnt hatte, war von islamistischen Attentätern aus den Reihen der Bewegung Al-Dschihad ermordet worden. Für Helmut Schmidt war der Tod des Freundes ein schwerer Schlag, Loki sprach von ihm genauso respektvoll wie ihr Mann. Die Verbindung zu Jehan as-Sadat hielt noch einige Zeit vor, einige Jahre nach der Ermordung des ägyptischen Präsidenten kam es zu einer erneuten Begegnung. Zusammen mit ihrer Tochter besuchte Jehan as-Sadat Loki Schmidt noch einmal in Hamburg-Langenhorn und tauschte sich mit ihr vor allem über Fragen des Schulwesens aus. Sie knüpften damit an das Thema an, das sie bereits in früheren Jahren stark miteinander verbunden hatte. Für ihre Besucherinnen hatte sie eigens ein Essen vorbereitet. Frau Sadat wertete dies als eine besondere Geste: »Ich sagte mir, hier haben wir die Frau des Spitzenpolitikers eines großen Landes mit so vielen öffentlichen Pflichten, und doch findet sie die Zeit, sogar für ihre Gäste zu kochen. Ich empfand das als große Ehre.«[105]

Staatsgäste in Langenhorn

Staatsgäste wurden in der Regel in der Hauptstadt empfangen, so sah es das Protokoll vor. Bundeskanzler Schmidt und Ehefrau Loki ließen es sich aber nicht nehmen, ihnen besonders wichtige oder sympathische Staatsoberhäupter gelegentlich in ihr privates Haus nach Langenhorn einzuladen. Die Gästeliste reichte von Edward Gierek, Leonid Breschnew, Andrei Gromyko über Valéry Giscard d'Estaing und François Mitterand bis zu dem spanischen Königspaar. Die Schmidts verstanden solche Einladungen als eine besondere persönliche Geste, wenngleich auch Kalkül dahintersteckte, die private Atmosphäre für politisch ergiebige und vertrauliche Gespräche zu nutzen.

Der Generalsekretär der KPdSU Breschnew war im Rahmen seines Staatsbesuchs im Mai 1979 auf die persönliche Einladung des Kanzlers eigens von Bonn nach Hamburg bzw. Langenhorn gekommen. Begleitet wurde er u.a. von seinem sowjetischen Außenminister Gromyko, auf deutscher Seite waren die Minister Genscher und Graf Lambsdorff sowie Willy Brandt und Egon Bahr, die Architekten der neuen deutschen Ostpolitik, mit angereist. In Bonn hatte man harte Verhandlungen über Sicherheitsfragen und Nachrüstung geführt, hier in Hamburg aber herrschte eine aufgelockerte Stimmung. Der Hausherr servierte Wodka, den Edward Gierek 1976 als Gastgeschenk mitgebracht hatte und der das Wohlgefallen Breschnews fand. Loki hatte mit Breschnew und Willy Brandt auf der Couch Platz genommen, und damit saß der Sowjetchef direkt vor der Bücherwand und der dort prominent platzierten Marx-Engels-Gesamtausgabe. Als dies bemerkt wurde, war die Erheiterung allseits groß, sogar der ansonsten immer eher verkniffene Gromyko ließ ein Schmunzeln erkennen. Den offenbar angenehmen Erinnerungen an den Besuch in Langenhorn schrieb Loki später zu, dass Gromyko sich engagiert dafür eingesetzt habe, dass sie 1984 – also nach der Kanzlerzeit ihres Mannes – die Genehmigung für eine Expeditionsreise zur Bestimmung von Orchideen im Kaukasus erhielt.

Leonid Breschnew zu Besuch am Neubergerweg, 1979

Noch vor dem Mittagessen drängte die sowjetische Delegation auf die Fortsetzung der politischen Gespräche: Die Beziehungen zur DDR und China und – noch einmal – der Truppenabbau in Europa waren die Themen. Schmidt zog sich für diese Gespräche mit Breschnew, Gromyko und Genscher in sein kleines Arbeitszimmer zurück. Vorbereitet waren die Schmidts darauf nicht, sodass der deutsche Außenminister auf der Bücherleiter saß und die beiden Dolmetscher stehen mussten. Für die Erläuterung geopolitischer Perspektiven griff der Hausherr auf einen kleinen Globus auf dem Schreibtisch zurück, den Loki ihm einmal geschenkt hatte, wie er in einem Gespräch schmunzelnd erzählte.[106] Intimer kann man Weltpolitik wohl kaum gestalten.

Loki kam währenddessen die Aufgabe zu, die anderen Gäste im Wohnzimmer zu unterhalten und sich um die Vorbereitung des Essens zu kümmern: Saisongemäß wurde Spargel mit Schinken serviert. Dass sie von den politischen Gesprächen wenig mitbekam, störte sie nicht, die Aufgabenverteilung war für sie selbstverständlich: Sie war keine Politikerin, sie war die Frau des deutschen Bundeskanzlers und die Hausherrin, und in dieser Rolle fühlte sie sich wohl.

Von dem Breschnew-Besuch sind es vor allem zwei Dinge, die Loki gern berichtete. Zunächst einmal dessen offensichtliches Unverständnis über die Wohnsituation in Langenhorn. Die gepflegten Siedlungshäuser mit Kleingärten, Garagen und Autos vor der Tür ließen ihn glauben, dass dies eine abgeschottete Siedlung der gehobenen Klasse sei, weshalb er Loki und ihren Mann verwundert nach der die Siedlung abgrenzenden Umzäunung fragte. Die zweite Erinnerung war, dass Breschnew sich in ihrem Badezimmer von seinem Leibarzt eine Spritze hatte setzen lassen, die sich später im Abfalleimer der Schmidts fand. »Für einen Geheimdienst wäre es sicher hochinteressant gewesen, die Spritze samt Restinhalt zu untersuchen«, mutmaßte Loki, sie entsorgte die Hinterlassenschaften aber in ihrem Hausmüll und bewertete den ganzen Vorfall als einen »großen Vertrauensbeweis« gegenüber ihr als Gastgeberin.[107]

Ohne jegliche atmosphärische Belastungen lief vor allem der Besuch des spanischen Königspaars im Haus der Schmidts in Langenhorn ab. Einen protokollarischen Vorlauf hatte es für diesen Besuch offenbar nicht gegeben. Im Rahmen des Deutschlandbesuchs von König Juan Carlos und Königin Sofia stand u. a. ein Aufenthalt in Hamburg auf dem Programm, darunter ein Opernbesuch in Anwesenheit des Kanzlers und seiner Gattin. Nach Lokis Darstellung habe ihr Mann ihr kurzfristig vorgeschlagen, das Königspaar nach dem Opernbesuch nach Langenhorn einzuladen. »Wir fragen die einfach, ob sie mit uns nach Hause kommen, mach mal ein bisschen Abendbrot fertig. Nach der Oper haben wir sie gefragt, ob sie Lust hätten. ›Ja‹, und dann haben wir zu viert hier gesessen. So viel sei verraten, sie sind jedenfalls satt geworden.« Bis spät in die Nacht dauerte der königliche Besuch, es wurde zwanglos und fröhlich geplaudert, und als man um drei Uhr morgens vor die Tür trat, um sich zu verabschieden, saßen auf dem Bürgersteig vor dem Haus der Schmidts drei Nachbarinnen auf Klappstühlen und applaudierten dem Königspaar. So eine einmalige Gelegenheit, königliche Hoheiten ganz aus der Nähe zu sehen, habe man sich nicht nehmen lassen wollen, war ihre Erklärung. Loki fand das rührend, und Sofia flüsterte ihr zu: »Hoffentlich sind die nicht enttäuscht, dass ich keine Krone trage.«[108]

Der französische Präsident Giscard d'Estaing war als Staatsgast und als Privatier zusammen mit seiner Frau mehrere Male im Hause Schmidt zu Gast. Für Loki waren diese Besuche besonders angenehm und unkompliziert, denn die Männer waren sich freundschaftlich verbunden, mit Englisch sprach man eine gemeinsame Sprache und benötigte keine Dolmetscher, und es hatte sich ergeben, dass sich zwischen Loki und der Frau Giscards, Anne-Aymone, gleich mit dem ersten Zusammentreffen ein gutes Verhältnis entwickelt hatte.

Die politischen Gespräche im Hause Schmidt kreisten beim ersten Besuch im Jahr 1978 um das bilaterale Verhältnis der beiden Staaten und eine gemeinsame zukünftige europäische Währungsunion. In den privaten Gesprächen, an denen die Frauen teilnahmen, wurde u. a. über Musik, Kunst und Literatur gesprochen.

Das Verhältnis zwischen den Ehepaaren war so vertrauensvoll, dass die Schmidts sich sogar entschieden, den Besuch über Nacht einzuladen. Loki hatte dafür das kleine Gästezimmer hergerichtet. Dass die Giscards einen anderen Wohnstandard gewohnt waren, war den Schmidts bewusst. Jahre später äußerte sich Giscard einmal darüber: »Das erste Mal war ich überrascht gewesen über die Einfachheit und die natürliche Bescheidenheit des Wohnhauses der Schmidts. Keinerlei Prunk oder Luxus schmückte das Heim des Bundeskanzlers, und doch wirkte es gleichzeitig gepflegt und schön gehalten.« Giscard sah damals eine Übereinstimmung zwischen dem Haus und seinen beiden Bewohnern: »norddeutsch und authentisch.«[109]

In der Öffentlichkeit gab es zu den Staatsbesuchen in Langenhorn gelegentlich kritische Stimmen. Vor allem aus Bonner

Sicht wurde kritisiert, dass der Kanzler die Hansestadt mit seinen privaten Einladungen von Staatsgästen »zur heimlichen Hauptstadt« erhebe und außerdem durch zusätzliche Reise- und Verpflegungskosten den Staatshaushalt belaste.[110] Loki galt solche Kritik als kleinkariert, und die Schmidts sahen darin keinen Anlass, an gelegentlichen Einladungen von aktiven Politikern in ihr Langenhorner Heim etwas zu verändern.

Suche nach eigenem Terrain

Mit dem Wechsel nach Bonn hatte Loki Schmidt gern und selbstbewusst die Rolle der First Lady der Bundesrepublik Deutschland übernommen. Allerdings erwuchs in ihr bald der Wunsch, sich eine gewisse Eigenständigkeit neben dem Politischen und dem Leben mit ihrem Ehemann zurückzuerobern. Sie benötigte ein eigenes neues Terrain, mit dem sie sich identifizieren und ihre Eigenständigkeit beweisen konnte. Sich selbst, ihrem Ehepartner und der Öffentlichkeit gegenüber. Lange hatte ihr Lehrerberuf diese Funktion erfüllt, den hatte sie aber faktisch mit dem Umzug nach Bonn aufgegeben. Später hat sie diesen Erkenntnis- und Suchprozess einmal wie folgt beschrieben: »Damals ist mir klar geworden, dass ich ein eigenes Feld brauchte, das ich für mich ganz selbständig bearbeiten konnte. Ansonsten kann man wohl ein Leben mit einem so erfolgreichen und vielbeschäftigten Mann auch nicht führen.«[111] Die Ausbildung zur Schwesternhelferin beim Deutschen Roten Kreuz 1973 war sicher auf dieser Suche nach einem »eigenen Feld« ein erster Schritt. Sich dort beim DRK weiter einzubringen, sei als Ehefrau des Kanzlers nun nicht mehr möglich, sagte sie in ihrem ersten Interview im Kanzlerbungalow der Zeitschrift *Für Sie*. Wegen der Sicherheitsbestimmungen ginge das »wohl selbst im Katastrophenfall nur mit platinblonder Perücke.«[112]

Sich intensiver dem Naturschutz zuzuwenden, lag eigentlich auf der Hand, denn hier gab es bei Loki Schmidt ein langes und starkes Interesse und eine beachtliche Expertise. Als sie im

Herbst 1982 aus dem Kanzlerbungalow wieder auszog, war der Name Loki Schmidt untrennbar mit Naturschutzthemen verbunden. Sie hatte dem Naturschutz zu einer verstärkten öffentlichen Wahrnehmung verholfen, lange bevor die Partei der Grünen ihn als politisches Anliegen für sich reklamierte.

1976 begann ihr Einsatz mit der Gründung des Kuratoriums zum Schutze gefährdeter Pflanzen, aus dem dann 1979 die gleichnamige Stiftung hervorging. Ab 1977 kaufte das Kuratorium schützenswerte Biotope auf, um die Artenvielfalt auf diesen Flächen zu schützen, im gleichen Jahr startete Loki Schmidt mit der Firma Rosenthal eine große Verkaufsaktion von Wandtellern und Tassen, die sie mit Pflanzenmotiven bemalt hatte.

Faktisch zeitgleich zu ihrer Verkaufstour der Rosenthal-Teller begann Loki Schmidt mit der Vorbereitung eines Buchprojekts, dessen Ertrag ebenfalls der Unterstützung ihrer Kuratoriumsarbeit dienen sollte. Für das Buch hatte sie in allen elf Bundesländern eine Landschaft ausgesucht und erwandert. Elf Wandervorschläge also, »von der Wattenküste über das Mittelgebirge zu den

Rosenthal-Teller, Prospekt

Hannelore »Loki« Schmidt gründete 1976 das »Kuratorium zum Schutze gefährdeter Pflanzen«. Die Absicht: bedrohte Pflanzen in der Kultur zu erhalten und den Naturschutzgedanken im Bereich unserer Flora stärker ins Bewußtsein einer breiten Öffentlichkeit zu bringen.
Sie entwarf die Dekore zu einer Teller-Serie der Classic Rose Collection, die nicht nur interessante Sammelstücke enthält, sondern auch einem guten Zweck dient.

»Aus Liebe zur Natur«

»Aus Liebe zur Natur einen Porzellanteller kaufen – das gehört auf den ersten Blick nicht zusammen. Und doch ist es so: mit jedem erworbenen Exemplar dieser Teller-Serie leisten Sie einen wichtigen Beitrag zum Schutz unserer bedrohten Pflanzenwelt. Jeder Teller trägt dazu bei, diesen Naturschutzgedanken populär zu machen und die Kenntnis über gefährdete Pflanzen zu vertiefen.
Vor allem aber helfen Sie unmittelbar. Anstelle eines Honorars habe ich vereinbart, daß die Classic Rose Collection für jeden verkauften Teller einen Betrag von DM 5,– an das Kuratorium zum Schutze gefährdeter Pflanzen überweist. Damit unterstützen Sie das Bemühen von Botanikern, Ökologen und Naturschützern, auch unseren Kindeskindern noch eine bunte Pflanzenwelt mit natürlichem Gleichgewicht zeigen zu können«.

Hannelore Loki Schmidt
Hannelore »Loki« Schmidt
»Kuratorium zum Schutze gefährdeter Pflanzen«

Nr. 1
Aurikel –
Primula auricula
Eine Gebirgsprimel, die in Felsspalten, auf steinigem Grund, gelegentlich auch auf Moorwiesen wächst.

Nr. 2
Drachenwurz –
Calla palustris
Dieses Aronstabgewächs ist in Waldsümpfen und moorigem Gelände beheimatet. Auch »Schlangenwurz« oder »Schweinsohr« genannt.

Nr. 3
Soldanelle –
Soldanella alpina
Die Soldanelle oder »Alpenglöckchen« ist ein alpines Primelgewächs. Es blüht sehr zeitig im Frühjahr, oft zu Beginn der Schneeschmelze.

3 Motive von 12 zum Sammeln.
9 weitere finden Sie auf der Rückseite.

Alpen, von der weiten Flusslandschaft über das Moor zum ›Urwald‹«, heißt es in ihrem Vorwort. »Jedes Bundesland steht stellvertretend für eine Landschaftsform, für eine Lebensgemeinschaft aus Pflanze, Tier und geologischer Gegebenheit.« Und natürlich verfolgte sie auch ein pädagogisches Interesse: »Die Darstelllungen möchten zugleich auch zeigen, wie wichtig es ist, die Vielfalt unseres Landes zu schützen und zu erhalten.«[113] *Schützt die Natur* lautete der programmatische Titel des Buchs. Das Buch erschien im Frühjahr 1979. Sie war stolz auf ihr erstes und – bei Prominenten nicht unbedingt die Regel – allein konzipiertes und geschriebenes Buch. Mit ihrer runden Handschrift schrieb sie für ihren Mann eine Widmung: »Das erste Exemplar für Dich! Deine Loki, 24.4.1979.«[114] Wie die Rosenthal-Teller wurde auch dieses reich bebilderte Buch ein wirtschaftlicher Erfolg.

Loki Schmidts vielfältiges Engagement für den Naturschutz war die eine Hälfte ihres Bemühens um ein eigenständiges Terrain und Arbeitsfeld in den Bonner Jahren. Die Forschungsreisen, die sie seit Anfang 1976 oft zusammen mit Wissenschaftlern des Max-Planck-Instituts unternahm, waren der andere Teil. Sie wurden für sie zu einem wichtigen Pendant zum Bonner Politleben. Kam sie zurück, wirkte sie auf ihre nähere Umgebung belebt und gestärkt.[115]

Die Politik kommt an den Brahmsee

Spätestens als Helmut Schmidt im Oktober 1969 Verteidigungsminister wurde, veränderte sich auch im Ferienhaus der Schmidts die Lage. Bislang war der Brahmsee für Loki ausschließlich Ferienglück gewesen, nun aber tangierte die Bonner Politik auch ihre Aufenthalte hier im Norden. Schon im Sommer 1970 rückten Fernmeldesoldaten an und verlegten neue und gesicherte Telefon- und Faxverbindungen. Besprechungen mit höheren Beamten und Politikern wurden die Regel, später, mit Übernahme der Kanzlerschaft, erschien das Ferienhaus manch einem

Beobachter gar als »Außenstelle des Kanzleramts« oder auch als »Regierungszentrale Brahmsee«.[116] Für Loki war es selbstverständlich, sich auf die neue Lage einzustellen, d. h. auch in den Ferien Zeit für die Politik zu erübrigen, Gäste ihres Mannes zu empfangen und auch für die Verpflegung der Besucher zu sorgen. 1972 entschlossen sich die Schmidts allerdings zu einem Um- und Ausbau. Das Ferienhaus wurde um ein Arbeitszimmer für Helmut Schmidt erweitert, außerdem wurden zwei Garagen angebaut. »Die besten Wünsche zum Einzug in den gelungenen Umbau für die drei Schmidts«, schrieb Willi Berkhan auf einen Zettel, den Loki aufbewahrt hat. Sie war zufrieden mit dem Umbau. Ende der neunziger Jahre erfolgte ein weiterer Ausbau, das Haus erhielt nach 40 Jahren erstmalig eine Heizung, rundum wurde es verklinkert. Ein luxuriöses Domizil ist es aber auch danach nicht. Darauf angesprochen bemerkte Loki gern, dass sie erst nach dem Ausscheiden ihres Mannes aus der Politik zu Wohlstand gelangt seien. Ihr Mann präzisierte das dahingehend, dass sich viele Bürger falsche Vorstellungen von Politiker-Einkommen machten. Das Haus in Langenhorn habe er erst am Ende seiner politischen Laufbahn abbezahlt und einen gewissen Reichtum erst durch seine Tätigkeit als Herausgeber der *Zeit* und durch die Erfolge als Buchautor erreicht.[117]

Doch zurück ins Jahr 1974: Wie in Langenhorn wurde auch das Haus am Brahmsee stark gesichert. Zäune und Überwachungskameras wurden aufgebaut, und wenn der Kanzler anwesend war, wurde das Ferienidyll zu einer »grünen Festung«, wie die Journalisten das Anwesen der Schmidts inzwischen untereinander nannten.[118] Immer präsent war die persönliche Sicherheitsgruppe des Kanzlers, mehrere BKA-Beamte sowie ein Trupp des Bundesgrenzschutzes, der weiträumig auf Patrouille um das Seegrundstück ging. Fuhren Willi Berkhan und der Kanzler zum Segeln raus, folgte ihnen nun ein Motorboot des Bundesgrenzschutzes.

Da seit der Kanzlerschaft auch ein persönlicher Referent mit

235

an den Brahmsee reiste und dieser sein kleines Büro in dem neu erbauten Wachhäuschen auf dem Grundstück der Schmidts hatte, war nun neben den Personenschützern noch ein weiterer Beamter in direkter und ständiger Nähe zu dem Ehepaar. Die ersten Jahre erfüllte diese Aufgabe Peter Walter, der Loki bei ihren Büropflichten bereits seit 1974 assistiert hatte. Loki Schmidt kümmerte sich also auch um ihn ein wenig, wie sich Walters Beschreibungen entnehmen lässt:»Frau Schmidt hatte die angenehme Angewohnheit, uns, die Sicherheitsbeamten und mich, ein bisschen zu betüdeln. Sie brachte dann abends zwischen 19 und 20 Uhr ein paar Flaschen Bier – ab und zu auch mal ne Flasche Jubi. Dann setzten wir uns auf dem Platz vor dem Wachhäuschen in die Abendsonne und klönten. Diese Abende gehören mit zu meinen schönsten Erinnerungen, weil ich in diesen Momenten das Gefühl hatte, mit zur Familie zu gehören. Manchmal rief der Chef bei mir an, um seiner Frau mitteilen zu lassen, dass er Hunger hätte. Das störte aber nicht besonders, da er mit einer Scheibe Brot zufrieden war, die schnell gemacht war. Dann war sie wieder bei uns draußen.«[119]

Dass am Brahmsee nicht immer nur Eintracht zwischen den Eheleuten herrschte, zeigt auch eine kurze Fernsehaufnahme aus den Kanzlerjahren: Loki empfängt eine einbestellte Journalistenrunde, Helmut Schmidt tritt aus dem Ferienhaus, ganz offensichtlich nicht gut gestimmt. Wenigstens jetzt könne er mal lachen, scherzt Loki, doch man ahnt ob seines Auftritts, dass hinter dieser missmutigen Stimmung mehr stecken könnte.

Vom Brahmsee aus machte Loki in jedem Jahr Exkursionen in den nahegelegenen Tierpark Warder, und seit den neunziger Jahren in den neuen Botanischen Garten in Kiel. Im Tierpark Warder hatte man sich auf Schutz und Erhalt alter Haus- und Nutztierarten spezialisiert. Mit seinem 40 Hektar großen Gelände, seinen Natur- und Weideflächen bot er für Loki auch botanisch Interessantes, z. B. sehr artenreiche Trockenrasenflächen, die in Norddeutschland ansonsten ausgesprochen selten sind und dort, wo sie auftreten, meist durch Bebuschung oder Bewaldung bedroht sind. Der Botanische Garten in Kiel war für sie seit 1958 wegen seiner berühmten Sammlungen von Kakteen, Eis- und Mittagsblumengewächsen ein Anziehungspunkt gewesen. Als der Garten 1985 im Norden Kiels eine neue Wohnstatt erhielt, verfolgte Loki die Entwicklung des Gartens mit großer Aufmerksamkeit. Das Alpinum des neuen Gartens und die Nachbildungen verschiedener Lebensräume Nordwestdeutschlands interessierten sie besonders. 1998 wurde sie Ehrenmitglied der Freunde des Botanischen Gartens, 2004 stiftete sie einen Teil ihres Preisgeldes des Deutschen Umweltpreises, und 2005 verfasste sie für die Festschrift zum 20. Gründungstag des neuen Botanischen Gartens ein Geleitwort.

Das für Loki Charakteristische war, dass sie solche Kontakte – selbst wie die zu dem kleinen Tierpark Warder – intensiv pflegte. So führte sie neben den Besuchen eine umfängliche Korrespondenz, immer mal wieder Telefonate und sorgte nicht zuletzt für finanzielle Unterstützung. Für Einrichtungen wie den Botanischen Garten Kiel war der enge Kontakt zu Loki Schmidt ein großer Vorteil. Sie stärkte die Stellung des Gartens im Gefüge der Universität und lenkte die Aufmerksamkeit der Stadt auf eine für viele unbekannte Institution.

Zu Ausflügen wie denen nach Kiel fuhr Loki immer ohne ihren Mann. Auch hier galt für die beiden die »Trennung ihrer Dienstgeschäfte«, wie sie es manchmal nannte. In der gemeinsam verbrachten Zeit wurde viel gelesen und natürlich auch hier im Ferienhaus Schach gespielt. Nur dass Helmut und auch Susanne gern lange schliefen, während Loki es liebte, früh aufzustehen, sorgte manchmal für Irritationen. Später sagte sie sogar: »Die Tragik unserer langen Ehe ist es, dass ich ein Morgensinger bin und er eine Nachteule.« Gescheitert ist die Ehe aber daran nicht, wie wir wissen. Und das frühe, ungestörte Schwimmen im Sommer tröstete sie, solange sie fit war, vielleicht darüber hinweg.

Dort, wo das Haus der Schmidts steht, ist der Brahmsee in etwa 500 Meter breit – eine Strecke, die Loki Schmidt oft hin und zurück geschwommen ist. Natürlich hörte in den Jahren der Be-

wachung ihr Personenschutz auch beim Schwimmen nicht auf. Gleich wie kalt der See war, am Morgen klopfte es an der Wache, und einer der Herren musste mit. Im verregneten und kalten Sommer 1979 hatte der See nie mehr als 15 Grad, und dennoch ließ Loki die Schwimmeinheit an keinem Morgen aus. »Sie war wirklich gut in Form, und Kälte machte ihr gar nichts«, erinnert sich Waldemar Guttmann, einer der vier Hamburger Sicherheitsbeamten. »Meine Schwimmkünste reichten nicht aus, mit ihr mitzuhalten, sie vielleicht sogar noch retten zu müssen.«[120] Ihre gute Kondition kam Loki auch bei den vielen Wanderungen zugute, die sie hier regelmäßig unternahm. Sie hatte einen so forschen Schritt, dass die meisten – so auch ihr Mann – Probleme hatten, mitzukommen. »Alleine unternahm sie Wanderungen, mit ihrem Mann waren es Spaziergänge«, fasst es einer ihrer Bodyguards zusammen.[121]

Loki und Helmut Schmidt erhielten am Brahmsee zahlreiche Besuche von Freunden, wie z. B. von Hans-Jochen und Liselotte Vogel, von Künstlern, Schriftstellern und vor allem Musikern. Siegfried Lenz und seine Frau Liesel kamen regelmäßig im Sommer. Zur Tradition der Brahmsee-Urlaube gehörte auch über lange Jahre ein Ausflug nach Seebüll zur Nolde-Stiftung. »Es war jedes Mal eine ergreifende Freude für uns, so viele und so unterschiedliche Noldes an einem Tag zu erleben,« berichtet Helmut Schmidt.[122] Schließlich war es dieser Brahmsee-Verbindung zu Martin Urban, dem Vorstand der Noldestiftung, zu danken, dass 1976 in Schmidts Büro im neuen Kanzleramt ein prächtiges Meeresbild von Emil Nolde aufgehängt und fortan das Büro als Nolde-Zimmer bezeichnet wurde. Zu den Besuchern aus der Musikszene zählten z. B. der Geiger Gustav Schmahl aus Leipzig, der Pianist und Organisator des Schleswig-Holstein Musikfestivals, Justus Frantz, oder Berühmtheiten wie Sergiu Celibidache, Yehudi Menuhin oder Leonard Bernstein. Gustav Schmahl hatte zum Brahmsee seine Geige mitgebracht und Loki ermuntert, sie doch mal auszuprobieren. Vorsichtig strich sie einige Male über die Saiten, und obwohl der Meister Haltung und Griff lobte,

Am Brahmsee, Ostern 1975

Im Haus am Brahmsee

mochte sie nicht zum Spiel ansetzen. »Schließlich hat er sein Instrument wieder eingepackt, und ich habe mich seitdem nie wieder getraut zu spielen«, berichtete sie.[123]

Noch aus den Jahren der aktiven Politik rührt ein handschriftlicher Zettel, den Loki im Haus am Brahmsee aufbewahrt hatte. Als sie ihn im Jahr 2000 einem Journalisten der Welt zeigte, war er inzwischen vergilbt. »Ich warte auf dich«, hatte sie für ihren Mann darauf geschrieben. Da es Osterzeit war, hatte sie ein Osterei dazu gemalt. Ja, Warten, das gehörte als Frau eines Spitzenpolitikers auch zu ihrem Eheleben. Gern ging sie in solchen Zeiten zu den Nachbarn, den Berkhans, rüber. Die Grundstücke waren durch keinen Zaun getrennt, und die Türen füreinander immer offen. Mit den Berkhans spielte sie gern Skat und amüsierte sich über Willis Skatkommentare. Bei gutem Wetter verabredeten sie sich auch zu längeren Wanderungen, zum Pilze suchen oder Beeren pflücken.

Manchmal zog es auch Helmut Schmidt zu seinem Freund Willi in das Nachbarhaus. Vor allem aber segelten die beiden zusammen in ihrem gemeinsam angeschafften Conger. Willi Berkhan hatte die Steg- und Bootspflege übernommen. Und zwei Mal kenterten die Herren. Helmut Schmidt, der die Pinne hielt, übernahm die Verantwortung dafür. Beim ersten Mal konnten sie sich selbst helfen, beim zweiten Mal mussten sie ›gerettet‹ werden. In einem Gasthaus im Dorf Warder konnte Loki die beiden mit dem Auto abholen. Zum Glück unversehrt und trotz großer Kälte ohne Lungenentzündung. Dass ihr Mann mit Willi Berkhan einen so engen Freund und Weggefährten hatte, hielt Loki für einen Segen. Willi Berkhan beriet ihn, von Willi Berkhan nahm er aber auch Kritik an, auch in persönlichen Fragen. Als Willi Berkhan 1994 gestorben war, kam es noch zweimal danach vor, dass Loki von ihrem Mann hörte: »Ich geh mal eben zu Willi rüber«, und sie ihn schließlich an dessen Tod erinnern musste.[124] Auch die Frauen waren miteinander sehr vertraut, erinnert sich Susanne Schmidt, wenn auch die Freundschaft der beiden Männer etwas enger war. »Wäre meinen Eltern etwas passiert, war es klar, dass ich zu den Berkhans ziehen würde«, beschreibt Susanne das vertraute Verhältnis der Familien.[125] Willi und Friedel Berkhan waren kinderlos geblieben und hatten sich rührend um Susanne bemüht. Als kurz nach Willi Berkhans Tod auch seine Frau verstarb, kaufte Ruth Loah, die langjährige Sekretärin und Vertraute von Helmut Schmidt, Haus und Grundstücksanteil der Berkhans. Das war eine gute Lösung, so Loki, denn fremde Nachbarn zu haben, wäre angesichts der Nähe der beiden Ferienhäuser schwierig geworden.

Die Bedrohung durch die RAF

Helmut Schmidt stand spätestens seit seiner Kanzlerschaft auf der Opferliste der RAF ganz oben, die Sicherheitsmaßnahmen wurden daher stetig überprüft und ausgebaut. Für seine Frau galt natürlich eine ähnlich hohe Gefährdungslage. Als sie im Herbst 1974, wenige Monate also nach der Übernahme der Kanzlerschaft ihres Mannes, zu einem privaten Mittagessen ein Bon ner Restaurant aufsuchte, erhielt sie einige Tage später den Brief eines erbosten Rechtsanwalts, der ihr vorwarf, sich und ihr Umfeld durch solche öffentlichen Auftritte ohne Sicherheitsbeamte in unverantwortlicher Weise zu gefährden. Auch nutzte der Briefschreiber die Gelegenheit, mit diesen Vorwürfen gegenüber Loki seine Kritik an der Wirtschafts- und Innenpolitik ihres Mannes zu verbinden. Loki antwortete, um ihre Sicherheit müsse er sich nicht unnötig sorgen, denn Sicherheitsbeamte seien zwar für ihn nicht sichtbar, aber sehr wohl anwesend gewesen. »Im Übrigen«, fährt sie fort, »kann ich Ihre weiteren Ausführungen nur zur Kenntnis nehmen, Ihnen aber keinesfalls zustimmen.«[126]

Da man nicht einschätzen konnte, wie weit die verbrecherische Gruppe um Andreas Baader, Ulrike Meinhof und Gudrun Ensslin gehen würde, wurde auch für die in Hamburg lebende Tochter Susanne ein strenges Sicherheitskonzept entwickelt. Sobald sie das Haus verließ, wurde sie von Sicherheitsbeamten begleitet. In Restaurants habe sie nicht einmal allein zur Toilette gehen können, berichtet sie, und noch in den achtziger Jahren, als sie bereits mehrere Jahre in London lebte, verspürte sie heftiges Herzklopfen, wann immer ein Auto auf der Straße neben ihr zum Halten kam.

Die Geschichtsschreibung begründet die Entstehung der RAF vor allem mit den Enttäuschungen über die Misserfolge der Studentenbewegung der Jahre 1967/68.[127] Als die von den studentischen Aktivisten gewünschte Mobilisierung der Bevölkerung gegen das als »repressiv« und »autoritär« erlebte Gesellschaftsmodell der Bundesrepublik ausblieb, bildeten sich kleine Zirkel, die den bewaffneten Kampf propagierten. Als endgültige Geburtsstunde der RAF wird die gewaltsame Befreiung von Andreas Baader im Mai 1970 gesehen, der wegen Brandstiftung in einem Frankfurter Kaufhaus verurteilt worden war. An dieser Befreiung war u. a. Ulrike Meinhof beteiligt. Mit Baader zusammen wurde sie zu einer der Leitfiguren der Terrorgruppe. Brand- und Bombenanschläge, Schusswechsel mit der Polizei mit Todesfolgen auf beiden Seiten versetzten das Land in eine Art Ausnahmezustand. Im Juni 1972 wurde die Führungsriege der RAF verhaftet, die Terrorgefahr blieb.

Loki und Helmut Schmidt waren sich bereits in ihrer Ablehnung der Studentenbewegung der Jahre nach 1968 politisch völlig einig gewesen. Ziele und Mittel dieser politischen Bewegung waren ihnen, die den Schrecken der Nazi-Diktatur nie vergessen und sich aktiv am Aufbau der Demokratie der Bundesrepublik beteiligt hatten, von Beginn an suspekt. Und vor allem: Wer Gewalt als legitimes Mittel der politischen Auseinandersetzung bezeichnete, hatte jede Akzeptanz bei ihnen verloren. Bei allen Mängeln der jungen Bundesrepublik – mit diesem Staat identifizierten sich die Schmidts, und wer ihn aktiv bekämpfte, sollte mit allen dem Staat zur Verfügung stehenden Mitteln daran gehindert werden. Ein Einlenken des Staates gegenüber erpresserischen Forderungen von Terroristen lehnten beide kategorisch ab. Das war die private Meinung der beiden Schmidts, und diese Haltung war auch die politische Leitlinie des Bundeskanzlers Helmut Schmidt.

Unmittelbar nach der Besetzung der deutschen Botschaft in Stockholm am 24. April 1975, die mit der Erstürmung des Gebäudes und der Ermordung von zwei Geiseln ein blutiges Ende fand, fassten Loki und Helmut Schmidt bei einem langen Gang im Park des Kanzleramts einen schweren Entschluss. Im Fall einer Entführung eines der beiden Eheleute, sollte über eine Freilassung durch Erpressung gar nicht erst verhandelt werden. Den Entschluss teilte das Ehepaar am nächsten Tag ganz förmlich dem Chef des Kanzleramtes mit. Der Vorgang sollte in den Akten vermerkt werden.[128] Dass Susanne, als die Eltern von dem Entschluss berichteten, für sich das Gleiche festhielt, fand Loki mutig, vor allem aber bedrückte es sie.

Zu diesem Zeitpunkt war bereits ein erster Höhepunkt der politisch motivierten Mord- und Terroraktionen der RAF erreicht. Denn seit der Übernahme der Kanzlerschaft von Helmut Schmidt war dies inzwischen die dritte spektakuläre terroristische Gewalttat. Im November 1974 war der Berliner Kammerge-

243

richtspräsident Günter von Drenkmann ermordet worden, und Ende Februar 1975 der Berliner CDU-Politiker Peter Lorenz entführt und gegen fünf inhaftierte Terroristen ausgetauscht worden. In den Tagen der Entscheidung über die Forderungen der Lorenz-Entführer war Helmut Schmidt schwer an einer Virusentzündung erkrankt und lag mit hohem Fieber im Bett. Kaum ansprechbar sei er gewesen, berichtete Loki, und habe nur durch Spritzen seines Arztes an den Zusammenkünften eines überparteilichen Gremiums teilnehmen können, das schließlich dem Gefangenenaustauch zustimmte. Er selbst merkte später an, dass er im gesunden Zustand dem Austausch nicht zugestimmt hätte und dass er das Nachgeben im Nachhinein als Fehler einschätzte.[129]

Er hatte recht mit dieser Einschätzung, denn der Terror ging weiter. Am 7. April 1977 wurden der Generalbundesanwalt Siegfried Buback und zwei seiner Begleiter ermordet. Am 30. Juli folgte der Mord an dem mit den Schmidts befreundeten Bankier Jürgen Ponto – Loki hatte seine Kinder unterrichtet[130] –, und am 5. September 1977 wurde der Präsident der deutschen Arbeitgeberverbände, Hanns Martin Schleyer, entführt und fünf seiner Begleiter erschossen. Am 18. Oktober 1977 wurde er, von der RAF kaltblütig ermordet, in einem gestohlenen PKW tot aufgefunden. Der Ermordung Schleyers war der Versuch der Terroristen vorausgegangen, mit seiner Freilassung elf ihrer Gesinnungsgenossen frei zu pressen. Obwohl Helmut Schmidt Hanns Martin Schleyer persönlich gut kannte und seinen politischen Rat schätzte, widersetzte er sich dieser Erpressung, und auch als arabische Terroristen acht Tage nach der Schleyer-Entführung die deutsche Lufthansamaschine Landshut kaperten und die Passagiere als Geiseln nahmen, blieb er unnachgiebig. Er ließ die Maschine auf dem Flugfeld von Mogadischu von einem deutschen Sonderkommando, der GSG 9, stürmen. Alle Passagiere blieben unversehrt. Wäre es anders gekommen, hätte er als Kanzler die Verantwortung übernommen und wäre zurückgetreten. Loki wusste von diesem Entschluss und hatte ihn in seiner Auffassung

244

bestärkt. Nur wenige Stunden nach der Befreiung der Geiseln in Mogadischu beging die Führungsriege der RAF im Hochsicherheitstrackt der JVA Stuttgart-Stammheim Selbstmord.

Als unmittelbar nach Stürmung der entführten Lufthansamaschine der Sonderbeauftragte der Bundesregierung, Hans-Jürgen Wischnewski, dem Kanzler per Telefon im Krisenstab mitteilte, dass es keine Toten gegeben habe, entlud sich die Anspannung bei Helmut Schmidt in nicht zu unterdrückenden Tränen. Er verließ den Raum und ging dorthin, wo seine Frau wartete.

Ohne diesen Hintergrund ist der immense Druck, der auf Helmut Schmidt und auf seiner Frau Loki in diesen Jahren lastete, nicht verständlich. Loki hatte dabei weniger Angst um ihr eigenes Leben. Sorge, ja, Angst hatte sie vor allem um ihren Mann. Immer wieder wurden Sicherheitsmaßnahmen für den Kanzler und sein Umfeld neu bewertet und angepasst. War Loki mit ihm unterwegs, bekam sie dies alles hautnah mit – die Aufstockung des Sicherheitspersonals, gepanzerte Wagenparks, Abstimmungen über mögliche Fluchtwege, Polizisten bei Kontrollen mit Maschinenpistolen im Anschlag. Vor allem bei zuvor öffentlich bekannt gemachten Auftritten herrschte höchste Anspannung auch in der unmittelbaren Umgebung des Kanzlers.[131]

Auch für Loki selbst wurde nach den Morden 1977 die Bewachung noch einmal verschärft. Bereits gewohnt an einen persönlichen Sicherheitsbeamten und Fahrer seit der Zeit auf der Hardthöhe, wurde sie nun bei eigenen offiziellen Terminen immer auch von einem schwer bewaffneten Trupp des BKA begleitet. 1979 schilderte sie einer Journalistin, dass sie manchmal im Alptraum einen Anschlag von Terroristen erlebe. Und oft ginge der so aus, »dass sie sich schützend vor ihre jungen Bewacher werfe«.[132]

Natürlich wurden auch für die Wohnanlagen in Langenhorn und am Brahmsee die Sicherheitsmaßnahmen noch einmal intensiviert. Selbst für den gut gesicherten Kanzlerbungalow wurde nachgerüstet. So hatte das BKA bei der Berechnung verschiedener Angriffsszenarien herausgefunden, dass der Bonner Wohnsitz der Schmidts von der gegenüberliegenden Rheinseite mit leichten Raketen angegriffen werden könnte und die Errichtung einer schusssicheren Glaswand auf dem Rasen vor dem Bungalow zur Rheinterrasse hin angeordnet. Blickte Loki nun von der Terrasse auf den Fluss, wurde ihr die potenzielle Gefährdung selbst hier, auf bislang als sicher empfundenem Terrain, direkt vor Augen geführt. Noch heute ist diese Front aus Panzerglas im Garten des Kanzlerbungalows zu besichtigen und erinnert an den Ausnahmezustand dieser Jahre. Jahre nach der Bonner Zeit legten BKA-Beamte Loki Schmidt Fotos vor, die bei Terroristen gefunden worden waren und die Loki in verschiedenen Situationen auf dem Weg zum Einkauf zeigten. Ganz offenbar war Loki im Visier der Terroristen gewesen, man hatte sie ausgespäht und war ihr bedrohlich nahe gekommen.[133]

Die insgesamt fast sieben Wochen andauernde Entführungsaktion von Hanns Martin Schleyer hatte Loki Schmidt vom Bungalow aus sehr direkt miterleben können. Der Kanzler hatte einen auch mit Oppositionspolitikern besetzten Krisenstab im Kanzleramt zusammengerufen, die letzte Entscheidung und die Verantwortung für das Nichteingehen auf die Erpressung der Terroristen hatte er selbst übernommen. Diese Tage und Wochen brachten Helmut Schmidt an den Rand seiner physischen und psychischen Belastbarkeit. Im Detail war Loki nicht einbezogen, aber kam ihr Mann für einige Stunden Schlaf in den Bungalow, versuchte sie, ihn zu bestärken und zu stützen. Ihre Unterstützung brauchte und nahm er sich auch, als die Trauerfeier von Hanns Martin Schleyer stattfand und er in der ersten Reihe neben der verbitterten Witwe Platz nehmen musste. Die Familie Schleyer konnte über viele Jahre dem ehemaligen Kanzler seine Haltung nicht verzeihen. Dafür hatte Loki großes Verständnis, auch dafür, dass die Familie 1977 alles getan hatte, um das Leben Hanns Martin Schleyers zu retten. Ihre tiefe Überzeugung, dass die damaligen Entscheidungen ihres Mannes aber unumgänglich waren, blieb davon unberührt.

Die späte Annäherung zwischen der Schleyer-Familie und dem Altkanzler hat Loki nicht mehr erlebt. Im Herbst 2012 besuchte Hanns-Eberhard Schleyer, der älteste Sohn der Familie, Helmut Schmidt in Langenhorn, im April 2013 nahm Schmidt in Stuttgart den Hanns-Martin-Schleyer-Preis entgegen. Ausgezeichnet wurde er bezeichnenderweise »für hervorragende Verdienste in der Förderung der Grundlagen eines freiheitlichen Gemeinwesens«. Der Altkanzler war erkennbar tief bewegt, er sprach in seiner Dankesrede noch einmal über »Versäumnisse und Verstrickungen« jener Jahre. Erkennbar war auch, dass für die direkt Beteiligten die Preisverleihung offensichtlich auch ein Akt der Versöhnung war. Loki hätte diese Wendung gewiss begrüßt.

Ende der Kanzlerzeit

Die Ereignisse um den 1. Oktober 1982 – den Tag der Abwahl Helmut Schmidts als Bundeskanzler durch das konstruktive Misstrauensvotum von CDU/CSU und Teilen der FDP – erlebte Loki in Bonn nicht mit. Sie war auf einer Forschungsreise im Tropenwald am Amazonas. Als sie sich Mitte September aufgemacht hatte, ermutigte ihr Mann sie dazu, bis zu ihrer Wiederkehr werde sich das alles sicher noch hinziehen. In der FDP war zu diesem Zeitpunkt nicht geklärt, wie der von der Parteispitze geplante Koalitionswechsel in der Fraktion mehrheitlich aufgenommen werden würde. Soweit es ging, hielt Loki per Telefon Kontakt nach Bonn. Am 28. September schreibt sie in ihr Reisetagebuch: »Morgens Helmut angerufen. Er macht einen ausgeglichenen Eindruck und ich möchte am liebsten zurückfliegen. Geht nicht.« Am 1. Oktober: »Zurück im Hotel: Anrufen (bei) Herrn Schöller. Misstrauensantrag ist angenommen – Kohl Kanzler und ich am Ende der Welt. Nach kurzem Überlegen beschließe ich, die Reise so schnell wie möglich abzubrechen. Ich rufe Herrn Schöller nochmal an und bitte ihn bei der Varig [brasilianische Fluggesellschaft, R. L.] in Rio die günstigsten Verbindungen herausfinden zu lassen.« Dennoch dauerte die Rückreise

247

lange. Erst am Sonntag, dem 3. Oktober, traf Loki Schmidt in Hamburg ein. Den Fackelempfang, den die Hamburger ihrem Mann am Tag zuvor in Neubergerweg vor ihrem Haus bereitet hatten, hatte sie verpasst.

Das Ende der Kanzlerschaft Helmut Schmidts am 1. Oktober 1982 hatte sich schon längere Zeit angekündigt. Nach der gewonnenen Wahl 1980, in der die FDP noch mit dem Kanzler Schmidt für sich geworben hatte, ging Vizekanzler Genscher bereits im Sommer 1981 auf Distanz zum sozialdemokratischen Bündnispartner. Die FDP wolle keine »faulen Kompromisse« in der Finanz- und Wirtschaftspolitik mehr eingehen, hieß es, nur mit Mühe gelang es dem Kanzler von seinem Urlaubsort am Brahmsee noch einmal, die Koalition zu retten. Die Anspannung und den Verdruss ihres Mannes hatte Loki Schmidt vor Ort hautnah miterlebt.

Im Frühjahr 1982 verschärfte der FDP-Wirtschaftsminister Otto Graf Lambsdorff mit seiner herben Kritik an der Forderung von Steuererhöhungen des SPD-Parteitags die Lage in der Koalition, und als er am 9. September 1982 ein neoliberales Konzept zur »Überwindung der Wachstumsschwäche und zur Bekämpfung der Arbeitslosigkeit«, das sogenannte Lambsdorff-Papier vorlegte, war klar, dass die Koalition nicht mehr lange halten würde.

Allerdings hatte es auch die eigene Partei dem Kanzler seit der Wiederwahl Ende 1980 nicht leicht gemacht, war ihm in wichtigen Fragen nur halbherzig oder gar nicht gefolgt und hatte an der Demontage des Kanzlers ihren eigenen Anteil. In der Wirtschaftspolitik wollten viele der marktwirtschaftlichen Orientierung nicht mehr folgen, auch in der sicherheitspolitischen Debatte stand er isoliert da. Das von ihm persönlich entwickelte Konzept des Nato-Doppelbeschlusses – Nachrüstung der Nato mit modernen Marschflugkörpern bei gleichzeitigem Angebot an den Warschauer Pakt zur beidseitigen Reduzierung atomarer Mittelstreckenraketen – fand in der SPD keine Mehrheit. Deutlich wurde das nicht zuletzt, als sich am 10. Oktober 1981 bei

der großen, gegen den Doppelbeschluss gerichteten Friedensde-
monstration im Bonner Hofgarten führende Sozialdemokraten
wie Heinrich Albertz und Erhard Eppler als Redner an promi-
nenter Stelle beteiligten. Loki Schmidt fand das Verhalten dieser Genossen damals unerhört, die Haltung der 300 000 Demonstranten wertete sie bestenfalls als gutgläubig, politisch aber völlig unrealistisch.

In den Wochen nach der Abwahl Helmut Schmidts mussten die
Schmidts den Übergang und Loki vor allem den anstehenden
Umzug organisieren. In einer dieser ersten Tage nach dem Regie-
rungsverlust hatte Helmut Schmidt die sozialdemokratische
Regierungsmannschaft zum Essen in den Kanzlerbungalow ein-
geladen. Die Frage nach dem »Wie geht es weiter« stand im Mittelpunkt, eine heikle Frage, denn es ging natürlich auch um
die Frage des SPD-Spitzenkandidaten für die in einem halben
Jahr anstehenden Wahlen. Am Morgen dieses Treffens hat Loki
Schmidt den Regierungssprecher und Vertrauten ihres Mannes,
Klaus Bölling, zu sich gebeten. Es war ihr wichtig, vor dem Treffen Bölling klarzumachen, dass man ihren Mann nicht noch einmal in die Pflicht nehmen solle. »Helmut ist am Rande seiner
Kräfte, und wir beide wissen ja, dass die Wahl gegen Kohl nicht
zu gewinnen ist«, erinnert sich Klaus Bölling an Loki Schmidts
eindrückliche Worte.[134] Lokis indirekte Bitte für das Gespräch
am Abend konnte er umso leichter annehmen, da er ihre Ansicht
teilte. Als in der Abendrunde Björn Engholm als erster das Wort
ergriff und Helmut Schmidt zu einer erneuten Kandidatur ermuntern wollte, sprach Klaus Bölling sogleich dagegen. Eine
solch aussichtslose Kandidatur dürfe man dem Exkanzler nicht
mehr zumuten, er habe seine Pflicht erfüllt, argumentierte er –
und dachte dabei an sein Gespräch mit Loki am Morgen dieses
Tages.[135]

VIER EXKURSE: PRIVATES UND POLITISCHES

Bonner Freundschaften –
Marie Schlei, Athanasius Wolff, Reimar Lüst

In Bonn ergab sich für Loki die Möglichkeit zu vielen neuen Begegnungen, Bekanntschaften und Freundschaften. Der alte Freundeskreis in Hamburg blieb erhalten, man sah sich zumindest bei den Geburtstagen und größeren Veranstaltungen in der Hansestadt. Mit ihren engsten Freunden, Friedel und Willi Berkhan, verbrachten sie weiter die Sommerferien am Brahmsee. Der Skatkreis der früheren Kollegen Lokis aus der aktiven Lehrerzeit kam sogar einige Male zu Besuch nach Bonn. Gelegenheit, Skat zu spielen, hatte Loki aber auch in Bonn, im Kessenicher Hof mit der SPD-Gruppierung der ›Kanalarbeiter‹ zum Beispiel.

In das politische Bonner Netzwerk ihres Mannes war auch sie eingebunden, doch nur zu wenigen dieser politischen Weggefährten entwickelte sie eine engere Beziehung – obwohl, wie bei Sozialdemokraten üblich, auch bei Loki für alle das wechselseitige »Du« in der Anrede galt. Marie Schlei und Dorothea Bahr, die erste Frau von Egon Bahr, gehörten zu den Ausnahmen. Mit beiden war Loki wirklich befreundet.

Freundschaftliche Beziehungen entwickelte Loki auch zu den Frauen der ausländischen politischen Weggefährten ihres Mannes, Betty Ford, Anne-Aymone Giscard, Audrey Callaghan und Helena O'Brien, kurz O'Bie Shultz genannt. Da Freundschaften jedoch von Austausch und Nähe leben, konnten engere Beziehungen zu diesen Frauen aber nicht entstehen.

Die Bindung zu drei Menschen hat Loki über längere Zeit sehr intensiv gepflegt, sie verdienen eine nähere Betrachtung: die Politikerin Marie Schlei, der Wissenschaftler Professor Reimar

Lüst und der Theologe Pater Athanasius Wolff. Von allen dreien hat Loki Schmidt profitiert, allen dreien hat sie auch etwas geben können.

Marie Schlei stammte aus Berlin und gehörte für Loki zu den wirklich engen Vertrauten in Bonn. Als Staatssekretärin im Bundeskanzleramt (1974–76) und von 1976–1978 als Ministerin für wirtschaftliche Zusammenarbeit arbeitete sie eng mit Helmut Schmidt zusammen und galt als sein sozialer »Transmissionsriemen« zwischen Regierung und Fraktion.[1] Wo Helmut Schmidt mit seiner oft forschen und fordernden Art Irritationen oder gar Wundschmerzen hinterließ, konnte sie heilend auf die Prozesse einwirken. Und Loki, die oft in ähnlicher Weise Ausgleich herstellen musste, wusste diese Fähigkeit sehr zu schätzen.

Seit der Kanzlerschaft Schmidts gehörte Marie Schlei zum sogenannten Kleeblatt, der täglichen Beratungsrunde des Regierungschefs. Auch räumlich war sie in unmittelbarer Nähe zum Kanzler untergebracht. Ihr Büro lag in dessen Amtssitz, dem Palais Schaumburg, und damit auch in fußläufiger Entfernung zum Kanzlerbungalow. Loki nannte sie öffentlich eine »gute Freundin« und charakterisierte sie für sich als »der liebenswerte Mensch aus Bonner Tagen«.[2] Von Marie Schlei erfuhr Loki einiges aus dem engeren Feld der Politik, denn die Staatssekretärin war gut vernetzt in Partei und Fraktion. Auf Parteitagen sah man die beiden Frauen oft zusammensitzen, Marie Schlei war für Loki ein Anlaufpunkt im politischen Betrieb. Umgekehrt half sie der Freundin bei ihrer Arbeit in ihrem Berliner Heimatbezirk, allein Lokis Anwesenheit in Berlin garantierte erhöhte öffentliche Aufmerksamkeit.

Beide nahezu gleichaltrige Frauen des Jahrgangs 1919 einte eine vergleichbare soziale Herkunft und ein vergleichbarer Berufsweg. Beide wuchsen in proletarischen Verhältnissen auf, beide erlebten familiäre Armut in den frühen dreißiger Jahren. Beide wurden Lehrerin und sicherten so sich und ihren Familien in der schweren Zeit nach 1945 die Existenz. Und beiden Frauen wurde eine ausgleichende Art, ein gesunder Pragmatismus und hoher

Lebensmut zugesprochen – bei so vielen Parallelen ist die wechselseitige Wertschätzung nicht allzu erstaunlich.

Marie Schleis Krebserkrankung, die sie schon lange mit sich trug, machte ihr die Berufstätigkeit und das politische Engagement zunehmend schwer, 1981 musste sie aus allen Ämtern ausscheiden, 1983 erlag sie in Berlin ihrem Leiden. Helmut Schmidt fand berührende Worte auf der Trauerfeier für die gemeinsame Freundin und politische Weggefährtin. Loki hatte den schweren Kampf der Freundin zum Schluss nur noch aus der Ferne, aus Bonn und Hamburg, miterleben können. Mit ihrem Vorwort zu der 1994 erschienenen Biographie über Marie Schlei setzte sie ihr ein Denkmal: »Sie war eine Sozialdemokratin, für die Solidarität das Wichtigste in ihrem politischen Alltag war. Stets setzte sie sich für die Ärmsten und Schwächsten ein. In ihrer Zeit als Entwicklungshilfeministerin hat sie immer wieder auf das schwere Leben der Frauen in Afrika, Asien und Lateinamerika hingewiesen und für die Verbesserung ihrer Lebensbedingungen geworben. Häufig hat sie mir voller Begeisterung von ihrer Arbeit erzählt. (...) Herbert Wehner schrieb ihr 1976: ›Marie, das gibt's nur einmal, das kommt nicht wieder.‹ Das ist wahr – sie war ein ganz besonderer Mensch, wie er mir im Leben kaum wieder begegnen wird.«[3]

Eine ungewöhnliche und erstaunliche Freundschaft verband Loki seit den Bonner Jahren mit dem Benediktinerpater Athanasius Wolff. Erstaunlich deswegen, weil Lokis Interesse an Religion ganz weltlicher Natur war, und sie sich selbst mehrfach als »bekennenden Heiden« bezeichnete. Kennengelernt hatte Loki ihn 1971, als sie mit den Generalsdamen das nahe gelegene Kloster Maria Laach besuchte und Pater Athanasius die Besucherinnen durch das Kloster führte. Loki fand den Pater sogleich sympathisch und interessant. Athanasius Wolff war nicht nur philosophisch gebildet und ein guter Theologe, sondern kannte sich auch auf dem Parkett der Gesellschaft aus. Als gern gesehener Gast und Redner, durchaus auch zu weltlichen Themen, wurde er zu Kongressen, Fortbildungen und Festlichkeiten eingeladen. Selbst bei der Friedrich-Ebert-Stiftung hielt er Vorträge, was ihm Vorwürfe der Wahlwerbung für die SPD einbringen sollte. Die Wahlwerbung wies er als Unfug zurück, aber seine Nähe zur Sozialdemokratie verbarg er nicht. Loki sah die zugewandte Haltung des Paters zu ihrer SPD natürlich positiv, ausschlaggebend für die Freundschaft war dies jedoch nicht. Politik war daher auch kein dominierendes Thema in ihren Unterhaltungen. Vor allem die Freude an der Natur, der Wunsch ihrer Bewahrung verband die beiden, wenn auch Athanasius wohl eher von Schöpfung als von Natur sprach. Die beiden wanderten zusammen im Naturschutzgebiet am Laacher See und telefonierten häufig, sie trafen sich zu Gesprächen und immer wieder auch zu einem guten Essen in Bonner Restaurants. Vom »Vor-Geschmack des Himmels«, sprach Wolff, wenn es um das »gelungene Miteinander am gut gedeckten Tische geht«.[4] Auf solche Überhöhungen des Alltags reagierte Loki skeptisch, überhaupt blieb diese Freundschaft gekennzeichnet durch »Nähe mit Distanz«, wie Athanasius Wolff es ausdrückte. Typisch dafür war die Anrede – der Vorname verbunden mit dem Sie – und typisch auch, dass Athanasius »Hannelore« und nicht »Loki« sagte. Erst nach der Bonner Zeit duzten sie sich. Feine Differenzen zu anderen Freundschaften, die Loki pflegte, aber vielleicht passend für die Freundschaft zwischen einem katholischen Geistlichen und der Frau eines staatlichen Würdenträgers. Und noch ein anderer Charakterzug war für diese Freundschaft tragend. Ganz gewiss war der Pater für Loki kein Beichtvater, aber über existenzielle Fragen und über schwierige private Themen konnten die beiden miteinander reden. In den Gesprächen mit Athanasius eröffneten sich für Loki andere geistige Räume, das war für sie eine Bereicherung. Aus dem umfangreichen Briefkontakt aus den Jahren nach 1982 ist zu erkennen, dass Loki für den Pater auch aus der Ferne eine wichtige Ansprechperson blieb. Sie berichtete über ihr nach wie vor vielseitiges Leben und sprach Mut und Trost aus, wenn es nötig schien. Beim Tod der Mutter des Paters z. B. ermunterte sie den Trauernden über den Tag hinauszuschauen. »Denke daran, dass Du selbst als Einzelwesen, so wie Du bist, auch etwas Besonderes bist. Auch bei Dir konnten andere Menschen Hilfe und Rat finden und sich ankuscheln – nicht nur ich. Geben und Nehmen ohne alle Hintergedanken ist doch das Gute und Schöne beim menschlichen Zusammensein. Sei wie bisher für Deine Freunde da, dann wird Dein nächster Lebensabschnitt genau so reich sein wie bisher.«[5]

Es sind solche Erfahrungen wie diese, die Athanasius nach Lokis Tod in seinem Kondolenzbrief an Helmut Schmidt zu einer sehr persönlichen Würdigung kommen lässt. »Dass ich für Loki nicht so etwas wie ein ›Hofkaplan‹ war, wissen Sie ja. Mir hat die Freundschaft mit ihr viel bedeutet und (…) für meinen Lebensort hier im Kloster war sie (…) Ermunterung und Ermutigung: sie konnte zuhören und wenn nötig trösten.«[6]

Die engste und längste Freundschaft Lokis bestand zu dem Physiker und Wissenschaftsmanager Reimar Lüst. Mit ihm hatte sie einen Gesprächspartner gefunden, der ihre naturwissenschaftlichen Neigungen teilte, durch ihn kam der Kontakt zur Max-Planck-Gesellschaft zustande. Sie lernte ihn Anfang Februar 1972 auf dem 60. Geburtstag des damaligen Wissenschaftsministers Hans Leussink kennen. Gezielt hatte sie Leussink darum gebeten, sie mit dem damals gerade neu gewählten Präsidenten der Max-Planck-Gesellschaft Reimar Lüst bekannt zu machen. Schon an diesem ersten Abend unterhielt man sich intensiv. Ihr Interesse habe vielen Bereichen der Naturwissenschaften gegolten, sie sei »neugierig und wissbegierig« gewesen, so sein Eindruck.[7] Besonderes Interesse zeigte Loki an den Arbeiten des Verhaltensforschers Konrad Lorenz, der zur damaligen Zeit Leiter des Instituts Seewiesen am Starnberger See war. Noch am gleichen Abend lud Lüst Loki Schmidt ein, mit ihm nach Seewiesen zu fahren, wenig später machten sie sich gemeinsam auf. Quasi als Gegenbesuch lud Loki Schmidt Reimar Lüst zum Sommerfest des Verteidigungsministers auf die Hardthöhe ein. Der Professor wurde in den folgenden Jahren zu einem häufigen Gast

Mit dem Ehepaar Lüst, Bad Godesberg, Mai 1982

bei den Schmidts. Eingebunden in diese Freundschaft war auch die Familie von Reimar Lüst, seine Ehefrau Lhea und die beiden Kinder.

Als Bundeskanzler lud Helmut Schmidt Reimar Lüst in seiner Funktion als Präsident der Max-Planck-Gesellschaft auf drei Auslandsreisen ein: 1976 zur 200-Jahr-Feier der USA nach Washington, nach Saudi-Arabien und 1980 nach Ungarn. Bei größeren Auslandsreisen gehörten neben Wissenschaftlern wie Reimar Lüst immer auch Vertreter der Wirtschaft und Gewerkschaften zur Begleitmannschaft des Kanzlers. Man hatte vor Ort andere Programme, kam am Abend in der Delegation zusammen und berichtete einander vom Tag. An allen drei Reisen nahm auch Loki teil und moderierte bei den abendlichen Treffen das Gespräch. Lüst war fasziniert von ihrem kommunikativen Geschick.[8]

Auch wenn Reimar Lüst in den Jahren der Kanzlerschaft zu Helmut Schmidt ein enges Verhältnis entwickelte, blieb er je-

Loki, eingerahmt von Bruder Christoph und Schwester Linde, in der Wohnung Baustraße, 1928

Standesamtliche Hochzeit
am 27. Juni 1942

Am Ostseestrand, Juli 1943

Gut Schmetzdorf, 5. November 1944

Mit Vater Herman Glaser, Neugraben, Sommer 1951

Junglehrerin Hannelore Glaser, Schule am Bauerberg in Hamburg-Horn, Ostern 1942

Mit ihrer Klasse in der Freiluftschule Köhlbrand, fünfziger Jahre

Im Schullandheim bei Mölln, 1953

Mit Eltern und Tochter Susanne, 1951

Im Hafen von Oskarshamn, Sommerreise 1951 nach Schweden mit einem Frachter der Reederei Ullmann.

Familie Schmidt am Brahmsee, etwa 1960

Auf einer Reise nach England und Schottland, 1963.

Auf dem Weg zur Wahlurne, September 1969, rechts Schwiegervater Gustav Schmidt

Chinareise, 28. Oktober bis 2. November 1975, links Marie Schlei

Nach dem Gewinn der Bundestagswahl, 3. Oktober 1976

Besprechung im Flugzeug des Kanzlers, 1979

Beim Abspielen der Nationalhymnen mit Jimmy und Rosalynn Carter vor dem Weißen Haus, USA-Besuch des Kanzlers im Juli 1977

Mit Queen Elizabeth II. und Prinz Philip in Bonn, 1978

Auf der Kieler Woche, 1979

Das Ehepaar Schmidt auf der Brücke des Forschungsschiffs Polarstern
während der Arktisreise im Sommer 1989

Rast im Nebelwald, letzte Forschungsreise Venezuela 1994

Lokis fadengeheftete Reisetagebücher im Archiv Helmut Schmidt

In ihrem Langenhorner Gewächshaus, etwa 2000. Das Gewächshaus war ein Geschenk ihres Mannes zum 70. Geburtstag.

Vor ihrer Büste im Botanischen Garten in Hamburg. Die Büste ist ein Werk des Bildhauers Manfred Sihle-Wissel.

doch primär der Vertraute von Loki. Die beiden trafen sich regelmäßig, immer wenn er in Bonn war, rief er im Bungalow an, und meist bot sich die Gelegenheit für ein spontanes Treffen. Er berichtete über seine Projekte, Loki war interessiert und stellte präzise Nachfragen. Lüst seinerseits nahm gerne ihren Rat und ihre Unterstützung bei schwierigen Entscheidungen in Anspruch. So half Loki ihm in seiner Funktion als Kuratoriumsvorsitzender des Körber-Preises für die Europäische Wissenschaft, als 1989 eine Auszeichnung für Forschungen über die Wirkstoffe pflanzlicher Zellkulturen vergeben werden sollte und der Stifter sich eher skeptisch zeigte. Reimar Lüst schlug Kurt Körber ein Gespräch mit Loki vor, da diese in Fragen der Biologie doch sehr viel kompetenter sei als er als Astrophysiker. »Und sie hat es dann auch fertig gebracht mit ihrer fachlichen Autorität Körber zu überzeugen«, berichtet er, noch immer angetan von der Ausstrahlung, die Loki auf ihre Gesprächspartner auch in wissenschaftlichen Fragen entfalten konnte.[9]

1984 wechselte Reimar Lüst von der Max-Planck-Gesellschaft zur European Space Agency (ESA), die Freundschaft zu Loki Schmidt beeinträchtigte das nicht. Im gleichen Jahr wurde sie Mitglied der Max-Planck-Gesellschaft. Zuvor war es Reimar Lüst gelungen, Helmut Schmidt für den Senat der Gesellschaft zu gewinnen. Die nächsten Jahrzehnte blieb Lüst für Loki ein verlässlicher Begleiter. Er kam zu Besuch nach Langenhorn und telefonierte mit ihr. Außerdem traf man sich in der Freitagsgesellschaft, der Reimar Lüst angehörte, seitdem er in zweiter Ehe mit der Journalistin Nina Grunenberg verheiratet war und in Hamburg wohnte. War er auf einer seiner vielen Reisen, sendete er kurze, aber herzliche Botschaften, per Brief oder auch per Postkarte. Auch nach Besuchen in Langenhorn schickte er einen kurzen Gruß: »Liebe Loki, das war ein wohltuender Nachmittag bei Dir.«[10]

Zu ihrem 80. Geburtstag bat sie ihn um eine kleine Ansprache. Als Themen wählte er Loki als Lehrerin, als Forscherin und Loki als »Goldschatz« – ein Begriff, den der Bundespräsident Roman

Herzog geprägt hatte. Alles, was Loki und Reimar Lüst übereinander berichteten, zeigt, dass dies eine enge und freundschaftliche Beziehung war, von der beide Seiten profitiert haben.

Schönheitsfarm, Fitness und Sportabzeichen

Gewiss haben die Freundschaften viel dazu beigetragen, dass Loki Schmidt mit Krisen in der anspruchsvollen Bonner Zeit viel besser hat umgehen können als in den sechziger Jahren. Sie hatte sich deutlich stabilisiert, und konnte trotz hoher zeitlicher Belastung ab und an kleinere Auszeiten für sich gewinnen.

Nachdem Liselotte Vogel, die Ehefrau des damaligen Justizministers Hans-Jochen Vogel, mehrfach Lobenswertes über eine »Schönheitsfarm« im bayerischen Rottach-Egern berichtet hatte, machte sich auch Loki Ende der siebziger Jahre an den Tegernsee auf. Der Besuch auf einer Schönheitsfarm passte nicht so recht in ihr Selbstbild, aber nachdem sie einmal dort gewesen war, war sie vollständig überzeugt von den Wohltaten eines solchen Aufenthalts. 1955 gegründet, nannte sich dieses Schönheitsinstitut die »erste Schönheitsfarm Europas«. Die Gründerin Gertraud Gruber war ausgebildete Tänzerin, Heilgymnastin und Kosmetikerin, und verfolgte nicht nur ein Schönheitskonzept, sondern bot schon in diesen frühen Jahren ein ganzheitliches Programm von Bewegung, Entspannung, gesunder Ernährung und Hautpflege an.

Loki war angetan von ihrem ersten Aufenthalt und besuchte fortan bis zum Ende der achtziger Jahre einmal jährlich für eine Woche »ihre Schönheitsfarm«. Die Terminplanung war oft schwierig, da sie stets versuchte, ihre Abwesenheit mit Auslandsaufenthalten ihres Mannes abzustimmen. Aber Gertraud Gruber sorgte dafür, dass sich für Loki auch kurzfristig ein Zimmer finden ließ. Besonders gefielen ihr das Umsorgtsein und die seltene Gelegenheit, zur Ruhe zu kommen und sich auf sich selbst zu besinnen. Der Vormittag war mit Anwendungen ausgefüllt, am

Nachmittag machte sie des Öfteren Bergtouren oder Ausflüge rund um den See – zu Kanzlerzeiten auch hier begleitet von einem Sicherheitsbeamen. Dass Loki sich hier so wohl fühlte und Kraft für ihre Aufgaben in Bonn sammelte, lag sicher auch an ihrem guten Verhältnis zu der Patronin. Die beiden fast gleichaltrigen Frauen verstanden sich gut, und Gertraud Gruber bemühte sich persönlich um den prominenten Gast. Man wanderte gemeinsam an der Rottach und fuhr im Winter Schlitten durch den hohen Schnee.[11] Zurück in Bonn nahm Loki sich sogar die Zeit, hin und wieder Gertraud Gruber zu schreiben. Ausführlich äußerte sie sich dabei zu den verschiedenen kosmetischen Präparaten, die sie mitgenommen hatte: »Ihr neues Eau de Toilette ist sehr würzig, aber mir vielleicht doch ein klein wenig zu süß. Wahrscheinlich bin ich doch mehr eine Wiesen- als eine Gartenpflanze«, schrieb sie z. B. im Februar 1986 und berichtete dabei auch noch recht ausführlich von ihrer gerade beendeten Forschungsreise nach Brasilien.[12]

In den neunziger Jahren besuchte Loki ein anderes Institut in Niedersachsen, wesentlich kleiner und erheblich schneller mit der Bahn zu erreichen. Meist legte sie ihren Aufenthalt in eine Zeit, in der ihr Mann auf Reisen war. So wie im November 1997, als er in Japan weilte, sie auf ihrer Schönheitsfarm nicht erreichen konnte und ein liebevolles Fax sendete: »Liebe Loki! Erstens: es soll Dir gut gehen! Zweitens: bei mir ist alles ok. Drittens: konnte Dich gestern von Okinawa aus leider nicht erreichen, werde es aber heute Abend von hier aus wieder versuchen. Bis bald! Schmatz! Dein H.«[13] – Im Februar 1998, als er sich auf Mallorca zum Schreiben aufhielt, faxte sie ihm: »Lieber Helmut! Märzbecher, Schneeglöckchen, Winterlinge und Seidelbast lassen grüßen. Der dickste Gruß aber kommt von Deiner Loki.«[14]

Bald darauf beendete sie die geliebten »Schönheitsreisen«. Anfang 2001 schrieb sie: »Die Sehnsucht nach Recke ist durchaus da, aber es geht nicht mehr. (…) Meine Wirbelsäule ist nun mit kleinen Bandscheibenvorfällen und brüchigen einzelnen Wirbeln versehen.«[15]

Brahmsee,
Sommer 1969

Im Bonner Alltag verschaffte sich Loki Schmidt vor allem mit ihrem täglichen Schwimmen im kleinen Pool des Kanzlerbungalows Bewegung und sportlichen Ausgleich. Aber sie beschäftigte auch die Sicherheitsbeamten mit ihren sportlichen Aktivitäten. Wann immer es die Zeit erlaubte, unternahm Loki von ihr als Märsche bezeichnete Touren am Rheinufer entlang. Eine festgelegte Strecke von sieben Kilometern hin und sieben Kilometern zurück. Sie benötigte 50 Minuten pro Strecke, die Märsche waren also ein Unterfangen, das man heute als Walking bezeichnen würde. Auch bei den Aufenthalten am Brahmsee gab es ähnlich sportlich ambitionierte Wandertouren.

Überhaupt tat Loki einiges für ihre Körperertüchtigung, denn sie wusste wohl instinktiv, dass sie zumindest durch Sport ihr starkes Rauchen ein wenig kompensieren sollte. Neben Wandern, Segeln und Schwimmen gehörte das Tischtennisspiel zu ihrem Programm. In einem Urlaub auf Mallorca hatte Loki die Sportart für sich entdeckt, und die Sicherheitsbeamten hatten sie angeleitet. Zurück in Bonn ließ sie eine Platte für den Bungalow anschaffen, und es gelang ihr, auch ihren Mann für das Spiel zu interessieren. Manchmal konnte Loki sogar spät abends noch den eigentlich ermatteten Kanzler zu einer kleinen Runde Tischtennis überreden.

Loki verfügte über eine robuste körperliche Ausdauer, das sollte ihr auch noch auf ihren anstrengenden Forschungsreisen zugutekommen. Dass sie allerdings quasi aus dem Stand 1977 das goldene Sportabzeichen absolvierte, löste öffentliches Erstaunen aus. »Kanzler sprachlos: Seine Loki holte Gold!«, titelte in gewohnter Zurückhaltung die *Bild* am 21. Mai 1977.

Dass es überhaupt dazu kam, hatte natürlich eine typische Schmidt'sche Vorgeschichte. Zum Jahreswechsel 1976 – nach dem aufreibenden Wahlkampf und dem wenig gelungenen politischen Neustart – waren die Schmidts zu einem Kurzurlaub nach Marbella in das Haus eines befreundeten Ehepaars gefahren. Wie immer wurde Silvester mit der Sicherheit gefeiert, und da am Silvesterabend jeder einen Wunsch für das neue Jahr äußern konnte, wünschte sich der Sicherheitsbeamte Günter Warn-

Auf dem Weg zum Sportabzeichen, 1977

holz, dass Loki im neuen Jahr das Sportabzeichen machen solle. Loki, die selbst die Idee mit dem freien Wunsch eingebracht hatte, stand nun unter Zugzwang, sie konnte und wollte sich nicht verweigern. Und so kam es im Mai 1977 auf einem Sportplatz im Hamburger Stadtteil Lokstedt, in dem Günter Warnholz wohnte, zu einem bemerkenswerten Wettkampf. Begleitet von zwei Sicherheitsbeamten absolvierte Loki hier in einem Durchgang die Disziplinen Hochsprung und 1000-Meter-Lauf. Im Hallenbad in Hamburg-Ohlsdorf schwamm sie die vorgegebenen Strecken 100, 200 und 1000 Meter. Zwar hatte Loki in den Wochen zuvor trainiert, erstaunlich waren die Leistungen der 58-Jährigen aber dennoch. So schwamm sie die 100 Meter in 2:38 Minuten (gefordert für das goldene Sportabzeichen waren 3:40), die 1000 Meter in 30:58 (gefordert 40:00) und für den 1000-Meter-Lauf benötigte sie 6:32 (gefordert 7:50). Die Disziplin Hochsprung lag ihr nicht, dennoch übersprang sie 95 cm und übertraf die geforderte Höhe um immerhin 15 cm. Sie sei stolz auf ihren Erfolg, gab sie in der Presse kund und fügte in pädagogischer Absicht hinzu: »Es braucht nicht jeder gleich das Sportabzeichen zu machen, aber sich sportlich zu betätigen ist für jeden wichtig.«[16] In den nächsten Bonner Jahren wiederholte sie ihr Sportabzeichen noch zweimal, nie hatte sie Probleme, die geforderten Leistungen zu erreichen.

Loki und die Frauenbewegung

Als am 6. Juni 1971 die Zeitschrift *Stern* mit der von Alice Schwarzer initiierten Titelgeschichte »Wir haben abgetrieben« aufmachte, erregte dies bundesweit Aufmerksamkeit. Aus heutiger Sicht erscheint diese Titelgeschichte sogar wie ein Auslöser der neuen Frauenbewegung in Deutschland. Insgesamt hatten sich in dem *Stern*-Artikel 374 Frauen dazu bekannt, geltendes Gesetz gebrochen und einen illegalen Schwangerschaftsabbruch vorgenommen zu haben. Loki Schmidt hielt das damals für einen mutigen Schritt der beteiligten Frauen. Auch war sie der Meinung, dass der §218, der Frauen – aber auch Ärztinnen und Ärzte – wegen des Abbruchs einer ungewollten Schwangerschaft in die Illegalität trieb, dringend verändert werden müsse. Politisch setzte Loki Schmidt dabei ganz auf die SPD/FDP-Koalition, die sich für eine gesetzliche »Fristenlösung« stark machte. Bereits die Einführung der Anti-Baby-Pille in den frühen sechziger Jahren hatte sie grundsätzlich begrüßt, war sie doch der Auffassung, dass ein angstfreies Ausprobieren in der Sexualität zum Erwachsenwerden von Frauen dazugehöre.

Auch wenn Loki also in diesen Fragen Sympathien mit den demonstrierenden Frauen hegte, eine öffentliche Äußerung zur §218-Debatte und den Forderungen der Frauenbewegung gab es von ihr nicht. Sicher hatte das auch damit zu tun, dass die neue Frauenbewegung in einem bis dato nicht bekannten Maß die bislang eher tabuisierten persönlichen Beziehungen zwischen Männern und Frauen und damit das Geschlechterverhältnis insgesamt ins Zentrum rückte. Beziehungsmuster, Hausarbeit, Rollenverteilung und eheliche Gewalt wurden zu öffentlich diskutierten Themen. Für Loki waren dies definitiv keine Themen, die auf die Tagesordnung zumindest ihrer Generation von Frauen gehörten. Auch mit dem von der Frauenbewegung der siebziger Jahre benutzten Begriff von der notwendigen »Emanzipation der Frau« konnte sie wenig anfangen. Sie sah sich selbst als eigenständige und selbstbewusste Frau, die es aus einfachen Verhältnissen heraus geschafft hatte, zu studieren und einen gesellschaftlich wichtigen und anerkannten Beruf zu ergreifen. Seit ihrem zwanzigsten Lebensjahr hatte sie als Lehrerin gearbeitet und hatte mit ihrem Gehalt zunächst die eigenen Eltern unterstützt und nach 1945 über Jahre die eigene kleine Familie, ihren Mann und ihre Tochter, ernährt. Sie hatte ihr erstes Kind allein zu Grabe tragen müssen, später Beruf und Haushalt vereinbart und die Tochter quasi ohne den Vater aufziehen müssen. Später hatte sie sich entschieden, ihren Mann in seinen politischen Ämtern in Bonn zur Seite zu stehen – darin jetzt ein geschlechtsspezifisches Manko zu sehen, kam ihr nicht in den Sinn. Im Gegenteil: Von jemandem, der wie ihr Mann bis zu 16 Stunden arbeitete, zu verlangen, seinen Anteil an der Hausarbeit zu übernehmen, hielt sie für abwegig.

Emanzipation, neue Beziehungsmuster oder Geschlechterrollen waren also nicht Lokis Anliegen. Für sie waren in der Frauenfrage eher die Bildungsbenachteiligung von Mädchen und die mangelnde Gleichberechtigung am Arbeitsplatz relevant und zentral. Denn in diesen Punkten war die Lage in den sechziger und siebziger Jahren tatsächlich desolat: So konstatierte das Statistische Bundesamt noch am Ende der Sechziger, dass Mädchen nur 39 Prozent der Abiturienten stellten und an den Universitäten Frauen gerade ein Viertel der Studierenden ausmachten. Das fand Loki ebenso ungerecht wie die Tatsache, dass Frauen in den Betrieben durchschnittlich ein Drittel weniger Lohn nach Hause brachten als ihre männlichen Kollegen. Über diese offenkundigen Benachteiligungen von Frauen sprach Loki Schmidt natürlich auch mit ihrem Mann, und wenn er als Kanzler diese Themen in den Vordergrund schob, zeigte sich für die Vertrauten des Ehepaars hierin deutlich Lokis Einfluss.

Das 1975 von der UN ausgerufene internationale Jahr der Frau rückte die weltweite soziale Benachteiligung der Frauen in den Fokus und etablierte den 8. März als Internationalen Frauentag. Auch in der Bundesrepublik bildeten sich Initiativen und Aktionsbündnisse. Die von Helmut Schmidt geführte Regierung gründete ein Kuratorium unter der Leitung der Bundestagspräsidentin Annemarie Renger, kündigte Maßnahmen zur rechtlichen und sozialen Besserstellung der Frauen an und wollte alle Bemühungen zur Aufklärung über die bereits bestehenden Rechte der Frauen offensiv unterstützen. Bei der Vorstellung des Programms war es der zuständigen Ministerin Katharina Focke aber wichtig, herauszustellen, dass die Aktivitäten »keine Kampfansage an die Männer« seien. Das Programm der Regierung und auch die Auffassung der FDP-Ministerin hätte Loki Schmidt gut unterschreiben können. Aus den Kreisen der neuen

Frauenbewegung kam allerdings vorwiegend Kritik. Den moderaten Kritikerinnen aus Gewerkschaftskreisen war das Programm zu unverbindlich und man sprach von »verordneter Harmlosigkeit«.[17] Die radikaleren Feministinnen mokierten sich über die tatsächlich bemerkenswerte Besetzung des Kuratoriums mit dem katholischen Bischof und Abtreibungsgegner Heinrich Tenhumberg oder dem für die Niedriglohngruppen der Frauen mitverantwortlichen BDI-Vorsitzenden Hanns Martin Schleyer. Radikale Frauengruppen propagierten im krassen Gegensatz zur Familienministerin das Internationale Jahr der Frau als Anlass zum Kampf gegen patriarchalische Strukturen, sie ließen männliche Journalisten nicht einmal zu Pressekonferenzen zu oder riefen – wie die Aktivistinnen der Gruppe Brot und Rosen – das Jahr der Frau gar »zum Jahr ohne Kind« aus.[18] Auch Helmut Schmidts Eröffnungssatz bei der Vorstellung des besagten Kuratoriums – »Ich habe durchaus etwas für die Frauen übrig – und zwar in beiderlei Sinn« – erntete Kritik und wurde von einigen Frauengruppen als »lächelnde Herablassung« gewertet.[19]

Querelen dieser Art mögen Loki Schmidt dazu bewogen haben, sich zum Jahr der Frau nicht öffentlichkeitswirksam zu äußern. Sie hatte allerdings auch inhaltliche Bedenken. In einer Antwort an die Zeitschrift *Brigitte* im Vorfeld des Jahres der Frau schreibt sie: »Ich muss Ihnen ehrlich sagen, dass ich mir von der Aktion Jahr der Frau keine allzu große Wirkung verspreche, da mir der beabsichtigte Rahmen zu pompös und zu wenig konkret erscheint. Ich halte es für sinnvoller, sich auf die Durchsetzung einzelner Forderungen, beispielsweise die ständige Wiederholung der Forderung nach gleicher Bezahlung für gleiche Arbeit zu konzentrieren. Die Benachteiligung der Frau im Berufsleben – zumindest bei nachweisbarer gleicher Arbeitsleistung – ist für mich eine der eklatantesten Ungerechtigkeiten in der Arbeitswelt, die eines Rechts- und Sozialstaates unwürdig ist.« Auch die zeitliche Fixierung von Frauenfragen auf ein Kalenderjahr fand sie problematisch. So bestehe die Gefahr, »dass die Diskussion

265

über die Rolle der Frau im Beruf und in der Gesellschaft nach Ablauf dieser Zeit wieder als Randproblem behandelt werden könnte.«[20]

Ein genuin politisches Desinteresse an Frauenfragen war mit Loki Schmidts weitgehend öffentlicher Abstinenz im Jahr der Frau also nicht verbunden. Die großen öffentlichen Foren entsprachen aber nicht ihrem Naturell, in ihrem engeren politischen Umfeld zeigte sie Sympathie und Unterstützung. So stärkte sie z. B. ihrer Freundin Marie Schlei, die sich in Frauenfragen sehr engagierte, demonstrativ den Rücken. Und bei ihrer kleinen Rede zum Treffen mit allen weiblichen Bundestagsabgeordneten im Dezember 1975 äußerte sie den ausdrücklichen Wunsch, dass man sich doch bitte am Ende des Jahres der Frau über das Erreichte austauschen möge. Und sie bezog sich selbst explizit mit ein: »Viele von uns haben sich sehr engagiert in den letzten Monaten. Ich wünsche uns allen, dass dieses Engagement seine Früchte trägt, damit wir unseren Zielen näher kommen.«[21] Bei der von ihr inzwischen erreichten Popularität wäre ein starkes öffentliches Bekenntnis Loki Schmidts zum Jahr der Frau sicher noch hilfreicher gewesen. Vielleicht vergab sie mit ihrem Verzicht darauf – gewiss in den Augen vieler aktiver SPD-Frauen – eine Chance.

Nach der feministischen Kritik an der Regierung Schmidt geriet schließlich auch Loki Schmidt als Kanzlergattin ins Blickfeld der neuen Frauenbewegung. Verständlich: Wenn die Frau des Kanzlers sich zu zentralen Themen der Frauenbewegung nicht öffentlich äußerte und stattdessen gelegentlich in Presseinterviews bekundete, ihre Aufgabe sei es, ihren Mann zu unterstützen und z. B. auch dafür zu sorgen, dass er auf Wahlkampftouren immer ein frisches Hemd parat habe, dann war das für Feministinnen nachgerade eine Einladung zur kritischen Replik. Hier prallten sehr unterschiedliche Sichtweisen aufeinander, die vielleicht auch generationenspezifisch zu erklären sind.

Es war dann die renommierte Cartoonistin Franziska Becker, die ausführlich und humorvoll Loki und ihre »kleine Welt« im

Juli-Heft 1979 von Alice Schwarzers *Emma* aufs Korn nahm. Anlass war das Erscheinen von Loki Schmidts Buch *Schützt die Natur*. Unter Verwendung von Orginalzitaten karikierte Franziska Becker in ihrem Cartoon Loki Schmidts Naturbegeisterung als altbacken und ihre botanischen Weggefährten und begeisterten Käufer ihrer Rosenthal-Pflanzenteller als drollige Spießbürger. Dabei lässt sich Franziska Becker auch nicht Loki Schmidts manchmal merkwürdigen Selbstzuschreibungen als Kanzlergattin aus früheren Publikationen entgehen.

In einem ihrer ersten Bonner Interviews hatte sie tatsächlich unbefangen geschildert, dass sie selbst keine politische Akteurin sein wolle und ihre eigene Rolle in der Unterstützung ihres Mannes sehe. »Warten ist nicht gut. Das belastet die Männer. Im richtigen Augenblick da zu sein und im richtigen Augenblick verschwinden, das halt ich für wichtig.« Auf eine politisch wache und frauenbewegte Aktivistin wie Franziska Becker musste ein solches Zitat wie eine Zumutung wirken und wird daher in dieser Karikatur mit einem zeitungslesenden Ehemann Schmidt im Hintergrund genüsslich vorgeführt. Allerdings hatte Loki Schmidt in demselben Interview zugleich ihre Eigenständigkeit betont. Auf die Frage »Hat es Sie je gestört, dass Helmut Schmidt in erster Linie mit der Politik verheiratet ist?«, antwortete sie: »Sicher hätte ich's schöner gefunden, er wäre Architekt geworden, was ursprünglich geplant war. Aber wenn man diesen Mann will, dann muss man sich auf ihn einstellen. Das hab' ich mein Leben lang getan, und daneben noch etwas Eigenes laufen lassen. Untergeordnet hab' ich mich nie.«[22]

Als Marie Schlei den Beitrag von Franziska Becker aus der *Emma* kopierte und Loki zeigte, war diese betroffen und verärgert, diese eindimensionale Verniedlichung und Reduzierung ihrer Person, die Karikierung ihres Engagements für den Naturschutz fand sie ungerecht. Bislang hatte sie die neue Frauenzeitschrift *Emma* nur am Rande wahrgenommen, nach dem Erscheinen dieser Ausgabe wurde ihr Interesse nicht gerade größer. Bis ins hohe Lebensalter hat Loki Schmidt hin und wieder mal

268

von diesem als Angriff wahrgenommenen Cartoon berichtet. Ein persönliches Gespräch mit Alice Schwarzer kam nie zustande, obwohl sie zugestehen wollte, dass für jüngere Frauen, die ihren Platz in der Gesellschaft noch suchen, eine Zeitschrift wie *Emma* eine wichtige Funktion einnehmen könne. Im Nachhinein bedauert Alice Schwarzer, dass Loki Schmidt sich den Cartoon »so zu Herzen genommen hat«, und fügt hinzu: »Ich selbst kann kaum etwas zu ihr sagen, wir sind uns tatsächlich nie begegnet. Was wohl auch damit zu tun hat, dass Kanzler Schmidt es nicht so mit der Emanzipation hatte.«[23]

Anders als im *Emma*-Cartoon dargestellt, führte Loki Schmidt spätestens ab 1976 allerdings neben den Aufgaben als First Lady ein außergewöhnlich eigenständiges Leben. Sie besaß und pflegte einen großen überwiegend männlichen Freundeskreis, das allein war für eine verheiratete Frau in jenen Jahren durchaus ungewöhnlich. Sie war in der männlich dominierten Wissenschaftsszene der Max-Planck-Gesellschaft gut vernetzt, hatte eine eigene Stiftung aufgebaut und ging regelmäßig auf lange Forschungsreisen in zum Teil abgelegene und durchaus nicht ungefährliche Regionen dieser Erde. Von »Lokis kleiner Welt«, wie es wegen der notwendigen Zuspitzung im Cartoon heißt, konnte de facto zu diesem Zeitpunkt schon lange nicht mehr die Rede sein.

Auch die Erziehung ihrer Tochter Susanne zeigt, dass sie nicht einseitig einem überkommenen Rollenbild nachhing. Natürlich lernte Susanne von ihr, wie man einen Pullover strickte und ein Kleid nähte, denn das und andere Handfertigkeiten gehörten für Loki zur Selbstständigkeit einer Person dazu. Wichtig aber war für die Mutter vor allem, ihrer Tochter so viel Selbstvertrauen und Stärke mitzugeben, dass diese später einmal für sich selbst einstehen und sorgen konnte. Dass Susanne Schmidt sich später beruflich in der männlich dominierten Banken- und Finanzbranche durchsetzen konnte, machte ihre Mutter stolz. Nein, auch als Mutter war Loki Schmidt eine Frau, die eher einem modernen als einem konservativen Frauenbild entsprach.

Loki, die Genossin

Zu der Arbeitsteilung der Schmidts gehörte es in den Bonner Jahren, dass Loki ihren Mann bei der Kontaktpflege mit der SPD-Basis entlastete und ihn seit 1969 regelmäßig auch auf die Parteitage begleitete. Nicht um sich dort an den innerparteilichen Diskussionen und Querelen zu beteiligen, vielmehr ging es darum, durch Präsenz und das eine oder andere vertrauliche Wort mit den Delegierten ihre Zugehörigkeit zu zeigen. Die Ergebnisse aller Wahlen notierte sie jeweils akribisch, zogen die sich extrem lange hin, konnte sich dies auch schon mal in der Verzierung ihrer Vorlagen mit Pflanzenmustern niederschlagen.

In Begleitung ihres Mannes war sie bereits seit den fünfziger Jahren in Hamburg häufig auf Veranstaltungen der SPD gewesen, sie war damals aber nicht selbst Mitglied der Partei geworden. Als berufstätige Frau, Hausfrau und Mutter hatte sie schlichtweg keine Zeit, eine Aufgabe in der Partei zu übernehmen. Und ohne die Chance auf ein aktives Mittun wollte sie kein Parteimitglied werden. In dem Jahr, als ihr Mann Innensenator in Hamburg wurde, 1961 also, unterschrieb sie schließlich doch ein Antragsformular zum Eintritt in die SPD. Nicht als Ausdruck eines bedeutsamen Entschlusses, sondern eher aus einer kuriosen Situation heraus, die Loki Schmidt wie folgt schilderte: »Unser Kreisvorsitzender (…) besuchte mich eines Tages und fragte: ›Hast du einen Schnaps im Haus?‹ Ich habe ihn erstaunt angeschaut, und er forderte mich auf: ›Schenk mal zwei Gläser ein!‹ Ich glaube, wir hatten noch Cognac im Haus – viel Alkohol tranken wir ja nicht. Dann sagte er: ›Hier habe ich die Parteibeitrittserklärung, die wirst du jetzt unterschreiben und dann trinken wir darauf.‹ Danach hat er mir erzählt, dass er aufhöre, Kreisvorsitzender zu sein, aber das wolle er noch erreichen, dass ich in die Partei eintrete. Ich bin also mit Hilfe eines Cognacs gezwungen worden, in die Partei einzutreten (…) ›Ich will ja nur, dass du eintrittst, du musst nicht groß mitarbeiten.‹ ›Das kann ich auch gar nicht‹, habe ich ihm geantwortet, ›denn ich muss mich um fünf-

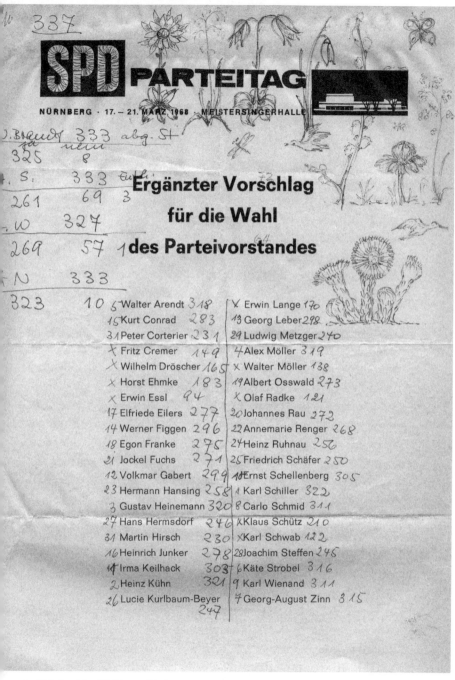

Loki Schmidts Wahlzettel beim SPD-Parteitag in Nürnberg, März 1968

zig Kinder kümmern, und zu Hause habe ich auch noch eins.‹«[24]
Dieser von ihr geschätzte Kreisvorsitzende war Willi Schade, Orts-
amtsleiter im benachbarten Fuhlsbüttel, ein »Sozi alter Schule«,
wie ihn Helmut Schmidt charakterisierte. Für ihn galt, was Loki
an der »SPD vor Ort« schätzte: »An der Basis gibt es viel Solidarität untereinander.«[25]

So unspektakulär der Grund dieses Parteieintritts war, so unspektakulär blieb auch Lokis weitere Mitgliedschaft. Nie entwickelte sie den Wunsch, selbst einen Posten in der Partei oder in
der Politik zu erringen, nie ließ sie sich verleiten, öffentlich dezidiert politisch Stellung zu beziehen oder sich in innerparteiliche
Auseinandersetzungen einzumischen. Nur einmal wäre sie am
liebsten von dieser Position abgewichen. Im Streit in der SPD um
den Nato-Doppelbeschluss Anfang der achtziger Jahre, bei dem
der Kanzler auf der Bündnistreue gegenüber den USA beharrte,
wurde Oskar Lafontaine in einem Beitrag der Zeitschrift *Stern*
mit folgender polemischer Zuspitzung zitiert: »Helmut Schmidt
spricht weiter von Pflichtgefühl, Berechenbarkeit, Machbarkeit,
Standhaftigkeit. (...) Das sind Sekundärtugenden. Ganz präzis
gesagt: Damit kann man auch ein KZ betreiben.«[26] Diese Äußerungen empörten Loki Schmidt so sehr, dass sie im Freundeskreis androhte: »Und wenn ich den Kerl treffe, dann knall ich
ihm eine.« Sie nahm trotz vorhandener Gelegenheit Abstand von
diesem Vorhaben. »Wir begegneten uns kurze Zeit später, doch
da war viel Presse dabei, und ich wollte denen dieses Vergnügen
nicht gönnen.«[27]

Ja, Loki verstand sich selbst als Sozialdemokratin, sie identifizierte sich mit den großen Zielen der Partei wie Gerechtigkeit
und Solidarität – innerparteiliche Querelen und parteipolitisches
Klein-Klein aber verabscheute sie. Je älter sie wurde, desto wichtiger war es für sie, sich in aktuellen Fragen parteipolitisch nicht
vereinnahmen zu lassen. Dies schloss allerdings nicht aus, SPD-
Politiker, die sie persönlich schätzte, aktiv zu unterstützen. So
sprach sie sich öffentlich sowohl für die Wahl von Henning Voscherau als auch später für die Wahl von Ortwin Runde in das

Amt des Hamburger Bürgermeisters aus. Der Erste eher ein Vertreter des als konservativ geltenden Schmidt-Lagers und auch enger Vertrauter ihres Mannes, der Zweite eher dem sogenannten linken und Schmidt-kritischen Lager zugehörig. Sie begleitete Henning Voscherau, von 1988 bis 1997 Erster Bürgermeister der Freien und Hansestadt Hamburg, auf einige zentrale Wahlkampfveranstaltungen. Auch wenn sie dort nicht das Wort ergriff, ihre alleinige Anwesenheit war für den Wahlkämpfer bereits eine publikumswirksame Anerkennung und Unterstützung.

Auch Ortwin Runde, Nachfolger von Henning Voscherau und Bürgermeister von 1997 bis 2001, hatte sie Ende der sechziger Jahre bei Parteiveranstaltungen und auf den damals jährlichen Parteifesten im Congress Center Hamburg kennengelernt. Auf einem dieser Feste hatte man intensiver geplaudert und getanzt, und – trotz der von ihr nicht geteilten linken politischen Positionen zur Atomkraft und in Wirtschaftsfragen – war ihr Runde sympathisch. Das ließ sie sich auch von ihrem Mann nicht ausreden, der mit Argwohn die Übernahme wichtiger Parteiämter durch Lehrer oder Sozialwissenschaftler (wie Ortwin Runde) und das Zurückdrängen des Facharbeiters als Rückgrat der SPD beobachtete und kritisierte. Als Ortwin Runde sie im Hamburger Bürgerschaftswahlkampf 2001 bat, ihn im Wahlkampf zu unterstützen, war sie dazu ohne Vorbehalte bereit. Ihren Mann hat sie dafür nicht gefragt. Sie wusste um seine reservierte Haltung. Und er? Er hat es »zur Kenntnis genommen«.[28]

Aber auch außerhalb von Wahlkämpfen besuchte sie Parteiveranstaltungen, pflegte über längere Zeit vor allem die Kontakte im Bergedorfer Wahlkreis ihres Mannes. Ein Auftritt wie 1980, als Loki Schmidt bei einer größeren politischen Veranstaltung der Hamburger SPD sprach, bildete eher die Ausnahme. Der Bezirksverband Wandsbek, dem ihr Mann lange vorgestanden hatte, feierte sein 90-jähriges Bestehen und die Genossen hatten Loki gebeten, die Festrede zu halten. Sie sagte zu, beleuchtete die geschichtliche Entwicklung der Wandsbeker SPD und folgte dabei nur zum Teil dem für sie erstellten Redeentwurf. Sie vervoll-

Im Wahlkreisbüro in Hamburg-Bergedorf mit Rolf Niese (li.) und Jörg König (re.)

ständigte es durch einige persönliche Bemerkungen, formulierte um und fügte mehrfach im Redetext der Anrede »meine Damen und Herren« die in SPD-Kreisen übliche Redewendung »liebe Genossinnen und Genossen« hinzu – sie verstand es, einen persönlichen Bezug herzustellen und an das Zusammengehörigkeitsgefühl der Zuhörer zu appellieren. Ebenso mit dem Schluss ihrer Rede: »Die Partei ist schon alt, aber nicht betagt, sie hat einen großen Erfahrungsschatz, ist aber nicht konservativ geworden, ihre Grundüberzeugungen sind im vergangenen Jahrhundert geboren, aber unsere Partei hat sich immer den Erfordernissen der modernen Gesellschaft gestellt.« So sah sich die Hamburger SPD, so sah sich der sozialdemokratische Kanzler, und so war Loki Schmidts politisches Selbstverständnis: traditionell verwurzelt, aber nicht ideologisch fixiert, sondern den Aufgaben der Gegenwart und Zukunft zugewandt. [29]

Auch in ihrem eigenen Stadtteil, in Langenhorn, kümmerte sich Loki immer mal wieder um die Genossen vor Ort. Sie referierte im örtlichen Versammlungslokal im Tangstedter Weg zu ihrem Thema, dem Naturschutz, oder verfasste ein Grußwort für die Stadtteilzeitschrift *De Börner*.[30] Gewiss hätten die Langenhorner Genossen Loki gerne öfter bei sich gehabt, aber man hatte auch Verständnis für die viel beschäftigte und meist ja auch gar nicht in Hamburg weilende Loki.

Von politischer Bedeutung waren vor allem ihre Besuche bei den sogenannten Kanalarbeitern in den Bonner Jahren. Die Gruppierung, angeführt von dem Abgeordneten und späteren Minister Egon Franke, galt in der SPD als konservativ und gewerkschaftsnah. Die meisten Mitglieder waren Hinterbänkler der Fraktion, das meist geschlossene Auftreten des Kreises machte ihn in den sechziger und siebziger Jahren dennoch zu einem einflussreichen Faktor innerhalb der Bonner SPD, einige ihrer führenden Vertreter besetzten wichtige Posten. So bekleidete Egon Franke von 1969 bis 1982 durchgängig das Amt des Ministers für innerdeutsche Beziehungen, und Annemarie Renger, ebenfalls Mitglied des Kreises, war über lange Jahre Präsidentin bzw. Vizepräsidentin des Deutschen Bundestages. Bekannt und geschätzt waren die Kanalarbeiter aber auch deshalb, weil sie mit ihren wöchentlichen Treffen in einer Bonner Gaststätte politischen Neulingen in der Hauptstadt als erste Anlaufstelle dienten. Und auch Loki wusste die Geselligkeit im Kessenicher Hof, dem Treffpunkt des Kreises, durchaus zu schätzen. Hier traf man sich zu einem Glas Bier oder Wein, man sprach miteinander in größerer Runde oder spielte auch Skat. Lokis offene Art machte es ihr leicht, akzeptiert zu werden und sich wohl zu fühlen. Für die Kanalarbeiter war ihre Anwesenheit immer auch eine Auszeichnung, für den Kanzler waren die »Kanaler« eine politische Bastion, auf die er zählen konnte. Loki Schmidt pflegte diese Verbindung, mit gelegentlichen Besuchen ihrer Treffen bekundete der Kanzler aber auch auf direktem Weg seine Solidarität mit dem Kreis. So stattete er noch am Abend seiner Kür zum Kanzler am 7. Mai 1974 den Kanalarbeitern einen Besuch ab. Er kam, um sich für die Unterstützung der Kanaler bei den schwierigen Abstimmungen zum Kontaktsperregesetz im Kampf gegen die RAF zu bedanken.[31] Als direkte politische Heimat taugte der Kreis der Kanalarbeiter für Helmut Schmidt allerdings nicht, dazu war er zu antiintellektuell. Für den eigenen Austausch favorisierte der Kanzler den von Hans-Jochen Vogel gegründeten Lahnsteiner Kreis, später Seeheimer Kreis. In diesem Seeheimer Kreis gingen nach 1982 die Kanalarbeiter fast vollständig auf. Die Tradition eines jährlichen Treffens der Kanalarbeiter zum Spargelessen bei einer Rheinfahrt – das sich inzwischen in Berlin zu einer Bootsfahrt auf dem Wannsee gewandelt hat – behielt der Seeheimer Kreis bei. Loki und Helmut Schmidt waren über lange Jahre treue und geschätzte Gäste dieses Jahrestreffens.

Man kann mit Beschlüssen und Repräsentanten der Partei nicht einverstanden sein, aber »aus der SPD tritt man nicht aus«, hat Loki einmal zu Henning Voscherau gesagt und dabei für sich und ihren Mann gesprochen.[32] Insofern hatte Sigmar Gabriel recht, als er in seiner Funktion als amtierender Parteivorsitzender der SPD in seinem Nachruf auf Loki Schmidt diese als »überzeugte Sozialdemokratin« bezeichnete. Die SPD hatte mit Loki Schmidt in ihren vorderen Reihen eine Frau, die »mit ihrer Arbeit und ihrem unverwechselbaren Stil sich um unser Land verdient gemacht hat« und die »vielen in unserem Land wegen ihrer liebenswürdigen, menschlichen Art und ihrer beeindruckenden Haltung Vorbild« wurde.[33]

MIT DER NATURFORSCHERIN UM DIE WELT

Die Forschungsreisen: Ein Überblick

Im Alter von bereits 57 Jahren begab sich Loki Schmidt auf eine erste Forschungsreise nach Afrika, sie besuchte den National-park Nakurusee im Jahr 1976.[1] So begann sie einen Lebensab-schnitt, den sie als ihr »drittes Leben« bezeichnete. Eine Vielzahl an Forschungs- und Expeditionsreisen führte sie in den nächs-ten zwei Jahrzehnten um die ganze Welt. Sie wollte – über die Staatsbesuche und Amtsreisen in Begleitung ihres Mannes hi-naus – in »fremde Länder mit einer ursprünglichen Natur« rei-sen und sich überall »neugierig umsehen, was es da zu entde-cken gäbe«, formulierte sie in der Rückschau.[2] Und ein zweiter Punkt war ihr wichtig: Sie wollte ihre Reisen möglichst zusam-men mit Wissenschaftlern machen, sie auf ihren Expeditionen begleiten oder sie an ihren fernen Forschungsstationen aufsu-chen. Ein systematisches naturwissenschaftliches Studium, das ihr in ihrer Jugend verwehrt geblieben war, hoffte sie damit zu kompensieren.

Bei den meisten ihrer Reisen fertigte sie detaillierte Reisebe-richte an. Die von ihr in einfachen, fadengebundenen Schreib-heften geführten Reisetagebücher beschreiben nahezu jeden ein-zelnen Tag, sie sind umfangreich und ausformuliert. Darüber hinaus fertigte sie oft Zeichnungen der gesammelten Pflanzen an. Das Zeichnen von Pflanzen hatte sie von klein auf geübt. Al-lerdings waren ihr die Zeichnungen nicht allein als Dokumenta-tion wichtig. Denn wer zeichnet, achtet stärker auf Details, und das wiederum hilft dann bei der Bestimmung. Ihre Zeichnungen fanden Anerkennung, Wissenschaftler wie der spätere Präsident

der Max-Planck-Gesellschaft Peter Gruss sahen Lokis Naturab-
bildungen sogar »ganz in der Tradition der alten Naturforscher«.[3]
Loki pflegte ihre Zeichenkunst bis an ihr Lebensende. Wer zu ihren Freunden zählte, erhielt Einladungen oder Geburtstagswün-
sche, die fast immer mit einer eigenhändigen Pflanzenzeichnung
ausgeschmückt waren.

Um seltene Pflanzen zu entdecken, bedarf es Ausdauer und der
Bereitschaft, unbequeme Wege zu gehen. Daran mangelte es
Loki Schmidt nicht, so fand sie selbst in der Antarktis bislang
nicht dokumentierte Pflanzen. Sie sammelte und dokumentierte
ihre Funde, und sie legte Herbarien an. Und sie tat dies regelhaft
und systematisch, so wie sie es in ihrer Lichwarkschulzeit gelernt hatte. Für ihre Reise nach Neukaledonien beschreibt sie
solche Vorbereitungen für ein Reiseherbarium: »In meinem Dop-
pelzimmer habe ich jeden Abend (…) meine Pflanzenpresse ausgebreitet. Gott sei Dank hatte ich sehr viel Zeitungspapier zu-
rechtgeschnitten, als saugfähiges Material. Wenn die Pflanzen
aus den Sammeltüten kamen, habe ich sie, hübsch geordnet,
zwischen das Zeitungspapier gelegt. Erst wenn ich diese abendlichen Rituale erledigt hatte, bin ich unter die Dusche gegangen
und habe Abendbrot gegessen.«[4]

Ihre Erkundungen von vielen unterschiedlichen Naturschutz-
konzepten in den verschiedensten Ländern waren ein weiterer
wichtiger Bestandteil dieser Reisen. Dies ganz gewiss auch, um
die eigenen Aktivitäten in diesem Bereich mit einer kritischen
Distanz überprüfen zu können. Bei aller Liebe zum Naturschutz
zeichnete es Loki Schmidt aus, dass sie nie verbohrt, einseitig
oder unkritisch argumentierte. Sie lehnte es ab, mit dem Thema
Naturschutz Ängste zu wecken oder zu schüren – etwa vor dem
Waldsterben, der Klimaveränderung oder der Atomkraft. »Angst
ist ein schlechter Ratgeber«, pflegte sie zu sagen.

Vor allem in den Jahren zwischen 1976 und 1982, den Jahren
der Kanzlerschaft ihres Mannes, unternahm sie in den bereisten
Ländern fast immer auch Abstecher zu den jeweiligen deutschen
Botschaften und stattete den lokalen Politikern kurze Höflich-

Zeichnung Fever Tree,
Januar 1976

keitsbesuche ab. Bei ihrer Malaysiareise 1978 schrieb sie in ihr Tagebuch: »14.4.78, 14 Uhr Höflichkeitsbesuch beim Gouverneur. Feierlich, feierlich. Man muss ein bisschen auflockern. Er fragt mich nach den Blumen auf dem Tisch: Plumeria, nächster Tisch Chrysanthemen, Gold Orchideen – Test bestanden. Eine Tasse Kaffee, ein Stück Kuchen, zwei Zigaretten. Dann zum Chief Minister. In seinem office unkonventionell.«[5]

Fasst man die Reiseaktivitäten zwischen 1976 und 1994 zusammen, so unternahm Loki Schmidt in diesem Zeitraum fast 20 eigenständige Forschungsreisen. Sie legte dabei ca. 300 000 Flugkilometer zurück. Würde man die großen Distanzen vor Ort mit einrechnen, so hat sie allein auf ihren Forschungsreisen mehr als zehn Mal die Welt umrundet. Zieht man alle Zeiten ihrer Forschungsreisen zusammen, so ergibt sich daraus insgesamt eine Reisezeit von nahezu einem Kalenderjahr. Sie bereiste alle Kontinente (einschließlich beider Polargebiete) und alle Klimazonen, bestieg Berge von über 4000 Metern und schwamm in zahlreichen Flüssen, Seen und Meeren überall auf der Welt. An ihrem 70. Geburtstag wachte sie in einem Zelt in der Namib-Wüste auf, und noch mit 74 Jahren flog sie nach Venezuela und machte Erkundungen in großer Höhe in den Bergen der Sierra Nevada. Mit dieser Bilanz erscheint es verständlich, dass Loki Schmidt postulierte, »wer die Natur erforscht, muss hart im Nehmen sein« – und sie deshalb, als sie auf die Achtzig zuging, beklagte, dass es nun mit ihren Forschungsreisen zu Ende sei. Indien, Nepal und Madagaskar waren Länder, die sie noch gern bereist hätte.

Afrika: Nationalpark Nakurusee und Namib-Wüste

Nationalpark Nakurusee

Die erste ihrer vielen Forschungsreisen führte Loki Schmidt im Januar 1976 nach Afrika, in den Lake Nakuru National Park in Kenia. Die Reise war auf Vermittlung des Biologen Wolfgang Wickler vom Max-Planck-Institut Seewiesen zustande gekommen. Auf der Jahreshauptversammlung der Max-Planck-Gesellschaft in Hamburg 1975 hatte Wickler ihr von seinem Doktoranden Heinz Ulrich Reyer berichtet, der hier am Nakurusee mit Unterstützung seiner Frau ein langjähriges ornithologisches Forschungsprojekt betrieb. Objekte der Forschung waren zwei Arten des Kingfisher – Pied und der Malachite Kingfisher, Verwandte unseres heimischen Eisvogels. Insbesondere interessierten den Verhaltensbiologen Reyer die Einflüsse von Umweltfaktoren auf das Sozialverhalten dieser Vögel, und da die Nahrungsaufnahme ein wesentlicher Umweltfaktor ist, war die Frage nach der im Brutgebiet vorhandenen Vegetation relevant. Für eben diese botanische Bestimmungsaufgabe hatte Reyer bei seinem Institut in Seewiesen bei Starnberg um Unterstützung gebeten.

Für Loki Schmidt war dieses Forschungsprojekt ein idealer Einstieg in ihre naturwissenschaftliche Karriere. Hier konnte sie ihre enorme Pflanzenkenntnis einbringen und eine zweite, seit den Brahmsee-Zeiten gepflegte und mit ihrem Mann geteilte Leidenschaft, die Vogelbeobachtung, wissenschaftlich betreiben.

Hinzu kam, dass ihr Kenia nicht völlig unbekannt war. 1973 hatte sie ihren Mann begleitet, der als Finanzminister nach Nairobi zu einer Währungskonferenz reiste, und bereits Teile des Landes gesehen. Auch der Nakurusee war ihr bekannt: Ein kleiner, kaum 40 Quadratkilometer großer See, der allerdings schon in den siebziger Jahren wegen der dort so zahlreich angesiedelten Flamingos weltweit bekannt war. Bis zu zwei Millionen Flamingos bevölkern die Ufer des Sees und bilden ein nahezu geschlossenes rosafarbenes Band um das Gewässer, weil sie an diesem alkalischen Gewässer mit Blaualgen und Kleinkrebsen optimale Nahrungsbedingungen finden.

Bevor Loki im Januar 1976 ihre Reise antrat, hatte das Bundeskanzleramt in einem Schreiben vom 25. November 1975 den deutschen Botschafter in Nairobi, Harald Heimsoeth, über den geplanten Besuch der Kanzlergattin informiert. Ausdrücklich wurde darauf verwiesen, dass es sich um einen privaten Forschungsaufenthalt handele und folglich auch die Presse nicht unterrichtet werde. Darüber hinaus wurde mitgeteilt, dass ein deutscher Sicherheitsbeamter Loki Schmidt begleiten und eine Waffe tragen würde. Schließlich wurde die Botschaft gebeten, einen Landrover anzumieten und die Kosten Loki Schmidt in Rechnung zu stellen, Privates und Öffentliches wurde sorgsam getrennt.

So instruiert, besuchte der deutsche Botschafter das Ehepaar Reyer, um sich vor Ort einen Eindruck von der Gefährdungslage zu verschaffen. Man verabredete, dass neben dem deutschen Sicherheitsbeamten in den Nachtstunden zusätzlich ein kenianischer Polizist Wache halten sollte. Das habe möglichst unauffällig zu geschehen, denn Frau Schmidt solle dadurch in ihrem Aufenthalt nicht beeinträchtigt werden. Diesen Auftrag zur Unauffälligkeit interpretierte der einheimische Beamte auf seine Weise: Nach einer ersten Nacht im Dienst des Personenschutzes der deutschen Kanzlergattin erschien er einfach nicht mehr, wie Heinz-Ulrich Reyer im Nachhinein amüsiert berichtete.[6]

Am 12. Januar 1976 trafen Loki und ihr Sicherheitsbeamter

Nationalpark Nakurusee. Loki Schmidt mit einheimischen Helfern, dem Ehepaar Reyer (1. v. li., 3. v. re.) und dem Sicherheitsbeamten Günter Warnholz (re.)

Günther Warnholz frühmorgens in Nairobi ein und machten sich noch am gleichen Tage auf den etwa 160 Kilometer langen Weg zur Forschungsstation der Reyers. Mit der nötigen Diskretion meldete Botschafter Heimsoeth per Fernscheiben ins Bonner Kanzleramt: »Besucherin und Herr Warnholz in Nairobi angekommen. Weiterfahrt heute.«[7] In Lokis Gepäck für die Station befanden sich neben den Ausrüstungsgegenständen Gin und Toilettenpapier, letzteres in den damaligen Jahren Mangelware in Kenia.

Anders als bei ihren späteren Forschungsreisen hatte Loki Schmidt sich nicht gezielt auf die Forschungsarbeit vorbereiten können. Zwar hatte sie ein Bestimmungsbuch zur ostafrikanischen Pflanzenwelt aus der Bonner Unibibliothek entliehen, sie war aber ein wenig beunruhigt, ob sie die fachlichen Erwartungen des Wissenschaftlers Reyer erfüllen könnte. Die Sorgen erwiesen sich jedoch als unbegründet. Neben der Hilfe beim Fangen und Beringen der Vögel war ihre Hauptaufgabe das Kartieren der Reviere, das Vermessen der Höhe und Dichte der in den Revieren wachsenden Pflanzen sowie das Sammeln und Bestimmen der Pflanzen. Einige Pflanzen erkannte sie sofort, andere konnte sie noch vor Ort zumindest den Pflanzenfamilien zuordnen, die verbleibenden wurden mit Hilfe des Bestimmungsbuchs in der Station identifiziert. Nur einige wenige Gräser konnte sie nicht klassifizieren: »Mit Gräsern hatte ich immer schon meine Schwierigkeiten«, schrieb sie im Rückblick.[8]

Ein Höhepunkt der Reise war die unmittelbare Vogelbeobachtung, die aus einem mit Brettern abgedeckten und von dem Vogelnest mit einer Plastikscheibe abgetrennten Erdloch heraus geschah. In diesem Erdloch – auf dem Bauch liegend – konnte man durch die Plastikscheibe hindurch die in einer Erdhöhle brütenden Eisvögel unbemerkt beobachten. Zur Klaustrophobie durfte man allerdings nicht neigen, denn es war sehr eng und dunkel. Nicht umsonst nannten die Reyers das Erdloch ihr »Grab«. In ihrem Tagebuch hielt Loki fest:

»Ich möchte gern ins ›Grab‹ und die jungen Malachite sehen. Zuerst legt Herr Reyer die Glasscheibe frei und putzt sie. Sie ist schon ganz schön bekleckert. Ich lege mich flach auf den Bauch und die Männer decken die Bretter über mich. Nach kurzer Zeit erkenne ich das Licht vom Höhleneingang und dann auch die Umrisse der Jungen, die von Zeit zu Zeit helle leise Geräusche von sich geben. Ein kurzer Pfiff von Herrn Reyer, das ist das Signal, dass sich ein Altvogel nähert. Ich höre lautes Flügelschlagen. Der Eingang verdunkelt sich, noch mal Flügelschlagen und dann kommt ein dunkler Schatten. Das erste, was ich erkenne, ist der große rote Schnabel. Der Altvogel ist unruhig. Es kommt wohl doch ein schwacher Lichtschimmer durch die Bretter. Aber dann stößt er doch seinen lauten Brrr-Ruf aus, das Zeichen, dass er füttern will. (...) Ein leichter Fischgeruch macht sich bemerkbar. Plötzlich wieder ein Pfiff. Der zweite Altvogel nähert sich. Flügelschlagen. Der zweite ist am Anfang der Röhre zu sehen. Beide machen einen mittelhohen kurzen Ton. Dann schlüpft der erste geduckt hinter dem zweiten hindurch nach draußen. Der richtet sich etwas auf, stößt seinen Futterruf aus und füttert. Wie groß der Fisch ist, kann ich nicht genau erkennen. (...) Gerade als ich überlege, ob ich nicht wieder erlöst werden sollte, fliegt der Alte ab. Die Jungen piepsen und klettern dem Höhlenausgang ein bisschen entgegen. Sie sperren die Schnäbel, aber ohne Ton. Man erkennt ihre großen, aber noch geschlossenen Augen. Ich klopfe vorsichtig mit der Hacke gegen ein Brett. Nach kurzer Zeit entfernen Herr Reyer und Herr Warnholz die Bretter.«[9]

Bei aller Begeisterung für die Forschungsarbeit, die Arbeitsbedingungen im Revier waren anstrengend. Da der Nakurusee etwa 1750 m hoch liegt und nicht weit vom Äquator entfernt ist, war es früh morgens bitterkalt und ab mittags heiß und schwül, dazu das unwegsame Gelände mit dichtem Gestrüpp und meist schlammigem Grund.

Der Arbeitstag begann faktisch mit Sonnenaufgang um 6.30 Uhr – ein Zeitplan, der Lokis Hang zum Frühaufstehen zwar entgegenkam, aber auch erhebliche Ausdauer abverlangte. Neben der Arbeit im Forschungsfeld gab es Gelegenheit zu Besichtigungen von anderen Gegenden des Nationalparks und abends zu geselligen Runden mit den Reyers. So schrieb sie am 20. Januar 1976 in ihr Tagebuch: »Abends viel getrunken und ernste Gespräche geführt.«

Das Leben auf der abgelegenen Station war einfach, aber nicht primitiv, wie es später sensationsheischend in verschiedenen Presseberichten heißen sollte. Es gab ein festes Steinhaus, wenn auch nur stundenweise Strom und weder Radio noch Telefon. Für die gelegentlichen Anrufe bei Ehemann und Tochter musste Loki mit dem Landrover auf eine benachbarte Farm, für jeglichen Einkauf, aber auch für das Abholen der Post musste man eigens in den Ort Nakuru fahren. In der Station stand ihr ein kleines, etwa 12 Quadratmeter großes Zimmer zur Verfügung, in dem sie schlief und arbeitete. Alle von ihr aufgenommenen Pflanzen wurden hier erst einmal gezeichnet, dann bestimmt und schließlich in eine Liste aufgenommen. Darüber hinaus fotografierte sie und führte ihr Reisetagebuch. Bei fast allen späteren Reisen behielt sie diese Art der wissenschaftlichen Dokumentation bei.

Die von Loki so geschätzte Ungestörtheit des Forschungsaufenthalts am Nakurusee endete mit dem Auftauchen deutscher Presseleute. Als sich nach zwei Wochen Abwesenheit in Bonn die Fragen der Presse nach Lokis Verbleib mehrten, hatte das Kanzleramt mitgeteilt, dass die Kanzlergattin sich zu Forschungszwecken in Kenia aufhalte. Natürlich dauerte es daraufhin nur wenige Tage bis zum Erscheinen der ersten Journalisten am Nakurusee. »Der STERN hat uns erwischt«, schreibt sie in ihrem Tagebuch am 2. Februar zur Ankunft zweier Journalisten des Magazin auf der Forschungsstation. Loki und auch die Reyers sind nicht erfreut und versuchen die beiden Herren und weitere Ankömmlinge auf Distanz zu halten. Dennoch entstehen zahlreiche Fotos, und Ende Februar 1976 erscheint im *Stern* ein großer, mehrseitiger Bericht.[10] Loki ließ sich schließlich überreden, vor ihrem Abflug in Nairobi in der deutschen Botschaft eine Pressekonferenz zu geben. So fand am Ende diese eigentlich privat ge-

Bei der Vogelbeobachtung, Nationalpark Nakurusee

plante Reise doch eine große Resonanz sowohl in der kenianischen Presse als auch in Deutschland. Später zog Hans-Ulrich Reyer ein Fazit über die Berichterstattung: »In den 55 mir vorliegenden Zeitungsberichten wimmelt es von Fehlern. (...) Den Vogel der Schlampigkeit schießt der Verfasser einer Kurznotiz ab, dem es gelingt in sechs Sätzen acht Fehler unterzubringen; andere sind nur wenig besser. Manche Fehler sind belanglos, anderen Fehlern sieht man nur zu deutlich den Wunsch nach Sensation an.«[11]

Große mediale Aufmerksamkeit erhielt auch der unglückliche Umstand, dass Lokis Koffer mit sämtlichen gepressten Pflanzen in Nairobi aus dem parkenden Landrover gestohlen wurde, als sie am Ende der Reise im Naturkundemuseum der kenianischen Hauptstadt die Pflanzen dem dortigen Experten zur Kontrolle vorgelegt hatte und anschließend in einem Hotel zum Essen war. Zum Glück aber waren Skizzen, Notizen und eine zweite Pflanzenliste erhalten geblieben. »Das ist ein harter Schlag«, schrieb sie in ihrem Tagebuch. Und typisch für Loki, auch der Verlust des »teuren Koffers« und des »neuen Badeanzugs« machten ihr arg zu schaffen. Als einzigen Lichtblick hielt sie fest, dass die Diebe zum Glück den Fotoapparat von Herrn Warnholz übersehen hatten.

Diesen unerfreulichen Diebstahl erweiterte der *Spiegel* noch um ein Detail. Unter der Rubrik »Personalien« ist unter dem Namen Loki Schmidt am 9. Februar 1976 zu lesen, dass nicht nur der Pflanzenkoffer, sondern auch noch der Landrover gestohlen worden sei. Nach Tagen habe man den Wagen mit leerem Tank am Stadtrand von Nairobi wiedergefunden. Bei so viel frei erfundener Sensation blieb leider wenig Platz für den tatsächlichen Ertrag von Lokis erster Forschungsreise: Der Lebensraum der Königsfischer war mit ihrer Hilfe detailliert beschrieben worden; unter den 28 von ihr dokumentierten Pflanzenarten fanden sich drei, die für dieses Gebiet bislang nicht belegt und die auch den Spezialisten im Naturkundemuseum in Nairobi für das Gebiet am Nakurusee unbekannt waren. Nach Abschluss des Forschungsprojekts veröffentlichte Hans-Ulrich Reyer einen Beitrag für das *Journal of Animal Ecology* und führte Loki Schmidt als Mitautorin auf. Loki empfand das als Anerkennung der von ihr erbrachten wissenschaftlichen Leistung, und sie war zu Recht sehr stolz darauf. Beim Ehepaar Reyer blieb nicht zuletzt die positive Erinnerung an Loki als »sehr natürlicher, kamerad-schaftlicher, liebenswerter und unkomplizierter Mensch«.[12]

Einen Nachklang fand die Reise auch bei der Leitung der Max-Planck-Gesellschaft. So mussten zahlreiche Fragen nach der Finanzierung beantwortet werden, z. B. wie hoch der Forschungsauftrag der Kanzlergattin dotiert worden sei und wer die Kosten für Reise, Unterkunft und Verpflegung gezahlt habe. Alle Fragen wurden beantwortet: Loki Schmidt hatte alle Auslagen selbst beglichen und keine Honorare erhalten. Noch Jahre später hat Loki auch diesen Teil der Geschichte ihrer ersten Forschungsreise immer wieder gerne erzählt.

Namib-Wüste

Mehr als ein Jahrzehnt später, im Jahr 1989, bereiste Loki Afrika ein zweites Mal im Rahmen einer Forschungsexpedition, dieses Mal den Westen des Kontinents. Es war eine Reise nach Namibia, in die Namib, die älteste Wüste der Welt. Anders als die Sahara ist die Namib keine Sand-, sondern eine unwegsame Geröllwüste, extrem trocken und mit extremen Temperaturunterschieden: Am Tag steigt die Temperatur bis über 50 Grad und kann des Nachts bis unter null absinken.

Wolfgang Gewalt, Direktor des Zoologischen Gartens in Duisburg, ein erfahrener Expeditionsleiter und langjähriger Bekannter von Loki Schmidt, hatte diese Reise geplant und sie dazu eingeladen. Und obwohl Loki sonst niemanden aus der insgesamt zwölfköpfigen Reisegruppe kannte, sagte sie spontan zu. Eigene Wüstenerfahrungen hatte sie bisher nicht, aber Pflanzen an Extremstandorten waren ihr Thema. Die nur in der Namib wachsenden Welwitschien kannte sie aus dem Botanischen Garten

Berlin und hatte sie schon immer an ihrem Ursprungsstandort sehen wollen. Nun war die Gelegenheit gekommen, und Loki Schmidt zögerte nicht lange, obwohl ihr 70. Geburtstag in die Reisezeit fiel.

Von Windhoek ging es über die Küstenstadt Swakopmund bis hoch in den Norden des Landes, ins Kaokoveld, wie der nördliche Teil der Namib-Wüste heißt. Der Name der hier liegenden Hartmannberge erinnert an den deutschen Geographen und Kolonialpolitiker Georg Hartmann und damit an die Kolonialzeit des Deutschen Reiches im Südwesten Afrikas. An ihrem 70. Geburtstag badete Loki im Kunene, dem Grenzfluss zwischen Namibia und Angola, dem einzigen Fluss in der Namib, der ganzjährig Wasser führt. Vom Kunene ging es dann für den Rückflug zurück nach Windhoek.

Insgesamt war das eine gewaltige Strecke, man fuhr insgesamt mehr als 2000 Kilometer auf meist schwierigsten Wegstrecken. Die Gruppe verbrachte also viel Zeit in einem geländegängig umgerüsteten Unimog. Mit einem zweiten Unimog wurde die Ausrüstung transportiert: Zelte, Schlafsäcke, Wasser und Proviant, denn geschlafen und gegessen wurde fast ausschließlich in der Wüste. Loki teilte ihr Zelt mit einer Mitreisenden, Probleme auf der langen Fahrt gab es keine. Auf Tour zu gehen, zu zelten und sich einzuschränken, das hatte Loki ja schon seit frühester Kindheit gelernt.

Geführt wurde die Gruppe von einem erfahrenen Namib-Kenner mit deutschen Vorfahren. Er leitete die Expeditionsgruppe sicher an die Standorte, wo besondere Formationen wie Schluchten oder gewaltige Sanddünen, aber auch besondere Naturschutzgebiete zu finden waren. Laut dem Zoologen Wolfgang Gewalt waren die folgenden Tiere zu beobachten: Erdhörnchen, Oryxantilopen, Zebras, Giraffen, Strauße, Schakale, Hyänen, Trappen (Vögel aus der Ordnung der Kraniche) und immer wieder Springböcke, die es in der Namib schaffen, ihren Flüssigkeitshaushalt ausschließlich mit der aufgenommenen Nahrung zu decken. Immer wieder mal findet man am Morgen im Camp nächtliche Spuren von größeren Raubtieren, so z. B. in einem Naturschutzgebiet an der Skelettküste von Kaokoveld. Loki berichtete: »Es hieß, dass in dem Naturschutzgebiet nachts Löwen und Hyänen herumstrichen. Mir war es nicht ganz geheuer. Ich habe es jedenfalls vermieden, nach draußen zu gehen. Wir hörten schauerliche Geräusche, Gejaule und Gebelle; das waren vermutlich die Hyänen. Als die Sonne aufging und wir aus dem Zelt herauskamen, sah man auf den Spuren unserer Fahrzeuge die schönen Tatzenabdrücke eines Löwen, ziemlich große Spuren; er muss dicht an unserem Zelt vorbeigetapst sein.«[13]

Begeistert war Loki Schmidt von den Welwitschien, botanisch Welwitschia mirabilis. Der Österreicher Friedrich Welwitsch hatte sie Mitte des 19. Jahrhunderts als unbekannte Pflanze identifiziert und von Forschern im britischen Kew Gardens bestimmen lassen. Die Welwitschie ist entwicklungsgeschichtlich sehr alt und kann auch als individuelle Pflanze ein Alter von bis zu 2000 Jahren erreichen. Loki Schmidt studierte sie genau, fotografierte und beschrieb sie. Jede Pflanze entwickelt nur zwei Blätter, diese aber wachsen beständig und werden etwa 15 bis 20 Zentimeter breit und bis zu 8 Meter lang. In der Höhe erreicht der Stamm der Pflanze nicht mehr als einen Meter. Trotz aller Begeisterung, hübsch ist die Pflanze nicht, gesteht Loki ungerührt: »Ihre langen Blätter werden von dem Wind, der in der Namib herrscht, hin und her bewegt, sodass die Enden ausfransen. Bei ihrem Anblick wird man an alte Lastwagenreifen oder an ein altes großes Wischtuch erinnert.«[14] Zwei Wochen durch die Wüste zu reisen, um dann einer Pflanze zu begegnen, die einem alten Wischlappen ähnelt, und dann doch froh und zufrieden zu sein und andere mit der Begeisterung anstecken zu können, das fällt wohl nur wahren Naturforschern leicht.

Am Ende der Reise fand sie noch eine Welwitschie mit reifen Samen und nahm sie als Proben für den Botanischen Garten in Hamburg mit. »Die waren hier in Hamburg natürlich die Sensation und wurden wie Goldstücke gehandelt. Wenn tatsächlich kleine Welwitschien daraus werden, vermelde ich es«, schrieb sie

Frühstück in der Wüste Namib, 1989

in ihrem Pflanzenbericht über die Namib-Reise an ihre Mitreisenden.[15]

Am 3. März 1989 wachte sie früh auf und schaute aus ihrem Zelt: »Morgens drei Uhr, weite Ebene, silbrig, der Mond liegt südlich wie eine Schale über dem Horizont. Sterne, Sterne und im Norden liegt der große Bär auf dem Rücken.«[16] Nach dem Aufstehen gratulierten die Mitreisenden der Expedition ihr zum Geburtstag, jeder hatte ein kleines Geschenk. »Beim Geburtstagslied werde ich doch sentimental«, schrieb sie in ihr Reisetagebuch. Aber dass sie ihren 70. Geburtstag in der Unwirtlichkeit der Namib-Wüste gefeiert hat, das gehört zu den außergewöhnlichen Geschichten ihres Lebens.

Galápagos-Reise

Bei einem größeren Teil der Forschungsreise zum Nationalpark Nakurusee waren auch der Initiator der Reise Wolfgang Wickler und seine Forschungskollegin Uta Seibt anwesend gewesen. Die beiden waren am Ende der Reise sogar mit Loki für mehrere Tage mit Landrover und Zelt bis in den Norden zum Turkana-See gereist. Die kleine Reisegruppe hatte sich prächtig verstanden, man schätzte sich gegenseitig, sodass Loki, als Professor Wickler von Reiseplänen zu den Galápagos für das Jahr 1977 berichtete, den Entschluss fasste, die beiden Forscher dorthin zu begleiten. Die Reise dauerte insgesamt drei Wochen, auf den Inseln selbst hielt man sich genau 14 Tage auf. Vorher und danach blieb Loki jeweils einige Tage in Quito, der Hauptstadt Ecuadors, wo das deutsche Botschafterehepaar Nagel ihr die Stadt und die nähere Umgebung zeigte.

Für jeden Naturforscher sind die Galápagos-Inseln ein herausragendes Reiseziel. Wegen ihres vulkanischen Ursprungs und der großen Distanz zu anderen Landmassen – bis zur Küste Ecuadors sind es etwa 1000 km – hat sich hier über Millionen von Jahren eine große Vielfalt endemischer, d. h. nur hier heimischer Tier- und Pflanzenarten entwickeln und erhalten können. Eng verknüpft sind die Inseln mit dem Wirken von Charles Darwin. Dieser hatte bei seinem etwa fünfwöchigen Aufenthalt im Jahre 1835 drei der 13 größeren Inseln angesteuert und entscheidende Impulse für seine Evolutionstheorie und das Standardwerk *Die Entstehung der Arten* (1859) erhalten. Für Darwins Lebenswerk und seine Bedeutung in der modernen Biologie konnte sich Loki Schmidt begeistern.

Die Galápagos-Finken – seit David Lacks Buch *Darwin's Finches* (1947) auch Darwin-Finken genannt – führte sie gern als einleuchtendes Beispiel der Evolutionstheorie an. 14 Arten gibt es davon auf den Galápagos, ihre Unterschiede, vor allem bei der Ausformung ihrer Schnäbel, sind auf das unterschiedliche Nahrungsangebot an Pflanzen, Insekten oder Früchten auf den jeweiligen Inseln zurückzuführen. 31 dieser Finken hatte Darwin mit nach England gebracht, leider aber versäumt, die Fundorte festzuhalten, und so war es dem britischen Zoologen John Gould vorbehalten, die Galápagos-Finken genauer zu bestimmen und als Beleg für die Evolutionstheorie zu beschreiben.

Für Loki Schmidt war diese Reise also zunächst einmal eine Unternehmung auf den Spuren Charles Darwins, gleichzeitig war es eine wundervolle Chance, eine ihr unbekannte urgeschichtliche Tier- und Pflanzenwelt zu entdecken. Überall hatte sie privilegierten Zugang, eine offizielle Sondergenehmigung für die Wissenschaftler der Max-Planck-Gesellschaft erlaubte ein uneingeschränktes Anlaufen und Betreten aller Inseln. In ihrem Reisetagebuch und später auch in ihren Memoiren *Loki* berichtete sie geradezu enthusiastisch von den paradiesischen Zuständen bei der Tierbeobachtung an Land und vom Boot aus: Wasser- und Landschildkröten, Rote Klippenkrabben, Meeresechsen, Leguane. Sogar Seelöwen, angelockt durch das kalte, nahrungsreiche Wasser sowie Galápagos-Pinguine, die einzigen dieser Spezies in den Tropen, gab es zu bestaunen. Neben der überaus reichen Vogelwelt mit über 150 Arten – von Blaufußtölpeln, Pelikanen, Flamingos, Austernfischern bis hin zu den besagten Darwin-Finken – war sie immer wieder beeindruckt von der fehlenden »Fluchtdistanz« vieler Lebewesen auf den Inseln. Eine von Feinden ungestörte Entwicklung hatte ihnen die Scheu vor unbekannten Lebewesen fast vollständig genommen.

Natürlich hatte Loki auch botanische Aufgaben. Insbesondere widmete sie sich der diversifizierten Buschwelt in der Trockenzone, dem Zeichnen und der Aufnahme der Passionsblume, der baumhohen Opuntia-Kakteen und der verschiedenen Spezies der Scalesia – der endemische Sonnenblumenbaum stellt gewissermaßen die botanische Parallele zu den Darwin-Finken dar. Wolfgang Wickler berichtet, dass Loki sehr gut auf die Expedition vorbereitet war.[17] Sie habe viele Pflanzen gleich vor Ort bestimmen können. Wie immer sammelte sie Samen und nahm auch einzelne Pflanzen für botanische Gärten mit nach Deutschland.

Und immer wieder schwamm die trainierte Schwimmerin vom Boot oder Strand aus in dem herrlich klaren Wasser des Ozeans. »Ist man erst einmal aus der Brandung heraus, schwimmt es sich wunderbar«, heißt es in ihrem Reisetagebuch. Die Äquatorsonne machte ihr allerdings erheblich zu schaffen. »Vor Sonne habe ich einen heillosen Respekt (...). Nachts vor Sonnenbrand nicht geschlafen, Lippen borkig, Augen verquollen, ich leide.« Schließlich musste Loki Schmidt einige Male auf die Hauptinsel Santa Cruz zurückkehren, einmal sogar ins Hospital: Diagnose Sonnenallergie. Dennoch konnte sie die Forschungsreise fortsetzen, an Bord des Schiffes nun immer unter dem Sonnensegel und an Land nur noch »dick vermummt wegen der Sonne«.[18]

Bei aller Begeisterung für die Schönheit und weitreichende Unversehrtheit der Tier- und Pflanzenwelt – während der Reise stieß man auch auf problematische Befunde. So war das Einschleppen von nicht heimischen Haustieren und deren Verwilderung auf den Inseln nicht zu übersehen. Es gab Katzen, Hunde, Schweine und Ziegen, die den Lebensraum der hier beheimateten Tiere erheblich gefährdeten. »Eines Morgens wachten wir auf unserem kleinen Schiff auf und sahen, wie sich auf der nahen Insel mehrere Schildkröten mühsam vom Strand zurück ins Wasser bewegten. Wir sind sofort mit einem kleinen Boot hingefahren. Am Strand haben wir festgestellt, dass alle Schildkrötengelege von verwilderten Schweinen ausgeräubert waren.«[19] Diese Bedrohung ist seit Lokis Aufenthalt in den siebziger Jahren noch stärker geworden, sodass man sich schließlich vor wenigen Jahren zu einem ersten Schritt, der Ausrottung wilder Ziegen, entschlossen hat.

Ausgangspunkt der Galápagos-Expedition war die Charles-Darwin-Station auf der Insel Santa Cruz. Hier hatten Wickler und Seibt zu klären, ob die Max-Planck-Gesellschaft diese in den sechziger Jahren gegründete Forschungseinrichtung auch zukünftig finanziell unterstützen sollte. Für Loki boten diese ersten Tage die Gelegenheit, die Arbeit der ortsansässigen Wissenschaftler kennenzulernen. Der Eindruck von der Station war positiv, und die damalige Entscheidung für die weitere Förderung durch die Max-Planck-Gesellschaft wurde bis heute nicht revidiert. Eine Entscheidung im Übrigen ganz im Sinne Loki Schmidts; denn das Institut erschließt und schützt den ursprünglichen Lebensraum auf diesen vulkanischen Inseln nicht mehr allein durch seine Forschungsschwerpunkte, sondern gibt inzwischen auch Hilfestellung bei der Umwelterziehung in den Inselgemeinden und deren Schulen. Ebenso werden die Touristen, deren Zahl ständig anwächst, informiert. Das ist auch dringend geboten, da trotz Reglementierung inzwischen 150 000 Besucher pro Jahr auf den Inseln zu verzeichnen sind. Der Touristenansturm und die damit verbundene wirtschaftliche Expansion haben die Einwohnerzahl von 4000 im Jahr 1974 auf heute mehr als 30 000 Bewohner ansteigen lassen. Was bei Lokis Schmidts Besuch zu erahnen war, ist heute Gewissheit: Das Galápagos-Paradies ist in seiner Einzigartigkeit erheblich gefährdet.

Wieder hatte Loki Schmidt versucht, die Reise vor der Presse geheim zu halten. Schon während des Anflugs von Quito aus aber stand fest, dass zwei deutsche Journalisten ihre Reisepläne kannten und mit in der Maschine saßen. Einen Weinkrampf habe Loki bekommen, berichtet Wolfgang Wickler, so sehr habe sie sich auf die Abgeschiedenheit gefreut und so angespannt sei sie bei der Anreise noch gewesen.[20] Den beiden Journalisten konnte die Expeditionsgruppe mit einiger Finesse dann doch entkommen. Man sagte das für die Inseltour bereits vorbestellte Boot ab und charterte ein kleineres und älteres Boot. Der Start für die Inselkreuzfahrt wurde auf eine nächtliche Stunde verlegt.

Das recht einfache Schiff der Reisegruppe sollte in einem *Spiegel*-Artikel von Hermann Schreiber noch eine besondere Rolle spielen. Er berichtet, Loki Schmidt sei gereist »auf einem kleinen, umgebauten Fischerboot. Dort gab es, unter Deck, zwei Räumlichkeiten. Die eine war eine Kombination aus Motorraum und Küche. Die andere war so eine Art Aufenthaltsraum: entlang den Wänden zwei parallele Stahlrohre mit Segeltuch dazwischen und Matratzen drauf, in der Mitte ein Tisch und darunter die Vorräte. Es waren ihrer sechs auf dieser Seereise, der Kapitän, sein Schiffsjunge, Professor Wickler und seine Mitarbeiterin Dr. Uta Seibt; schließlich eben Frau Hannelore (Loki) Schmidt, Gattin des deutschen Bundeskanzlers, begleitet von einem ihrer vier Sicherheitsbeamten, Ernst-Otto Heuer. Professor Wickler und Frau Dr. Seibt blieben Nächtens an Deck; alle übrigen Teilnehmer der Expedition schliefen unten, auf diesem Matratzenlager.« Und Schreiber fährt fort: »Die Frau des deutschen Regierungschefs auf den Spuren der Leguane? Dass dies eine – mindestens von manchen Massenmedien – pikant angerichtete Fragestellung sei, kann Bonns Second Lady, die sich weiterhin primär als Frau Schmidt begreift, nun nicht mehr übersehen.«[21]

Am Ende zeigt sich Schreiber noch erstaunt, dass der Kanzler keine Einwände gegen »Lokis Lust am Abenteuer« hege, sondern sie sogar beneidet habe. Es wird deutlich, dass eine eigenständige und unabhängige Kanzlergattin, die sich über manche Konvention hinwegsetzte, noch in den späten siebziger Jahren nicht recht ins Bild passte, selbst für den sich kritisch und fortschrittlich wähnenden *Spiegel* nicht.

Südamerikareisen:
Die Erkundung eines Kontinents

Als Naturforscherin hatte es Loki Schmidt der südamerikanische Kontinent besonders angetan. Schon als junger Mensch hatte sie über Alexander von Humboldt und seine Expeditionen auf diesem Kontinent gelesen und war von seinen Forschungsreisen und -erfolgen begeistert. Alexander von Humboldt war »ihr Held«, wie sie selbst formulierte. Als sie in den siebziger Jahren die Gelegenheit bekam, hat sie Südamerika nahezu systematisch bereist: Sie reiste von Venezuela im Norden bis nach Feuerland am südlichen Zipfel, von Brasiliens Westküste, wo sie z. B. Schutzkonzepte für Schildkröten kennenlernte, nach Argentinien zu den Robbenkolonien auf der Halbinsel Valdés, bis an die Küsten von Ecuador, Peru und Chile. Immer wieder zog es sie in die Urwälder des Amazonas, auf die Forschungsstation der Max-Planck-Gesellschaft in der Nähe der Tropenstadt Manaus.

Ecuador, Peru und Bolivien

Loki Schmidts erste Reise nach Südamerika im Frühjahr 1979 hatte drei sehr verschiedene Programmpunkte. Zunächst besuchte sie vom 10. März bis zum 25. März mit einer Gruppe von deutschen Archäologen Monumente der lateinamerikanischen Frühgeschichte in Ecuador, Peru und Bolivien. Der zweite Teil befasste sich vom 26. März bis zum 2. April 1979 mit tropenökologischen Fragen im Amazonasgebiet. Im dritten Abschnitt schließlich begleitete Loki bis zum 12. April 1979 ihren Mann auf einer Kanzlerreise nach Brasilien, Peru und in die Dominikanische Republik. Es handelte sich dabei im Übrigen um die erste offizielle Besuchsreise eines deutschen Bundeskanzlers in Südamerika.

Bei den Überlegungen für ein offizielles Gastgeschenk an den peruanischen Präsidenten war im Auswärtigen Amt die Idee entstanden, ein archäologisches Projekt in Peru zu fördern. Man war überzeugt, dass einerseits die Aufarbeitung der Frühgeschichte für die südamerikanischen Länder und deren nationale Identitäten von hoher Bedeutung war. Andererseits war die ausschließliche Konzentration auf die antike Kultur in Europa und Vorderasien, wie sie in der deutschen Archäologie und insbesondere im staatlichen Deutschen Archäologischen Institut (DAI) vorherrschte, nicht zeitgemäß und zukunftsorientiert.

Obwohl das DAI in diesen Jahren noch zum Auswärtigen Amt gehörte, zeigte es sich gegenüber Versuchen politischer Einflussnahme reserviert. Die Wissenschaftler des DAI ließen sich ungern in ihre Zielsetzungen und Aktivitäten hineinreden. So kam im Kanzleramt die Idee auf, die Kanzlergattin als Schirmherrin einer Archäologengruppe einzusetzen, diese als offizielle Reisegruppe im Rahmen des Kanzlerbesuches zu deklarieren und die Volkswagenstiftung für ein Entwicklungs- und Forschungsprojekt in Peru zu gewinnen. Letzteres gelang dank der Vermittlung des ehemaligen Bundesforschungsministers Hans Leussink, der mit Schmidt im Kabinett von Willy Brandt gesessen hatte und ein Vertrauter Helmut Schmidts geblieben war.

Bei dem Forschungsvorhaben ging es um die Erschließung und Erhaltung von Kulturgut in den Ruinen von Cerro Sechín, einer antiken Anlage etwa 350 Kilometer nördlich von Lima, die etwa 1800 bis 1300 vor unserer Zeitrechnung entstanden ist. Die spektakulärsten Ausgrabungen sind ca. 300 Steinreliefs auf der großen Mauer des Haupttempels. Sie zeigen Abbildungen von Kriegern oder Priestern. Im Beisein des deutschen Botschafters und ranghoher staatlicher und wissenschaftlicher Vertreter der peruanischen Seite wurde vor Ort der Kooperationsvertrag zwischen Peru und Deutschland unterzeichnet und damit die wissenschaftliche archäologische Arbeit auf Jahre hin in Cerro Sechín gesichert.

Mit Hans Leussink vor einer Mauer aus der Vorinkazeit, Peru

Vorgeschlagen hatte das Projekt der Mannheimer Archäologe Henning Bischof, der auch die wissenschaftliche Vorbereitung der Reise übernahm. Gerne erinnert er sich noch heute an die anstrengenden, aber ertragreichen Wochen in Peru. Loki sei eine unkomplizierte und liebenswerte Schirmherrin gewesen, deren natürliche Autorität von der Gruppe und in den Gastländern anerkannt worden sei.[22] Die Reisegruppe bestand aus insgesamt elf Personen: Fünf Archäologen, Loki Schmidt und ihrer Tochter Susanne, Wolfgang Wickler und Uta Seibt, ihren Vertrauten vom Max-Planck-Institut in Seewiesen. Begleitet wurde Loki von dem Sicherheitsbeamten Günter Warnholz und ihrem Reisefachmann Alf Dickfeld, der noch viele weitere ihrer Forschungsreisen organisieren und begleiten sollte. Auch nach der Reise hielt Loki Schmidt die Verbindung zu den ihr zuvor unbekannten Archäologen aufrecht. Das »Netzwerk Loki Schmidt« hatte mit dieser ersten Südamerikareise einen neuen, archäologischen Strang erhalten.

Auf der Tour wurden Zeugnisse der Inkakultur (aus dem 14. bis 16. Jahrhundert) – wie die Stadt Cusco und die einstige Wohn- und Festungsanlage Machu Picchu – besichtigt, man sah sich aber auch Keramiken der Valdivia-Kultur (bis etwa 3000 v. Chr.) an. Für Loki Schmidt gab es dazu in allen drei Hauptstädten – Lima, Quito und La Paz – immer auch ein offizielles Programm mit Begrüßungen und Abendempfängen durch die Botschafter, in Ecuador auch einen Besuch im Außenministerium. Das Programm des Kanzlers war dagegen weniger umfangreich.

Ausgangspunkt der archäologischen Reise war Ecuador mit seiner Hauptstadt Quito. Von hier aus ging es nach Cotocollao (Siedlungsspuren und Bestattungen) und Cochasquí, einer vorspanischen Ruinenstätte mit etwa 20 Grabhügeln und 15 Erdpyramiden. Eine zweite Expedition ging auf die Halbinsel St. Elena, in den kleinen Küstenort Valdivia sowie nach Real Alto mit einer antiken Dorfanlage. Unter anderem ließ sich in dieser Region auch die frühe Agrarwirtschaft und Züchtung von Kulturpflanzen wie Mais, Bohnen, Maniok oder Baumwolle studieren.

Schwerpunkt dieser archäologischen Reise war eindeutig Peru. Zwei Wochen hielt die Gruppe sich hier auf, die Hauptstadt Lima war auch aus verkehrstechnischen Gründen des Öfteren Ausgangspunkt der einzelnen Expeditionen. Die Felszeichnung Candelabro de Paracas auf der gleichnamigen Halbinsel und die weltberühmten Erdzeichnungen von Nazca waren die Höhepunkte des Peru-Aufenthalts. Hier war die Gruppe mit Maria Reiche verabredet. In den frühen dreißiger Jahren war die deutsche Mathematikerin und Physikerin nach Peru gekommen und hatte 1946 mit der Erforschung der sogenannten Nazca-Linien begonnen, die erst zwei Jahrzehnte zuvor entdeckt worden waren. In einem Hubschrauber überflog Loki Schmidt mit ihr die nur aus der Luft gut erkennbaren, bis zu 20 Kilometer langen Linien, geometrischen Formen, Figuren und Tierbilder, die in die Geröllwüste geritzt sind. Fast 1000 Linien und 50 Figuren hatte die Mathematikerin bereits vermessen, gereinigt und freigelegt. Die für Loki Schmidt zentrale Frage war die nach der Funktion dieser Abbildungen. Bemerkenswert fand sie, dass die Menschen, die die gigantischen Gebilde produziert hatten, diese in ihren ganzen Ausmaßen gar nicht hatten betrachten und erkennen können. Eine letztgültige Antwort auf die Bestimmung der Nazca-Linien konnte Maria Reiche nicht geben, aber Loki notierte ihre Hypothese: »Frau Reiche war der Meinung, die Nazca-Linien seien für die Götter bestimmt gewesen.«[23] Die 76 Jahre alte Dame, die in ziemlicher Armut und Abgeschiedenheit in einer kleinen Hütte am Rande der etwa 500 Quadratkilometer großen Nazca-Ebene lebte und sich ausschließlich ihrer Forschung verschrieben hatte, beeindruckte Loki zutiefst.

Chan Chan, die alte Königsstadt des präkolumbianischen Chimú-Reichs, die Ruinen von Moche und die auf 3500 Metern Höhe gelegene Stadt Cusco, die von den Inkas am vermeintlichen Nabel der Welt erbaut worden war, waren die Ziele der folgenden Exkursionen. Cusco und ihre berühmten Inkamauern waren Loki seit ihrer Schulzeit ein Begriff. Ein Lehrer der Lichtwarkschule hatte in Lokis und Helmuts Klasse von seinem Besuch dort berichtet und die Schutzmauern der Inkas genau beschrieben – als riesige, bis zu 4 Meter hohe Mauern, aus kleineren Felsbrocken und Steinen passgenau zusammengefügt. »Was uns der Lehrer erzählt hatte, sah ich nun bestätigt.« Alles war ohne jegliches Bindematerial so perfekt geschichtet, »dass ich nicht einmal mit meinem Taschenmesser dazwischen stechen konnte.«[24] Von Cusco aus ging es mit der Eisenbahn zu der erst 1911 wieder entdeckten Ruinenstadt Machu Picchu, anschließend nach Ollantaytambo, einer in wesentlichen Teilen erhaltenen, kunstvoll angelegten und heute noch bewohnten Inka-Stadt. In Machu Picchu, die auf einem über 2000 Meter hohen künstlichen Plateau gelegene Inka-Siedlung, galt Lokis besondere Aufmerksamkeit der Anlage von Terrassen für die Landwirtschaft. »Die Gründe dafür habe ich gleich erfahren: Die Inkas verfuhren so wie Menschen an anderen Plätzen, an denen Terrassenbau angewandt wurde oder wird: Ganz oben pflanzten sie Lupinen. Die sind wie andere Schmetterlingsblütler in der Lage Stickstoff in kleinen Knollen zu speichern. Wenn es regnet, löst sich ein bisschen von dem Stickstoff, sodass die darunter liegenden Stufen gedüngt werden.«[25] Am Ende des Peru-Aufenthaltes ging es in einer zehnstündigen Bahnfahrt über den Pass La Raya, den mit 4321 Metern höchsten Punkt der Reise, zum Titicacasee, der in zwei Ländern (Peru und Bolivien) liegt und mit über 8000 Quadratkilometern mehr als 15-mal größer als der Bodensee ist. Mit etwa 180 Kilometern Länge und bis zu 70 Kilometern Breite ist er der zweitgrößte See Südamerikas. Auch die Höhenlage ist mit über 3800 Metern extrem. Im dortigen Hotel standen überall Sauerstoffflaschen für Gäste zur Verfügung, Loki Schmidt musste sie zwar nicht benutzen, andere aus ihrer Reisegruppe aber schon.

Bei der Stadt Puno an der peruanischen Seite des Sees besichtigte die Reisegruppe die Schilfinseln der Urus, einer kleinen indigenen Gruppe. Sie leben auf selbst angelegten, schwimmenden Inseln aus Schilf, das sie an den Rändern des Titicacasees ernten. »Wenn man eine Insel betritt, muss man aufpassen, dass man nicht so tief einsinkt, denn sie schwimmt. Jedes Jahr, oder jedes halbe Jahr werden neue Packungen von Schilf geholt und draufgepackt, damit das Ganze stabil bleibt.«[26] Für die ehemalige Lehrerin war es besonders bewegend zu hören, dass die Kinder oft allein und manchmal bis zu zwei Stunden über den See rudern, um ihre ebenfalls auf Schilfinseln gelegenen Schulen zu erreichen. Wegen des gerade am Nachmittag, bei der Heimfahrt der Kinder oft aufkommenden Windes ist dies sicher einer der gefährlichsten Schulwege der Welt.

Mit einem Tragflügelboot überquerte die Gruppe den See und gelangte zur bolivianischen Uferseite. Von dort aus besichtigte man auf dem Weg nach La Paz die bedeutendste präkolumbianische Fundstätte Boliviens, die Ruinenstadt Tiwanaku. Diese ehemals große Tempel- und Handelsstadt mit zeitweise bis zu 50 000 Einwohnern, ist berühmt für ihre 14 Meter hohe Stufenpyramide, das Sonnentor und die Steinstatuen »Mönch« und »Bischof«. Wie immer schoss Loki auch an diesem Ort eigene Fotos und klebte diese später sorgfältig beschriftet in ein Fotoalbum ein. Ihr Ende fand diese archäologische Abenteuerreise mit einer Besichtigung der Hauptstadt La Paz, der mit 3600 Metern am höchsten gelegenen Hauptstadt der Welt.

Die Reise durch die drei Andenstaaten führte Loki Schmidt an ihre körperlichen Grenzen. Eine Woche nach Reisebeginn, am 14. März 1979, schrieb sie in ihr Tagebuch: »Die Allergie unter der linken Brust tut weh und mehr noch die Rippen bis zum Schulterblatt.« Am nächsten Tag musste sie nach der Tagestour einen Arzt aufsuchen, der Gürtelrose diagnostizierte. Trotzdem stand Loki am nächsten Morgen »mit dicken Schmerzen« um 5 Uhr auf und flog mit nach Pisco und von dort zur Halbinsel Paracas. Abends um 10 Uhr zurück in Lima, ordnete der Arzt Ruhe an, woran sie sich jedoch nur einen Tag lang hielt. Schon am übernächsten Tag ging sie wieder mit auf Expedition, obwohl die Schmerzen trotz starker Medikamente noch einige Tage anhielten. »Um 5 Uhr aufgestanden mit Hängen und Würgen«, hielt sie am 20. März 1979 fest, erst danach trat langsam Besserung ein.[27]

Die Reisegruppe allerdings bekam von Lokis Erkrankung nicht viel mit. Einige wussten zwar, dass sie eine Gürtelrose hatte, aber über ihre Schmerzen und Unpässlichkeiten, über die Konsultation eines Arztes gar, redete sie nicht. Im Gegenteil: Loki bemühte sich um die Mitreisenden, sorgte für den Zusammenhalt der Gruppe, sprach mit allen und »trägt viel dazu bei, dass alle miteinander harmonieren«, wie einer der Teilnehmer formulierte.[28] Loki erwies sich auch im praktischen Handeln als echte »Schirmherrin«, wie sie von der Gruppe genannt wurde. Auch ihre »beeindruckende Disziplin« fällt auf, wenn sie etwa bei langen Anfahrten die Zeit für ihr Reisetagbuch nutzt, manchmal auch für Zeichnungen, während andere schlafen. Auf der stundenlangen Bahnreise zum Titicacasee ergab sich eine gemeinsame Skatrunde: Loki Schmidt, ihr Sicherheitsbeamter Günter Warnholz und der Organisator der Reise, Alf Dickfeld. Als sie Jahre später für eine Veröffentlichung die alten Unterlagen durchschaute, fand sie den Punktezettel der Skatrunde. Spontan schickte sie Kopien an die beiden damaligen Mitspieler und konnte sich eine lustige Bemerkung über ihren »ersten Platz« nicht verkneifen.

Argentinien

Auf ihrer Galápagosreise 1977 hatte Loki Schmidt Pinguine, Kormorane und Robben beobachtet, also Tierarten, die man am Äquator eigentlich nicht vermutet, die aber wegen des kalten Humboldtstroms auf dieser Inselgruppe günstige Lebensbedingungen vorfinden. Nun machte sie sich im Januar 1981 nach Argentinien auf, um in Patagonien dieselben Tierarten in dortigen Schutzgebieten zu erleben.

Es war eine Reise, bei der sie in Argentinien mehr als elftausend Kilometer zurücklegte. Sie durchquerte das gesamte Land, von Buenos Aires bis Ushuaia, der südlichsten Stadt des Landes, im Osten bis zur Halbinsel Valdés. Wie auf jeder Reise führte Loki Schmidt ein Tagebuch, und bei dieser Reise veröffentlichte sie ihre Reisenotizen in einer großen deutschen Illustrierten, der *Bunten*. Der auf Tier- und Naturaufnahmen spezialisierte Fotograf der *Bunten*, Ulli Skoruppa, begleitete sie auf dieser Reise. Zurück in Deutschland wollte die Redaktion Loki einen Ghostwriter an die Seite stellen. Loki lehnte ab, ihre Aufzeichnungen wollte sie selbst für den geplanten Abdruck bearbeiten, und so ging der Text ohne Änderungen in Druck. Somit reüssierte Loki Schmidt im Alter von 62 Jahren als Reiseschriftstellerin, der Leser merkt ihre Freude am Erzählen. Bis heute ist der Text nie wieder zitiert oder abgedruckt worden. Es lassen sich hier ihre präzise Beobachtungsgabe, ein Gespür fürs Szenische und ihr lakonischer Ton wunderbar erkennen:

Erster Tag
Der Polyglott-Führer hat recht: Die 275 Wasserfälle des Iguazu sind in ihrer vielfältigen Abstufung und in ihren Einbuchtungen mit den unglaublichen Wasserschleiern ein großes Erlebnis – beeindruckender noch als die Niagarafälle. Unser Weg zu den Wasserfällen führt durch Regen-Urwald mit Bromelien und Orchideen, auch sehe ich eine kleine weiße Passionsblume. An den Felsen wilde Begonien. Fabelhafter Blick auf den Wasserfall mit riesigem Regenbogen ...

Vierter Tag
Viehzusammentrieb in der Pampa. Gauchos mit holzgeschnitzten Steigbügeln sitzen auf dicken Fellsätteln. Jeder dieser argentinischen Cowboys versucht, sieben gleichfarbige Pferde zu haben – für jeden Tag der Woche eines. Die Gauchos hier gehören zu einer Estanzia, deren Besitzer einen Teil des Gebietes einer Stiftung zum Schutze der Natur zur Verfügung gestellt hat. Die Landschaft erinnert mich an unsere Wattengebiete. Eingestreut sind kleine Gehölze. In dem Schutzgebiet leben rund 150 Pampashirsche, die letzten, die es auf der Welt gibt. Habe selbst 15 zu sehen gekriegt und vom Jeep aus viele Wasservögel beobachtet: rosa Löffler, Schwarzhals-Schwan, verschiedene heimische Enten, Ibisse,

Reiher. *In einem kleinen Holz finden wir große Nester von*
Papageien (grünblau) und sehen verschiedene Fliegenschnäpper
(einer war knallrot). In Baumhöhle ein schlafendes Opossum.
Zwei kleine Eulen im Gras. ...

Siebenter Tag
Ushuaia, die südlichste Stadt der Welt, hat noch viele alte Well-
blechhäuser. Manche erinnern in ihrer Farbigkeit an Island und
Nordskandinavien. Ich entdecke drei verschiedene Nothofagus-
Bäume – davon eine Sorte immergrün. So hab' ich mir Feuerland
nicht vorgestellt. Aber ein Vergleich mit der nördlichen Halbkugel
zeigt: Ushuaia liegt ungefähr auf dem gleichen Breitengrad wie
Hamburg – nur in entgegengesetzter Richtung ...
Nachmittags unterwegs nach Harberton auf die Estanzia der
Goodalls. Die Estanzia (Anfang des 19. Jahrhunderts gebaut) ist
die älteste in Feuerland. 250 000 Hektar groß, drei Berge über
1000 Meter, sechs Seen, zwei Flüsse, etwa 6000 Schafe, und
400 Kühe. Die Tiere bleiben auch während des Winters draußen.
Frau Goodall zeigt uns zwei Orchideen-Arten (gavilea lutea und
gavilea littoralis), Pernettya blühend und fruchtend und »senecio
smithii«...

Zehnter Tag
Abfahrt von Calafate zum Moreno-Gletscher bei strahlendem
Sonnenschein. Unsere dicken Winterjacken brauchen wir
ausnahmsweise nicht – wir haben ja Hochsommer. Bei der
Abzweigung zum Gletscher-Nationalpark sehen wir riesige rote
Sauerampfer-Felder, fahle Grashalden, einen türkisfarbenen See,
bewaldete Berge, Samenstände von Anemonen, große gelbe
Veilchen, einblütige Pantoffelblumen, viel Berberitzen und späte
(als Unterholz) reichblühende Fuchsien. Hinter einer Wegkehre
stehen wir plötzlich vor der riesigen Gletscherwand. Wunderbare
Blautöne. Häufig bricht ein großes Stück ab und klatscht ins
Wasser. Es gibt ein gewaltiges Echo, erst wie Peitschenknall, dann
wie rollender Donner. Wir stehen am Abhang und staunen ...

Zwölfter Tag

*Wecken um 5 Uhr früh. Verschlafenes Frühstück. 6 Uhr Abfahrt
zur Halbinsel Valdés. Wieder gleichförmige Buschsteppe. Einzelne
Guanakos, Schopfsteißhühner mit putzigem Federbusch auf
dem Kopf laufen über den Weg. Die Männchen bauen die Nester,
verschiedene Weibchen legen grünliche Eier hinein. Männchen
brütet und führt die Jungen. Diese Hühner sind Artverwandte
der Nandus (wenig später kreuzt ein Nandu-Vater mit seinen
20 Jungen den Weg). In Punta Norte große Mähnenrobbenkolonie.
Zwischen goldbraunen Alten viele schwarze Junge. Insgesamt etwa
400 Tiere: viel Streit um die Damen. Abends Riesengewitter ...*

Dreizehnter Tag

*Die Wege stehen zum Teil immer noch unter Wasser und sind
nicht mehr befahrbar. Wir müssen uns mit dem Auto seitwärts
in die Büsche schlagen. Im Nordosten, bei der Lagune Valdés,
mit Schlauchboot auf eine größere Insel. Dort leben rund
100 Guanakos. Sie galoppieren in Gruppen mit hoch erhobenem
Kopf an uns vorbei. Wiehern dabei wie Pferde. Auf einer zweiten
Insel sehen wir See-Elefanten, ausschließlich Jungtiere. Die Alten
ziehen 28 Tage nach der Geburt und neuer Hochzeit in den Süden.
Die Jungen folgen später nach. Beim Näherkommen reißen die
See-Elefanten ihr Maul auf und zeigen die spitzen Zähne. Wenn
man ihnen weiter auf die Pelle rückt, kullern ihnen dicke Tränen
aus den schönen Augen. Dann robben sie rückwärts ins Wasser ...*

Vierzehnter Tag

*Morgens ab Trelew in den Gärten der Stadt Gewächse wie Hibiskus,
Bleiwurz und Bougainvillen gesehen. Dann wieder einförmiges
Patagonien: kleine Quilimbay-Büsche mit gelben Korbblüten,
dazwischen wenig Gras. Kurz vor der Küste wird das Land hügelig –
wahrscheinlich bewachsene Dünen. Und plötzlich Meer und
Pinguine. Sie schreien wie Esel. Altvögel watscheln zum Meer.
Sie graben bis 95 Zentimeter tiefe Erdhöhlen mit Schnabel, Füßen
und den Stummelflügeln. Zwei Pinguine zanken sich um ihr*

Territorium, knurren dabei wie wütende Hunde. Mit kräftigen
Schnäbeln hacken sie wild aufeinander ein und sind blut-
verschmiert. Der Unterlegene flüchtet, verfolgt vom Sieger, der
bald zufrieden zu seinem Bau zurückkehrt.
Die Landschaft verändert sich wieder – goldgrüne Grasbüschel
anstelle kahler, vielfarbig rundgeschliffener Steine. Keine
Pinguine mehr, dafür eine große Dominikanermöwen-Siedlung.
Mit trockenen Zweigen wehren wir ihre Sturzflüge und die Angriffe
der Raubmöwen ab. Das Ende der Landzunge ist dicht bevölkert
mit Königs- und Felsenkormoranen. Auf den napfförmigen Nestern
aus Guano sitzen im Augenblick weitgehend Jungvögel. Am
Horizont sehe ich plötzlich einen merkwürdigen gelblichen
Streifen. »Das ist Nebel«, sagt jemand. Innerhalb von zwei Minuten
kommen wir uns vor wie in einer Waschküche. Richtiges
Schmuddelwetter, wie bei uns in Hamburg ... [29]

Am Ender der achtziger Jahre sollte Loki noch einmal nach
Feuerland zurückkommen. Dieses Mal in den chilenischen Teil,
nach Punta Arenas. Hier startete sie auf dem deutschen Forschungsschiff »Polarstern« eine Reise in die Antarktis.

Amazonien

»Amazonas – schon das Wort schmeckt nach Abenteuer, Geheim-
nis, Gefahr und löst stets Gruselbilder aus von grüner Hölle, Pi-
ranhas, Schlangen und Kopfjägern.« [30] Hierher, an den Amazonas,
zog es sie. Gleich drei Mal machte sie sich auf den Weg: 1979,
1982 und 1985, immer nach Manaus, immer auch an das Forschungsinstitut der Max-Planck-Gesellschaft, das hier in Kooperation mit dem brasilianischen Instituto Nacional de Pesquisas
Amazônia (INPA) seit den frühen sechziger Jahren tropenökolo-
gische Forschungen betreibt. Als wissenschaftlicher Einstieg in
das Thema hatte ihr offenbar auch ein sorgfältig recherchier-
tes, mit Schreibmaschine geschriebenes Manuskript gedient, das
mit dem oben zitierten Satz des bekannten Reiseschriftstellers

Loren McIntyre beginnt, und das sie zusammen mit ihren persönlichen Unterlagen im Archiv sorgfältig ablegte. Es handelt sich um eine Art Forschungsbericht, mit vielen Details zu Flora und Fauna, aber auch zur Kulturgeschichte Amazoniens, der eine gute Grundlage zur Einarbeitung gewesen sein mag.

1979 besuchte sie zum ersten Mal Manaus und das Amazonas-Gebiet. Bei der Vorbereitung ihrer großen archäologischen Südamerikareise durch vier Länder hatte sie von Bonn aus Kontakt zu dem Amazonasforscher und Limnologen Professor Harald Sioli vom Max-Planck-Institut für Tropenökologie in Plön aufgenommen, einer der größten Experten weltweit für das Amazonasgebiet. Sioli hatte schon seit 1934 als junger Wissenschaftler immer wieder über lange Zeiträume im Amazonasgebiet geforscht und das brasilianische Forschungsinstitut INPA mit aufgebaut. Die von ihm getroffene hydrochemische Unterscheidung der Gewässertypen Schwarz-, Klar- und Weißwasser und deren Zuordnung zu verschiedenen Bodentypen galt als Pionierleistung.[31] Damit war der Blick auf das Gesamtsystem des Amazonasgebiets gerichtet: auf den Zusammenhang von Gewässern, Flora und Fauna und vor allem auch auf die Frage, wie sich auf extrem nährstoffarmen Böden ein derart üppiger Tropenwald über Hunderttausende von Jahren hat entwickeln können. Harald Sioli beschrieb einen sich ständig wiederholenden, geschlossenen Kreislauf derselben Nährstoffe durch die unzähligen Organismen des Amazonischen Urwalds: durch seine Pflanzen, Tiere und Mikroben. Der Wald, so Sioli, »wächst also nicht aus dem Boden heraus, sondern nur auf ihm, benutzt ihn fast nur zu seiner mechanischen Fixierung. Nur die alleroberste, etwa 20–30 cm dicke Bodenschicht ist in den Kreislauf der Nährstoffe einbezogen.«[32] Aus dieser grundsätzlichen Einsicht ergeben sich viele weitere Fragen und Aufgaben. Wie läuft dieser Prozess in den Überschwemmungszeiten ab? Welchen Anteil genau haben die verschiedenen Pflanzen und Tiere? Und welches Leben findet sich z. B. in den kaum zugänglichen Kronen der riesigen Urwaldbäume?

Mit Tochter Susanne in den Überschwemmungswäldern bei Manaus, 1979

Diese und andere Fragen haben Loki Schmidt fasziniert, die Chance, Wissenschaftler bei ihrer Arbeit im Tropenwald zu begleiten, wollte sie nutzen. Bei ihrer ersten Südamerikareise 1979 waren es nur wenige Tage, die sie am Amazonas bleiben konnte, da sie ihren später anreisenden Mann auf seinem offiziellen Besuchsprogramm begleiten sollte. Von Harald Sioli avisiert, hatten die deutschen Wissenschaftler vor Ort eine Flussreise geplant, bei der Loki erste Eindrücke vom Ökosystem des Amazonas gewinnen sollte. Allerdings hatten die brasilianischen Verantwortlichen darauf bestanden, dass Loki, schon aus Sicherheitsgründen, nicht auf dem kleinen Forschungsschiff des Max-Planck-Instituts, sondern auf einem eigens für sie gecharterten luxuriöseren Boot reisen sollte. Bald schon aber wechselte Loki die Seiten und blieb die meiste Zeit bei den Wissenschaftlern. Zu Beginn sei man schon befangen und reserviert gegenüber dem »hohen Besuch«

gewesen, erinnert sich Wolfgang Junk, einer der damals beteiligten Max-Planck-Forscher.[33] Schnell aber erkannten die Männer Lokis genuines Interesse an ihrer Arbeit und akzeptierten sie als Fachfrau. Für Loki verlief der Aufenthalt auf dem Forschungsschiff so, wie sie es beabsichtigt hatte. Sie beobachtete die Forscher bei der Arbeit, konnte Fragen stellen, half bei der Entnahme von Wasserproben, oder sammelte nachts mit Dr. Adis am Strand die von ihm erforschten, nachtaktiven Laufkäfer.

Vor allem aber gewinnt sie einen tiefen Eindruck von dem gigantischen Naturwunder Amazonas. Der Strom ist mehrere Kilometer breit, angrenzendes Schwemmland macht es schwer, die Grenzen zwischen Wasser und Land zu erkennen. Loki sah bis zu 100 Meter lange, im Fluss treibende Grasinseln mit ganz eigenen Biotopen. Besonders beeindruckt war sie vom Zusammenfluss von Rio Solimões und Rio Negro flussabwärts von Manaus, dem Punkt also, ab dem der Strom Amazonas heißt. Das Wasser des lehmig-braunen Solimões und das dunkelbraune, fast schwarz wirkende, aber klare Wasser des Rio Negro verquirlen erst sehr langsam und bilden über Kilometer die erstaunlichsten Muster.

Vom Forschungsschiff aus machte sie mit Harald Sioli kleine Touren in einem Paddelboot. Insbesondere interessierte sie die Victoria amazonica – eine riesige Seerosenart, deren Blätter Gewichte bis zu 60 Kilo tragen können –, für deren Blüten und ihre Bestäubung. »Die Seerosen blühten gerade. Ich wusste, dass sie abends aufgehen, sehr stark duften und damit Bestäubungsinsekten anlocken. (…) Ich habe mir mit dem Taschenmesser eine Blüte abgeschnitten, um zu sehen, ob darin Bestäubungsinsekten waren. Sechsundfünfzig Stück habe ich aus dieser einen Blüte herausgeholt, kleine, schwarze Käfer, die aussehen wie unsere Mistkäfer in Kleinformat, männerdaumennagelgroß!«[34] Darüber hinaus entdeckte sie den in Europa unbekannten Kaktus Selenicereus wittii, der im dunklen Regenwald dadurch überlebt, dass er mit seinen breiten, blattartigen Stängeln an den Stämmen hoher Bäume emporklettert und so

Die brasilianische Presse berichtet, 1982

zum Licht gelangt. Natürlich nahm sie für den Botanischen Garten in Bonn von diesem ungewöhnlichen Kaktus einen Ableger mit.

1982 kehrte sie für einige Tage an den Amazonas zurück, 1985 schließlich für mehrere Wochen. 1985 nahm sie an einer Expedition auf einem der Forschungsschiffe des Max-Planck-Instituts teil. Das Boot war knapp zwanzig Meter lang, und hatte eine Breite von nur vier Metern. An Bord wurde gearbeitet, gegessen und im Mittelteil des Schiffes unter Moskitonetzen auch geschlafen. Die Wissenschaftler in Hängematten, Loki hatte sich – inzwischen 66 Jahre alt – aus Hamburg eigens ein Klappbett mitgebracht.

Ziel dieser dritten Forschungsreise nach Amazonien war ein Inselgebiet des Amazonas, der Anavilhanas-Archipel. »Geforscht werden sollte, wo sich bodenlebende Insekten und ähnliche Tiere während der Überschwemmungsphase aufhalten. Schließlich kann das Wasser in der einmal pro Jahr wiederkehrenden Überschwemmungszeit bis zu 18 Metern steigen.« Außerdem, so Loki Schmidt, »waren wir gebeten worden, für das INPA Orchideen zu sammeln für eine Lebendsammlung und ein Herbarium. Einen kleinen Rest konnte ich mit nach Hamburg in den Botanischen Garten nehmen.«[35]

Was sich in der Kurzbeschreibung so einfach anhört, war in der Wirklichkeit des Tropenwaldes allerdings kein einfaches Unterfangen. Bis zu weit über 30 Meter waren hier die Bäume hoch, das Material musste aus den Baumkronen erst von einheimischen Hilfskräften, den Caboclos, heruntergeholt werden. D.h. sie kletterten ohne technische Hilfe hoch, verpackten die Bromelien in Säcke und brachten diese dann herunter. Ein abenteuerlicher und gefährlicher Vorgang. Auf dem Forschungsschiff wurden die Bromelien von Loki und Joachim Adis blattweise von außen entkernt und sorgsam alles Lebendige – Ameisen, Käfer und Hundertfüßler – rausgepickt und in Gläsern mit Alkohol konserviert.

»Das Spannendste war der Skorpion, den ich entdeckte. Ich will ihn mit der großen Holzpinzette fassen, da wuseln plötzlich lauter kleine Skorpione um den großen herum. Gott sei Dank hatte ich eine Glasschale, in die ich sie alle mit der Hand hineinschieben konnte. Es dauerte keine zwei Minuten, da hatten sich die kleinen Skorpione wieder oben auf dem Rücken der Mutter gruppiert, und ich konnte sie so gut wie nicht mehr erkennen. Zuvor hatte ich festgestellt, dass auf dem Rücken der Mutter bestimmte Absonderungen, vielleicht etwas wachsartiges, viele kleine Fächer bildeten. In die rutschten die Kleinen hinein. Ich habe leider nie einen Fachmann getroffen, der mir erklären konnte, woraus diese Fächer auf dem Rücken bestehen. Normalerweise findet man so etwas bei Skorpionen nicht. Die Fächer müssen demnach etwas mit dem Muttersein zu tun haben; vielleicht sind die Absonderungen Nahrung für die Kleinen.«[36]

Wie zu vielen anderen biologischen Fragen im Amazonasgebiet

musste eine Antwort auch auf diese Beobachtung offen bleiben. Weder in Manaus noch zu Hause in Deutschland konnten die von ihr befragten Wissenschaftler weiterhelfen. Aber Loki Schmidt trieb es bis ins hohe Alter um, dass sie keine vernünftige Erklärung für dieses Phänomen erhalten hatte.

Venezuela

1993 und 1994 unternahm Loki Schmidt ihre beiden letzten Expeditionsreisen auf den südamerikanischen Kontinent. Anlaufpunkt beider Reisen war Mérida – Hauptstadt des gleichnamigen Bundesstaats im Westen des Landes – und der hier erst zwei Jahre zuvor eröffnete Botanische Garten. Der Hamburger Gärtner Bernd Lohse hatte zu dem Garten in Mérida private Kontakte aufgebaut, nun fuhr Loki Schmidt mit einer Hamburger Delegation hierher, um einen Kooperationsvertrag für den Internationalen Gärtneraustauch zu unterschreiben.

Loki nutzte die Reise aber auch, um von Mérida aus in Tagestouren die botanische Vielfalt der Region kennenzulernen. »Der in den Anden gelegene Bundesstaat Mérida zeichnet sich durch einzigartige Schönheit und Biodiversität aus: Von den 22 größeren Vegetationseinheiten Venezuelas kommen nicht weniger als 18 hier vor«, konstatierte sie.[37] Sie erkundete Regenwaldareale, Kakteenwälder und höher gelegene Nebelwälder.

Beim letzten Tagesausflug vor der Abreise waren Lokis Kräfte plötzlich erschöpft, ihre Begleiter besorgt, sie selbst hielt in ihrem Tagebuch fest: »Trockener Kakteenwald mit sehr hoher Luftfeuchtigkeit. Die Kakteen sind voll mit Epiphyten. Ein zweiter Salzsee, fast ausgetrocknet. Es riecht stark nach Schwefelwasserstoff. Es fängt an zu dämmern, Fledermäuse fliegen. Wir steigen mühsam aus der heißfeuchten Luft, die nur unten steht, wieder aufwärts. Ich muss mich mehrmals hinsetzen und dann kann ich gar nicht mehr. Helmut [Poppendieck, R.L.] stützt mich, Manfred Klötzel zieht mich, es ist dunkel, Glühwürmchen blitzen. Vom kleinen Weg ist kaum etwas zu erkennen.

Flussfahrt bei Porto Velho, September 1982

Nach mehreren Pausen haben wir es geschafft, alle völlig nass-
geschwitzt und ich kaputt. Dann die Erkenntnis: außer Papaya
morgens hab ich noch nicht gegessen. Am Hotel wartet schon
Herbert Müller auf uns, weil es ja ein Abschiedsessen werden
soll. Aber alle wollen erst draußen an der Bar etwas trinken.
Nach süßem Saft geht es mir besser.« [38]

Zu einem Höhepunkt des Aufenthalts in Mérida wird die Fahrt
mit der längsten Luftseilbahn der Welt. Auf einer Streckenlänge
von über 12,5 Kilometern geht es aus der Stadt heraus bis zum
Pico Espejo in eine Höhe von 4765 Metern. Insgesamt gibt es fünf
Stationen, jedes Mal muss die Kabine gewechselt werden, die
letzte Etappe musste Lokis Reisgruppe allerdings wegen techni-
scher Probleme auslassen. Der Hamburger Biologe Helmut Poppendieck, der Loki auf dieser Reise begleitete, beschreibt die
überwältigenden Natureindrücke: »Es beginnt mit einem atem-
beraubenden Blick auf Mérida, das hoch über dem Flusstal des
Rio Chama liegt. Dann schwebt man über die Wipfel des Regen-
waldes. Cecropien mit silbrigweißen Blättern heben sich aus
dem Blütenteppich hervor. Die Lichtungen sind von Bambusdi-
kicht überzogen. Tillandsien und blühende Orchideen überwu-
chern alte, fast abgestorbene Baumriesen. Schließlich geht der
Nebelwald in die Hochgebirgslandschaft der Páramos über, und
der Blick schweift ungehindert auf die 5000 Meter hohen schnee-
bedeckten Gipfel.« [39]

Am Ende des Aufenthalts ging es mit dem Flugzeug nach
Puerto Ayacucho, im Südwesten des Landes, zu den berühmten
Inselbergen in dieser Region: Uralte, im Laufe der Zeit abge-
rundete, bis zu 200 Meter hohe schwarze Monolithe aus Granit,
die sich unvermutet und inselhaft aus einer ansonsten flachen
Ebene erheben. Bewachsen sind sie mit einer sehr besonderen
Pflanzenwelt: spezifische Blaualgen, in den Felsspalten u. a. Bromelien, Kakteen, Farne und Zwergpfeffergewächse, alle Pflanzen
aber nicht höher als einen halben Meter. Andreas Gröger, ein
Doktorand ihres Bonner Freundes Wilhelm Barthlott und inzwischen Oberkonservator am Botanischen Garten München,

forschte hier und gab den Besuchern kundige Erklärungen. Lokis Netzwerk hatte sich wieder einmal bewährt. Beim Untersuchen der Frucht eines kleinen Feigenbaums am Fuße eines Inselbergs schlüpften winzige, Blattlausgroße Feigenwespen auf Lokis Hand. Gröger sammelte sie ein, konservierte sie und schickte sie einem Spezialisten. Später konnte er Loki berichten, dass es sich wohl um eine bislang nicht beschriebene Spezies handelte.[40]

Die Eindrücke begleiteten sie nach Hause, ein Jahr später, 1994, flog sie noch einmal nach Mérida, und wieder ging es nach dem Besuch des Botanischen Gartens in die Pflanzenwelt des tropischen Hochlandes. Besonders die Farne und Bromelien hatten es ihr angetan. »Unter den gespenstisch verhangenen Baumfarnen ist man in einer Stimmung, entweder auf einen Saurier zu warten oder auf Hexen. Nahebei findet man kleine Wasserfälle mit Farnen und Moosen, und überall gibt es die verschiedensten Epiphyten (Aufsitzerpflanzen), meist Tillandsien oder andere Bromelien in den Bäumen. Selbst in der Stadt Merida sitzen so viele Bromelien in den Straßenbäumen, dass man fast an geschmückte Weihnachtsbäume denkt.«[41] Ihre Erinnerungen an Mérida waren vielleicht auch deshalb so stark, weil dies die letzte ihrer Forschungs- und Expeditionsreisen bleiben sollte.

Südostasien und Ozeanien

Malaysia

Malaysia, ein Staat mit zwei durch das Südchinesische Meer getrennten Landesteilen, ist für Biologen ein Land der Sehnsüchte. Hier gibt es mit geschätzten 8000 Pflanzenarten die auf der Welt größte Vielfalt, Loki Schmidt selbst schilderte, dass man auf einem einzigen Quadratmeter Erde des malaysischen Regenwalds etwa 20 bis 25 verschiedene Arten entdecken könnte. Zusammen mit den Max-Planck-Forschern Wolfgang Wickler und Uta Seibt machte sie sich deshalb im April 1978 zu dem Insel-

Im Naturschutzgebiet Taman Negara/Malaysia, 1978

staat im Südchinesischen Meer auf. Die Idee zu dieser Reise kam von ihr, hierher wollte sie unbedingt.

Als erstes ging es auf die malaysische Halbinsel, dann bereisten sie den malaysischen Teil der Insel Borneo. In den gut zwei Wochen ihres Aufenthalts besuchten sie verschiedene Nationalparks – darunter Taman Negara, den wohl bekanntesten und ältesten, im Zentrum der malaysischen Halbinsel und den Kinabalu-Nationalpark auf Borneo. Für die verschiedenen Höhenlinien des mehr als 4000 Meter hohen Mount Kinabalu im Norden Borneos erstellte sie eine detaillierte Vegetationsaufnahme, danach ging es weiter in den Osten Borneos. Hier besuchte die Gruppe eine Orang-Utan-Station, später das Dorf eines Ureinwohnervolks.

Sprach Loki Schmidt über diese Reise, dann konnte sie über die Pflanzen- und Tierwelt Malaysias ins Schwärmen geraten. Neben den vielen spektakulären Orchideenarten, den farbenprächtigen Blüten des Pagodenbaums oder des Korallenstrauchs hatten es ihr vor allem zwei Blumenarten angetan: die Rafflesia und die fleischfressenden Kannenpflanzen.

Über 30 Arten Kannenplanzen wachsen auf Borneo, die Insel ist der Hauptfundort. Kannenpflanzen sind Lianen oder Halbsträucher, die Mittelrippen ihrer Blätter bilden Kannen mit einem kleinen Deckel, um den Verdauungsprozess der angelockten Insekten im Inneren der Kannen vor Regen zu schützen. Im Englischen heißen die Pflanzen »pitcher plants« oder auch »monkey cups«, und die malaysische Presse war erstaunt, dass gerade diese Loki Schmidt so faszinierten.[42]

Auch die zweite Pflanze, die sie für diese Reise ganz oben auf ihre Liste gesetzt hatte, die Rafflesia, gehört nicht gerade zu den Aushängeschildern der malaysischen Flora, obwohl sie nur hier und auf den Philippinen wächst. In Malaysia wird sie »corpse flower«, also Leichen-Blume genannt, da ihre Blüte einen starken Verwesungsgeruch verströmt, um Insekten für die Befruchtung anzulocken. Nur wenige Tage blüht die Rafflesia, danach fällt sie zusammen und sieht eher unansehnlich aus.

Loki Schmidt ließ sich aber von dem schlechten Ruf der Pflanze nicht abschrecken. Im Regenwald Nordborneos, nahe des kleinen Städtchens Ranau, kannte ihr malaysischer Begleiter eine der wenigen Stellen, wo die sehr seltene Pflanze zu sehen war. In ihrem Tagebuch heißt es: »Geklettere durch fast unberührten Dschungel ohne Weg. Rutschig, mit Wasserlöchern und Steilhängen. Man muss sich anklammern und mit einem Stock abstützen. Es geht durch einen Bach, weiter durch Dickicht mit wilden Bananen. Und dann ist da die Rafflesia-Stelle. Eine halbvermoderte Blüte und einige Knospen; eine ist so dick wie ein etwas braun-rot gefärbter Kohlkopf. Ein fleischfarbenes Stück ist schon zu sehen. Die anderen Knospen sind kleiner. Sie sitzen auf den Wurzeln eines Climber, der hier vine heißt. Jede Blüte ist eine Pflanze. Bisher hat keiner die Samen gesehen. Die Blüte blüht eine Woche und wird von verschiedenen Insekten besucht. Der Durchmesser der Blüte ist etwa 1,50 Meter und ist braun-violett und cremefarbig gefleckt. Zurück mühsam geklettert. Und dann sitzt die ganze Mannschaft, 14 Personen, und zieht Schuhe und Strümpfe aus, um die Blutegel abzusuchen. Ich habe nur einen kleinen außen am Schuh.«[43]

Angenehmer war die Anreise zu einer Orang-Utan-Station auf der Ostseite Borneos, der Provinz Sandakan. Da die malaysische Regierung von Lokis Besuch informiert war, hatte man für diesen Teil der Expedition in den undurchdringlichen Tropenwald einen Hubschrauber zur Verfügung gestellt. Hier besichtigte sie ein gerade neu entstandenes Projekt zur Auswilderung von domestizierten Orangs und verlassenen Orang-Babys. »Es dauerte nicht sehr lange, da hatte ich einen Orang hinten auf dem Buckel, der eines meiner Ohren untersuchte, und ein anderer bekletterte mich von vorn, der mochte es sehr gern, dass ich ihn kraulte. Die Tiere haben ja endlos lange Arme und Beine.«[44]

Auf dem Rückflug entdeckte sie aus dem Hubschrauber dann mitten im Dschungel ein sogenanntes Langhaus, die traditionelle Unterkunft der indigenen Bevölkerung, bat die Piloten um eine Zwischenlandung.[45] Die Landung des Hubschraubers brachte alle Menschen des Dorfes zusammen, und die Expeditionsgruppe erwartete eine eher abweisende bis feindlich gesinnte Menge. Da Loki die Landung initiiert hatte, ging sie vorweg und begegnete den Angehörigen der Rungus, einer von mehreren einheimischen und in den siebziger Jahren stark traditionsbewussten Stämmen auf Borneo. »Und was macht man in einem solchen Augenblick? Ich habe die Frauen angelächelt und ihnen erzählt, wie wunderhübsch sie sind und was für süße Kinder sie haben.« Das alles auf Deutsch, Tonlage und Haltung waren wichtiger als die Worte selbst.

Als sie dann noch eines der Babys zum Lächeln brachte, hatte sie die Frauen überzeugt. Der Dorfälteste bat sie sogar in das Innere des Langhauses. Es war mehr als 100 Meter lang, aus bambusähnlichem Material erbaut, auf Stelzen gesetzt und bot Platz für etwa 40 Familien, schätzte Loki Schmidt. Ein kleines Mädchen, das in der fernen Stadt eine Schule besuchte und Englisch lernte, zog schnell ihre Schuluniform an und übersetzte. Loki durfte sowohl die Gemeinschaftsräume als auch die Wohnung einer Familie ansehen. Zum Schluss erfuhr sie, dass die Dorfbewohner sich Wolldecken wünschten und bat – zurück in Bonn – den Bundesminister für wirtschaftliche Zusammenarbeit Rainer Offergeld um Unterstützung. Auch wenn dieser sich nicht an den Vorgang nach nun mehr als 35 Jahren erinnern kann, ist er sich aber sicher, dass man im Ministerium schon einiges versucht haben wird, um diesen persönlichen Wunsch von Loki Schmidt zu erfüllen.[46]

Neukaledonien

Im Frühjahr 1991 machte Loki Schmidt sich zu einer Expedition auf, die sie noch einmal über 6000 Kilometer weiter als Malaysia in den südlichen Pazifik führte – nach Neukaledonien, eine kleine Inselgruppe, 1500 Kilometer entfernt von der östlichen Küste Australiens und 1700 Kilometer nördlich von Neuseeland. Insgesamt waren es fast 18 000 Flugkilometer, die sie zu bewältigen hatte. Weiter weg kann man sich von Hamburg aus kaum fortbewegen. Bei Touristen ist das aus vier Inseln bestehende Neukaledonien wegen seines gemäßigt tropischen Klimas, seiner breiten, weißen Strände und des die gesamte Inselgruppe umlagernden Korallenriffs beliebt. Naturliebhaber kommen aber wegen der großen pflanzlichen Artenvielfalt hierher. Fast 4000 Pflanzenarten gibt es auf Neukaledonien, die übergroße Mehrheit davon ist endemisch, d. h. diese Pflanzen wachsen nur hier auf einer mit 19 000 Quadratkilometern für diese Vielfalt erstaunlich kleinen Fläche.

Der Ausgangspunkt für Lokis Reise nach Neukaledonien war ein Forschungsprojekt des Münchener Biologen Meinhart Zenk. Loki hatte die Arbeit des Professors im Vorfeld der Verleihung des Körber-Preises für die Europäische Wissenschaft im Jahr 1989 kennengelernt. Zenk beschäftigte sich mit der Frage, warum es einigen Pflanzen gelingt, sich auf Böden mit hoher Konzentration von natürlich eingelagerten Schwermetallen wie

Kupfer-, Zink- oder Nickelerzen, gedeihlich zu entwickeln. Loki Schmidt setzte sich mit Erfolg für eine Preisverleihung an den Münchener Professor und seine Arbeitsgruppe ein. Vor allem war sie aber an den möglichen Anwendungen dieser Forschung interessiert. Wie die Wissenschaftler selbst erhoffte sie sich, dass die Ergebnisse beispielsweise einen Beitrag zur Reinigung verseuchter Böden oder zur Reduktion der Schwermetallbelastung in pflanzlichen Nahrungsmitteln leisten würden. Es ging bei diesen Forschungen also auch um mögliche ökologische Fortschritte, und gerade dafür war Loki Schmidt immer zu begeistern.

Als Meinhart Zenk von seinen Plänen einer Exkursion nach Neukaledonien berichtete, fasste Loki Schmidt den Entschluss, ihn zu begleiten. Inzwischen hatte sie sich mit seiner Forschung weiter beschäftigt und die Forschungsgruppe in ihren Labors in München besucht. Sie wusste auch, dass Neukaledonien gewaltige Nickelvorkommen im südlichen Teil der Hauptinsel Grande Terre besaß und zu den fünf wichtigsten Förderländern von Nickelerz in der Welt gehörte. Die auf diesen Böden wachsenden Pflanzen waren für die Forschung der Arbeitsgruppe Zenk von großer Bedeutung.

Vor allem waren die Forscher an dem im Feuchtwald der Hauptinsel Grande Terre wachsenden Baum Sebertia acuminata interessiert; denn kaum eine Pflanze kann vergleichbare Mengen an Schwermetallen akkumulieren wie dieser »Nickelbaum«. Im Parc provincial de la Rivière Bleue wurden sie fündig. In ihrem Reisetagebuch hielt Loki fest: »Auf dem Col de M. fanden wir Sebertia. Später auch bei der großen Kaori hoher Baum. (...) Herr Kneer schnitt Stamm oberhalb der Wurzeln an. Nach ½ Minute dicker blaugrüner Saft, den er mit der Pipette auffing. Etwas höher noch einmal Einschnitt. Mit Hilfe meines Taschenspiegels fotografiert Herr Zenk, wie der blaugrüne nickelhaltige Saft austritt. Zenk und Kneer holten 5 ml Saft.«[47]

Doch nicht allein die Sebertia, auch die für Neukaledonien typischen Araukarien standen auf Lokis Erkundungsliste für diese

Reise. Von diesen entwicklungsgeschichtlich urtümlichen Nadelbäumen, die einst weltweit verbreitet waren, heute aber nur noch auf der Südhalbkugel zu finden sind, gibt es auf Neukaledonien immerhin 18 endemische Arten. Da ihre Seitenäste nicht weiter verzweigen, wirkten sie auf Loki aus der Ferne wie »dunkle Gestalten in der Landschaft«.[48] Einige der Araukarienarten sind gertenschlank und können weit über 40 Meter hoch wachsen. James Cook, der erste Europäer, der hierher kam, hielt die Silhouette der Bäume von der See aus für den Mastenwald einer feindlichen Flotte und blieb zunächst respektvoll auf Distanz. Wegen der grünen Hügel fühlte er sich beim Anblick der Westküste Neukaledoniens im Übrigen an die Highlands seiner schottischen Heimat erinnert und gab der Inselgruppe den lateinischen Namen Nova Caledonia, Neu-Schottland also.

Bei einer besonderen Art in der Familie der Araukadien, der Agathis, hatte Loki Schmidt Probleme mit der botanischen Identifizierung. Da die Nadeln fast wie Blätter aussahen, glaubte sie zunächst Laubbäume vor sich zu sehen. Spätestens aber, als sie das am Stamm klebende Harz kaute, wusste sie, dass es sich um

Loki Schmidt fotografiert auf Neukaledonien: Aurakarien und das Innere der Insel

Nadelhölzer handelte. Das Riechen und das Kauen von Rinden, Harzen und Blättern gehörten zu ihren besonderen Methoden der Pflanzenbestimmung. »Ich kaue alles, was ich kennenlernen will«, war einer ihrer botanischen Grundsätze.[49] Und wenn man das Gekaute wieder ausspucke, bestehe auch keine Gefahr, wusste sie sich zu beruhigen.

Die Forschungsgruppe zog nach der Expedition eine ambivalente Bilanz. In München konnten durch Spektralanalysen Nickelansammlungen in verschiedenen Teilen der Sebertia nachgewiesen werden. Darüber und über die Einschränkungen des Erfolgs schrieb Meinhart Zenk an Loki Schmidt: »Wir haben errechnet, dass in dem Baum, den wir damals im Rivière Bleue gefunden haben, insgesamt über 40 kg Nickel festgelegt wurden. Dies ist eine phantastische Leistung, die dieser Baum aufbringt. Leider waren wir nicht in der Lage, davon eine Zellkultur anzulegen, obwohl es uns gelang, einige Jungpflanzen aus Samen heranzuziehen, die sich aber unter unseren Bedingungen (...) nicht entwickelt haben. Trotz Anwendung aller Tricks fehlte es wahrscheinlich an der Muttererde.«[50]

Loki Schmidts persönliche Bilanz war hingegen durchaus positiv: Zwei üppig bestückte Herbarien und einige Lebendpflanzen, die sie im Flugzeug mitnehmen konnte, waren für sie eine gute Ausbeute. Auf dieser Reise in das weit entfernte Kaledonien wurde Loki Schmidt wohl auch zum ersten Mal klar, dass es mit den anstrengenden Forschungsreisen langsam zu Ende ging. Gegenüber ihren Mitreisenden ließ sie nichts erkennen, Meinhart Zenk war sogar sehr angetan von ihrer Ausdauer und Widerstandsfähigkeit. Ihrem Reisetagebuch aber vertraute sie einiges an: Sie schlief schlecht, fühlte starke Ermüdung und am Ende sehnte sie sich nur noch nach Hause.[51]

Arktis und Antarktis

Arktis

1980 wurde das Alfred-Wegener-Institut mit tatkräftiger Unterstützung des Bundeskanzlers Helmut Schmidt als Zentrum der deutschen Polarforschung gegründet. Der Kanzler hatte sich für das strukturschwache Bremerhaven als Standort des Instituts ausgesprochen. Den Gründungsleiter des Wegener-Instituts, Gotthilf Hempel, kannte Helmut Schmidt also seit 1980, nach dem Ende der Kanzlerschaft trafen sie sich gelegentlich bei den Sitzungen des Senats der Max-Planck-Gesellschaft, dem beide angehörten. Nach der Erinnerung von Gotthilf Hempel sei es Helmut Schmidts Anliegen gewesen, die MPG stärker an Fragen der Ökologie heranzuführen. Natürlich wusste Hempel, dass hinter dem Interesse des Exkanzlers Loki stand, und so war auch eine Bekanntschaft zu ihr entstanden.

Nachdem das Forschungsschiff Polarstern des AWI 1982 fertiggestellt worden war, lud Hempel das Ehepaar Schmidt mehrfach auf eine Forschungsreise mit der Polarstern ein. Auf der Jahreshauptversammlung der Max-Planck-Gesellschaft im Jahr 1988 wurde die Sache schließlich konkret. Hempel berichtete über die Forschungs- und Reisepläne im Frühsommer des nächsten Jahres, und Loki sagte zu. Das Ehepaar Hempel, das in Kiel wohnte, besuchte die Schmidts danach einige Male per Fahrrad in deren Haus am Brahmsee und stellte genauere Pläne vor. Alles lief über Loki, so Gotthilf Hempel, Helmut Schmidt erwog eine Mitfahrt, überließ aber alle Details seiner Frau, deren Neugier nicht nur dem Reiseziel, sondern auch dem Forschungsschiff selbst galt.[52] Schon äußerlich ist das für Forschungszwecke in arktischen und antarktischen Gewässern entwickelte Schiff eine imposante Erscheinung: schwarzer Rumpf, weißer Aufbau, 118 Meter lang, 25 Meter breit und bis zum Hauptdeck 13,6 Meter hoch, am Heck ein großer Kran (zum Vergleich: die MS Deutschland ist 175 Meter lang und 23 Meter breit). Im Inneren der Polarstern befinden sich u. a. neun exzellent ausgerüstete Forschungslabors, eine

Kühlanlage, die Eis bis zu –32 Grad lagern kann, sowie Vorrichtungen zur Schleppnetzfischerei am Meeresboden und im freien Gewässer.

Im Frühsommer 1989 war es nun so weit. Das Ehepaar Schmidt war am 27. Juni über Oslo nach Longyearbyen, dem größten Ort der Inselgruppe Spitzbergen, angereist, um dort an Bord des Forschungsschiffes zu gehen. Wegen der Mitfahrt von Loki und Helmut Schmidt hatte man extra einige Gesprächspartner eingeladen: einen Korallengeologen, einen Ornithologen sowie die Biologin Dr. Irmtraud Hempel, Ehefrau des Instituts- und Reiseleiters und selbst aktive Polarforscherin. Darüber hinaus hatte die Leitung den bekannten Hamburger Fotografen Ulrich Mack gebeten, die Reise fotografisch zu dokumentieren.

Für die Polarstern hatte die Expedition bereits am 20. April mit dem Ablegen in Bremerhaven begonnen. Zweck der Reise waren Untersuchungen zur Eisausbreitung in den Sommermonaten sowie interdisziplinäre Arbeiten zu den physikalischen, chemischen und biologischen Gegebenheiten in der westlichen Grönlandsee und die Erprobung eines neuen Bodengreifers.

Vom ersten Tag an zeigte sich Loki Schmidt an allem, was auf dem Schiff geschah, interessiert. Und in der Tat gab es einiges zu erkunden: von den Labors bis hin zur mitgeführten 12 Meter langen Forschungsbarkasse Polarfuchs und den beiden Helikoptern. Ferner führte Loki viele intensive Gespräche mit der Mannschaft, vom Koch bis zum Kapitän und den Wissenschaftlern. Dabei ging es nicht immer nur um deren Aufgaben an Bord, schon bald berichteten einige ihrer Gesprächspartner auch über eher private Belange und Probleme, die ein oft langer Aufenthalt auf dem Schiff mit sich brachte. Loki habe Dinge in Erfahrung gebracht, von denen er als Forschungsleiter gar nichts wusste, berichtet Gotthilf Hempel fast 25 Jahre später. Eine besondere Beziehung stellte sich zwischen Loki Schmidt und Irmtraud Hempel ein. Diese schrieb am 6. Juli in ihr Tagebuch: »Größtes Erlebnis dieser Reise war die Begegnung mit Loki Schmidt. Von Tag zu Tag, von Begegnung zu Begegnung wird ihre Persönlich-

324

Auf einem Beiboot der Polarstern, 1989

keit eindrucksvoller. Sie erzählt in ihrer schlicht gebliebenen Redeweise, in mehr als 30 Lehrerin-Jahren geübt, die schönsten Geschichten aus den verschiedenen Epochen ihrer Zeit als Frau eines Politikers. Sie ist immer sie selbst geblieben mit ihrer warmherzigen Art auf Menschen zuzugehen.«[53]

Helmut Schmidt ließ sich dagegen auf die ungewohnte Umgebung nur zögerlich ein. Die beiden ersten Tage blieb er in der ihm überlassenen großzügigen Seniorenkammer, wobei »Kammer« das Äquivalent auf einem Forschungsschiff zur »Kabine« des Kreuzfahrtschiffes ist. Hier war Raum genug für das gewohnte Schachspiel mit seiner Frau, den gemeinsamen Ausblick auf See und Eis und zur Vogelbeobachtung. Besonders fasziniert waren beide von der Drift der Eisschollen. Loki selbst hatte eine sogenannte Doppelkammer bezogen.

Besonders spannend waren für Loki die Schiffszeiten, wenn die Erträge aus den Schleppfängen auf Deck ausgebreitet wurden: Plankton, Bodentiere und Bodenproben. Besonders die

Schlangensterne, fünfarmige Stachelhäuter, die auf dem Meeresgrund und in Korallenriffen leben, hatten es ihr angetan. Bald hatte sie auch ausreichende Kenntnisse, um z. B. ihrem Mann die Funde zu erklären oder sich detailfreudig mit dem Korallengeologen Frühwald auszutauschen.

Für einige Abende waren Vorträge der begleitenden Wissenschaftler angesetzt. Auch Loki und Helmut Schmidt beteiligten sich mit eigenen Vorträgen. Loki mit einem Bericht über ihre Expeditionsreise in die Wüste Namib, die erst wenige Monate zuvor stattgefunden hatte. Helmut Schmidt sprach über die großen Wirtschaftsblöcke der Welt und kam am Ende seines Beitrags auch auf die Teilung Deutschlands zu sprechen. Er hoffe sehr auf eine Wiedervereinigung, seine Frau und er würden diese aber nicht mehr erleben, führte er wenige Monate vor dem Fall der Mauer aus. Nach den Vorträgen gab es manchmal noch Gespräche in kleiner Runde. Fast erstaunt konstatierte Irmtraud Hempel in ihrem Tagebuch, dass Helmut Schmidt sich sofort zurücknahm, wenn Loki das Wort ergriff: »Er wird sie nie unterbrechen.«

Am 6. Juli begann die Heimreise über Framstraße und Grönlandsee nach Hamburg – anlässlich des Hafengeburtstages präsentierte sich das Forschungsschiff dort der Öffentlichkeit. Die Schmidts gingen in Hamburg unbemerkt von Bord. Ein Foto von Ulrich Mack zeigt Irmtraud Hempel und Loki Schmidt, wie sie vertraut Abschied voneinander nehmen. Die beiden Männer schauen den Damen zu, freundlich, aber auf erkennbarer Distanz verblieben.

Nach dieser Reise stand Loki Schmidt bis 2010 in Kontakt mit dem Ehepaar Hempel, das mehrfach zu Besuch an den Brahmsee und nach Langenhorn kam. Selbst als Irmtraud Hempel mit dem etwas erstaunlichen Wunsch an Loki herantrat, sie in Langenhorn mit ihrem gesamten zehnköpfigen Frauenkreis besuchen zu dürfen, sagte diese nicht nein. Vor dem Besuch waren die Kieler Frauen noch aufgeregt gewesen, aufgeräumt und begeistert fuhren sie am frühen Abend wieder zurück. Loki hatte

Reserviertheit und Distanz gar nicht erst aufkommen lassen. Und natürlich hatte sie diesen Nachmittag auch inhaltlich ein wenig vorbereitet. Sie hatte sich einen Stichwortzettel über die Situation von Frauen in einigen der von ihr besuchten ferneren Länder gemacht und einen kleinen Erlebnisbericht gehalten. Besonders ging sie auf den arabischen Raum, auf Saudi-Arabien und Abu Dhabi ein. Und sie erzählte die sinnbildliche Geschichte von dem kleinen, eigenen roten Teppich, den die Saudis für sie beim Empfang des Bundeskanzlers hatten ausbreiten lassen. Ihre damalige Empfindung – »Du stehst hier für alle Frauen der Welt« – hat die Damen an jenem Nachmittag in Langenhorn sehr angerührt und den Besuch bei Loki hat keine vergessen.

Antarktis

Noch während der Arktisreise hatte Loki sich bereits für einen zweiten Törn auf dem Forschungsschiff angemeldet, und zwar für eine Fahrt in die Antarktis am Ende des Jahres. Auf dieser Reise ging es vorrangig um die Kontrolle von insgesamt zwölf internationalen Forschungsstationen in der Region der antarktischen Halbinsel. Seit 1959 der Antarktisvertrag jegliche militärisch und wirtschaftlich orientierte Forschung oder gar Ausbeutung in der Antarktis verboten hatte, gab es routinemäßig solche international besetzten Kontrollfahrten.

Letztlich konnten die sechs französischen und deutschen Inspektoren, die von der Polarstern zu den einzelnen Stationen gefahren wurden, keinerlei militärische Aktion auf den Stationen feststellen. Kritik gab es aber im Bereich des Umweltschutzes. Besonders bei den älteren Stationen bemängelte man Treibstoffrückstände und Müllhalden beträchtlichen Ausmaßes. In der Presse wurde ausführlich über diese Inspektionsfahrt berichtet. Ein Artikel findet sich auch im Langenhorner Archiv, mit dickem Filzstift umrahmt und am Rand mit »Loki« gekennzeichnet. Eine Lesefrucht von Helmut Schmidt, der bei seiner Zeitungslektüre oft auch die Themen seiner Frau mit im Auge hatte.

Die Reise war für die beiden ersten Dezemberwochen 1989 angesetzt und wurde wegen der Witterung zum Teil deutlich anstrengender als die Julireise in die Arktis. So heißt es in Lokis Reisetagebuch am 11. Dezember z. B.: »Halsschmerzen noch von der langen Fahrt von Station zum Schiff, wo es sehr kalt war.« Gemeint ist die Fahrt zu einer der Forschungsstationen, bei der man das Schiff verlassen musste. »Das Schiff schlingert – Windstärke 8 – zunehmend. Himmel grau, Wasser grau. Viele haben Tabletten genommen.«[54]

Schon die Anreise per Flugzeug war für die inzwischen 71-jährige Loki eine Strapaze. Sie ging über Amsterdam und Santiago zur Hafenstadt Punta Arenas im äußersten Süden Chiles und dauerte laut Tagebuch 30 Stunden und 50 Minuten. Zum Glück erwischte sie auf dem Südamerikaflug noch einen Raucherplatz in der vorletzten Reihe, wie sie entnervt in ihrem Tagebuch festhielt.

Am 1. Dezember 1989 ging Loki früh morgens an Bord und bezog ihre Kabine. »Helmuts alte«, notierte sie, die großzügige »Seniorenkammer« war auf dieser Reise ihr vorbehalten. Die Route der Polarstern ging durch die Magellanstraße am Kap Horn vorbei durch die oft stürmische Drake-Passage in Richtung der Antarktischen Halbinsel, dem landschaftlich schönsten und tierreichsten Teil der Antarktis. Hier und auf den vorgelagerten kleineren Inseln waren die für die Kontrolle ausgewählten Stationen angesiedelt. Inzwischen gibt es in der Antarktis insgesamt etwa 80 Forschungsstationen. Oft in Containern oder Stahlrohrkonstruktionen untergebracht, sind diese Stationen fürwahr kein behaglicher Ort, dennoch leben auf den antarktischen Forschungsstationen in der Sommerzeit bis zu 4000 Menschen.

Eine der größeren inspizierten Stationen war die argentinische. Hier gab es sogar eine Schule. Sie sah sich den Unterricht mit etwa einem Dutzend Kindern an und verglich ihn mit einer »Dorfschule«. Am besten gefiel ihr die polnische Station, wo Loki Schmidt mit einem frischen Blumenstrauß aus dem eigenen Gewächshaus begrüßt worden war. Unter diesem in der Antarktis wohl einzigartigen Gewächshaus entdeckte sie das Poa annua, das einjährige Rispengras – in den gemäßigten Zonen ein Allerweltsgras, in der Antarktis aber war es bislang nicht nachgewiesen worden. In der Literatur hatte sie für die Antarktis eigentlich nur zwei Blütenpflanzen belegt gefunden: das Nelkengewächs Colobanthus crassifolius (Antarktische Perlwurz) und Deschampsia antarctica (Antarktische Schmiele), ein kleinwüchsiges Süßgras. Nach langem Suchen konnte sie beide Pflanzen schließlich auf der Antarktischen Halbinsel selbst nachweisen und je ein Exemplar dem Botanischen Garten in Hamburg überbringen. Mit der polnischen Flechten-Spezialistin Maria Olech erkundete sie ferner die Vielfalt der auf schneefreien Flächen wachsenden, farbenfrohen Flechten. Neben den botanischen Funden begeisterte sie die Landschaft, mit ihren teils bis ins Wasser reichenden Gletschern, Felsen, Eisbergen und Lavaflächen. An Tieren konnte sie Pinguine, Weddellrobben, Albatrosse, Kormorane, Schneesturmvögel, Seeschwalben und antarktische Raubmöwen beobachten. Das Wetter verlangte laut Tagebuch eine umfängliche Ausstattung: »Unterhose, Pelzunterhose, wasserdichte Hose, Wollunterhemd, dicker Troyer, Polaranorak, Wollstrümpfe, meine dicken Schuhe, Pudelmütze, Handschuhe. In den Taschen Fotoapparat, Zigaretten, Plastiktüten, Zettel, Schreiber, Sonnenbrille. Umgehängt Fernglas.«[55]

An Bord gab es offenbar auch ein vergnügliches Sozialleben in Form von abendlichen Vorträgen und Gesprächsrunden, manchmal bis tief in die Nacht, wie Rainer Köttgen, ehemaliger Bremer Staatsrat und damals für das Alfred-Wegener-Institut zuständig, berichtet. Die Themen reichten von Forschungspolitik, über den politischen Umbruch nach dem Fall der Mauer bis hin zu Lokis persönlichen Erfahrungen aus den Bonner Jahren.[56] Auch zwei Künstler, die gebürtige Kanadierin Lee Kozlik und der deutsche Maler Raimer Jochims, waren mitgereist und ließen sich von der Landschaft inspirieren. Am Ende der Reise übergab Lee Kozlik eines ihrer an Bord entstandenen Werke Loki Schmidt mit der schriftlichen Widmung »I am indebted for your caring and support«.

Fast ein Jahrzehnt später referierte Loki Schmidt im Frankfurter Senckenberg-Museum noch einmal sehr ausführlich über ihre botanischen Funde in der Antarktis. Der Anlass war die Ausstellung »Entwicklung der Pflanzenwelt«, zu deren Eröffnung Loki als Rednerin eingeladen war. Wer sie damals hörte und wer ihre lebhafte Rede heute nachliest, der versteht, dass allein der Fund von drei Blütenpflanzen eine Reise bis in die Antarktis wert sein kann.

Am 14. Dezember 1989 ging die Reise in die Antarktis zu Ende. Auf dem Rückflug besprachen Loki Schmidt und Gotthilf Hempel bereits ein nächstes gemeinsames Projekt. Eine Ausstellung der auf den beiden Reisen der Polarstern entstandenen Kunst – den Fotografien von Ulrich Mack, den Objekten von Lee Kozlik und den Aquarellen von Raimer Jochims.

Bei der Ausstellungseröffnung im Mai 1990 am Standort des Alfred-Wegener-Instituts in Bremerhaven hielt Helmut Schmidt sogar eine Eröffnungsrede und beschrieb darin noch einmal die persönlichen Eindrücke des Ehepaars von der Arktisreise mit der Polarstern und hob den Beitrag des Instituts zur Klimaforschung hervor. Auch lobte Helmut Schmidt zu diesem Anlass noch einmal das Forschertum seiner Frau, Loki wird es gerne gehört haben.[57]

Die Forschungsreisen: Eine Bilanz

»Eines Tages rief mich Wilhelm Barthlott, der Direktor des Botanischen Gartens Bonn, aufgeregt an, er habe die aus Mexiko mitgebrachte Bromelie blühen sehen. Es sei definitiv eine neue Art. Das war für mich ein großes Glücksgefühl.«[58]

Wie für jeden Naturforscher waren auch für Loki Schmidt die unmittelbaren Eindrücke, die primären Begegnungen mit der Natur, die Möglichkeit, fremde Pflanzen und Tiere in ihrer natürlichen Umgebung zu erleben oder sogar gänzlich Neues zu entdecken, bei ihren vielen Reisen zentral. Wenn Loki Schmidt durch die Weltregionen des Botanischen Gartens in Hamburg oder Bonn ging, so kannte sie viele der dort versammelten Pflanzen aus eigener Anschauung an deren natürlichen Standorten.

Ein weiterer, aber wichtiger Aspekt war der große Erholungswert, den diese Reisen für Loki Schmidt hatten. In diesen Wochen war ihre Aufmerksamkeit stark fokussiert und ganz auf die Naturbeobachtung gerichtet, die Dinge in ihrem Leben daheim fast ausgeblendet. Vieles war anstrengend, dennoch überwog die Erholung. »Als ich von den Galápagos-Inseln zurückkam«, schrieb sie über ihre zweite Forschungsreise, »hatte ich zum Beispiel eine Sonnenallergie entwickelt. Ich sah aus wie ein Plattenkuchen mit Johannisbeeren drauf, aber nach zwei Tagen hier in Deutschland war der Ausschlag wieder weg, und darunter trat ein gut erholter Mensch zu Tage.«[59] Auch ihre Umgebung in Bonn nahm wahr, dass sie von diesen Reisen »sehr belebt« zurückkehrte.[60]

Im fortgeschrittenen Alter, jenseits der 60, zog sie dann zunehmend eine hohe Selbstbestätigung daraus, dass sie bei diesen körperlich anstrengenden Reisen mithalten konnte, meist sogar ihren jüngeren Mitreisenden überlegen war. Auf einer dieser Reisen, im Naturschutzgebiet Taman Negara auf der malaysischen Halbinsel, war sie mit einem einheimischen Botaniker längere Zeit an einer Baumgruppe stehen geblieben. Loki hatte viele Fragen, um schließlich zu bemerken, dass die anderen wohl nun inzwischen weit voraus seien. »Nein, gab er zurück, die sind noch lange nicht so weit, die können nicht ganz so schnell wie Sie.«[61] Allerdings ging Loki Schmidt bei einigen dieser Reisen auch an ihre Grenzen, einige Male, vor allem bei ihren letzten Reisen, überschritt sie diese.

Wichtig waren ihr auch die vorzeigbaren Ergebnisse. Dazu gehören drei Co-Autorschaften bei Publikationen in internationalen wissenschaftlichen Zeitschriften und die von ihr gemachten Entdeckungen: Drei in der Region Nakurusee nicht belegte Pflanzenarten, die Antarktis als nicht bekannter Standort ihres Lieblingsgrases Poa annua, in Amazonien ein seltenes Kaktusgewächs, eine bislang nicht beschriebene Feigenwespe in Venezuela sowie in Mexiko eine bislang unbekannte Bromelienart.

Die Bromelie hatte sie auf einer Kurzreise nach Mexiko, bei der sie ihren Mann zu einer Konferenz in Puerto Vallarta begleitete, entdeckt. Nach einem Kaffeetrinken mit anderen Ehefrauen der Konferenzteilnehmer begab sich Loki Schmidt auf eine kleine botanische Exkursion und spürte dort die Pflanze in einem ausgetrockneten Bachverlauf auf. Sie nahm die Pflanze nach Bonn mit und gab sie dort im Botanischen Garten ab. Als die Bromelien-Experten Wilhelm Barthlott und Werner Rauh sich vier Jahre später an die Bestimmung machten – man musste die erste Blüte abwarten –, wurde schnell klar, dass dies nicht nur eine ungewöhnliche, sondern eine auch bislang nicht beschriebene Bromelienart war. Folgerichtig wurde sie 1986 nach ihrer Entdeckerin benannt: Pitcairnia loki-schmidtiae. Der nach ihr benannte Skorpion, Tityus Lokiae, war allerdings keine eigene Entdeckung, die deutschen Biologen der Max-Planck-Arbeitsgruppe bei Manaus hatten ihn gefunden. Dass der Erstbeschreiber dieser Skorpionsart Joachim Adis den Namen Tityus lokiae wählte, war eine symbolische Anerkennung ihrer Leistungen bei der Forschungsarbeit des dortigen Max-Planck-Instituts.

Und ein letzter Ertrag ihrer vielen Forschungsreisen sei angeführt: Alle Reisen machte sie in Kooperation mit anderen Forschern oder Experten, überall lernte sie neue, interessante Gesprächspartner kennen. Nach und nach erwuchs daraus ein umfangreiches Netzwerk von Wissenschaftlern, Fachleuten und engagierten Laien. Rechnet man die Kontakte aus ihrer Stiftungsarbeit, dem späteren Gärtneraustausch und anderen Projekten hinzu, umfasste dieses Netzwerk Hunderte von Personen. Dieses Netzwerk lebte von Lokis hoher Bindungsfähigkeit: Sie pflegte bestehende Kontakte durch Besuche, Telefonate und einen umfangreichen Briefverkehr. Die vielen Regalmeter mit

Briefen im Langenhorner Archiv belegen das eindrucksvoll. Wer einmal mit ihr verlässlich zusammengearbeitet hatte, wurde nicht vergessen. Auf diese Weise entstanden viele Bekanntschaften und einige lang anhaltende Freundschaften – für Loki Schmidt war dies kein Nebenprodukt, sondern ein wichtiger Ertrag ihres Lebenswerks.

DIE NATURSCHÜTZERIN

Als Loki Schmidt 1976 mit Naturschutzprojekten an die Öffentlichkeit trat, war dies wahrlich kein Thema, das im Mittelpunkt des öffentlichen Interesses stand. In den Kabinetten der Länder und des Bundes gab es noch keine Umweltminister. Die Grünen existierten noch nicht und Umweltschutz spielte in den Parteiprogrammen eine untergeordnete Rolle. Stattdessen ging es vorrangig um die Sicherung von industriellen Arbeitsplätzen, um Bebauungspläne und wirtschaftliches Wachstum, somit nahmen Loki Schmidt und die wenigen Mitstreiter mit ihren Forderungen nach der Achtung und Bewahrung der Natur eine Außenseiterposition ein. Schnell wurde das Engagement für den Naturschutz zu ihrem Markenzeichen, und es ist bis heute das Thema geblieben, das man sofort mit ihr verbindet. Ihre Aktivitäten auf diesem Gebiet waren zahlreich und nachhaltig. Sie reichten von ihrem Einsatz für Naturschutzstiftungen, einer Genbank für Wildpflanzen, der Unterstützung von Botanischen Gärten, den sogenannten Grünen Schulen oder Schulbiologiezentren bis zu ihrem eigenen ökologischen Projekt am Brahmsee, von ihr selbst »Lokis Urwald« genannt.

Allerdings initiierte sie nicht nur eigene Vorhaben. Sie stellte sich auch in den Dienst anderer Naturschutzorganisationen und engagierte sich etwa für den »Verein Jordsand zum Schutze der Seevögel und der Natur« und war langjähriges aktives Mitglied im World Wildlife Fund (später: World Wide Fund For Nature, WWF). Das Anliegen Naturschutz stand im Vordergrund, ob lokal oder international. Den Verein Jordsand unterstützte sie bei seiner Öffentlichkeitsarbeit, im WWF war sie über Jahrzehnte in Leitungsgremien tätig und engagierte sich besonders für das Projekt »Jugend schützt Natur«. Hier beteiligte sie sich an der Auswahl der Preisträger wie auch an der Preisübergabe und verschaffte dem Projekt dadurch eine höhere öffentliche Aufmerksamkeit.[1]

Loki-Schmidt-Stiftung

Für Loki Schmidt war klar: Naturschutz beginnt vor der eigenen Haustür. Die Natur schützen kann nur der, der sie kennt, der sie beachtet und der sie wertschätzt. So hatte sie ihre Schulkinder unterrichtet, und das war auch der Ausgangspunkt ihres Naturschutzkonzepts. Über die Missachtung von Pflanzen durch Abpflücken oder die Zerstörung der Artenvielfalt durch Bebauung oder unökologische Landwirtschaft konnte sie sich erregen, im engeren Freundeskreis hatte sie schon seit den sechziger Jahren darüber geklagt. Als sie Mitte der siebziger Jahre über ein eigenes Naturschutzengagement nachdachte, erhielt sie Ermutigung durch die beiden Hamburger Unternehmer und Mäzene Kurt Körber und Alfred Toepfer. Beide schätzte sie als Gesprächspartner und kompetente Berater in wirtschaftlichen wie auch ökologischen Fragen. Ein Kuratorium und später eine eigene Stiftung zu gründen, wird Loki Schmidt ein wenig leichter gefallen sein, weil sie wusste, dass sie sich auf die Unterstützung der beiden Hamburger Freunde stets verlassen konnte.

Nachdem sie sich in Organisationsfragen von dem Geschäftsführer des Deutschen Naturschutzrings hatte beraten lassen, kam es im April 1976 im Kanzlerbungalow zur Konstituierung eines Kuratoriums zum Schutze gefährdeter Pflanzen. Organisationsrechtlich wurde das Kuratorium unter das Dach des Deutschen Naturschutzrings gestellt. Das Kuratorium, eine Art Vorform einer eigenständigen Stiftung, konnte somit auf die Infrastruktur des Deutschen Naturschutzringes zurückgreifen. Als

Dachverband von im Natur-, Tier- und Umweltschutz aktiven Verbänden war der Naturschutzring eine anerkannte Organisation, besaß eine hauptamtliche Geschäftsführung und hatte seinen Sitz in Bonn, was für die Zusammenarbeit als besonders günstig erschien. An die Öffentlichkeit ging Loki mit ihrer Stiftungsidee zum ersten Male im Mai 1976 auf dem Deutschen Naturschutztag in Essen. Insgesamt sei der Auftritt noch ein wenig zögerlich gewesen, habe sie doch hier eingestehen müssen, dass die Finanzierungsfragen noch nicht vollständig geklärt seien, berichtete sie später.[2]

Mit der Gründung des Kuratoriums setzten sich Loki Schmidt und ihre Mitstreiter im Wesentlichen drei größere Ziele: »1. Eine öffentliche Information für Laien, denn durch Unkenntnis wird manches zerstört. 2. Eine Bestandsaufnahme aller in Deutschland wachsenden Pflanzen und ihrer Standorte. 3. Als Fernziel sollte die Stiftung, wenn sie finanziell in der Lage sein würde, Grundstücke mit gefährdeten Pflanzen kaufen«.[3] Das Kuratorium begann eine breit gefächerte Öffentlichkeitsarbeit, die die eigenen Ziele bekannt machen und die für die Arbeit notwendigen Gelder aufbringen sollte. Schon im selben Jahr erschien die Schallplatte *Aus Liebe zur Natur*, später folgte eine zweite Produktion *Sag es mit Blumen*. Beide Platten präsentierten eher volkstümliches Liedgut, beide trafen nicht gerade Lokis Geschmack, wurden aber von ihr wirksam promotet. Seit 1977 gab es Autoaufkleber (»Ansehen immer. Abpflücken nie!«), Medaillen mit diversen Naturschutzmotiven, Plakate, Faltblätter, Postkarten- und Briefmarkensätze sowie bedruckte T-Shirts. Die inhaltliche Aufklärung zum Pflanzenschutz geschah durch Wanderausstellungen, Malwettbewerbe und diverse Publikationen. Besonders erfolgreich waren der Naturführer *Aus Liebe zur Natur*, der sich bereits in den ersten drei Jahren 300 000 Mal verkaufte, und Lokis Buch *Schützt die Natur*, das 1979 im Herder-Verlag erschien.

Mit dieser intensiven Öffentlichkeitsarbeit und dank des erheblichen Einsatzes ihrer prominenten Gründerin wurde das Kura-

Autogrammstunde in Aachen, 14. September 1976

torium schnell zu einem erfolgreichen Unterfangen. Mit dem zunächst noch als Fernziel avisierten Ankauf größerer Flächen zum Erhalt und Schutz gefährdeter Pflanzen konnte zügig begonnen werden. Bei einer Flächenumwandlung in Deutschland im Jahr 2013 von täglich über 70 Hektar von Natur- in bebautes Land ist das noch heute ein hoch aktuelles Schutzkonzept. Schon 1977 kam es zum Erwerb eines ersten Grundstücks bei Abensberg in Bayern. Hier beteiligte sich das Kuratorium an dem Ankauf der Restfläche der Sandharlandener Heide, einer Orchideenwiese mit artenreicher Flora.

Der zweite Ankauf war eine Narzissenwiese im Tal des Flusses Olef bei Hollerath an der Grenze zu Belgien. Mit dem Kuratoriumsmitglied und Bonner Botanikprofessor Wolfgang Schumacher hatte Loki zahlreiche Exkursionen in die verschiedenen Landschaften der Eifel unternommen. U.a. hatte er ihr einen Standort der Gelben Narzisse gezeigt, der durch Fichtenwuchs inzwischen stark gefährdet war. Noch vor Ort waren die beiden sich einig, dass das Kuratorium die Fläche aufkaufen und der

Gelben Narzisse (Narcissus pseudonarcissus) durch großflächige Entfichtung ihren ursprünglichen Lebensraum zurückgeben sollte. Juristisch war die Lage kompliziert, da sich die ca. einen Hektar große Fläche auf deutschem und belgischem Boden befand und so zwei Kommunen beteiligt waren. Loki Schmidt half aber durch wiederholtes persönliches Erscheinen, die Schwierigkeiten zu überwinden. Sie überzeugte die beiden Bürgermeister und die zuständige belgische Ministerin, traf sich vor Ort mit der Frau des belgischen Premiers, Lieve Martens, und sorgte so dafür, dass alle Entscheidungsträger hinter dem Projekt standen. Nach dem ersten Ankauf konnten in den folgenden Jahren noch drei weitere Flächen dazu erworben werden. Da das Vorhaben das Finanzvolumen der Stiftung überstieg, wandte sich Loki Schmidt an den Hamburger Unternehmer Werner Otto und konnte auch ihn mit ihrer Begeisterung für den Erhalt und den Schutz der Narzissen gewinnen.

Die Kooperation mit dem Deutschen Naturschutzring war für Loki Schmidt zunächst eine gute Basis zum Einstieg in die organisierte Naturschutzarbeit. Schnell wurde aber auch deutlich, dass mit den öffentlichkeitswirksamen und vor allem finanziellen Erfolgen, die sie mit ihrem hohen persönlichen Engagement erzielte, eine eigenständige Stiftung eine realistische Option war. Der Vorteil einer solchen Konstruktion war eindeutig. Mit einer eigenen Stiftung konnten alle erwirtschafteten Mittel ausschließlich den eigenen Projekten zugutekommen. Loki hatte nämlich durchaus den Eindruck, dass ein zu hoher Anteil der von ihr eingeworbenen Beträge für die Belange des Naturschutzrings und nicht für die Vorhaben ihres Kuratoriums eingesetzt wurde.

Vor allem die Zusammenarbeit mit der renommierten Porzellanfirma Rosenthal war ein kaum vorhersehbarer finanzieller Erfolg. Mit dem erfahrenen Unternehmer und Politiker Philip Rosenthal verband die Schmidts eine persönliche Freundschaft. Auf Werben und Drängen von Helmut Schmidt war Rosenthal 1969 in die SPD eingetreten und hatte in der Partei und im Bundestag für sein Modell der Mitarbeiterbeteiligung an Leitung und

Kapital von Unternehmen geworben. Auch für Loki Schmidts Naturschutzarbeit hatte er sich interessiert und ihr 1977 vorgeschlagen, eine Serie von Wandtellern mit Blumenmotiven in den Handel zu bringen. Erste Entwürfe von den Designern seines Hauses überzeugten Loki nicht, dem Vorschlag Rosenthals, selbst tätig zu werden, kam sie jedoch gern und umgehend nach und entwarf insgesamt 12 Motive. Auch an der Vermarktung der Wandteller beteiligte sie sich. Sie besuchte viele der größeren Rosenthal-Studios und Kaufhäuser, unterstützte damit die Werbung und signierte auf Wunsch die Blumenteller.

Schon in relativ kurzer Zeit konnten 650 000 DM allein durch diese Kooperation für den Naturschutz eingesetzt werden. Später kamen von Loki Schmidt entworfene Tassen und Untertassen hinzu, die nicht mehr ganz so erfolgreich waren, aber dennoch über lange Jahre Gelder für die Stiftung einbrachten. Es ist nicht zuletzt dieses erwirtschaftete Finanzpolster, das Loki Schmidt, Kurt Körber und Alfred Toepfer 1979 zur Gründung einer eigenständigen »Stiftung zum Schutze gefährdeter Pflanzen« bewog. Stiftungsort war zunächst Hamburg, da die Aktivitäten weiter anwuchsen und Lokis Präsenz für viele Fragen zwingend notwendig war, wurde die Stiftung 1981 nach Bonn verlegt. Dem Stiftungsrat gehörten neben den erwähnten Mäzenen Körber und Toepfer zwei Wissenschaftler, zwei Journalisten, zwei Vertreter anderer Naturschutzorganisationen, ein leitender Beamter aus dem Ministerium für Ernährung und Landwirtschaft sowie ein Bankenexperte an. Nur das Geschlechterverhältnis war unausgewogen. Am Vorstandstisch saßen neben der Vorsitzenden Loki Schmidt ausschließlich Männer. Mit der Stiftung im Rücken konnten in den achtziger Jahren wissenschaftliche Symposien zum Pflanzenschutz durchgeführt, eine Schriftenreihe publiziert und zu Lokis großer Freude der Druck eines botanischen Großprojekts finanziert werden: der renommierte *Atlas der Farn- und Blütenpflanzen der Bundesrepublik Deutschland*.[4]

Als öffentlichkeitswirksamer Schachzug erwies sich für die neue Stiftung die Wahl der Blume des Jahres. Jahr für Jahr stellte

Die Gesamtkollektion der Rosenthal-Teller

die Stiftung eine gefährdete heimische Pflanze als Blume des Jahres vor, die jeden Oktober von Loki Schmidt persönlich der geladenen Presse bekannt gegeben und kurz charakterisiert wurde. Dabei sprach sie über den Aufbau und Lebensraum der Pflanze und beschrieb die Gründe ihrer Gefährdung. Und fast immer fügte sie eine kleine persönliche Geschichte zu der ausgewählten Blume hinzu. Die Vorstellungen waren kleine Sternstunden von Lokis Präsentationskunst, wurden von den Medien dankbar angenommen und fanden ihren Weg bis in die Tagesschau. Zum Lungen-Enzian, der ersten Blume des Jahres, wusste sie 1980 folgendes zu berichten: Bei einem Spaziergang am Rande des Diekmoors in Langenhorn sei ihr in den sechziger Jahren ein junges Paar mit zwei kleinen Kindern begegnet, die Mutter mit einem Strauß Lungen-Enzian in der Hand. »Ich konnte es nicht unterlassen, sie anzusprechen und ihnen zu sagen, dass der Enzian in ihrer Hand eine geschützte Pflanze sei. Mit erstaunten Augen sagten Mann und Frau: ›Enzian wächst doch nur im Gebirge, dies sind Glockenblumen.‹ Beide hörten

Zeichnung Lungen-Enzian,
Blume des Jahres 1980

aber geduldig zu, als ich ihnen den Unterschied zwischen Glockenblumen und Enzian erklärte. Mir wurde deutlich, dass auch manche seltene Pflanze durch Unkenntnis zerstört wurde«, hält sie fest und charakterisiert diese Begegnung als einen der ersten Beweggründe für ihre späteren Aktivitäten.[5]

Auch wenn Loki Schmidt in den achtziger und neunziger Jahren registrieren musste, dass die Blume des Jahres u. a. mit dem Insekt des Jahres und dem Baum des Jahres zahlreiche Nachahmer und damit Konkurrenz in der öffentlichen Wahrnehmung hatte, ist sie diesem Projekt bis zu ihrem Lebensende treu geblieben. Insgesamt hat sie 30 Blumen des Jahres mit ausgewählt, sie zeichnete alle selbst für die öffentliche Präsentation und stellte alle selbst vor. Der Präsentationstermin im Oktober hatte in ihrem Kalender absolute Priorität und wurde immer eingehalten. Im Oktober 2009 stellte sie die Sibirische Schwertlilie als Blume des Jahres 2010 vor. Es war ihre letzte Präsentation. Die Moorlilie hatte sie für das Jahr 2011 noch mit ausgewählt und schon gezeichnet, den Pressetermin aber hat sie nicht mehr erlebt.

Nicht ganz so öffentlichkeitswirksam wie die Blume des Jahres, aber unter Naturschützern anerkannt und bis heute fortgeführt, ist die Auszeichnung »Silberpflanze«, die von der Stiftung verliehen wird. Die Idee war, erfolgreiches Engagement einzelner Personen, Gruppen oder Institutionen für den Pflanzenschutz öffentlich zu machen und mit der Verleihung einer stilisierten Pflanze aus Silber auszuzeichnen. Auch besonders engagierte Kooperationspartner bedachte Loki Schmidt mit der Silberpflanze und machte die Anerkennung und den Dank für die ehrenamtliche Arbeit ihrer Mitstreiter öffentlich. Denn ohne die Mitarbeit von Menschen vor Ort wäre die Stiftung bei der Pflege der von ihr erworbenen Naturgrundstücke überfordert gewesen.

Interne Probleme wurden vor allem zunehmend deutlich, als Loki Schmidt Mitte der achtziger Jahre wieder ihren Lebensmittelpunkt von Bonn zurück nach Hamburg verlagert hatte und nicht mehr, wie gewohnt, vor Ort am Stiftungssitz direkt agieren konnte. Sie kritisierte mangelnde Transparenz und die interne Kommunikation. Eine weitere Belastung waren die hohen Kosten für die Struktur und die Verwaltung. Einer Aufstellung vom Januar 1986 ist darüber hinaus zu entnehmen, dass es sogar Unkorrektheiten bei den Grundbucheintragungen der erworbenen Grundstücke gab. Von Hamburg aus erschien es Loki Schmidt fast unmöglich, dieser Probleme Herr zu werden, sie zog ernsthaft in Erwägung, die Stiftung aufzulösen.

Es seien für sie quälende Auseinandersetzungen gewesen, berichtet Johannes Martens, der spätere Geschäftsführer der Loki-Schmidt-Stiftung.[6] Und normalerweise pflegte das Ehepaar Schmidt ja die »Politik der getrennten Geschäftsbereiche«, aber über die Querelen der damaligen Jahre tauschte sich Loki nun auch mit ihrem Mann aus.[7] Kurt Körber bot schließlich seine Hilfe an, die Stiftungsverwaltung wurde im Herbst 1986 zur treuhänderischen Verwaltung nach Hamburg in die Körber-Stiftung verlegt.

Inzwischen hatte Loki Schmidt allerdings in ihrer Heimatstadt schon neue Wege für ihre Stiftung ausgelotet. Seit 1979 hatte sich der versierte Politiker und Naturschützer Wolfgang Curilla bemüht, eine Hamburger Landesstiftung Naturschutz zu etablieren und sich dafür die Unterstützung der prominenten Genossin und Kanzlerehefrau gesichert. Mit dieser Landesstiftung zu fusionieren war ihr Ziel, das ihr spät, aber 1991 schließlich doch gelang. Mühsam wie der Prozess war auch der Name der neuen Stiftung: Stiftung Naturschutz Hamburg und Stiftung Loki Schmidt zum Schutze gefährdeter Pflanzen. Erst Jahre später nahm die Stiftung den griffigen Namen Loki-Schmidt-Stiftung an. Die Ziele blieben dabei dieselben: Erwerb von Flächen zum Erhalt gefährdeter Pflanzen, Förderung des öffentlichen Interesses am Naturschutz sowie die Förderung von Wissenschaft und Forschung auf dem Gebiet des Naturschutzes und der Landschaftspflege.[8] An neuen Aufgaben kamen die Bewirtschaftung und Programmgestaltung von zwei Naturschutzhäusern in der Umgebung von Hamburg hinzu. Das eine in den Boberger Dünen nahe Bergedorf, das andere an einem für Loki vertrauten Ort, in der Fischbeker Heide bei Neugraben. Hierher kam sie besonders häufig. Hier, wo sie als Kind die Sommer und viele Wochenenden verbracht und von 1945 bis 1948 mit ihrem Mann gelebt hatte, kannte sie fast jeden Baum und Strauch und beeindruckte bei Veranstaltungen vor Ort Mitarbeiter wie Besucher mit ihren Detailkenntnissen der hiesigen Flora und Fauna.

Mit der Fusion der beiden Stiftungen war auch eine dauerhafte staatliche Unterstützung aus Landesmitteln gesichert, eine nicht

Im Oleftal

üppige, aber solide Basis. Und mit dem übernommenen Geschäftsführer der Naturschutzstiftung Hamburg, dem Biologen Johannes Martens, hatte sie endlich wieder eine professionelle Geschäftsleitung, auf die sie sich verlassen konnte. Martens besprach in der Regel einmal pro Woche alle Vorhaben persönlich mit ihr, begleitete sie auf Veranstaltungen und Reisen zu den erworbenen Biotopen.

Mit ihrem Geschäftsführer fuhr sie auch noch lange zu dem alljährlichen Narzissenfest auf dem Stiftungsgelände im Oleftal, einem Vorzeigeprojekt der Stiftung. Sukzessive hatten sie weitere Flächen zum Erhalt der Wildnarzissen aufgekauft und schließlich mit der NRW-Stiftung einen Kooperationspartner gefunden, der für die Pflege und die Ausweitung des Naturschutzes in diesem Gebiet die Verantwortung übernahm. In Professor Wolfgang Schumacher von der Universität Bonn, Mitglied im Vorstand der NRW-Stiftung, fand sie einen langjährigen und verlässlichen Mitstreiter. Zu den etwa drei Hektar der Loki-Schmidt-Stiftung hat die NRW-Stiftung inzwischen im Oleftal mehr als 7 Hektar und weitere 60 Hektar in anderen Bachtälern der Westeifel erworben und über 35 Hektar Fichtenwald zwecks Rekultivierung von Wildnarzissen roden lassen.[9] Zur Blütezeit erstreckt sich in diesen Tälern ein kilometerlanges gelbes Blütenfeld, ein beeindruckendes und viele Besucher erfreuendes Naturspektakel. Wenn Loki Schmidt über ihre Stiftungsarbeit sprach, kam sie fast immer als erstes auf die Wildnarzissen im Oleftal zu sprechen. Ein Loki-Schmidt-Weg erinnert dort noch heute die Besucher an Lokis Anteil an diesem Projekt.

Loki-Schmidt-Genbank für Wildpflanzen

Ein jeder, der botanisch interessiert ist, kennt das globale Projekt »Arche Noah« für Nutzpflanzen im norwegischen Spitzbergen. Hier lagert in 100 Meter Tiefe, eingebettet in Felskammern, inzwischen das Genmaterial von 750 000 Nutzpflanzen aus allen

Teilen der Welt. Platz ist für insgesamt 4,5 Millionen Proben. Doch nicht nur im Permafrost der Arktis gibt es ein solches Projekt, inzwischen existieren weltweit 1400 Samenbanken, die sicherstellen wollen, dass die Samen von Nutzpflanzen dauerhaft erhalten bleiben. Ein auch nur annähernd vergleichbares Interesse für die genetische Sicherung von Wildpflanzen ist hingegen nicht zu vernehmen, vor mehr als dreißig Jahren, als Loki Schmidt sich erstmals mit diesen Fragen beschäftigte, galt das erst recht. Dass es heute dennoch eine Loki-Schmidt-Genbank gibt und andere Institutionen nachgefolgt sind, ist daher nicht selbstverständlich.

In Diskussionen mit ihren Partnern in den Botanischen Gärten war Ende der siebziger Jahre die Idee entstanden, der Gefährdung der Wildpflanzenvielfalt durch das Sammeln und Einlagern von Saatgut entgegenzuwirken. Für Loki schien dies eine rationale Konsequenz aus dem bedauernswerten, aber definitiv nicht aufzuhaltenden Aussterben vieler Wildpflanzenarten zu sein. Auch ökonomisch war und ist es sinnvoll, auf diese Weise potenzielle Ressourcen für die zukünftige Züchtungs- oder auch Arzneimittelforschung vorzuhalten.

Technisch war und ist dies kein Problem. Das gesammelte Saatgut wird zunächst getrocknet, dann untersucht und gereinigt, portioniert und in kleine Papiertüten umgefüllt. Unter Beigabe des Trockenmittels Kieselgel werden dann die Papiertüten in Alu-Beuteln vakuumverschweißt und tiefgekühlt. In einem ersten Schritt erfolgt eine Vorkühlung bei –4 Grad Celsius, nach sechs bis acht Wochen wird das Saatgut dann dauerhaft bei –20 Grad in Kühlkammern eingelagert. Allerdings verringert sich die Fruchtbarkeit des tiefgekühlten Saatgutes, sodass der Zustand regelmäßig überprüft werden muss. Sinkt die Fertilität unter 70 Prozent wird das Saatgut in Freilandflächen ausgebracht und neues Saatgut gewonnen. Eine Pflanzengenbank ist also ein aufwendiges und teures Unterfangen.

All dies hatte sich Loki Schmidt 1980 bei mehreren Besuchen der damals größten deutschen Pflanzengenbank in der Bundesforschungsanstalt für Landwirtschaft in Braunschweig-Völkenrode zeigen lassen. Wie nahezu alle anderen auch damals schon weltweit existenten Genbanken hatten die Braunschweiger sich auf Kulturpflanzen, vor allem auf Getreidearten spezialisiert, waren aber der Bitte Loki Schmidts gegenüber aufgeschlossen, Speicherplatz auch für ihr Wildpflanzenprojekt einzurichten. Hilfreich bei diesem Angebot aus Braunschweig war sicher, dass Loki ein gutes Verhältnis zu dem obersten Dienstherrn der Forschungsanstalt pflegte, dem Landwirtschaftsminister Josef Ertl, und dieser in vielen Fragen seines Ressorts ihren Rat einholte. Ertl wusste, dass der Kanzler bei Sachentscheidungen in der Landwirtschaftspolitik und im Naturschutz Rücksprache mit seiner Frau hielt und es daher gut war, sich mit ihr regelmäßig auszutauschen. »Insoweit verdanke ich Frau Schmidt eine starke Unterstützung in meiner politischen Verantwortung und in meiner Kabinettsarbeit«, schrieb Ertl später.[10] Man kann davon ausgehen, dass der Minister auch von den Besuchen der Kanzlergattin in Braunschweig unterrichtet war. Auf jeden Fall nutzte Loki Schmidt das Einlagerungsangebot, rief die Botanischen Gärten dazu auf, Saatgut von Wildpflanzen nach Völkenrode zu schicken und damit zu sichern. Seit 1981 entstand so der Nukleus einer ersten Genbank für Wildpflanzen in Deutschland.

Zur Unterstützung ihres Projekts initiierte Loki Schmidt mit Hilfe des Ministeriums 1981 in Bonn eine international besetzte Expertentagung. Ein rechter Erfolg wurde die Tagung allerdings nicht, denn hier gab es neben Wohlwollen, auch herbe Kritik. Der Ex-situ-Schutz von Pflanzen in Genbanken, d. h. außerhalb der Natur, stieß bei vielen Naturschützern auf Misstrauen. Immerhin verabredete man eine erste Kartei zur Dokumentation des zu sammelnden Saatgutes. Eine zweite Tagung 1985 in ähnlicher Runde erbrachte abermals keinen Durchbruch, ja selbst die Fortführung der Einlagerung von Wildpflanzensamen am Standort Völkenrode musste zum Leidwesen der Initiatorin aus finanziellen Gründen eingestellt werden. Nach der Wiedervereinigung wurde die Braunschweiger Genbank für Kulturpflanzen einschließlich ihrer kleinen Sammlung von Wildpflanzen in Braunschweig geschlossen und nach Gatersleben in Sachsen-Anhalt in das neu gegründete Leibniz-Institut für Pflanzengenetik und Kulturpflanzenforschung verlagert.

Die Hoffnung auf eine eigenständige Wildpflanzengenbank hatte Loki Schmidt fast aufgegeben, als der Direktor des Botanischen Gartens der Universität Osnabrück, Professor Herbert Hurka, ihre langjährigen Bemühungen aufgriff. Seit Loki Schmidt 1984 bei der Gründung des Botanischen Gartens in Osnabrück die Festrede gehalten hatte, waren die beiden in einem kontinuierlichen Austausch gewesen und hatten immer auch über Lokis Vision einer Genbank für Wildpflanzen gesprochen. 1993 gelang es Herbert Hurka schließlich, erstmals Mittel für das Projekt zu generieren. 2003 wurde Loki Schmidts frühe Sammlung zum Grundstock der neuen Osnabrücker Genbank, und am 24. Oktober 2003 konnte sie die ihren Namen tragende Genbank offiziell eröffnen. »Ihr Weitblick bezüglich der Einrichtung von Saatgutbanken für Wildpflanzen war bewundernswert«, schreibt Herbert Hurka und hebt ihren großen Einfluss auf diesem Feld der Wissenschaft hervor.[11]

Der Gärtneraustausch, eine Herzensangelegenheit

Streift man durch den Botanischen Garten in Hamburg, so gelangt man irgendwann auch in ein Bepflanzungsareal, das nach der Vegetation der Rocky Mountains gestaltet ist. Und trifft man den für dieses Areal zuständigen Gärtner, Nils Kleissenberg, erklärt er mit Blick auf den Boden: »Alles mineralisch, kein organischer Anteil, und alle Pflanzen wachsen. Das hatte ein Kollege zuerst in Göteborg gesehen. Wir hatten schon immer gedacht, wir müssten mineralischer werden. Aber so extrem zu sein, das haben wir uns erst durch den Gärtneraustausch getraut.«[12] Dass sich Gärtner in wissenschaftlich orientierten Botanischen Gärten mit Kollegen austauschen und vor allem in die Länder reisen, in denen die ihnen in Obhut gegebenen Pflanzen ursprünglich wachsen, um dort deren Lebensraum zu erkunden und besser zu verstehen, ist eigentlich eine naheliegende und einleuchtende Sache. Erstaunlich ist es daher, dass bis in die Mitte der achtziger Jahre ein organisierter Austausch, wenn er überhaupt stattfand, den Leitern und Wissenschaftlern der Botanischen Gärten vorbehalten war. Heute ist das anders. Heute können auch Gärtner wie Nils Kleissenberg im Rahmen des Internationalen Gärtneraustauchs in andere Länder und Vegetationszonen fahren. Loki Schmidts Anteil an der Einführung und Durchsetzung dieses Projekts war beträchtlich.

Als Initialzündung für den Gärtneraustausch muss die Hilfestellung Hamburgs bei dem Aufbau eines Botanischen Gartens an der Universität Jerusalem in den Jahren 1986/87 gesehen werden. Vorausgegangen war dieser Hilfe die Freundschaft Loki Schmidts zu dem Israeli und gebürtigen Berliner Michael Avishai, Botaniker und Gründungsdirektor des Jerusalemer Gartens. 1977 hatte sie ihn auf einer biologischen Fachtagung in England kennengelernt und war mit ihm in Verbindung geblieben. Als sie 1985 mit ihrem Mann nach Israel reiste, gab es ein Wiedersehen und eine erste Besichtigung des neuen Botanischen Gartens auf einem Gelände zwischen Hebrew-Universität und dem berühmtem Israel-Museum. »Am Eingang hatte er eine ganze Reihe von Bäumen, die in Israel wachsen, aufgestellt, und wir haben gemeinsam eine große Zeder eingepflanzt. Ansonsten war auf dem Gelände nichts Eindrucksvolles zu sehen. Voller Begeisterung erklärte er mir die Aufteilung des Geländes: Hier kommt Nordamerika hin, hier, wo es schön warm ist, soll Südafrika angesiedelt werden, und da unten in der Senke sollen Europa und ein Teich platziert werden. In der Senke aber lag ein Müllplatz, der erst einmal weggeräumt werden musste.«[13]

All dies vor Augen, war bei Loki die Bereitschaft geweckt, den Freund in seinem Vorhaben zu unterstützen. Dabei dachte sie an Pflanzenspenden und personelle Unterstützung durch Gärtner aus dem Hamburger Garten. Im Nachhinein war dies der Beginn

Mit Michael Avishai und Friede Springer, Jerusalem 1986

des späteren Internationalen Gärtneraustausches, zunächst einmal war es aber die konkrete Hilfe für den neuen botanischen Garten in Jerusalem. So mussten zunächst einmal Mitstreiter im Hamburger Garten gewonnen, die Idee möglichst breit kommuniziert, Konten eröffnet und Spenden gesammelt werden. Wichtige und publizitätsträchtige Unterstützung erfuhr Loki durch Friede Springer, Witwe des legendären Verlegers und Israel-Freunds Axel Cäsar Springer. Seit dem Ende der Kanzlerschaft von Helmut Schmidt war Friede Springer mehrere Male vom nur wenige Kilometer entfernten Herrenhaus Schierensee, in dem die Springers residierten, an den Brahmsee zum Kaffeebesuch gekommen. Die beiden Frauen hatten sich angefreundet, und Loki hatte Friede Springer nach dem Tod ihres Mannes im September 1985 Trost und Beistand geleistet. An sie wendete sich Loki nun im Sommer 1986, schilderte ihr Vorhaben und erhielt eine spontane Zusage für die finanzielle Unterstützung und eine erste gemeinsame Reise nach Israel. Im Oktober fuhren die beiden Frauen nach Jerusalem und ließen sich von Michael Avishai den Stand der Dinge und die weiteren Pläne für den Botanischen Garten zeigen. Eine grüne Oase in der Stadt sollte er werden, dazu ein wichtiges Unterrichtsmittel für Universität und Schule – und nicht zuletzt eine besondere Attraktion für die vielen Touristen.

Mit dem Gründungdirektor berieten die beiden Frauen über eine Pflanzliste und mögliche Standorte im Jerusalemer Garten. Gespräche führten sie auch mit dem Bürgermeister von Jerusalem, Teddy Kollek, und Aura Herzog, der Frau des israelischen Staatspräsidenten. In beiden fanden sie begeisterte Unterstützer. In Deutschland wurde die Aktion zeitnah von verschiedenen Springer-Zeitungen in umfangreichen und reich bebilderten Artikeln dokumentiert. Ganz nebenbei vertiefte sich auf dieser Reise die Freundschaft zwischen den beiden Frauen. Vor allem war Friede Springer beeindruckt, mit welcher Zielstrebigkeit und Tatkraft Loki bei ihrem Projekt zu Werke ging.[14]

Im Februar 1987 stand das Projekt vor der Umsetzung. An die 1100 Einzelpflanzen aus 586 Arten waren ausgesucht worden, die von der Belegschaft des Hamburger Botanischen Gartens in Kartons verpackt und am Flughafen in einen Container verladen wurden. Den Transport hatte Loki Schmidt geplant und organisiert, der Frachtgesellschaft sogar genaue Transportbedingungen vorgegeben.[15] Den Behörden am Jerusalemer Flughafen reichte jedoch die Bescheinigung des Hamburger Pflanzenschutzamtes über die Gesundheit der Pflanzen nicht aus, sie verweigerten die Übergabe an die Botaniker des Jerusalemer Gartens und ordneten entweder eine komplette Rücksendung oder Vernichtung der Pflanzenlieferung an.

In einer späteren Ansprache ging sie auf die Vorfälle ein: »Ich will es kurz machen. Herr Avishai erzählte mir die Katastrophe am Telefon. Meine Telefonrechnung schwoll ins Uferlose. Der israelische Botschafter, unser Botschafter in Israel, der Bürgermeister von Jerusalem, ja sogar Schimon Peres, alle wurden alarmiert.«[16]

Eine gewichtige Rolle spielte dabei auch Lokis Mann, er versuchte Schimon Peres telefonisch zu erreichen, als das nicht klappte, schrieb er ein Telegramm. »This is an emergency call, because never again will the botanical garden of Jerusalem be able to obtain such a collection of living plants from several botanical gardens, many of them nearly extinct.«[17] Tatsächlich engagierte sich Schimon Peres zusammen mit dem Landwirtschaftsminister Arje Nechemkin und erreichte schließlich, dass wenigstens der wissenschaftlich wertvollste Teil der Pflanzen an den Botanischen Garten übergeben werden konnte. Der größere Teil der Pflanzenlieferung erreichte seinen Bestimmungsort jedoch nicht.

Die Bilanz dieses ersten Pflanzenaustauchs fiel also nicht sehr positiv aus, der Arbeitsbesuch des Hamburger Gärtners Peter Eggers erwies sich hingegen als ein durchschlagender Erfolg. Eggers war kompetent und technisch versiert, weshalb er beim Aufbau des tropischen Schaugewächshauses wertvolle Hilfe leisten und zukünftige Betreuer anleiten konnte. Aber auch Hamburg profitierte. Die heutige Gestaltung des biblischen Gartens in Hamburg ist ein sichtbares Beispiel für die nachhaltige Wirkung dieses Austausches. In der Bibel werden 120 Pflanzen erwähnt, die meisten von ihnen wachsen in Israel noch als Wildpflanzen und systematisch ausgewählte Exemplare finden sich nun auch in Hamburg.

Loki Schmidt wollte das Projekt fortführen. Zusammen mit Bundesgenossen schaffte sie eine ausreichende finanzielle Basis dafür, dass in den nächsten zehn Jahren mehr als 40 Austauschaktionen mit insgesamt 12 Ländern gefördert werden konnten, darunter Brasilien, China, Simbabwe. Zu zwei Gärten, dem in St. Petersburg und dem in Merida, Venezuela, waren ihre Kontakte besonders eng. Beide besuchte sie, beide Kooperationsverträge unterzeichnete sie persönlich und an beiden schloss sie Freundschaft mit den dort Verantwortlichen. Bei ihrem Besuch 1997 in St. Petersburg erwartete sie noch eine Überraschung. Erst vor Ort erfuhr sie nämlich, dass ihr der Ehrendoktor der

Russischen Akademie der Wissenschaften verliehen werden sollte.

Am Ende der Neunziger wurde allerdings deutlich, dass der Gärtneraustausch neue und gefestigtere Strukturen benötigte, um langfristig zu funktionieren. Ihre umfangreichen Aufgaben als Schirmherrin und Motor des Projekts überforderten die inzwischen 80-Jährige. Die Gründung einer Stiftung schien eine geeignete Lösung zu sein. Eine Zeitlang zögerte Loki noch, die Zügel aus der Hand zu geben, entschied sich aber für die Stiftungslösung, als sich 2002 ein Finanzier fand. Den Vorsitz der Stiftung Internationaler Gärtneraustausch übernahm ihr langjähriger Vertrauter und Mitstreiter Helmut Poppendieck. Mit dieser Lösung war Loki Schmidt zufrieden. 2012, zum 25. Jubiläum des Israel-Austauschs, konnte der Vorstand eine beachtliche Bilanz ziehen. Fast 200 Reisen waren in diesem Zeitraum gefördert worden, 199 deutsche Gärtner waren ins Ausland gereist, 77 ausländische Gärtner waren nach Deutschland gekommen. Insgesamt waren 40 Botanische Gärten aus 29 Ländern an den Austauschen beteiligt, die Tendenz ist weiterhin steigend. Was 1987 mit der Aufbauhilfe aus Hamburg für den Botanischen Garten in Jerusalem begonnen hatte, ist inzwischen zu einem veritablen internationalen Projekt gewachsen. Loki Schmidt hatte die Basis gelegt, für eine geordnete Übergabe und gefestigte Strukturen gesorgt und damit den Gärtneraustauch zukunftsfähig gemacht.

Botanische Gärten in Deutschland – Von Lokis Gärten

Zu Gärten und Parks hatte Loki bereits in früher Kindheit ein besonderes Verhältnis. Erste Erlebnisse im Hammer Park, in den die Mutter Loki noch als Kleinkind im Kinderwagen führte, wusste sie noch im hohen Alter eindrucksvoll zu schildern. »Neugierig fragte ich nach Pflanzennamen. Aber mehr als Tulpen und Rosen interessierten mich die fächerförmigen Blätter der Alchemilla.«[18] Einige Jahre später schaute sie neidvoll auf Nachbarn oder Freunde der Eltern, die einen Schrebergarten besaßen. In deutschen Großstädten gab es Kleingartenvereine bereits in den Jahren vor dem Ersten Weltkrieg, in der Nachbarschaft der Glasers etwa seit 1911 die Gartenfreunde Hamm-Horn. Für die proletarische und kleinbürgerliche Bevölkerung waren die Schrebergärten Erholungsort, und der Anbau von Nutzpflanzen leistete einen wichtigen Beitrag zur Sicherung des Speiseplans. Leider gehörten Lokis Eltern nicht zu den privilegierten Kleingartenbesitzern, allerdings hatten Freunde der Familie Glaser ihnen einige Jahre ein kleines Beet zur Bepflanzung überlassen. Viel später, in den schweren Jahren nach 1945, hatten Lokis Eltern dann einen Garten in Neugraben, wo auch das junge Ehepaar Schmidt zunächst wohnte und von dem Nutzgarten profitierte.

Als Zehnjährige durchquerte Loki täglich auf ihrem Weg zur Lichtwarkschule den Hamburger Stadtpark. 1914 eröffnet, war er damals ein noch junger Park, den der Hamburger Stadtbaumeister Fritz Schumacher konzipiert und schrittweise hatte anlegen lassen. Mit Waldbereichen, großen Grün-, Spiel- und Sportflächen sowie üppigen Ziergärten bot der Stadtpark Abwechslung und war ein gelungenes Beispiel für die damals diskutierte Volksparkidee. Die Glasers liebten den Stadtpark. Loki konnte oft nicht widerstehen, etwas abzupflücken, um es zu Hause oder in der Schule in die Vase zu stellen und zu bestimmen.

Besonders angetan war sie auch vom Botanischen Garten ihrer Heimatstadt, der damals noch in den Wallanlagen lag. Erst mit den Eltern und dann, als sie als Lichtwarkschülerin mit einer Monatskarte für die Hochbahn ausgerüstet war, auch alleine hatte sie diesen Garten häufig aufgesucht und hier ihr botanisches Wissen erweitert. Als der Botanische Garten 1973 von den Wallanlagen in den Stadtteil Kleinflottbek im Hamburger Westen verlegt wurde, begleitete Loki Schmidt den Aufbau und wurde zur wohl wichtigsten und einflussreichsten Fördererin. Wenn sie kam, nutzte sie den Personaleingang, klönte bei der Kaffeepause mit den Gärtnern und besuchte oft die betriebsinternen Weihnachtsfeiern. Sie kannte die Arbeitsgebiete und speziellen Kenntnisse der Gärtner, liebte es, mit ihnen zu fachsimpeln, ging mit ihnen ins Feld und wurde von ihnen, als sie später Probleme mit dem Laufen hatte, mit einem zweisitzigen Elektrowägelchen gefahren, das sie »Lokimobil« nannten.

Auch in Bonn nahm sie früh, schon in der Zeit, als ihr Mann Verteidigungsminister war, Kontakt zu dem dortigen Botanischen Garten auf, machte sich bekannt mit dem Gartenmeister Roth und brachte bei besonderen Anlässen, wie bei der Blüte der Königin der Nacht, ihren Mann mit in den Garten. Mit den Biologen Peter Leins und Wilhelm Barthlott, dem neuen akademischen Leiter des Botanischen Gartens Bonn, entwickelte sich eine lebenslange Freundschaft.

Bei Professor Leins holte sie auch ein wenig von dem unerfüllt gebliebenen Wunsch nach einem Biologie-Studium nach. Mitte der siebziger Jahre, in einem Sommersemester, belegte sie eine Vorlesung zur Systematik der Blütenpflanzen bei ihm. Vorab hatte sie ihn aufgesucht und gefragt, ob diese Gasthörerschaft möglich sei. Ausführlich schrieb sie mit, bereitete die Vorlesung nach und konsultierte Leins, der auch von seiner prominenten Hörerin profitierte. Zum einem kannte Loki alle deutschen Bezeichnungen der ihm meist nur mit lateinischem Namen bekannten Pflanzen, und zum anderen kamen nie wieder so viele Studenten in seine Vorlesung wie in diese. Loki Schmidt war für die Studierenden ein »Zugpferd«, beschrieb es Peter Leins.[19]

In den Bonner Jahren bemühte sie sich auf ihren vielen Reisen in allen Städten mit einem Botanischen Garten, diesem zumindest einen kurzen Besuch abzustatten. Viele Leiter von Botanischen Gärten waren ihr persönlich bekannt. So wusste sie um die Vielfalt dieser Einrichtungen und deren historische Entwicklung. Darüber einmal systematisch zu schreiben, das hatte sie lange geplant, doch erst Mitte der neunziger Jahre fand sie die

Zeit dazu. 1997 konnte ihr Werk *Die Botanischen Gärten in Deutschland* erscheinen. Obwohl es in Deutschland inzwischen um die 80 Botanische Gärten gab und viele von ihnen als universitäre Einrichtungen von Wissenschaftlern geführt wurden, gab es bis zu diesem Zeitpunkt keine vollständige Bestandsaufnahme.

Ihr Buch wurde von der Fachwelt anerkannt, es war eine Art Pionierarbeit und ist bis heute singulär geblieben. Insgesamt stellt Loki Schmidt 70 Botanische Gärten in diesem Buch vor, die sie alle persönlich besuchte und nach gleichen Kriterien erkundete. In den zwei Jahren der Vorbereitung reiste sie mehr als 25 000 km durch die gesamte Republik. Die Palette ist breit: Der kleinste Garten in Wilhelmshaven umfasst nur 3800 Quadratmeter, der Botanische Garten in Berlin-Dahlem hingegen ist mit 43 Hektar der größte in Deutschland, ja sogar europaweit. Der Verlag hatte ihr zur fachlichen Unterstützung einen promovierten Biologen zur Seite gestellt. Der aber stellte schnell fest, dass Loki Schmidt in der Pflanzenwelt sich deutlich besser auskannte als er selbst. Auch beim Abfassen des Manuskripts lässt sie sich nicht entlasten. Jede Zeile schreibt sie selbst. Zusammen mit Siegfried Lenz und Wilhelm Barthlott stellte sie das Buch in Bonn der Presse vor. Es gab gute Besprechungen aus der Fachwelt, und den Anliegen der Botanischen Gärten ist die öffentliche Aufmerksamkeit zuträglich. 1999 verlieh ihr der Verband der Botanischen Gärten die Ehrenmitgliedschaft, denn sie war zu einer »Patronin« der Botanischen Gärten in Deutschland geworden, wie Andreas Gröger, Oberkonservator am Botanischen Garten München, es formuliert.[20]

Der Urwald am Brahmsee

Am 3. September 1986 leitete Loki Schmidt mit einem Brief an die Untere Landschaftspflegebehörde in Rendsburg ein neues und diesmal privates biologisches Forschungsvorhaben ein. Dabei ging es um die »natürliche Sukzession«, also um eine ungestörte Entwicklung der Pflanzenwelt und Tierbesiedelung auf einem 6,5 Hektar großen ehemaligen Roggenacker in direkter Nachbarschaft des Ferienhauses der Schmidts. Der Bonner Biologe Wilhelm Barthlott nannte das Projekt sogar »die herausragende wissenschaftliche Leistung von Frau Schmidt (...) und eine Pionierleistung des wissenschaftlich fundierten Naturschutzes.«[21] Das letzte Mal landwirtschaftlich genutzt worden war der Acker 1976, schon wenig später fing Loki an, den natürlichen Bewuchs des Feldes genau zu beobachten: Zunächst durch Auszählung und Bestimmung von Pflanzen auf ausgewählten Teilflächen. Als sich Birken und Eichen ansiedelten, begann sie 1981 mit einer systematischen Fotodokumentation, zunächst einmal pro Jahr, immer vom selben Standort aus und das über zwei Jahrzehnte. 1985 gelang es dem Ehepaar Schmidt, das Gelände käuflich zu erwerben, Loki konnte sich nun um eine behördliche Absicherung des Sukzessionsplans bemühen: »Es handelt sich bei dem oben erwähnten Grundstück um Brache und um ein kleines Sumpfgebiet mit Entwässerungsgräben, die zur Mühlenau entwässern. Durch das sandige Brachland zieht sich ein völlig ausgewachsener Knick, der sicher vor 60 Jahren zuletzt abgeknickt worden ist. Die Rot- und Hainbuchen des Knicks haben alle anderen einstmals vorhanden gewesenen Sträucher unterdrückt. Unter den inzwischen ausgewachsenen Rot- und Hainbuchen haben sich als einzige Krautschicht Anemone nemorosa (Buschwindröschen) und Oxalis acetosella (Waldsauerklee) angesiedelt. Auf den freien Flächen bildet sich ein Eichen-Birkenwald, durchsetzt mit Rotbuchensämlingen, Hainbuchensämlingen, Prunus serotina (Amerikanische Wildkirsche), Populus tremula (Espe), Populus alba (Silber-Pappel), Rhamnus frangula (Faulbaum) u. a. m. (...) Das Sumpfgebiet soll zu einem Teil jährlich gemäht werden. In dem anderen Teil sollen nur von Zeit zu Zeit die Gräben vorsichtig gereinigt werden, damit üppiger Standort von Comarum palustre (Sumpf-Blutauge), Iris pseudacorus (Sumpf-Schwertlilie) und Hottonia palustris (Wasserpri-

mel) nicht zu sehr gestört werden. Ich bitte um Zustimmung zu diesen Entwicklungs- und Pflegemaßnahmen.«[22]

Trotz einiger ursprünglicher Bedenken im Ort, konnte und wollte die Fachbehörde diesem fachlich präzise begründeten Antrag die Zustimmung nicht verweigern. In den neunziger Jahren erweiterte Loki das Projekt durch eine Kooperation mit der Universität Kiel. Einmal pro Jahr besuchte der Botaniker Klaus Müller mit einer Studentengruppe das Gelände und erstellte geobotanische Dokumentationen. 1991 zählten und bestimmten sie 170 Samenpflanzen und Farne, 38 Moosarten, 7 Flechten und 20 verschiedene Brutvögel. Loki selbst vervollständigte diese Listen kontinuierlich und setzte bis ins neue Jahrtausend ihre Fotodokumentation nun jeweils im Sommer und Winter fort. Darüber hinaus entstand 1993 an der Universität Kiel eine botanische Diplomarbeit über diese Vegetationsentwicklung, 1997 veröffentlichte Loki Schmidt in der *Naturwissenschaftlichen Rundschau* einen eigenen wissenschaftlichen Beitrag zu ihrem Projekt.

Dieses Sukzessionsprojekt lag Loki besonders am Herzen, öffentlich ermunterte sie zur Nachahmung und zu sich anschließenden Vergleichen. In all ihren späteren autobiographischen Beiträgen findet ihr »Urwald« Erwähnung. Ausdrücklich erlaubte sie auf Schildern am Eingang zu dem Gelände den Zutritt, erbat aber auch Schonung und Einhaltung der Wege. Ihren Beitrag in der *Naturwissenschaftlichen Rundschau* schließt sie mit den Worten: »Wir sind bei jedem Gang durch das Gelände fasziniert von der unglaublichen Vitalität der Natur, und wir sind neugierig, wie sich unser ›Urwald‹ weiter entwickeln wird.«[23] Für Loki galt das bis in ihr letztes Lebensjahr, obwohl sie das Gelände schon länger gar nicht mehr selbst hatte begehen können. Jeder Besucher des Brahmsees kann sich heute von der Entwicklung der Brache zu einem stattlichen Wald am Rande der Ortschaft Langwedel selbst ein Bild machen.

Am Eingang zum ›Urwald‹ am Brahmsee

Ehrungen

Am Ende ihres Lebens konnte Loki Schmidt auf eine stattliche Reihe an Auszeichnungen zurückblicken. Mehr als 20 Ehrungen hat sie erfahren, keine dieser vielfältigen Ehrungen hat mit den politischen Funktionen ihres Mannes zu tun, alle beziehen sich auf ihr eigenständiges Engagement als Naturschützerin, Naturforscherin, Publizistin und Umweltpädagogin. Auch die Institutionen, von denen sie geehrt und ausgezeichnet wurde, sind vielfältig: Universitäten, Wissenschaftliche Akademien und Gesellschaften, Botanische Gärten, private Stiftungen und Bundesstiftungen, zwei Städte, ein Landschaftsverband, eine Verlagsgruppe und eine Schule.

Den Auftakt der Ehrungen machte 1982 die Universität Bonn in Verbindung mit der Alfred-Toepfer-Stiftung und verlieh Loki Schmidt die Alexander-von-Humboldt-Medaille, einen Preis, den sie nie vergaß zu erwähnen, nicht nur weil er der erste war, sondern weil er nach ihrem Vorbild und »Helden«, wie sie oft sagte, benannt war. Hier klang bereits an, was in fast allen späteren Ehrungen wieder auftauchen sollte: Loki Schmidt war nicht nur eine anerkannte Botanikerin, sondern sie hatte vor allem auch eine breite umweltpädagogische Wirkung entfalten können. Dabei hob Werner Besch, Rektor der Bonner Universität, in seiner Laudatio hervor, dass es Loki Schmidt – anders als manch spezialisiertem Forscher – gelungen war, »breiten Bevölkerungskreisen in allgemein verständlicher Weise wissenschaftliche Erkenntnisse zu vermitteln und damit den Weg zu ebnen für eine Umsetzung in wirksame Schutz- und Erholungsmaßnahmen.«[24]

Insgesamt drei akademische Titel wurden Loki Schmidt verliehen – zwei Ehrendoktortitel, der eine von der Akademie der Wissenschaften in St. Petersburg, der andere vom Fachbereich Botanik der Universität Hamburg, sowie der Professorentitel durch den Hamburger Senat im Jahre 1999. Keinen dieser Titel hat Loki Schmidt vor sich hergetragen, sie wollte grundsätzlich nicht, dass sie bei öffentlichen Auftritten mit Titeln angesprochen wurde, und sie selbst hat die Titel in privaten oder öffentlichen Schreiben nie benutzt. Dennoch war ihre Freude groß, als ihr 1997 in St. Petersburg der Doktortitel verliehen wurde. Als Hobbybotanikerin hatte sie begonnen, mit dem Doktortitel war sie nun als Wissenschaftlerin anerkannt. Einer ihrer Laudatoren, Professor Wilhelm Barthlott, fand dafür folgende Worte: »Mit beispielgebendem Engagement, wissenschaftlichem Spürsinn, einer grundsoliden Einarbeitung in die Pflanzenwissenschaften und mit einer außerordentlichen Selbstdisziplin [hat sie] ein Lebenswerk von großer wissenschaftspolitischer Relevanz und bleibendem wissenschaftlichen Wert für die Biologie geschaffen. (...) In Botanikerkreisen gilt sie heute als Fachkollegin mit einem außerordentlichen taxonomisch-systematischen Wissen und einer breiten tropenökologischen Erfahrung.«[25]

Aus den vielen Umweltpreisen, die Loki Schmidt zuerkannt wurden, ragt der Ehrenpreis für die Lebensleistung der Deutschen Bundesstiftung Umwelt heraus. Mit einem Stiftungskapital von 1,3 Milliarden Euro gehört diese Bundesstiftung zu den größten und renommiertesten Stiftungen Europas. In der Begründung und Laudatio werden alle wesentlichen Arbeitsfelder Loki Schmidts gewürdigt: Naturschutz, wissenschaftlich fundierter Artenschutz, ehrenamtliches Engagement, die wissenschaftliche Dokumentation der Botanischen Gärten sowie der Schutz des Saatgutes von Wildpflanzen. Die Ehrung hatte der amtierende Bundespräsident Horst Köhler übernommen. Da Loki die hohe Bühne des Mainzer Festsaals nicht mehr besteigen konnte, setzte Köhler sich bei seiner Würdigung und Preisübergabe neben sie auf einen Platz in der ersten Reihe. Loki wusste diese persönliche Geste zu schätzen.

Als überzeugte Hamburgerin stellte sie von allen ihren Ehrungen die Ehrenbürgerwürde der Freien und Hansestadt an die erste Stelle. »Dass ich Ehrenbürgerin von Hamburg geworden bin, ist für mich die höchste Ehrung, die einem Hamburger widerfahren kann«, sagte sie im Hamburger Rathaus.[26] Und darauf war sie, wie Helmut Schmidt berichtet, »mächtig stolz«. »Und

Verleihung der Ehrenbürgerschaft
Hamburgs durch Ole von Beust,
Februar 2009

ihr Mann war es auch«, fügt er hinzu.[27] Seit 1815 gab es nur 34 Persönlichkeiten, denen die Hansestadt diese Ehre dauerhaft zugesprochen hat. In einem feierlichen Akt im Hamburger Rathaus wurde ihr am 12. Februar 2009 die Urkunde von dem damaligen Bürgermeister Ole von Beust überreicht. Gewürdigt wurde »ihre herausragende Arbeit als Naturschützerin und Forscherin«. Nach Ida Ehre, Marion Gräfin Dönhoff und der Mäzenatin Hannelore Greve war Loki Schmidt erst die vierte Frau, der diese höchste Ehrung der Stadt zuteilwurde.

Für den Festakt hatte sich Loki als musikalisches Rahmenprogramm einige Sätze aus den Orchestersuiten von Johann Sebastian Bach gewünscht, die sie schon als Schülerin im Schulorchester viele Male mitgespielt hatte, wie sie in ihrer kurzen Ansprache erinnerte. Und als Schlussakt die etwas schwülstige offizielle Hamburger Hymne *Heil Dir Hammonia*, entstanden im frühen 19. Jahrhundert und von ihr als Kind in der Schule gelernt. Sie hatte sie nicht vergessen, nicht zuletzt, weil sie als Kinder oft eine kleine Abwandlung im Text vorgenommen hatten.

Statt »Heil über Dir, Heil über Dir, Hammonia, Hammonia« hätten sie »Heil über Dir, Knackwurst in Papier« gesungen, berichtete sie den Anwesenden und brachte alle damit zum Schmunzeln. Für derlei Bonmots liebte man sie, nicht nur in Hamburg.[28]

Nicht bei allen ihren Ehrungen konnte Loki Schmidt persönlich zugegen sein, zunehmend verhinderte das ihr fortgeschrittenes Alter, im Jahr 2002 auch einmal die lebensbedrohende Herzerkrankung ihres Mannes. Am 26. September 2002 plante die Deutsche Botanische Gesellschaft ihr die Simon-Schwendener-Medaille für »ein Lebenswerk von großer wissenschaftspolitischer Relevanz und bleibendem wissenschaftlichen Wert« zu überreichen, Loki wollte aber wegen des Krankenhausaufenthalts ihres Mannes in der Universitätsklinik Kiel ihren Aufenthalt am nahen Brahmsee und die täglichen Besuche nicht unterbrechen. An die Verantwortlichen schrieb sie einen ausführlichen Brief, der noch einmal ihren eigenen Werdegang reflektiert und ihre bis ins hohe Alter gebliebene Neugierde auf Pflanzen zum Ausdruck bringt. Sie beschließt den Brief: »Lieber Herr Beck, ich bin traurig, dass ich wegen der Krankheit meines Mannes am 26.09.2002 in Freiburg nicht dabei sein kann. Aber trotz der vielen Krankenbesuche habe ich hier in Schleswig-Holstein meine Augen aufgemacht. Am Rand unserer Sukzessionsfläche (...) wächst Heracleum mantegazzianum (Riesen-Bärenklau). In diesem Jahr haben drei verschiedene Schnecken die Blätter gefressen: 1. Nacktschnecken von Braun bis Schwarz, 2. Weinbergschnecken, die hier häufig sind, und 3. Massen von dunkelbraunen Waldschnirkelschnecken. Von den leicht verwelkten Blättern des Bärenklaus blieben nur die Blattrippen übrig. Nachdem diese schöne Pflanze Fressfeinde gefunden hat, sollte man ihr bei uns ein gewisses Bleiberecht gewähren. Vielleicht ist das ein Thema für die Botanische Gesellschaft.«[29] Wie schwierig auch die Umstände sein konnten, der beobachtende Blick auf die Natur und der Drang, das Beobachtete zu reflektieren und weiterzugeben, waren zentrale Wesenszüge von Loki Schmidt.

ZURÜCK IN HAMBURG

Von Bonn nach Hamburg

Seit dem 1. Oktober 1982 war Helmut Schmidt nur noch einfacher Bundestagsabgeordneter, und das Leben des Ehepaars Schmidt wurde nun ein anderes. Später sah Loki Schmidt das Ende der Kanzlerschaft für ihren Mann vorrangig als eine Befreiung von großer Verantwortung und heftigen Belastungen. Außerdem seien politischer Wandel und Regierungswechsel schließlich Wesensmerkmale eines demokratischen Staates. Fotos und Fernsehbilder von der Amtsübergabe im Kanzleramt lassen bei ihr und ihrem Mann allerdings auch Verbitterung und Enttäuschung über die Umstände dieses politischen Wechsels erkennen. Zumindest Loki Schmidt waren die politischen Akteure der FDP unsympathisch geworden, die bemerkenswerte Bundestagsrede von Hildegard Hamm-Brücher, in der sie ihre ablehnende Haltung zu ihren Parteioberen in der FDP zur Frage des Koalitionswechsels bekundete, erfreute sie.

Beim Packen der Kartons im Kanzlerbungalow sprachen die Eheleute auch über die unmittelbare Zukunft. Eine neue Wohnung musste gesucht werden, Loki wollte auch fortan mit ihrem Mann in Bonn bleiben, aber mittelfristig sollte ihr Lebensmittelpunkt wieder Hamburg werden. Eine neue Wohnstatt in Bonn fanden sie recht bald. Ein kleines Haus zur Miete im Oberen Lindweg 31, sehr nahe am Regierungsviertel. Erst 1988 löste Loki den gemeinsamen Haushalt hier auf, nach der Aufgabe des Bundestagsmandats ihres Mannes im Herbst 1986 hatten sie und ihr Mann das Haus nur noch selten genutzt.

Heute ist der Abschied aus der Politik, vor allem der nicht

selbst eingeleitete Abschied, ein viel beschriebenes Thema. Betroffene bezeichnen das politische Geschäft als »Droge« und folglich den Abschied daraus als eine Art »kalten Entzug«. Der Fall in die vermeintliche Bedeutungslosigkeit, keine Termine mehr zu haben, nicht mehr nachgefragt und kaum kontaktiert zu werden, erleben sie als Sinnkrise.[1]

Nun hatte Loki Schmidt nicht wie ihr Mann in der ersten Reihe der Politik gestanden, der politische Betrieb hatte aber auch ihr Leben bestimmt, ja oft geradezu dominiert. Ein gewisses Vakuum dürfte in der ersten Zeit nach der Kanzlerschaft ihres Mannes daher auch für sie spürbar gewesen sein. Einem launigen Brief aus dem Sommer 1983 an den Bruder Christoph kann man entnehmen, dass die Schmidts diese neue Zeit vor allem durch Reisen, und zwar keineswegs politikfreie Reisen, auszufüllen suchten. »So viele Auslandsreisen wie im letzten halben Jahr hat es in all den Jahren vorher kaum gegeben. Die Situation ist allerdings völlig anders und ihr habt sicher gemerkt, dass Helmut, nachdem er die Verantwortung los ist, sehr viel heiterer und vergnügter geworden ist. Inzwischen waren Helmut und ich zweimal in Frankreich – einmal bei dem jetzigen Regierungschef und einmal bei dem verflossenen. Wir waren auch zu Henry Kissingers Geburtstag Ende Mai wieder einige Tage in den Vereinigten Staaten. Übrigens sind wir zum ersten Male mit der Concorde geflogen. Von Paris bis New York dauert es nur 3 ½ Stunden. Allerdings ist der Flug so teuer, dass es wohl auch unser letzter Flug mit der Concorde war. Helmut war inzwischen noch ein drittes Mal in Frankreich, hat aber auch noch Station in Italien gemacht. Und wir waren, diesmal wieder zu zweit in England, wo Helmut von der Universität Cambridge einen Ehrendoktor bekam. Das Schöne dabei war, dass wir zwei Tage mit Susanne zusammen waren. Zwischen diese Auslandsbesuche habe ich noch einige Exkursionen eingestreut: Hannover, Ostfriesland und am letzten Wochenende 3 Tage München. Irgendwann dazwischen war ich auch im Duisburger Zoo, wo ein kleines Orang-Baby, das mit der Flasche aufgezogen werden musste, den sinnigen Namen ›Loki‹ bekam.«[2]

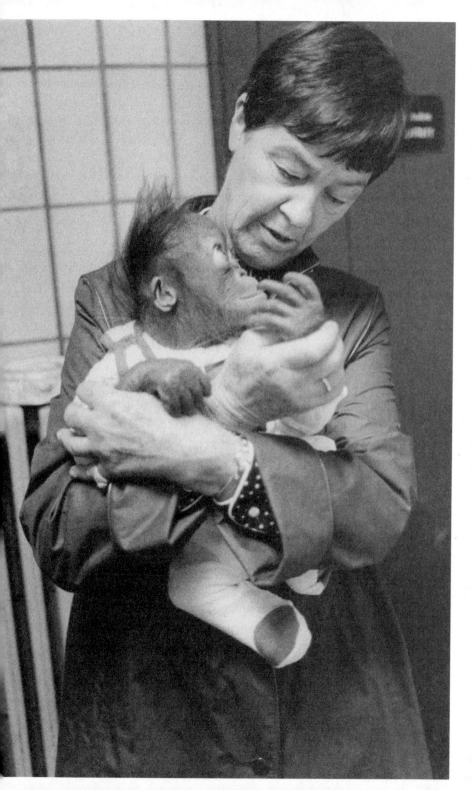

Mit dem im Mai 1983 vollzogenen beruflichen Wechsel von Helmut Schmidt zur *Zeit* – er wurde neben Gräfin Marion Dönhoff Herausgeber der Wochenzeitung – war klar, dass der Exkanzler seine Berufstätigkeit nicht beenden, sondern sich noch einmal kraftvoll einer ganz neuen Aufgabe widmen wollte. Dazu kamen bald seine Aktivitäten als erfolgreicher Buchautor, als politischer Redner und Berater sowie Mitinitiator diverser internationaler Gesprächskreise. Helmut Schmidt war also sehr bald wieder sehr aktiv, vor allem behielt er ein erstaunliches Reiseprogramm bei.

Auch Loki hielt ihre Reiseaktivitäten mit und ohne ihren Mann aufrecht. Die Neugierde auf Neues blieb größer als die nun stärker registrierten Mühen des Reisens. Langeweile kam bei ihr nie auf, wohl aber registrierte sie in diesen Jahren kritisch, dass die mit ihrem Mann gemeinsam verbrachte Zeit in den achtziger und neunziger Jahren nicht gerade üppig bemessen war. In einem Brief an einen Freund schrieb sie: »So seltsam es klingt, wir sehen uns jetzt beinahe weniger als in der Bonner Zeit. Helmut ist viel unterwegs und auch ich habe mich vielleicht ein bisschen aus diesem Grunde sehr in die Arbeit gestürzt.«[3]

Nicht zuletzt lag das auch daran, dass ihr das neue Leben ihres Mannes als *Zeit*-Herausgeber doch deutlich fremder war als sein früheres Politikerleben. In Bonn hatte es zahlreiche Gelegenheiten im politischen Betrieb gegeben, bei denen Loki Schmidt direkt eingebunden war: Besuche ausländischer Staatsgäste, Begleitung von Staatsbesuchen des Kanzlers im Ausland, politische Runden im Bungalow, Parteitage und Parteitreffen, gemeinsame Auftritte mit ihrem Mann auf Veranstaltungen und Versammlungen und vieles mehr. Das Wirken des *Zeit*-Herausgebers, Journalisten und Autors Helmut Schmidt war nun deutlicher abgegrenzt von ihrem eigenen Leben. Einerseits sah sie das mit Bedauern, andererseits empfand Loki es auch als Segen, dass ihr Mann diese neue, ihn erfüllende Aufgabe gefunden hatte.

Hinzu kam, dass Loki Schmidt zur Gräfin Dönhoff, der Grande Dame der *Zeit* und engen Vertrauten ihres Mannes, zwar ein freundliches, aber eher höflich distanziertes Verhältnis pflegte. Dönhoff sah in Loki die Ehefrau von Helmut Schmidt und weniger die eigenständige Persönlichkeit. Für Lokis Projekte interessierte sie sich gar nicht. Zumindest war das Lokis eindeutige Wahrnehmung. Marion Dönhoff lebte Politik, Probleme des Naturschutzes oder gar pädagogische Fragen blieben ihr fremd. Man sah sich bei ihren Abendgesellschaften in der Blankeneser Wohnung, man gratulierte sich zu den Geburtstagen, und man redete sich mit dem Vornamen an, siezte aber gleichzeitig – das sogenannte Hamburger Sie, das auch Helmut Schmidt mit vielen Gesprächspartnern pflegte, Loki mit engen Freunden und Vertrauten dagegen nicht. Ab und zu bemühte sich Marion Gräfin Dönhoff, Loki stärker in ihre Freundschaft mit Helmut Schmidt einzubeziehen. Nicht immer geschickt. Im März 1983 etwa hatte sie Lokis Geburtstag vergessen, holte die guten Wünsche nach und berichtete ihr gleichzeitig, dass Helmut Schmidt sie an den Geburtstag erst habe erinnern müssen. Und anlässlich eines Besuchs von Henry Kissinger schrieb sie an Loki Schmidt: »Ich Trottel, ich habe vergessen, als ich Helmut fragte, ob er am 24. Mai abends mit Kissinger bei mir essen könnte, zu sagen, dass ich mich natürlich besonders freuen würde, wenn Loki auch mitkommt. Also, jetzt noch einmal die Frage: Haben Sie Lust am 24. 5. um 20 Uhr?«[4] Ob Loki Schmidt dann wirklich Lust hatte, an dem Abendessen teilzunehmen, muss dahingestellt bleiben – Freundinnen wurden die beiden jedenfalls nicht.

Familie und Freunde

Mit der Rückkehr nach Hamburg gab es für Loki Schmidt mehr Zeit, sich um Freunde und um die Familie zu kümmern. Susanne war 1979 aus dem Elternhaus in Langenhorn ausgezogen und hatte eine Stelle bei der Deutschen Bank in London angenommen. Zunächst wohnte sie in London, dann zusammen mit ihrem Mann Brian Kennedy, einem irischen Bankmanager, in einem kleinen Ort in der Grafschaft Kent. Um Susanne, Schwiegersohn und dessen Kinder aus einer ersten Ehe zu sehen, musste Loki nun nach England anreisen, über die Distanz klagte sie manchmal, regelmäßige Telefonate zwischen Tochter und Mutter halfen, diese zu überbrücken. In der Familie Glaser war Loki nun die Älteste. Der Vater war bereits im November 1969, die Mutter drei Jahre später im Oktober 1972 gestorben. Die Ernennung des Schwiegersohns zum Minister hatte Hermann Glaser noch miterlebt und im Krankenhaus stolz seinem Arzt erzählt, dass der neue Verteidigungsminister der Ehemann seiner Tochter sei. Gertrud Glaser hatte Loki sogar noch einmal in Bonn auf der Hardthöhe besuchen können.

Nun zurück in Hamburg bildete Loki mit ihren zwei verbliebenen Geschwistern den engen Kreis der Glaser-Familie. Mit ihrem Bruder in Kanada intensivierte sie ihren Briefaustauch, zu ihrer jüngsten Schwester Rose, wie Loki eine Naturliebhaberin, hatte sie eine herzliche Beziehung. In den folgenden Jahrzehnten, und zwar bis in ihr Todesjahr, wurde Lokis Geburtstag am 3. März zum Tag des »Sippentreffens« im Neubergerweg, wie sie das Zusammenkommen der Verwandtschaft nannte. In der Familientradition der Glasers führte Loki damit die Rolle der Großmutter fort. Zu den regelmäßigen Gästen zählte neben Schwester und Schwager sowie deren Kindern und Enkelkindern auch die Familie von Helmuts Bruder Wolfgang. Alle folgten gern der Einladung und erlebten eine nach wie vor bodenständige, herzliche und zugewandte Loki. Allerdings kam ihnen das ereignisreiche Leben, das Loki führte, »wie aus einer anderen Welt« vor.[5] Mit Lokis Tod kamen auch diese bis zuletzt durchgeführten Familientreffen im Neubergerweg zu einem Ende.

Die runden Geburtstage feierte Loki Schmidt immer in einem größeren Kreis. Im Ahrensburger Haus der Natur des Naturschutzvereins Jordsand, im geliebten Ernst-Barlach-Haus inmitten des Hamburger Jenisch Parks oder, wie den 90. Geburtstag, in der Albert-Schweitzer-Gesamtschule mit Grundschulkindern – jedenfalls an Orten und unter Rahmenbedingungen, die einen hohen Bezug zu ihrem Leben und Wirken hatten.

Der gemeinsame Hamburger Freundeskreis des Ehepaars Schmidt war über die Bonner Jahre konstant geblieben. Dazu gehörten Gyula Trebitsch und seine Frau Erna sowie der Bankier und Bundesbankpräsident Karl Klasen und Ilse Klasen. Besonders eng waren die Freundschaften aus frühen SPD- und SDS-Zeiten: Zu Willi und Friedel Berkhan, zu Hans und Ingrid Apel, zu dem Ehepaar Liebgard und Walter Tormin und zu Peter und Sonja Schulz. Diesen engen SPD-Freundeskreis verbanden gemeinsame eher konservative Positionen in der Partei und viele gemeinsame politische Erfahrungen. Für die Tochter des Ehepaars Schulz übernahm Loki die Patenschaft, Peter Schulz war auch der juristische Berater der Schmidts und Vorsitzender des Kuratoriums der 1992 gegründeten Helmut-und-Loki-Schmidt-Stiftung.[6] Die enge Beziehung zu dem Freundeskreis hielt ein Leben lang, es waren, im wahrsten Sinne tragende Beziehungen. Eine bevorzugte Freundschaft im Sinne einer »besten Freundin« entwickelte Loki aber zu keiner der beteiligten Frauen. Enge, vertrauliche Freundschaften habe sie eher bei Männern gefunden, kommentierte Loki diesen Umstand.[7]

Henning Voscherau, der spätere Hamburger Bürgermeister, den Loki am Ende der Sechziger in der Hamburger SPD kennengelernt hatte, gehörte zu besagten engeren Vertrauten Loki Schmidts. Als sie in Bonn war, beobachtete sie aufmerksam und dankbar, dass sie und ihr Mann mit Voscherau in Hamburg einen zuverlässigen und loyalen Unterstützer der Positionen ihres Mannes besaßen und dass er bereit war, für den Kanzler in Kontroversen einzutreten, wie etwa in der Nachrüstungsdebatte. Da Loki wusste, wie schwer es ihrem Mann fiel, Dankbarkeit gegenüber anderen zu zeigen, übernahm sie ohne große Absprachen diesen Part und erntete dafür viel Sympathie. Bei Henning Voscherau fiel ihr dies besonders leicht. Sie schätzte an ihm sein politisches Talent und sein rhetorisches Geschick, vor allem aber seine tiefe Verwurzelung in Hamburg und in der Hamburger SPD. Er wiederum schätzte ihre Bodenständigkeit, ihre Unverstelltheit und ihren Gerechtigkeitssinn. Von ihr nahm er auch

Rat an. Als er einmal mit dem Gedanken spielte nach Bonn zu wechseln, habe Loki Schmidt ihm abgeraten: »Henning, lass das sein. Bonn ist eine Schlangengrube!«[8] Da sie ihn für einen guten Bürgermeister ihrer Heimatstadt hielt, war es für sie selbstverständlich, dass sie ihn in seinen Wahlkämpfen in den neunziger Jahren unterstützte. Henning Voscherau war seit Mitte der achtziger Jahre häufiger Gast bei ihr in Langenhorn, mit ihm konnte sie über Freudvolles, aber auch über Sorgen reden, sie pflegten ein vertrauensvolles Verhältnis. Sehr bewusst wählte sie daher Henning Voscherau aus, ihr einen letzten Freundschaftsdienst zu erweisen. Loki Schmidt bat ihn, nach ihrem Ableben der Trauergemeinde die wichtigsten Stationen ihres Lebens in Erinnerung zu rufen. Ihm traute sie das zu. Er versprach es ihr und hielt sein Versprechen.

Wieder dauerhaft in Hamburg zu sein, bedeutete für Loki Schmidt auch, zu den ehemaligen Lehrerkollegen aus der Skatrunde und auch zu ihren ehemaligen Schülern den Kontakt suchen zu können. Alle von ihr geleiteten Klassen, die Klassentreffen veranstalteten, luden natürlich ihre alte und nun berühmte Lehrerin ein, und wann immer es ihr möglich war, nahm Loki auch daran teil. 1984 traf sich beispielsweise eine Klasse der Schule Hirtenweg für ein Wochenende im Schulheim bei Mölln, selbst dorthin reiste Loki an und wanderte mit den ehemaligen Schülern durch das vertraute und geliebte Hellbachtal. Diese Treffen waren für sie keine Pflichttermine, Loki war daran interessiert, was aus ihren früheren Schülerinnen und Schülern geworden war und was sie zu berichten hatten. Ihre vielen Reisen in die weite Welt hatten das Interesse an der kleineren Welt zu Hause nicht verdrängt.

Siegfried Lenz und Horst Janssen

In Bonn war Loki Schmidt vielen Künstlern, Musikern, Schauspielern und Schriftstellern begegnet. Das Ehepaar Schmidt lud ein zu Hauskonzerten in den Kanzlerbungalow, es gab kleinere

Ausstellungen zeitgenössischer Malerei im Kanzleramt, vor allem nutzte Loki die Gelegenheiten, Konzerte und Theateraufführungen zu besuchen. Auf diese Weise kam sie in den Kontakt zu den führenden Dirigenten und Konzertpianisten der Welt, lernte Künstler wie Oskar Kokoschka und Henry Moore kennen und traf auf Empfängen und Bällen Schauspieler wie Heinz Rühmann, Curd Jürgens, Lilli Palmer, Inge Meysel und andere Größen des deutschen Films und Theaters. Es waren zum Teil intensive Begegnungen, nähere, persönliche Bekanntschaften erwuchsen jedoch daraus nicht.

Mit dem Schriftsteller Siegfried Lenz war das anders. Kennengelernt hatte sie ihn bereits 1961 anlässlich der Premiere seines Stücks *Zeit der Schuldlosen* am Hamburger Schauspielhaus. Das anregende Gespräch im Theater wurde mit einer Einladung des Ehepaars Lenz zum Kaffee bei den Schmidts fortgesetzt. Dieses Kaffeetrinken – mit von Loki selbst gebackenem und von Lenz noch 2008 bei einem gemeinsamen Auftritt in Reinhold Beckmanns Talkshow gelobten Napfkuchen – war der Auftakt zu einer sich stetig vertiefenden und beständigen Freundschaft. Eine Freundschaft zwischen den Ehepaaren, zwischen den beiden Männern und den beiden Frauen, darüber hinaus aber eine eigenständige und besondere Freundschaft zwischen Loki Schmidt und Siegfried Lenz. Die beiden korrespondierten, telefonierten und hatten gemeinsame öffentliche Auftritte. Bereits an Lokis fünfzigstem Geburtstag im Jahr 1969, den sie in etwas größerem Rahmen feierte, saß das Ehepaar Lenz wie auch Friedel und Willi Berkhan bereits am Familientisch der Schmidts.[9]

Nach den Bonner Jahren verstärkte sich die Freundschaft Lokis zu Siegfried Lenz. Die Intensivierung des Briefaustausches ist dafür ein untrügliches Zeichen. Seit Anfang 1986 heißt es nun auch in den Briefanreden »Liebe Loki« und »Lieber Siegfried«. »Bis zum Du gab es eine lange Bewährungsprobe«, kommentierte der Schriftsteller dies mit einem Augenzwinkern in einem Gespräch.[10] Und seit 1986 sah man sich im Winter nun einmal im Monat zu der Freitagsgesellschaft bei den Schmidts in Langenhorn.

Mit Siegfried und Lilo Lenz im Theaterhaus im Park, 22. Dezember 1983

Über diese Freitagsgesellschaft tauschten Loki Schmidt und Siegfried Lenz sich in ihren Briefen aus, seine Romane und die regelmäßigen gegenseitigen Sommerbesuche – entweder am Brahmsee oder auf der dänischen Insel Leböllykke bei den Lenzens – sind weitere, immer wiederkehrende Themen. Über mehrere Jahrzehnte gehörten diese Sommerbesuche zum festen Bestandteil des Sommerurlaubs der Schmidts. »Lilo Lenz ist eine gute Malerin, meine Frau ist im Laufe des Lebens eine kenntnisreiche Botanikerin geworden. Siegfried Lenz im Laufe seines Lebens einer der erfolgreichsten deutschen Schriftsteller, und ich bin zum Herausgeber einer Zeitung geworden – wir haben also endlosen Stoff für das Gespräch, viele Fragen und viele Antworten«, schrieb Helmut Schmidt in der Mitte der neunziger Jahre.[11]
Bei kleineren Wanderungen lernte Siegfried Lenz, die Natur mit Lokis Augen zu sehen: »Loki ist an allem schuld. Früher, da ließ ich bei manchem Spaziergang mein Stöckchen pfeifen, köpfte, was sich lang hervorgewagt hatte; bedenkenlos, ohne unter mich zu blicken, latschte ich durch Flur und Feld, zertrampelte, was

unter meinen Schuh geriet. (...) Doch nun ist es vorbei mit aller Souveränität und selbstlizensierter Rücksichtslosigkeit. Unbesorgtes Streifen gibt es nicht mehr. Mein Stöckchen köpft weder Distel noch Butterblume, mein Gang hat sich eigentümlich verändert (...). Und all das hat Loki fertiggebracht(...) auf Loki-Art; (...) Fast kam ich da in Versuchung, der bezeichneten Pflanze meine Hand hinzustrecken: Freut mich, Sie kennenzulernen.«[12]

1989 sandte der Schriftsteller – zu Loki Schmidts 70. Geburtstag, den sie in der Wüste Namib verbrachte – ein ihr gewidmetes handgeschriebenes Gedicht mit dem Titel *Brachland*. Im Anschreiben heißt es: »Liebe, liebe Loki, so fern Du auch sein magst: wir denken uns hin zu Dir, grüßen Dich, geben Dir die Hand und gratulieren. Unsere Wünsche, die gebündelten, finden Dich überall, selbst in Namibia. Und da sie nicht warten dürfen, schicken wir sie zeitgemäß ab, – mit dem beigelegten Gedicht, das ich für Dich geschrieben hab. Aus ganzem Herzen: Gesundheit und Glück, Siegfried und Lilo.«[13]

Brachland
für Loki

Komm nicht dem Kalmus zu nah
der weiß glänzt im
toten Gewässer, dem Schattenspiel
nicht von überhängendem Gras
und den Stimmen im Schilf;
geht einfach weiter
vergebens suchst du den Weg.

Erlengebüsch lässt dich vorbei
und die das Licht sammelt,
die Birke. Nur das Brombeer-
gestrüpp am Fuße der Hügel
verlangt seinen Zoll. Wer hier lebt
versteht sich aufs Fliehen.

Von explodierender Kiefer, oben,
hebt sich der Taubenfeind.
Im Schein der Mittagsflamme
funkelt der Sandfleck. Die Distel
beachtet dich nicht. Hartblättrig
steht sie und überschlägt und
lobt ihre Erfahrung.

Zeit hat den alten Holzzaun
bezwungen. Tritt nicht auf ihn.
In seinem Schutz misst Lacerta
agilis den nachgewachsenen Schwanz.
Hier gibt's keine Fußspur.
In aller Stille feiert der Mäuseklee
ein unglaubliches Jubiläum.

Komm und geh bald.
Lass den Wind mit den
Vögeln reden. Schafgarbe
wandert zur Straße hinunter.
Tausend Augen sehn dich aus
kümmerlichen Verstecken. Heb
die Starre auf – geh.

Als Loki Schmidt 2007 mit der Goldenen Feder der Bauer-Verlagsgruppe für ihren Einsatz im Pflanzen- und Naturschutz gewürdigt werden sollte, musste sie wegen Krankheit absagen und bat Siegfried Lenz, den Preis für sie in Empfang zu nehmen. Diesen Freundschaftsdienst hat er ihr gerne erfüllt. Die Freundschaft, die der Mensch Siegfried Lenz ihr entgegenbrachte, hat ihr viel bedeutet, die Anerkennung des Schriftstellers und Intellektuellen empfand sie wie eine Auszeichnung.

Mit Energie widmete sich Loki Schmidt auch einer anderen, nicht vergleichbaren, aber umso vergnüglicheren Künstlerbe-

Horst Janssen, Brief an Loki Schmidt, 21. Dezember 1983

kanntschaft – dem Maler und Grafiker Horst Janssen. Beide Schmidts waren begeistert von Janssens künstlerischer Vielseitigkeit, ließen sich auf seine Eigenwilligkeit und Modernität ein und hätten ihn gerne kennengelernt. Der Künstler entzog sich diesem Wunsch, es entwickelte sich aber ein langjähriger brieflicher Austausch. Seit 1974 schickte Janssen Briefe, Notizen, signierte Bücher und immer wieder Zeichnungen nach Langenhorn. Die meisten Zusendungen waren an Loki adressiert, sie selbst antwortete immer umgehend, bemühte sich schließlich auch um ein gemeinsames Treffen im Hause Schmidt. Letzteres aber vergeblich. Immer waren Janssens Briefe an die Schmidts mit kleinen Zeichnungen und komischen oder ironischen Bemerkungen versehen.

Unkonventionell waren auch die von ihm gewählten Anreden: »Madame«, »Liebwerte Frau Loki« oder öfter auch dänisch »Liebe Fru Loki«. In einer Festschrift zu Horst Janssens 70. Geburtstag berichtet diese 1999 in einem humorvollen Beitrag über die Geschichte ihrer Beziehung zu dem Künstler und trifft mit der Überschrift *Sie konnten zusammen nicht kommen* den Kern dieser »Freundschaft«:

»Am 3. Oktober 1974 kam (…) eine Zeichnung mit folgender Unterschrift:

Monsieur – dies ist aus der Zeit als – Missjö – und die Ihren noch nicht dran waren – ansonsten neige ich Ihnen zu – ohngeachtet, dass ich einer der typischen unpolitischen bin. Also – viel Glück. Ihr Janssen.

Ich bekam das Buch *Landschaften* im September 1975 mit der unpersönlichen Widmung »Für Frau Hannelore Schmidt«. Nach meinem Dank erhielt ich die wunderbare Zeichnung einer verwelkten Sonnenblume mit dem Text:

Ja, so ist es eben: nun weiß ich nicht, wie's weitergeht, also: Für Madame L Schmidt. Ihr Janssen

Anfang der 80er Jahre wurde ein Treffen (…) verabredet. Da es kurz vor Weihnachten war, machte ich ein Körbchen mit selbstgebackenem Kuchen zurecht. Horst Janssen kam nicht zur Verabredung, aber wenige Tage später kam ein Brief:

Liebwerte Frau Loki. Allein schon wie's eingepackt war – ganz entzückend … Also: mampfend – schleckend – dankend! Aber wenn wir uns irgendwann wie rein zufällig sehen sollten, begegnen sollten, oder sonstwie treffen sollten, muss meine Eitelkeit Ihnen noch Janssen-total zukommen lassen: das sind meine Bücher.

Es folgten Büchersendungen, und in einem Brief vom 17. Dezember 1982 stand:

An Frau Loki … passen Sie bitte gut auf – auf Ihren »Jungen«. Es lohnt sich! Und außerdem will ich ihn irgendwann noch mal sehen. Ihr Horst Janssen. (…)

Wir luden ihn zum 65. Geburtstag meines Mannes im Dezember 1983 ein. Er kam nicht. Aber er schickte vorweg einen langen Brief, der endete: »*Prima, dass Sie am 21. 12. abends zu Haus sind. Oh ja, es ist sehr hübsch geworden, was ich mir da ausgedacht habe.*

Am 21.12.1983 kamen zwei große Zeichnungen. Für meinen Mann ein wunderbares Kant-Portrait und für mich eine Zeichnung von drei Steinen, die ich ihm einmal geschickt hatte.

Auch 1984 ging der Briefwechsel weiter. Gerührt war ich über einen Geburtstagsgruß in dem Büchlein »Witzwort«, in das er schrieb:

... und dies – Loki – ist so'n Beispiel ungekürzter Liebe. Nur so, Ihr Janssen (...)

Besonders freuten wir uns über einen langen Brief von Horst Janssen im März 1985. Mit der Zeichnung eines Baches mit Kopfweiden äußerte er sich ausführlich zu einer Rede meines Mannes über Johann Sebastian Bach.

Das war das letzte, was wir von Horst Janssen über Jahre hörten. Ich schrieb noch häufiger, bekam aber keine Antwort. Erst neun Jahre später stellte unser Freund Dieter Grassy die Verbindung wieder her, nachdem wir feststellen mussten, dass Horst Janssens Briefe uns aus unerklärlichen Gründen nicht erreicht hatten. Er bekam eine Mütze meines Mannes, die er sich gewünscht hatte. (...) Im August 1994 hörten wir zuletzt von einander.«[14]

Ein Jahr später, Ende 1995 verstarb Horst Janssen. Auch wenn dieser kapriziöse Künstler sich zu keinem einzigen Treffen von Loki Schmidt hatte überreden lassen, eine außergewöhnliche briefliche Bekanntschaft war es allemal.

Gesellschaftliches Leben

Hamburg ist zwar keine so betriebsame Stadt wie Berlin, ein vielfältiges kulturelles und gesellschaftliches Leben findet sich aber auch in der Hansestadt. Seit den fünfziger Jahren waren die Schmidts eifrige Theater- und Konzertbesucher, das elitäre gesellschaftliche Leben der Hansestadt in den traditionellen Clubs und Vereinen – wie z.B. den exklusiven Segel-, Ruder- und Golfclubs an Alster und Elbe – mieden sie jedoch. Loki Schmidt hat nie in Erwägung gezogen, Golf zu spielen oder Mitglied in einem Segelverein an der Alster zu werden. Und da es ihrem Mann genauso ging und dieser am liebsten auf dem Brahmsee segelte, gab es keine Veranlassung, sich nach den Bonner Jahren gesellschaftlich neu zu orientieren.

Allerdings eröffneten sich nach der Bonner Zeit neue gesellschaftliche Anlässe, die Loki Schmidt gerne besuchte und die ihr sichtlich Freude bereiteten. So war sie ein gern gesehener und regelmäßiger Gast sowohl bei dem Neujahrsempfang des *Hamburger Abendblatts* im Hotel Atlantik als auch bei dem des Theaters Komödie im Winterhuder Fährhaus. Zum Empfang des *Hamburger Abendblatts* kam Loki fast immer ohne ihren Mann, der offenbar eine zu große Nähe zum Springer-Verlag vermeiden wollte. Seit Loki Probleme mit dem Laufen hatte, war auf diesem Stehempfang ausschließlich für sie ein kleiner Tisch reserviert. Hier saß sie mit alten Weggefährten, wie dem ehemaligen Hafensenator und Parteifreund Hartmut Kern, zusammen oder empfing jüngere Bekannte und Freunde wie die Fernsehleute Reinhold Beckmann oder Katharina Trebitsch zu einem Schluck auf das neue Jahr.

Ins Winterhuder Fährhaus gingen Loki und Helmut Schmidt dagegen grundsätzlich gemeinsam. Die beiden waren seit der Einführung des Neujahrspunsches 1989 durch den Theaterdirektor Rolf Mares Dauergäste dieser Veranstaltung. Für Loki »ein Termin, der bei uns ganz fett im Kalender angestrichen ist.«[15] Hier trafen sie bei Berlinern und Punsch Schauspieler, Journalisten und Bekannte. Vor allem aber kamen Loki und Helmut Schmidt wegen des Jahresrückblicks des Kabarettisten Eberhard Möbius. Immer saßen die beiden in der ersten Reihe, immer stand ein Aschenbecher für sie bereit und immer vergoss Loki Tränen vor Lachen über den manchmal bissigen und immer höchst amüsanten Möbius.

2008 allerdings hatte der Besuch ein Nachspiel: Wegen ihres öffentlichen Rauchens handelten die Schmidts sich eine gerichtliche Klage ein. Nicht, dass sie davon nun sonderlich beeindruckt

Mit Friede Springer; Jubiläumsempfang 40 Jahre Hamburger Abendblatt, 1988

waren, aber Loki ließ seit diesem Vorfall in der Öffentlichkeit des Öfteren die Zigarettenschachtel in der Tasche. Die öffentliche Debatte um ihr Rauchen gefiel ihr zunehmend weniger. Im Januar 2010 kamen die beiden das letzte Mal, das Jahr davor hatten sie ausgesetzt. »Umso schöner, dass sie in diesem Jahr wieder im Winterhuder Fährhaus vorbeischauen«, schrieb das *Hamburger Abendblatt* und fuhr fort: »Der 21. Neujahrspunsch stand an – (...) in lockerer, entspannter Atmosphäre. Die Schmidts standen dabei im Mittelpunkt. Immer wieder streichelte Loki die Hand ihres Mannes – auch im hohen Alter halten sie fest zueinander. Ein schöner Anblick, der die Gäste rührte.«[16]

Als Musikliebhaber besuchten die Schmidts regelmäßig klassische Konzerte. Besonders die Sommerkonzerte des seit 1986 an verschiedenen Spielorten stattfindenden Schleswig-Holstein Musikfestivals fand Loki Schmidt großartig. Mit dem Begründer und Organisator dieses Festivals, Justus Frantz, pflegte das Ehepaar über lange Jahre einen engen Kontakt. Die Nutzung von ganz unterschiedlichen und zum Teil ungewöhnlichen Spielstätten wie Gutshäusern, Werften, Parks oder auch Fährschiffen mochte Loki dazu angeregt haben, auch für Hamburg einer neuen Konzertidee nachzugehen, einer Konzertreihe im Botanischen Garten der Hansestadt. Damit verbunden war der Wunsch, für den Garten eine erhöhte öffentliche Aufmerksamkeit zu erwirken. In Hermann Rauhe, Präsident der Hochschule für Musik und Theater Hamburg, fand sie für ihre Idee einen engagierten Partner. Rauhe hatte einen guten Ruf als umtriebiger Organisator von Musikveranstaltungen, er war versierter Kommunikator, und er sah die Chance, insbesondere jungen Künstlern mit diesen Konzerten, die Gelegenheit eines Auftritts an einem ungewöhnlichen Ort zu bieten.

Am 3. Mai 1993 hatte Loki Schmidt Hermann Rauhe zu einer ersten Besprechung in den Neubergerweg eingeladen, es sollte aber kein gut geeigneter Tag für ein solches Treffen werden. Denn am 3. Mai 1993 trat Björn Engholm als Vorsitzender der SPD, als Ministerpräsident von Schleswig-Holstein und als Kanzlerkandidat seiner Partei zurück. Für eine kurze Zeit wurde über eine mögliche neue Kandidatur des Altkanzlers spekuliert, zumindest standen im Neubergerweg die Telefone an diesem Tag nicht still. Loki schlug daher vor, das Gespräch in den Botanischen Garten zu verlegen, es sei ohnehin praktischer, da man dort gleich organisatorische Fragen klären könne. Von der Idee einer neuen Kandidatur ihres Mannes hielt sie im Übrigen gar nichts.

Noch an diesem Nachmittag fiel die positive Entscheidung, bereits wenige Wochen später konnte das erste Konzert einer bis heute erfolgreichen Konzertreihe stattfinden. So kommen seitdem in den Sommermonaten Hunderte von Musikfreunden in den Botanischen Garten und lauschen im großen Gewächshaus unter blühenden Blumen den jungen Künstlern der Musikhochschule bei Klavier- und Kammerkonzerten, bei Opern- oder auch Schlagzeugabenden. Jedes Jahr erschien Loki Schmidt zum Auftaktkonzert und hielt eine kurze Ansprache. Sie habe ja nur die Idee gehabt, die Arbeit hätten die anderen gemacht, skizzierte sie das Projekt einmal, aber natürlich war ihre kontinuierliche Präsenz ein Garant für die erwünschte mediale Aufmerksamkeit und den Erfolg des Vorhabens.

Als intellektuelle Bereicherung schätzte Loki die seit 1985 regelmäßig stattfindenden Treffen der von ihrem Mann ins Leben gerufenen sogenannten Freitagsgesellschaft. Sechsmal kamen und kommen bis heute in den Wintermonaten des Jahres jeweils am zweiten Freitagabend im Monat bis zu 12 Mitglieder dieser Gesellschaft zu den Schmidts nach Langenhorn, um sich gemeinsam über ganz unterschiedliche Themen zu informieren und zu debattieren. Loki Schmidt übernahm die Rolle der Gastgeberin. Der Ablauf war immer der gleiche: Begrüßungstrunk, Abendessen, Vortrag eines der Mitglieder, manchmal auch eines eingeladenen Gastredners und anschließende Diskussion. Die Diskussion wird protokolliert, die Protokolle und Vortragsmanuskripte werden allen im Nachhinein zugänglich gemacht. Loki fand vor allem die Vielfalt der behandelten Themen in diesen der Berliner Mittwochsgesellschaft nachempfundenen Zusammenkünften lehrreich und interessant. Mitglieder höchst verschiedener Berufsfelder sind vertreten. Es gibt Künstler, Ärzte, Juristen, Unternehmer, Naturwissenschaftler, Politiker, einen Baumeister, einen Kirchenvertreter oder eine Filmproduzentin. Politik ist also nur eines der möglichen Themen in diesem Kreis, und dann immer nur aus dem Bereich der Außen- und Weltpolitik.

In den ersten Jahren kochte Loki noch selbst für das am Beginn der Treffen stehende Abendessen. Darüber hinaus bewirkte ihre Anwesenheit von Beginn an, dass eine angenehme und lockere Atmosphäre herrschte, sie fungierte gewissermaßen als Patronin der Runde. Zweimal übernahm auch sie die Rolle der Referentin. Im Februar 1996 sprach sie über die »Entwicklung der Pflanzenwelt von der Eiszeit bis heute«, im Februar 2005 zum Thema »Botanisches Leben an extremen Standorten«. Beide Male war sie vorab ein wenig aufgeregt, beide Male aber

383

konnte sie ihre Zuhörer für ihr Thema einnehmen. »Das waren wissenschaftlich sehr fundierte Vorträge«, so ihr Mann, und der Stolz auf seine Frau war noch Jahre später deutlich zu vernehmen.[17]

Ein weiterer jährlicher Termin in Lokis »Gesellschaftskalender« war die sogenannte Karpfenrunde. Seit Anfang der neunziger Jahre traf sie sich mit einer Herrenrunde jeweils im Dezember zum Karpfenessen, um über die aktuelle Politik, manchmal über eine mögliche Unterstützung ihrer Projekte, hauptsächlich aber über Vergnügliches und Alltägliches zu plaudern. Zu ›Lokis Karpfenrunde‹ gehörten u. a. die Politiker Henning Voscherau und Björn Engholm, der Filmproduzent Gyula Trebitsch, der Besitzer des Hamburger Rosenthal-Studios Alfons Müller, Herren aus der Wirtschaft und der Hamburger Journalist Günter Stiller, der stets für ausgiebige Berichterstattung in der Hamburger Lokalpresse sorgte. Dieter Grassy, langjähriger Vertrauter von Loki Schmidt, war der Organisator der Runde, ihm nahm Loki auch das Versprechen ab, das jährliche Zusammenkommen nach ihrem Tod weiterzuführen. Die Plätze in dieser Runde waren sehr begehrt, manche wurden gar »vererbt«. So stießen Marcus und Katharina Trebitsch, Loki seit deren Kindheitstagen bekannt, nach dem Tode des Vaters zu dieser Gesellschaft. Ihren Mann brachte Loki allerdings nie mit. Das sei eine Runde »ihrer Freunde«, soll sie laut Dieter Grassy einmal gesagt haben. Aber natürlich wusste sie auch, dass ihr Mann zum Karpfenessen nicht zu überreden war.[18]

Auch nach der Zeit in Bonn engagierte sich Loki Schmidt politisch nicht im Sinne parteipolitischen Engagements, aber sehr wohl im Sinne eines Engagements für die Interessen des Gemeinwesens. So beteiligte sie sich sogar an einer Großdemonstration. Nach den Ausschreitungen gegen Ausländer in Rostock und Hoyerswerda sowie dem Brandanschlag auf eine türkische Familie in Mölln am 23. November 1992 kam es in ganz Deutschland in den folgenden Wochen zu großen öffentlichen Protesten.

In vielen Städten der Republik gingen die Menschen auf die Straße, neue Demonstrationsformen wie Lichterketten mit Zehntausenden von Teilnehmern entstanden. In Hamburg versammelten sich die Menschen rund um die Binnenalster. So wie 300 000 andere Hamburger fuhr auch Loki Schmidt in die Innenstadt, zeigte ihre Empörung und plädierte für ein solidarisches und friedliches Miteinander in unserer Gesellschaft. Fremdenfeindlichkeit und Gewalt waren ihr zuwider.

Pädagogisches Engagement

Natürlich gab es zahlreiche Angebote, nach ihrer Rückkehr aus Bonn in Institutionen der Stadt Verantwortung zu übernehmen. Einige Angebote nahm sie an, nicht immer allerdings wusste sie genau, was auf sie zukam. Loki Schmidt für eine Sache zu gewinnen, erschien vielen als Garantie für Aufmerksamkeit und Zuspruch, wenngleich für sie selbst dies nicht immer gewinnbringend war.

Ihre kurze Zeit als Vorsitzende im Verein Hamburger Freiluftschulen Mitte der achtziger Jahre ist dafür ein gutes Beispiel. Ein ehemaliger Lehrerkollege hatte ihr diese Aufgabe angetragen, in der Hoffnung, dass sich die unsichere Zukunft dieser traditionsreichen Einrichtungen durch die Fürsprecherin Loki Schmidt verbessern könnte. Loki hatte bereits als Grundschülerin die vier Hamburger Freiluftschulen kennengelernt und war als Lehrerin mit ihren Klassen in den fünfziger Jahren eine regelmäßige Besucherin vor allem der Freiluftschule am Köhlbrand im Hafengebiet gewesen. Das Konzept, hier den Klassen einen erlebnisreichen Zugang zu Natur und Landschaft zu verschaffen, hielt sie nach wie vor für ein sinnvolles pädagogisches Zusatzangebot. In der Schulbehörde wurden die vier Einrichtungen inzwischen aber vor allem als eine finanzielle Belastung gesehen und die sozialdemokratische Senatorin für die Freiluftschulen zu gewinnen, erwies sich als keine leichte Aufgabe. Loki Schmidt war erstaunt über das geringe pädagogische Interesse in den oberen

Etagen der Schulverwaltung. Erstaunt war sie auch, dass ihre Pläne, die Freiluftschulen stärker in ein Programm der Umwelterziehung einzubinden, ihrer Einschätzung nach nicht auf fruchtbaren Boden fielen. Nur ungern erinnerte sie später die damit verbundenen Enttäuschungen. Noch als Vorsitzende schrieb sie im August 1986 in einem Brief: »Meine Freiluftschulen machen mir wegen der vielen Behördenlaufereien nach wie vor mehr Kummer als Freude. Kürzlich habe ich eine Gruppe von 30 Lehrern aus der Lehrerfortbildung zu einer Exkursion in eine der Schulen locken können und war etwas überrascht über die geringen Kenntnisse, obwohl es alles Biologielehrer waren.«[19] Es war also nur folgerichtig, dass sie ihren Vorsitz bald wieder aufgab und sich aus diesem Arbeitsfeld konsequent zurückzog. Dass die Freiluftschulen weiter existierten, hat sie allerdings durchaus freudig registriert.

Ihr pädagogisches Interesse war mit diesem Rückzug nicht erloschen. 1995 eröffnete sie mit einer Ansprache, in der sie die eigene Schulzeit anschaulich in den Mittelpunkt stellte, eine Ausstellung des Hamburger Schulmuseums über die Lichtwarkschule und ermunterte noch am selben Abend die Ausstellungsmacher zu einem Folgeprojekt. Sie schlug vor, sich als nächstes den Volksschulen der Reformpädagogik zu widmen, deren Arbeit bislang kaum erforscht und dokumentiert worden war. Loki Schmidt ließ es allerdings nicht bei einem Vorschlag bewenden, sondern beteiligte sich aktiv bei der Vorbereitung dieser Ausstellung und an der Erstellung eines Begleitkatalogs. Als Zeitzeugin brachte sie ihre spezifischen Kenntnisse ein, erkannte und erläuterte in vielen Fotos Details, die ansonsten schwer rekonstruierbar gewesen wären. In ihren Texten zu den einzelnen Fotos der Ausstellung ließ sie die Welt einer vergangenen, aber gleichwohl aktuellen Pädagogik entstehen: Koedukation, der Lehrer als Organisator und Begleiter von Lernprozessen, der Wechsel Klassenunterricht mit Einzel-, Partner- und Gruppenarbeit, handlungsorientiertes Lernen und ganzheitliche Bildung, um nur die zentralen Punkte zu nennen.

Bei fast jedem Fotomotiv wurden bei ihr eigene Erinnerungen und Erfahrungen wieder wach: Tagesausflüge mit der Klasse in den Hafen an den Köhlbrand, Klassenreisen ins Schullandheim an der Ostsee, Musizieren in der Schulgemeinschaft, schüleraktivierende Unterrichtssituationen. Auf die eigene Versuchsschulzeit rekurrierte Loki Schmidt auch bei ihrem letzten großen Schulprojekt, der Einrichtung und Begleitung des Lern-Werks der Hamburger *Zeit*-Stiftung. Mit Gerd Bucerius, der die *Zeit*-Stiftung 1970 gegründet und später große Teile seines Vermögens dort eingebracht hatte, waren die Schmidts gut bekannt. Von Beginn seiner Tätigkeit als Herausgeber der *Zeit* war Helmut Schmidt auch Mitglied im Kuratorium, einer Art Aufsichtsrat, der *Zeit*-Stiftung gewesen und hatte wichtige Impulse gegeben.

Bei der Einweihung der von der *Zeit*-Stiftung initiierten und finanzierten Bucerius Law School, einer privaten Hochschule für Rechtswissenschaft, kam sie 1999 mit Tyll Necker in ein pädagogisches Fachgespräch. Wie ihr Mann war er Kuratoriumsmitglied der *Zeit*-Stiftung, und wie Loki wusste, hatte die Stimme des ehemaligen BDI-Präsidenten Gewicht. Schnell waren sich die beiden einig, dass die *Zeit*-Stiftung nach dem Eliteförderungsprojekt Law School in der Pflicht sei, nun auch die zu unterstützen, die es in ihrer Bildungslaufbahn schwerer haben. Konkret dachten sie an eine innovative Förderung von Schülern an Hauptschulen.

Tyll Necker hatte die von Paul Geheeb 1910 als Landerziehungsheim gegründete Odenwaldschule besucht und die Verbindung von intellektuellem und handwerklich-praktischem Lernen schätzen gelernt. Etwas Ähnliches schwebte Loki Schmidt und Tyll Necker auch für das Hauptschulprojekt der *Zeit*-Stiftung vor: Sie wollten das praktische Lernen verstärken und die Praxisphasen im Curriculum ausweiten. Sie erhofften sich damit, dass es den Schülern so leichter würde, einen Ausbildungsplatz zu finden. Die Situation von Hauptschülern in Großstädten wie Hamburg war in den neunziger Jahren dramatisch geworden: Kaum mehr als 10 Prozent fanden nach dem Hauptschulabschluss eine Lehrstelle, ihre Schulmotivation war gering und die Leistungen in den Kernfächern waren ungenügend. Die Betriebe beklagten zu Recht, dass viele Hauptschüler nicht ausbildungsreif seien.

Der Initiative von Loki Schmidt und Tyll Necker wollte die Stiftung sich nicht entziehen. Unter dem Namen Lern-Werk begann 2001 das neue Projekt an zunächst vier Hamburger Hauptschulen. Die *Zeit*-Stiftung stellte eine solide Finanzierung zur Verfügung, sodass die geförderten Schulen sehr unterschiedliche anspruchsvolle Projekte entwickeln konnten: schülereigene Firmen, in denen z. B. eigene Fahrräder montiert und verkauft wurden oder Schulessen und Buffets vorbereitet und geliefert wurden. Zum Erfolgsmodell wurde der sogenannte Praxislerntag, ein Langzeitpraktikum, bei dem Schüler der Klassen 8 und 9 zwei Tage pro Woche in verschiedenen Betrieben arbeiten. Die Ergebnisse waren beachtlich: Schulen, die den Praxislerntag anboten, konnten den Übergang in Lehrstellen auf 30 bis 50 Prozent steigern. Auch die Hamburger Schulbehörde bewertete den Praxislerntag positiv und machte ihn ab 2003 zu einem Regelangebot an allen Hamburger Hauptschulen, das Lern-Werk der *Zeit*-Stiftung konnte sich mit dem Praxislerntag über Hamburg nach Rostock und in die Altmark in Sachsen-Anhalt ausbreiten und förderte schließlich insgesamt 25 Schulen.

Loki Schmidt begleitete dieses Projekt über eine lange Zeit. Sie fungierte in den ersten Jahren als heimliche Vorsitzende des Beirats, besuchte Projekte vor Ort, ließ sich von Schülerinnen und Schülern deren Lernaufgabe erläutern und ermutigte Schulleitungen und Lehrkräfte. Die Lehrerin in ihr hatte sich zurückgemeldet. Als die Stiftung 2005 das Projekt nach Rostock ausweitete, reiste sie an, um dort das Lern-Werk Rostock offiziell zu eröffnen. Solche Auftritte waren allerdings sehr selten geworden, die Probleme beim Laufen und langem Sitzen beeinträchtigten die 86-Jährige inzwischen erheblich. Interessiert blieb sie auch weiter, mündlich und schriftlich ließ sie sich über das Lern-Werk berichten und besuchte bis 2009 die jährlichen Abschlussveranstaltungen. Auch in diesem letzten pädagogischen Projekt bewies sie noch einmal das Selbstverständnis ihres ehrenamtlichen En-

Mit einem Teilnehmer des Projekts
Lern-Werk der *Zeit*-Stiftung

gagements: Sie wollte keine Schirmherrin im klassischen Sinne sein, wenn sie sich auf eine Sache einließ, wollte sie sich einmischen und aktiv sein.

Politisches Engagement

Eine vergleichbare Erfahrung wie bei ihrem Vorsitz bei den Freiluftschulen machte Loki Schmidt mit ihrer Mitgliedschaft in der Deputation der Hamburger Behörde für Naturschutz und Umweltgestaltung. Die Deputationen, eine Besonderheit des Hamburger Stadtstaates mit langer historischer Tradition seit dem 16. Jahrhundert, dienten einst als Kontrolle der ausschließlich von den Ratsherren betriebenen politischen Geschäfte durch gewählte Abgesandte der Bürgerschaft. Heute unterstützen und kontrollieren die Deputationen als Bürger-Gremium die Leitungen der Fachbehörden. Die ehrenamtlichen Deputierten sollen Sach- und Fachverstand einbringen, da sie aber nach dem jeweiligen Kräfteverhältnis der Parteien im Hamburger Parlament gewählt werden, ist inzwischen längst auch die Arbeit in diesen Gremien parteipolitisch geprägt.

Anfang der achtziger Jahre wurde Loki Schmidt von der Hamburger SPD auf eine Mitarbeit in der Deputation der Behörde für Naturschutz und Umweltgestaltung angesprochen. Die Mitarbeit in einer staatlichen Behörde für die Belange des Naturschutzes reizte Loki, dass der Staat mehr Verantwortung für den Erhalt von Umwelt und Natur übernahm, war ihr wichtig, und dass Hamburg hier voranging, sah sie positiv. In der konkreten Arbeit der Deputation musste sie allerdings sehr schnell erfahren, dass hier vor allem behördeninterne Dinge beraten wurden oder dass sie sich bei Sachentscheidungen im Konfliktfall dem parteipolitischen Willen beugen sollte. Ihr Interesse war schnell erloschen, bereits nach einem Jahr beendete sie ihre Mitarbeit in diesem Gremium.

Erfolgreich war hingegen ihre 1982 begonnene Mitgliedschaft im Naturschutzrat, einem Beratungsgremium der Behörde für Naturschutz und Umweltgestaltung, seit 1985 in Umweltbehörde umbenannt. In diesem Gremium saßen keine Politiker, sondern ausschließlich ausgewiesene Fachleute: Botaniker, Bodenkundler, Zoologen oder auch Landwirtschaftsexperten. Hier wurde über die Naturräume in der Stadt, über Landschaftsentwicklung, Auswirkungen von großflächigen Bebauungsprojekten oder den Grundwasserschutz gesprochen. Auch wenn in diesem Gremium keine zur Einseitigkeit neigenden Naturschwärmer saßen, die Empfehlungen zum Naturschutz und zur Landschaftspflege des Naturschutzrates waren für die Politik, die allzu gerne den Primat der Wirtschaft anerkennt, nicht immer unproblematisch.

In diesem Beratungsgremium fühlte Loki Schmidt sich zu Hause, hier war ihre Expertise gefragt und hier konnte sie sogar noch einiges dazulernen, vor allem bei Exkursionen zu Projekten vor Ort. Die Vorlagen für das Gremium wurden von ihr sorgfältig bearbeitet, kommentiert und archiviert, ein deutliches Zeichen für ihr großes Interesse an dieser Tätigkeit. Gut zehn Jahre war Loki Schmidt in diesem Gremium tätig, mit einigen der Mitglieder blieb sie auch nach ihrem Ausscheiden im engeren Kontakt. Dies gilt besonders für Hans-Helmut Poppendieck, dem Vertreter der universitären Botanik im Naturschutzrat. Seine Praxisnähe und sein Engagement in Fragen des Naturschutzes beeindruckten sie nachhaltig. Vor allem bei der Stiftungsarbeit und dem späteren Gärtneraustausch wurde Hans-Helmut Poppendieck zu einem ihrer wichtigsten Ansprechpartner.

Naturkundemuseum und Loki-Schmidt-Haus

Mit Leidenschaft ging Loki Schmidt dem Projekt zur Gründung eines Naturkundemuseums in ihrer Heimatstadt nach. Bei ihren Reisen hatte sie in Deutschland und an vielen Orten der Welt naturkundliche Museen aufgesucht, dass eine Weltstadt wie Hamburg mit Handels- und Wirtschaftsbeziehungen in alle Kontinente, kein entsprechendes Haus besaß, war ihr unerklärlich, gerade weil es in der Hansestadt eine lange Tradition naturkundlicher Sammlungen gab. Im 19. Jahrhundert hatte es sogar drei Häuser gegeben: das Naturhistorische Museum (1878), das Botanische Museum (1883) und das private Naturkundemuseum des Kaufmanns und Reeders Johann Cesar Godeffroy (1861).

Vor allem die Sammlung Godeffroy war einzigartig. Als das Handels- und Schifffahrtsunternehmen in die Insolvenz ging, wurden die Sammlungen Godeffroys veräußert. Bedeutende Teile erwarb die Stadt für das eigene Botanische und für das Naturhistorische Museum. Beide hatten bis in die Jahre des Zweiten Weltkrieges einen anerkannten und festen Platz in der Hamburger Museumslandschaft. Die 17 Meter hohe Luftwurzelröhre einer Würgefeige, ein Geschenk der Überseehandelsfirma und Reederei C. Woermann an das Botanische Museum aus dem Jahre 1889, hatte selbstredend auch Loki Schmidt schon als Schülerin bestaunen und bewundern können.

In den Kriegsjahren waren viele der Exponate der beiden Museen durch Bombenangriffe zerstört worden, was aus den Sammlungen gerettet werden konnte, wechselte nach 1945 in die verschiedenen naturwissenschaftlichen Institute der Hamburger Universität über. Zur Wiedereinrichtung eines neuen Naturkundlichen Museums konnte man sich in der Wiederaufbauphase nicht entschließen. Der Öffentlichkeit blieben daher die naturkundlichen Schätze der Stadt lange vorenthalten. Inzwischen hatten das Botanische, das Zoologische, das Mineralogische und das Geologisch-Paläontologische Institut der Universität die Glanzstücke aus ihren Depots in kleineren Schausammlungen in ihren Instituten ausgestellt, adäquate Räume und Mittel für eine attraktive und besucherfreundliche Präsentation hatten sie aber nicht. 1991 besuchte Loki Schmidt die vier universitären Sammlungen, besichtigte die Depots und sprach mit den Mitarbeitern. Sie war beeindruckt von den hier lagernden Exponaten, z. B. einer großen Säugetier-Sammlung in der Zoologie mit einer einzigartigen Skelettsammlung von Walen oder einer karpologischen Sammlung in der Botanik, einer Sammlung von Früchten und Samen vor allem von Nutzpflanzen aus Übersee und vor allem die alte Woermann'sche Würgefeige. Auch erfuhr Loki bei ihren Besuchen, dass sich die Mitarbeiter der einzelnen Institute seit langem für die Zusammenführung der Bestände in einem großen Naturkundemuseum einsetzten.

Mit Loki als neuer – inoffizieller – Schirmherrin kam Schwung in dieses Projekt. Sie versuchte, die Universitätsspitze für das Projekt zu gewinnen, und lancierte die Planspiele in den Hamburger Medien. Im April 1992 schrieb sie an alle Mit-Ehrensenatoren der Universität und warb für ein Museum aus wissenschaftlicher und kulturpolitischer Sicht. Von vielen der Angeschriebenen, etwa Marion Gräfin Dönhoff, Rudolf Augstein und dem Stifter-Ehepaar Greve, erhielt sie Unterstützung, nur Augstein, den Loki mit »Lieber Rudi« angeschrieben hatte, machte eine Einschränkung: »Verehrte Loki, wenn Sie mich nicht Rudi nennen, ist alles andere in Ihrem Brief verständlich und nach meiner Ansicht vernünftig.«[20]

Das Projekt aber kam nicht recht voran. Die Universität hatte eigentlich keine finanziellen Mittel für ein solch großes Unterfangen, die Stadt war zögerlich, weil sie dauerhafte Zuschüsse befürchtete. Dennoch blieb Loki Schmidts Engagement bestehen, eine Consulting-Firma entwarf ein Konzept und erstellte günstige Prognosen, in der Universität nahm sich der Zoologe Harald Schliemann, Vorsitzender aller naturwissenschaftlichen Sammlungen, der Aufgabe an und prüfte sogar mögliche Standorte. Auch Loki Schmidt ging von der Presse begleitet auf Standortsuche. Drei prominente Lagen waren im Gespräch und wurden von ihr mit Experten begutachtet: der Kaispeicher A in der damals sich noch in Planung befindenden Hafencity, der Wasserturm im Altonaer Schanzenpark unweit des Messegeländes und das alte Botanische Institut in den Wallanlagen. Mit der heutigen Verwendung der drei Gebäude weiß man schon: Loki Schmidts Bemühungen um ein repräsentatives Naturkundemuseum blieben letztlich erfolglos. Kaispeicher A ist heute der Standort für die Elbphilharmonie, der Wasserturm ist zu einem luxuriösen und außergewöhnlichen Hotelstandort mutiert, und in das Botanische Institut in den Wallanlagen ist inzwischen die Bucerius Law School der *Zeit*-Stiftung eingezogen. Als Loki Schmidt erkannte, dass weder die Stadt noch die Universität die letzte Verantwortung für ein Naturkundemuseum übernehmen wollten, zog sie am Ende der neunziger Jahre für sich einen definitiven Schlussstrich. Auch das hatte sie offenbar aus der Politik gelernt, besser ein Projekt rechtzeitig aufzugeben, als sich dauerhaft zu verrennen.

Allerdings hatte die *Zeit*-Stiftung als Kompensation für das 1998 aufgekaufte Gebäude des Botanischen Instituts und dem dort eingelagerten Botanischen Museum die spätere Wiedereinrichtung eines kleineren naturkundlichen Museums zugesichert. Das Haus sollte im Botanischen Garten in Klein Flottbek seinen Standort haben, und als die Pläne schließlich konkret wurden, kam die Idee auf, dem neuen Museum den Namen »Loki-Schmidt-Haus« zu geben.

Dem Konzeption und Einrichtung planenden Team um die Kustodin Dr. Petra Schwarz wurde Loki Schmidt in den Jahren

393

Das Loki-Schmidt-Haus in Klein Flottbek

bis zur Eröffnung zu einer beständigen und akribisch arbeitenden Beraterin. Auch finanziell half sie, u.a. mit eigenen Zuschüssen, Spendenaktionen, der Gründung eines Fördervereins. Nicht zuletzt nahm sie auch Einfluss auf die Ausrichtung des neuen Museums. Es konzentriert sich auf die Präsentation von Nutzpflanzen und deren Bedeutung für die Menschen, womit es die Tradition des alten Botanischen Museums aufgreift. Und nicht zuletzt die alte haushohe Würgefeige des Reeders C. Woermann ist für die Hamburger endlich wieder zu sehen. Sie ist das größte und eindrucksvollste Exponat des neuen Museums, man könnte auch sagen, das Loki-Schmidt-Haus ist im buchstäblichen Sinn um sie herum erbaut worden.

Natürlich, dieses kleine Museum war sehr weit entfernt von dem, was Loki Schmidt mit einem Naturkundlichen Museum für Hamburg über Jahre angestrebt hatte. Auch war es in seiner Form als puristischer Kubus mit blauen Fliesen, weit sichtbar auf eine Anhöhe gesetzt, für Loki Schmidt und andere Betrachter gewöhnungsbedürftig, aber mit dem Konzept und Angebot zeigte sie sich sehr zufrieden. Als das Museum eröffnet wurde, hatte sie im Übrigen etwas erreicht, was zuvor kaum einem anderen Hamburger widerfahren war: eine Ehrung noch zu Lebzeiten durch ein ihren Namen tragendes öffentliches Gebäude.

Loki Schmidt und die DDR

Wie viele Deutsche hatten auch die Schmidts am Abend des 9. November 1989 den Fernseher eingeschaltet und die unvergesslichen Bilder von der friedlichen Öffnung der Mauer und dem Strom glücklicher Menschen in den Westteil der Stadt mit verfolgt. Loki Schmidt hatte wie ihr Mann fest daran geglaubt, dass es irgendwann zu einer Wiedervereinigung der beiden deutschen Staaten kommen würde. Aber dass sie das noch selbst erleben dürfte, darauf hatte sie nicht zu hoffen gewagt. Noch im Sommer auf ihrer gemeinsamen Arktis-Reise mit dem Forschungsschiff Polarstern hatte Helmut Schmidt das bei einem abendlichen Vortrag exakt so formuliert. Loki Schmidt erinnerte sich später, dass an diesem 9. November 1989 einige Freudentränen vor dem heimischen Fernseher geflossen seien.

Für die Entwicklung in der DDR – und vor allem für die Situation der Menschen dort – hatte Loki Schmidt sich seit den fünfziger Jahren stark interessiert. Bernau bzw. das Gut Schmetzdorf nordöstlich von Berlin, wo sie jung verheiratet mit ihrem Mann von 1943 bis Anfang 1945 gelebt hatte, lag nun auf dem Staatsgebiet der DDR, aber mit der Arztfamilie Arnold aus Bernau war der Kontakt nach 1945 nicht abgerissen. Von den Arnolds gab es nach Kriegsende immer mal wieder Nachrichten über die Situation im östlichen Teil Deutschlands, und als die Töchter und Eltern Arnold Anfang der sechziger Jahre die DDR verlassen wollten, half das Ehepaar Schmidt ihnen, wie bereits geschildert, tatkräftig beim Neustart in Hamburg.

Anfang Dezember 1979 reiste Loki dann zum ersten Mal in die DDR, um in Schönow bei Bernau die Grabstelle ihres Sohnes Walter aufzusuchen. Anlaufstelle waren der Schönower Pastor Norbert Lautenschläger und seine Frau Angelika.[21] Begleitet wurde sie von Greta Wehner sowie dem Ost-Berliner Rechtsanwalt Wolfgang Vogel und dessen Frau. Über Vogel waren die Lautenschlägers bereits im November informiert worden, und Pfarrer Lautenschläger hatte inzwischen die Lage des Grabes rekonstruieren können. Durch Zufall war das Kindergrab nicht wieder belegt worden, das wusste Loki, als sie nach Bernau kam, sie wusste auch, dass das Grab wieder neu eingerichtet werden konnte. Für sie war dies eine Reise in die Vergangenheit, neben dem Friedhof besuchte sie die Mädchenschule, in der sie wenige Monate unterrichtet hatte, und auch ihre alte Wohnung auf dem Gut Schmetzdorf. Die alte ›Schnitterkaserne‹, in der sie gelebt hatte, war verfallen, aber problemlos wieder erkennbar. Noch heute steht das Gebäude, ein wenig restauriert, aber immer noch sehr einfach.

Loki Schmidt war dem Pastorenpaar für seine Hilfe dankbar, dass daraus eine dreißig Jahre währende Verbundenheit entstehen würde, zeichnete sich aber schon nach dem ersten Besuch von Loki Schmidt in Schönow ab. Mit der lebensklugen und botanisch versierten Angelika Lautenschläger führte sie gute Gespräche. An dem Pastor bewunderte sie das Engagement für seine Gemeinde, nicht nur in kirchlichen Fragen, und auch zu den beiden Söhnen der Familie fand Loki schnell Zugang. Der erste Kontakt für die Reise war noch über Herbert Wehner hergestellt worden. Nachdem aber Loki Schmidt die »vier Lautenschlägers«, wie sie manchmal in ihren Briefen schrieb, erst einmal kennengelernt hatte, nahm sie die Fäden der Kommunikation selbst in die Hand und ließ sie in den nächsten Jahren nicht mehr abreißen. Die Lautenschlägers wurden für Loki zu einer ganz persönlichen Brücke zwischen den beiden deutschen Staaten.

Ihre kulturhistorischen Kenntnisse erweiterte Loki Schmidt

im Mai 1985 auf einer gemeinsamen Reise mit Dorothea Bahr, der Ehefrau des SPD-Politikers und Weggefährten ihres Mannes Egon Bahr. Die von den beiden Frauen selbst organisierte Reise führte sie mit dem PKW von Dorothea Bahr u. a. nach Weimar, Erfurt, nach Eisenach auf die Wartburg und nach Naumburg. Auf der Reise bezogen sie u. a. in dem bekannten Hotel Elephant im Zentrum Weimars Quartier. Vorrangiges Ziel der Reise war es, einige bedeutende geschichtliche und kulturelle Sehenswürdigkeiten im anderen Teil Deutschlands kennenzulernen.

Was die beiden Damen nur ahnten, lässt sich aus den Unterlagen der Staatssicherheit genau rekonstruieren. Diese DDR-Reise von Loki Schmidt und Dorothea Bahr wurde von einer gigantischen Überwachungsaktion begleitet. Die Stasiakten zu diesem Besuch enthalten Übersichten über Maßnahmen und beteiligte Stellen, minutengenaue Protokolle der »operativen Beobachtungen« und mehrseitige zusammenfassende Berichte. Schon im Vorfeld war ein fünfseitiger »Plan zur politisch-operativen Sicherung, Kontrolle und Überwachung der Ehefrau des ehemaligen Bundeskanzlers der BRD, Schmidt, Hannelore« erstellt worden. Die Einzelmaßnahmen sollte u. a. sicherstellen: »die Gewährleistung des persönlichen Schutzes und Sicherheit während des Aufenthalts«, »vorbeugende Erkennung und Verhinderung von demonstrativem und provokatorischem Auftreten durch bzw. Sympathiebekundungen für Schmidt, Hannelore«, »die Erkennung und Personifizierung geschlossener Kontakte zu Bürgern der DDR«, »den Einsatz der inoffiziellen Mitarbeiter sowie die Nutzung der operativ-technischen Möglichkeiten in den Aufenthalts- und Unterkunftsobjekten.«[22]

Konkret bedeutete dies: An allen aufgesuchten Orten gab es eine Überwachung rund um die Uhr, die Zimmer der nur touristisch interessierten Damen wurden systematisch ausspioniert und durchsucht. »Von 14.50 bis 16.30 Uhr hielten sich beide Personen in den Hotelzimmern auf. Hier wurden die in einer Kühltasche mitgebrachten Nahrungsmittel verzehrt und mittels Tauchsieder Tee gekocht,« lautet beispielsweise eines der vielen banalen Beobachtungsergebnisse. Allerdings zeigt sich in den Akten auch, dass die Damen ihre Fahrt sehr gut vorbereitet hatten, genau wussten, wohin sie wollten, und die im Hotel mehrfach angebotenen – und von der Stasi ausgewählten – Stadtführungen selbstbewusst ablehnten.

Schon ein kurzes Gespräch, das Loki im Hotel mit einem DDR-Bürger führte, bewirkte Folgemaßnahmen. In den Akten heißt es dazu: »Die territoriale Diensteinheit wird verständigt. Zur Einschätzung von Art und Charakter des Kontakts zu [es folgt der Name, R. L.] wird gegenwärtig ein Auskunftsbericht erarbeitet, der Kontakt wird unter operativer Kontrolle gehalten.«[23] Da es aber zu keinen weiteren öffentlichen Schwierigkeiten kam, war die Stasi insgesamt mit dem Einsatz zufrieden, in einem noch am Ausreisetag erstellten Abschlussbericht wird über das Ende der Reise berichtet. »Am 24. 5. 1985 verluden beide Personen um 7.55 Uhr ihr Gepäck in den vor dem Hotel abgeparkten PKW, danach gingen sie wieder in das Hotel zurück. Nach einem ausgiebigen Frühstück beglichen sie ihre Rechnung (pro Person 402,– DM), wobei jede der Frauen 38,– DM Trinkgeld gab. Sie bemerkten dazu, dass sie sich damit für den vorzüglichen Zimmerservice sowie für die gastronomische Betreuung bedanken möchten.«[24]

Von all dem wusste Loki natürlich nichts. Sie fühlte sich in ihrer grundsätzlichen Einstellung gegenüber der DDR durch diese Kurzreise bestärkt. Sie war überzeugt davon, dass die Teilung und die Grenze nicht dazu führen dürften, die gemeinsame Geschichte und das Zusammengehörigkeitsgefühl vollends aufzugeben. Als sie in Naumburg den Domdechanten Ernst Schubert nach einer Führung durch den Dom fragte, was sie denn für ihn tun könne, und dieser antwortete: »Zu Besuch kommen, immer wieder hierher zu Besuch kommen«, nahm sie das als zusätzliche Bestätigung.[25] In seinem Bericht an die Stasi über sein Treffen mit Loki Schmidt und Dorothea Bahr hatte der Domdechant allerdings die Frage und seine Antwort darauf ausgespart.

Neben den eigenen DDR-Kontakten begleitete Loki ihren

Mann auf seinen seit 1983 regelmäßig durchgeführten Reisen in den zweiten deutschen Staat. Bei diesen Besuchen lernte Loki Schmidt auch den Konsistorialpräsidenten der Evangelischen Kirche und späteren Brandenburgischen Ministerpräsidenten Manfred Stolpe näher kennen. Nahezu alle Auftritte Helmut Schmidts, z. B. in Potsdam, Wittenberg, Rostock, Leipzig und Meißen, waren von ihm organisiert und begleitet worden. Für Stolpe war Lokis Präsenz und ihr natürliches Auftreten eine große »Überraschung«. Wie die meisten DDR-Bürger hatte auch Manfred Stolpe keinerlei Vorstellung von der Ehefrau des Exkanzlers gehabt. Loki Schmidt war in der DDR eine unbekannte Persönlichkeit.[26]

Bei den Reisen in die DDR folgte der Exkanzler fast ausnahmslos Einladungen der Evangelischen Kirche bzw. einzelner Gemeinden. In informellen Gesprächen mit offiziellen Kirchenvertretern und einfachen Gemeindemitgliedern konnten er und seine Frau sich über die aktuelle Lage in der DDR aus erster Hand informieren. Mit seinen eigenen Vorträgen und Reden wollte er den Menschen in der DDR Mut machen, dass die Trennung der beiden deutschen Staaten keine endgültige sei. Für die Kirche in der DDR bedeutete das Kommen Schmidts vor allem »eine starke Aufwertung gegenüber der Staatsmacht«, urteilt Manfred Stolpe.[27] Bei all diesen Veranstaltungen hatte Schmidt immer eine Art Gratwanderung zu absolvieren. Einerseits habe er den Menschen »nichts als die Wahrheit sagen« wollen, andererseits habe er sie aber nicht dazu verführen wollen, »sich durch spontane Worte oder Handlungen selbst zu gefährden«.[28]

Nicht immer gelang das. Zweimal, 1988 in Rostock und wenige Wochen später in Potsdam in der Nikolaikirche, kam es, als er über die Einheit der Deutschen sprach, fast zu spontanem emotionalem Aufbegehren bei seinen Zuhörern. An den Vorfall in Potsdam konnte Loki Schmidt – aber auch Manfred Stolpe – sich gut erinnern. Beide saßen nebeneinander in der ersten Bankreihe. Helmut Schmidt hatte einen kritischen Satz zur Teilung gesagt, sodass beide den Atem anhielten. Die Anspannung der

Mit Manfred Stolpe
und der Oberin Berta Müller,
DDR-Reise im September 1983

Zuhörer konnte man fast mit den Händen fassen. Wenn er nur noch ein wenig deutlicher geworden wäre, hätte es in der Kirche sicher starke Reaktionen gegeben. »Dann holte Helmut tief Luft und sagte etwas Beruhigendes. Da hat Herr Stolpe meine Hand genommen und mich angegrinst. Die Stimmung hatte sich wieder beruhigt.«[29]

Auf all diesen Reisen suchte Loki Schmidt die Nähe zu den Menschen und oft diese auch die Nähe Lokis. Zwar versuchten die Sicherheitsorgane der DDR den Kanzler und seine Frau abzuschirmen, »Loki aber ließ sich nicht abschirmen«, erinnert sich Manfred Stolpe.[30] Zum Teil kam es zu heftigem Gedränge, sodass Schmidt durch Nebeneingänge geführt werden musste. Loki hingegen nutzte immer den Haupteingang, ja, sie hatte Freude daran, dass die Resonanz so groß war und die Anwesenden sie so herzlich empfingen. Gleich beim ersten Mal war sie auch von Menschen mit großen persönlichen Sorgen und Wünschen angesprochen worden. Auch wurden ihr heimlich Zettel zugesteckt.

»Daraufhin habe ich die nächsten Male bei Besuchen in der DDR eine Jacke mit sehr großen Taschen angezogen. Jedes Mal waren beide Taschen voll, und zwar Hilferufe, aber auch freundliche Begrüßungen. Ich habe die Briefe, deren Absender nichts Politisches beziehungsweise Ausreiseähnliches wollten, sondern einfach nur freundlich waren, natürlich alle beantwortet. Alle hatten die Adressen drunter. (...) Briefe von Menschen, die ausreisen wollten, oder irgendwelche Probleme hatten, habe ich damals sortiert und Helmut gegeben, der sie Wolfgang Vogel gab und mit ihm besprach, wo man etwas tun konnte und wo nicht.«[31]

Gerne übernachteten die Schmidts bei ihren DDR-Besuchen in kirchlichen oder privaten Quartieren, 1983 in Potsdam z. B. in einem neu errichteten Gebäude des Oberlinhauses, einer diakonischen Einrichtung der evangelischen Kirche. Das neue Haus war noch nicht bezogen, sodass eine ganze Etage für die Schmidts und deren Sicherheitsbeamte bereit gestellt werden konnte. Bei dem Besuch 1986 war das Haus inzwischen voll belegt, dennoch mussten sie nicht ins Hotel, sondern wohnten privat bei der Familie von Friedrich Wilhelm Pape, dem damaligen Direktor des Oberlinhauses.

Lokis unverstelltes Interesse an den Menschen, an ihren kleinen und großen Sorgen, weckte auch in diesen kirchlichen Kreisen Vertrauen. Vor allem in etwas schwierigen Gesprächssituationen war ihre Anwesenheit von Vorteil, mit ihren eigenen Themen konnte sie schnell eine lockere Atmosphäre schaffen und die Gespräche erweitern. Auch bei dem diffizilen Besuch ihres Mannes beim Kirchentag 1988 in Rostock bewährte sie sich in dieser Rolle. Über die Einladung der Schmidts hatte es im Vorfeld der Reise zwischen der kirchlichen und politischen Seite in Rostock Unstimmigkeiten gegeben. So hatte der Rat des Bezirks sich gegen eine Anwesenheit Schmidts ausgesprochen, und dies damit begründet, dass er kein kirchliches Amt bekleide. Letztlich war die Einladung dennoch erfolgt, die Schmidts waren aber natürlich über die internen Auseinandersetzungen in Rostock informiert worden. Beim Abendessen des ersten Besuchstages hatte sich Helmut Schmidt dann demonstrativ zu den Kirchenvertretern gesetzt, Loki Schmidt aber nahm bei den Bezirkspolitikern Platz, um die Situation zu entschärfen.

Am frühen Nachmittag hatte Helmut Schmidt in der voll besetzten Marienkirche gesprochen und Loki in seine Ansprache einbezogen: Ihnen beiden bedeute es sehr viel, hier in Rostock zu sein, formulierte er, und dann: »Wir erleben einen Augenblick der Gemeinsamkeit, einen Tag, wenn Sie so wollen, der Einheit. Solch ein Tag ist immer noch nicht selbstverständlich, wie er sein sollte – und wie er sein könnte. Aber kann es etwas geben, was noch normaler wäre, als wenn Deutsche sich gemeinsam besuchen?«[32] Helmut Schmidt wurde in seinen Aussagen nur in dem Maße politisch, wie es der Rahmen gerade noch zuließ. Die Einheit Deutschlands lag ihm am Herzen, politisch schien sie weit entfernt, und umso wichtiger war es, die Einheit – wie er es nannte – »kulturell und seelisch« zu leben.

Helmut Schmidt forderte in seiner Rostocker Rede ein, was seine Frau längst lebte. Eine »seelische Einheit«, von der ihr Mann gesprochen hatte und die es zu pflegen galt, bildete sie mit dem Pastorenehepaar Norbert und Angelika Lautenschläger in Schönow und füllte sie auch über die Grenze hinweg mit Leben. Ihre Besuche, eine Einladung der Lautenschlägers nach Bonn und der umfängliche Briefkontakt sind aussagekräftige Belege dafür. Gerade die Briefe zeigen in beeindruckender Weise Loki Schmidts Fähigkeit, auf andere Menschen zuzugehen, sich in ihre Lage zu versetzen, ihnen Vertrauen zu schenken und sie an ihren Gefühlen teilnehmen zu lassen. Diese neue Bindung zu dem früheren Ort ihres Lebens entwickelte sich auch als ein Stück Versöhnung mit der eigenen Biographie.

Bereits wenige Tage nach ihrem ersten Besuch in Schönow schrieb sie im Dezember 1979 zum ersten Mal an die Lautenschlägers: »Eine arbeitsame Bonner Woche liegt nun schon wieder hinter mir. Mir ist als hätte ich den friedvollen Tag bei Ihnen und mit Ihnen geträumt, wenn mir nicht Ihre herzliche Gastfreundschaft und Ihr herzliches Entgegenkommen so deutlich vor Augen stehen würden. Wie viel Mühe haben Sie sich gemacht und wie viel Zeit haben Sie geopfert! Aber so war die ›Reise in die Vergangenheit‹ gar nicht quälend. Vieles, was längst vergessen war, tauchte wieder aus der Erinnerung auf. Und manches ließ sich nicht wiederfinden. Ich danke Ihnen, dass wir das kleine Plätzchen auf dem Schönower Friedhof als ein Stück unseres Lebens behalten dürfen.«[33]

In diesem ersten Brief vom Dezember 1979 äußerte Loki Schmidt auch bereits klare Vorstellungen für die Gestaltung der kleinen Grabstelle ihres Sohnes. »Es wäre schön, wenn das Grab mit den gleichen Steinen umlegt werden könnte wie die Nachbargräber. Über die Efeubepflanzung waren wir uns ja schon einig. Falls sich ein kleiner Feldstein finden ließe, könnte als Inschrift darauf stehen: Helmut Walter Schmidt *26.6.1944 +19.1.45.«[34] Im Juni 1981 fuhr sie dann zu einem zweiten Besuch nach Schönow. Das Pastorenpaar hatte inzwischen auf einem Acker einen Stein gefunden und zum Friedhof transportiert. Loki hatte einen kleinen Efeu mitgebracht, den sie auf das Grab pflanzte. In einem späteren Brief erklärte sie, dass sie mit diesem Efeu viele Stationen ihres Lebens verbinde, nun auch ihr verstorbenes Kind. »Liebe Frau Lautenschläger, ich danke Ihnen, dass Sie sich so liebevoll um unser kleines Grab kümmern. Ich bin auch so dankbar, dass der Efeu so gut wächst. Er stammt ja von einem Topfefeu, den ich 1969 bei einem neuen Abschnitt unseres Lebens bekam. Und Ableger von diesem ersten Efeu wachsen an verschiedenen Stellen in Bonn, wo wir zu verschiedenen Zeiten seitdem unser Zuhause hatten. Auch in unserem jetzigen Bonner Domizil hat er sich im Garten gut ausgebreitet und inzwischen habe ich für unser Leben in Hamburg auch schon wieder drei Töpfchen voll gepflanzt.«[35]

Oft berichtete Loki den Lautenschlägers von ihren Fernreisen, ließ sie teilhaben an ihrem vielfältigen Schaffen. Immer aber ermunterte sie die Familie, auch von sich zu berichten: »Wie es wohl bei Ihnen aussieht? Hat die Erholung des Sommers ein bisschen angehalten. (…) Und vor allem – wie sieht es mit der Gesundheit der Eltern aus?« Und an anderer Stelle: »Nun interessiert mich, was Konfirmandenfreizeit ist. Fährt der Pastor mit seinen Konfirmanden irgendwo hin und hat sie einmal für ein paar Tage für sich allein?«[36]

Immer wieder schickte Loki Schmidt Päckchen, half auch finanziell. Und 1982 setzte sie sich mit Erfolg und mit Unterstützung des Ost-Berliner Anwalts Wolfgang Vogel dafür ein, dass das Ehepaar zum Kanzlerfest nach Bonn eingeladen wurde und – was deutlich schwieriger war – tatsächlich eine Ausreisegenehmigung erhielt. Für die Lautenschlägers wurde diese Reise zu einem unvergesslichen Erlebnis. Dass sie überhaupt hatten ausreisen dürfen, grenzte an ein Wunder. Angelika Lautenschläger hatte just im Sommer 1982 bereits einen Reiseantrag zur Hochzeit ihres Vaters nach West-Berlin gestellt, und jetzt noch Bonn? Sie berichtet: »Anfrage bei Vogel, was soll ich machen? Hingehen und Pass erweitern lassen, die Antwort. Das war doch ziemlich verwirrend, hat schon jemals ein DDR-Bürger ein derartiges Ansinnen gestellt? Völlig verunsichert trollte ich mich zur Polizei, holte tief Luft und brachte mein Anliegen vor. Die Beamtin starrte mich an, als hätte ich den Verstand verloren, dann die folgenschwere Frage: ›Na, wo wollen Sie denn überhaupt hin?‹ Mich überlief es heiß und kalt und doch hauchte ich todesmutig: ›Zum Kanzlerfest nach Bonn.‹ Jetzt entgleisten bei der Beamtin die Gesichtszüge endgültig, und sie stürzte zum Zimmer hinaus. Nach geraumer Zeit erschien sie wieder mit versteinertem Gesicht, ich könne gehen und würde hören. Drei Tage lang hegten wir die Befürchtung, dass das ganze Projekt damit hinfällig war, dann jedoch erschienen zwei ›unauffällige‹ Herren in Ledermänteln, händigten mir einen nagelneuen Pass aus und erklärten, bestimmte Vorgänge hätten nie stattgefunden und ich sei gewarnt, niemals darüber zu reden.«

Die Reise war also genehmigt worden. Mit dem Ehepaar Vogel ging es über den Checkpoint Charlie nach Tegel, von dort per Flugzeug nach Bonn. Am nächsten Tag hatte Loki Schmidt das Ehepaar aus Schönow zusammen mit dem Ehepaar Vogel in den

Kanzler-Bungalow zum Mittagessen eingeladen, sie bewunderten den Park und den Blick auf den Rhein. Abends dann das Kanzlerfest, die Lautenschlägers waren beeindruckt, wie Loki alles im Blick hatte, sich dennoch auch amüsieren konnte und auch für sie immer wieder mal Zeit hatte.

Sieben Jahre später, am 9. November 1989, dachte Loki Schmidt zu Hause vor ihrem Fernseher auch an die Lautenschlägers in Schönow bei Bernau. Wenige Tage später schrieb sie: »Liebe vier Lautenschlägers, am 2. und 3. November waren wir in Meißen und Umgebung. Auf dem Rückweg trafen wir Manfred Stolpe, von dem wir erfuhren, dass es Ihnen allen gut geht. Darüber waren wir beide froh. Wir denken so viel an Sie, und wir waren etwas unruhig, weil auf unsere Briefe keine Antwort kam. Ich wollte natürlich gleich Anfang November schreiben, aber da war so viel Kleinkram. Und nach dem 9. November hat sich so viel bewegt und hat uns bewegt. So viel Menschen, die hier nach Hamburg kamen. Die meisten, um einfach mal zu gucken und da zu sein. (…) Es gibt bei uns und unter Freunden und Bekannten nur ein Thema: Die vielen Türen in der Mauer und die Freude, Menschen, die so lange nicht kommen durften, hier zu haben.«[37] Nach der Wiedervereinigung kamen die Lautenschlägers zu den Schmidts nach Langenhorn und auch in das Ferienhaus am Brahmsee. Geschrieben haben sie sich bis in das Jahr von Loki Schmidts Tod.

Natürlich blieb auch die Freundschaft der Lautenschlägers mit Loki Schmidt nicht ohne staatliche Beobachtung. In einem Dossier der Staatssicherheit heißt es: »Fam. Lautenschläger unterhält ständigen persönlichen und postalischen Kontakt zum Exbundeskanzler der BRD und dessen Ehefrau. (…) Auf Grund dieser Verbindung wird der L., Norbert seit 1982 durch unsere DE [Diensteinheit, R. L.] nach der Fragestellung ›Wer ist wer‹ aufgeklärt.«[38] Bespitzelt wurde die Familie aber bereits seit den siebziger Jahren, akribisch wurden alle Westkontakte kontrolliert und aufgezeichnet, so auch der Briefverkehr mit Loki Schmidt. Als Angelika Lautenschläger nach der Wende ihre Akte

405

einsah, fand sie dort Kopien von Lokis Briefen, alle versehen mit Anmerkungen der Stasi-Kontrolleure.

Zu einem besonderen Ereignis für die »staatlichen Organe« geriet der gemeinsame Besuch der Schmidts in Schönow im September 1983. Für Helmut Schmidt war es der erste Besuch am Grab seines Sohnes nach 1945. Angelika Lautenschläger berichtet, dass schon einige Wochen zuvor die »potemkinschen Machenschaften der Regierung« einsetzten. Eigens wurde eine Dorfstraße geteert. »Rund um den Friedhof räumten Bagger unermüdlich den Dreck weg, der sich schon jahrelang angesammelt hatte und noch nie Anstoß erregt hatte.« Bereits zwei Tage vor dem geplanten Besuch wurde der Ort hermetisch abgeriegelt. Überall waren Polizisten postiert und Straßensperren aufgebaut. Es herrschte Ausnahmezustand. Sinn und Zweck der Abriegelung war es, unerwünschte Ansammlungen von DDR-Bürgern zu verhindern. Die Entspannungspolitik der SPD in den siebziger Jahren sowie Schmidts nachhaltige Bemühungen um Reiseerleichterungen hatten den Exkanzler bei der DDR-Bevölkerung zu einem geachteten und beliebten Politiker werden lassen. Nichts fürchteten die DDR-Oberen mehr als Sympathiebekundungen für westdeutsche Politiker, und so musste die Anreise von Ortsfremden strikt unterbunden werden. Selbst den Dorfbewohnern, die abends von der Arbeit oder der Schule zurückkamen, wollte man den Zugang in den Ort verwehren. Natürlich war auch die Staatssicherheit zugegen. Wann immer Helmut Schmidt und seine Frau in der DDR auftauchten, die Stasi war immer dabei. »Aktion Mütze« hießen die Aktionen zur Überwachung des Exkanzlers Stasi-intern, für Lokis Besuch 1985 hatte man als Decknamen »Aktion Porzellan« gewählt, eine Anspielung auf ihre Verbindungen zur Porzellanfirma Rosenthal.

Den Aufenthalt des Ehepaars Schmidt in Schönow hatte der stattliche Aufwand der DDR-Behörden nicht beeinträchtigen können. Den zahlreichen am Friedhof wartenden Presseleuten machte Helmut Schmidt deutlich, dass Loki und er allein und ungestört zum Grab gehen wollten. So gab es dann doch noch eine kurze Zeit der Besinnung für das Ehepaar hier am Grab ihres ersten Kindes, wo sie gemeinsam zuletzt vor 38 Jahren gestanden hatten. 2013, drei Jahre nach Lokis Tod, lässt Helmut Schmidt das Grab in Bernau auflösen und holt den Grabstein nach Langenhorn. Heute steht er auf einem Rasenstück zwischen dem Archiv- und Wohnhaus der Schmidts.

Es bleibt ein biographischer Nachtrag zu Manfred Stolpe und Wolfgang Vogel, die beide von Loki und Helmut Schmidt in der DDR-Zeit als vertrauenswürdige und verlässliche Partner geschätzt worden waren. Diese Einschätzung haben die Schmidts auch nach der Wende, als verschiedene Vorwürfe der Kooperation mit der Staatssicherheit gegen Stolpe und Vogel vorgebracht worden waren, nicht revidiert. Dass die beiden Männer in ihren Funktionen mit den DDR-Organen hatten zusammenarbeiten müssen, hielten die Schmidts für eine realpolitische Notwendigkeit und wollten deshalb nicht ihre grundsätzliche Integrität infrage stellen.

Als der Ostberliner Rechtsanwalt Wolfgang Vogel erstmals 1992 und dann noch einmal 1993 nach dem Beschluss eines Berliner Gerichts wegen des Vorwurfs der Tätigkeit als »Geheimer Informant« der Staatssicherheit in Untersuchungshaft genommen wurde, fuhr Helmut Schmidt nach Berlin und stattete ihm einen öffentlichkeitswirksamen Besuch ab. Loki fand das nur allzu richtig und gab ihm ein Glas mit selbstgemachtem Quittengelee für Wolfgang Vogel mit. Als sie ihren Mann dann am Abend des 15. November 1993 in den Fernsehnachrichten vor der Tür des Untersuchungsgefängnisses umringt von Presse- und Fernsehjournalisten sah und dieser ihr Gelee-Glas in der Hand trug, hat sie das gefreut. Für Wolfgang Vogel war dieses kleine Geschenk eine bedeutsame Geste der Loyalität und Mitmenschlichkeit.[39]

Die Ehe

Als Loki 90 Jahre geworden war, galt als nächste Wegmarke für sie, den siebzigjährigen Hochzeitstag mit ihrem Mann gemeinsam feiern zu können. Dazu ist es nicht gekommen. Am Ende ihres Lebens waren jedoch beide stolz darauf, eine so lange Zeit – über 68 Jahre – als Eheleute gemeinsam erlebt zu haben, sie waren aber auch bereit zuzugestehen, dass ihre Ehe nicht ohne Höhen und Tiefen gewesen war. Eine so lange Ehe zu führen, sei deshalb auch eine Leistung, betonten beide hin und wieder. Dass allerdings Lokis Beitrag zu dieser gemeinsamen Leistung schwerer wog, hat ihr Mann sogar öffentlich zugestanden.

In einem Gespräch mit Sandra Maischberger hat Helmut Schmidt eine interessante Bemerkung zur persönlichen Moral von Politikern gemacht: »Die persönliche Moral eines Politikers muss in Ordnung sein, aber sie ist nicht notwendigerweise gleich in Unordnung, wenn er sich vorübergehenderweise in eine andere Frau verliebt. Das ist vielleicht in den Augen irgendwelcher Moralprediger unerhört – und in den Augen des Ehemanns jener Frau vielleicht auch –, aber so sind die Menschen, und nicht nur die Politiker. So sind sogar manche Bischöfe.«[40] Und, so möchte man hinzufügen, so sind auch manche Minister und Bundeskanzler, denn es steht außer Frage, dass Helmut Schmidt in diesem Gespräch nicht nur abstrakt über Moral philosophieren wollte, sondern, wenn auch vorsichtig, auch über eigene Erfahrungen gesprochen hat.

In der Öffentlichkeit ist über die Ehe der Schmidts vor allem nach der Bonner Zeit durchweg positiv berichtet worden. In den letzten gemeinsamen Jahren konnte man sich den einen ohne den anderen gar nicht mehr vorstellen. Die kleine Fernsehsatire *Loki und Smoky* in der Sendung *Mitternachtsspitzen* des WDR erlangte Kultcharakter und verstärkte den Eindruck eines allseits beliebten und auch von Jüngeren verehrten Paares. Die Schmidts galten als unzertrennlich, für viele waren sie Vorbild einer gelungenen Partnerschaft bis ins hohe Alter, für andere, wie Giovanni

17. September 1975

di Lorenzo, war diese Ehe aber auch ein »Mythos«, der es einem schwer macht, dahinter zu schauen.[41] Henning Voscherau beschwor für die Eheleute Schmidt das Bild von Philemon und Baucis aus der griechischen Mythologie. Bekanntlich gewährten die Götter dem betagten, sich immer noch liebenden Paar den Wunsch, dass selbst der Tod sie nicht trennen möge und sie zusammen sterben könnten. Loki konnte sich offenbar mit diesem Bild identifizieren, denn mehrfach hatte sie geäußert, dass ein gemeinsamer Tod doch am schönsten wäre. Ihr Mann widersprach ihr in dieser Sicht. »Das liegt nicht in deiner Hand – und auch nicht in meiner«, formulierte er in einem gemeinsamen Interview.

Doch als Lebende schienen sie unzertrennlich. Sehr oft kamen sie zu zweit zu öffentlichen Veranstaltungen, saßen vertraut und oft vergnügt vorn in der ersten Reihe und waren sich zugetan. Öffentliche Kritik an ihrem Mann ließ Loki nie unwidersprochen. Selbst im kleinen Kreis, berichtet Friede Springer verständnisvoll, habe Loki ihren Mann immer eisern verteidigt.[42] Sieht man das Fernsehinterview von Giovanni di Lorenzo mit den Schmidts zu ihren 90. Geburtstagen, wird eine Art Seelenverwandtschaft sichtbar: gleiche Gefühle bei gemeinsamen Erinnerungen, ähnliche Bewertungen bei vielen Dingen. Traten sie getrennt auf, konnte man fast sicher sein, dass in der eigenen Rede der Partner Erwähnung fand. Für Loki galt das immer.

Hörte man allerdings den beiden genauer zu, so wurde deutlich, dass sie mit fortschreitendem Alter auch öffentlich andeuten wollten, dass auch ihre Beziehung nicht immer nur harmonisch gewesen war, sondern auch schwierige Zeiten durchzustehen hatte. So merkte Loki, befragt nach ihrer Ehe, in ihrem letzten Buch an, dass sie es nicht immer leicht gehabt habe mit diesem attraktiven und auch von anderen Frauen begehrten Mann.[43] Ins Detail ging sie dazu nicht. In einem Interview mit Stefan Troller zu ihrem 85. Geburtstag hatte sie bereits eingeräumt, dass es wohl sehr ernsthafte Krisen gegeben habe. Auf Trollers Frage, ob sie sich denn nie ein Leben ohne Helmut hätte vorstellen können, schaute sie ihn lange an, um dann zu sagen: »Nun nicht mehr.« Als Helmut Schmidts enger Vertrauter Theo Sommer in einem Fernsehgespräch mit Sandra Maischberger mit den Worten »Helmut war viel zu sehr Mann, als dass er hätte treu sein können« einige Affären andeutete, empfand Loki Schmidt das als eine unfreundliche Geste ihr gegenüber.

Nein, Loki hatte Probleme in der Ehe nicht in die Öffentlichkeit tragen wollen. Sie hatte sich in den »harten Bonner Jahren«, wie sie zu sagen pflegte, entschlossen, diese Ehe auch über schwierige Wegstrecken zu bringen. Das Gemeinsame und Verbindende in ihrer Beziehung überwog und hielt die beiden zusammen. Beide bezogen sich immer wieder darauf, dass sie sich bereits seit ihrer Kindheit und Schulzeit kannten. Das habe eine unzerbrechliche Vertrautheit und Nähe zwischen ihnen geschaffen. Einmal erklärte sie mir ihre feste Überzeugung: Liebe und Verliebtheit seien zu unterscheiden, das eine bleibe, das andere vergehe. Und die große Liebe für ihren Mann habe sie nie verloren.

Besonders schwierig wurde es für sie im Frühjahr 1966. Nach seiner Zwischenstation als Hamburger Innensenator war Helmut Schmidt Ende 1965 in den Bundestag zurückgekehrt und dort zum stellvertretenden Fraktionsvorsitzenden der SPD avanciert. Um seine Bonner Position zu stärken, bemühte er sich nur wenige Monate später um den Parteivorsitz in Hamburg. Aber nicht der vielversprechende Jungpolitiker wurde im Mai 1966 gewählt, sondern der wegen einer außerehelichen Beziehung ein Jahr zuvor als Bürgermeister zurückgetretene 64-jährige Paul Nevermann. Nun passieren solch unerwartete Dinge immer wieder in der Politik, und eigentlich hätte man diese Wahl mit der Erklärung abhaken können, dass die SPD-Genossen Nevermann eine zweite Chance hatten geben oder vielleicht dem forschen, erfolgsverwöhnten Helmut Schmidt auch einmal Grenzen hatten aufzeigen wollen. Die Zeitschrift *Stern* aber machte unter dem Titel »Treue Genossen – Stille Genießer« eine gänzlich andere Geschichte daraus, nämlich eine von Verfehlungen, Affären und Racheschwüren. In großer Ausführlichkeit breitete der *Stern* aus, dass ähnlich wie Nevermann auch Helmut Schmidt seit langen Jahren eine außereheliche Affäre habe und dass der ehemalige Ehemann der Freundin dem Parteigenossen Schmidt bei der Wahl zum Parteivorsitz einen Denkzettel habe verpassen wollen. Während die Ehe der Freundin Helmut Schmidts längst beendet und geschieden sei, »demonstrierte Helmut Schmidt mit seiner Frau Hannelore, 47, nach außen hin ungetrübte Ehefreuden.«[44]

Für Loki Schmidt war es mutmaßlich schwer, diese medialen Enthüllungen zu ertragen. Zwar wusste sie um die Beziehung ihres Mannes, aber dies in der Presse so ausgebreitet zu sehen, war noch einmal etwas anderes. Wie so oft, seit ihr Mann im Bundestag war, musste sie allein mit dieser Geschichte fertig werden, vielleicht auch mit der Wut, dass der Chefredakteur des *Stern*, Henri Nannen, es nicht verhindert hatte, dass dieser Artikel überhaupt erschienen war. So berichtete sie mehr als vierzig Jahre später einmal, das habe sie Henri Nannen nie vergessen. Ihrem Mann hatte sie da die Affäre schon lange verziehen.

Drei Jahre nach der verlorenen Wahl zum SPD-Vorsitzenden in Hamburg wird Helmut Schmidt im Kabinett von Willy Brandt Verteidigungsminister, und jetzt erst entschloss sich Loki, nach Bonn zu ziehen. Sie fand, dass die Ehefrau eines Ministers an dessen Seite zu sein habe, vermutlich verbarg sich dahinter auch die Einsicht, dass ihrer Ehe eine dauerhafte Trennung nicht guttat.

Doch auch in Bonn gab es Phasen in der Ehe der Schmidts, die für Loki nicht einfach waren. Sie hatte jedoch die Stärke, mit einigen wenigen engen Freunden darüber zu sprechen und daraus auch Kraft zu ziehen. In den damaligen Jahren, als über Eheprobleme auch mit Freunden kaum gesprochen wurde, eine eher unübliche Offenheit. Manchmal halfen ihr auch Spaziergänge durch den Bonner Botanischen Garten am Poppelsdorfer Schloss. Hier fand sie zwischen Blütenpracht und alten Bäumen seelische Ruhe und Erholung. »Der Garten hat mir in etwas komplizierten Zeiten immer wieder geholfen«, sagte sie in der Rückschau.[45]

Im September 1972 geriet die Ehe der Schmidts sogar in das Pressegetümmel zum Wahlkampf für die Bundestagswahl. Helmut Schmidt, mittlerweile von der Hardthöhe in das Wirtschafts- und Finanzministerium als Nachfolger von Karl Schiller gewechselt, wurde allseits als der neue starke Mann der SPD gesehen und als solcher von der Springer-Presse heftig angegangen. Sein Vorgänger, der inzwischen mit Ludwig Erhard gemeinsame Erklärungen für die soziale Marktwirtschaft und gegen seine frühere Partei, die SPD, abgab, fand hingegen publizistische Unterstützung. Auch wurde Schmidts im Kabinett vorgetragene Kritik am zu zögerlichen Führungsstil des Kanzlers Willy Brandt von der Springer-Presse genüsslich für die eigene Kritik an der SPD-geführten Regierung instrumentalisiert. Die Ehe der Schmidts hatte mit solchen Themen eigentlich gar nichts tun, dennoch behauptete die *Welt am Sonntag* in einem Artikel mit der Überschrift »Am schwächsten war in Bonn das Kabinett«, Schmidt habe im Gegensatz zu Schiller die eigene »Ehescheidung nur aus Parteiräson ausfallen lassen«.[46]

412

Vorausgegangen war diesem deutlich wahlkampfbezogenen Artikel ein ausführlicher Essay Ende August in der Helmut Schmidt auch damals schon eher freundlich gesinnten Wochenzeitung *Zeit*. Unter der Überschrift »Abhauen, wenn die Reize schwinden« ergeht sich die Autorin über die Ehen von Politikern und anderen Prominenten. In diesem für die damalige Zeit mit erstaunlich konkreten Einzelheiten bestückten Artikel finden schließlich auch Schiller und Schmidt Erwähnung. Schiller als Beispiel für ältere Herren, die jüngeren Reizen in einer neuen Ehe erliegen, Schmidt als Beispiel für eine andere Strategie von prominenten Ehemännern: »auszuweichen statt auszubrechen. Sie halten es lieber (...) wie Helmut Schmidt, der etlichen Krisen und Krankheiten zum Trotz noch immer mit Frau Hannelore (›Loki‹) verheiratet ist. Und das nun schon seit 29 Jahren. ›Die Ehe in Dosen ist dauerhaft und stabil.‹«[47]

Ohne Zweifel hatte Loki in ihrer Ehe einiges an Toleranz und Nachsicht aufzubringen, denn sonst wäre diese Ehe wohl nicht von Bestand geblieben. Spätestens als Helmut Schmidt Minister und dann Kanzler wurde, war aber noch etwas anderes hinzugekommen. Loki erfuhr immer stärker, dass ihr Mann unter hoher Belastung stand und mit enormer Disziplin arbeitete. In allen Beschreibungen, die sie über ihren Mann abgab, scheinen immer diese hohe Anerkennung seiner Leistung und ihr Stolz auf ihn durch. Für diesen Mann wollte sie in seinem Leben eine Konstante sein, gleichzeitig wollte sie den Spielraum für eigene Neigungen und Aufgaben nutzen. Als Frau des Bundeskanzlers Helmut Schmidt musste sie etliche Einschränkungen in Kauf nehmen, hatte aber nun auch die Chance, einige ihrer ureigenen Lebensentwürfe zu verwirklichen und ihren Träumen von Forschungsreisen, eigenen Naturstudien und eigenem Naturschutzengagement tatsächlich nachzukommen. Diese Lebenschancen nahm sie nun wahr, die Krisen der Ehe hielt sie aus und stand sie durch.

Bei allen Problemen des Ehepaars, immer hat zwischen ihnen ein tiefer Respekt als gemeinsame Basis bestanden. Und es sind scheinbare Nebensachen, die sie zusammenschweißen, wie etwa das gemeinsame Schachspiel. Die Stunden, welche die beiden am Schachbrett verbrachten, sind ungezählt. Nicht nur zu Hause, an vielen Orten und zu allen Zeiten nutzten sie die Gelegenheit für ein Spiel. In dem berühmten *FAZ*-Fragebogen gab sie 1998 unter der Rubrik »Lieblingsbeschäftigung« an: »Mit meinem Mann Schachspielen und reden« und dies noch vor »Botanik und Malen« gesetzt. Heftigkeiten und Streitereien hingegen waren dem Ehepaar fremd, eigentlich, erzählte Loki Schmidt mehrfach, sei sie nur einmal aus der Haut gefahren. Das war zu einem frühen Zeitpunkt der Ehe. Den Grund hatte sie inzwischen vergessen, aber dass sie einen nassen Lappen nach ihm geworfen habe, das wusste sie noch.

Zum 40. Hochzeitstag, am 27. Juni 1982, hatten die Schmidts einen kleinen Kreis von Freunden und Familienangehörigen zu einem Abendessen in den Kanzlerbungalow eingeladen. Das sei das erste Familienfest, das nicht »zu Hause in Hamburg« stattfinde, begann Helmut Schmidt eine Tischrede.[48] Er berichtete, wie Loki und er sich kennengelernt hatten, über die schweren Jahre des Krieges und über die Bedeutung von gemeinsamen Freundschaften. Und er sprach über das, was die beiden zusammengehalten habe, über »menschliche Zuverlässigkeit in gemeinsam erlebten Fährnissen und im Glück, im Krieg und im Frieden«, dazu kämen Liebe, die Gemeinsamkeit der Ehe und der Familie. Große Teile dieser Rede sind nur stichwortartig als Notizen überliefert, die letzten Sätze hatte er jedoch ausformuliert: »Ansonsten nur noch ein Wort an Loki und an Susanne. Ich weiß: Ihr hattet es viel schwerer mit mir als ich mit Euch. Ohne Lokis Geduld und Langmut und ohne ihr Verständnis wäre ich wohl ein anderer Mensch geworden – wären wir vielleicht nicht mehr zusammen. Ich weiß: Das ist nicht selbstverständlich. Es war dies für eine Kriegsehe nicht und in den 50er, 60er und 70er Jahren auch nicht.«[49]

Als sie fast neunzig Jahre alt war, fand sie noch einmal eine bildhafte Beschreibung für die Beziehung zu ihrem Mann. »Ich habe eins begriffen«, antwortete sie dem nach ihrer Ehe fragenden Reinhold Beckmann. »Ich bin sein Zuhause. Das hat er wörtlich so nicht gesagt, aber er hat es mir gezeigt. Und das ist ein Schatz, wenn man für einen anderen Menschen das Zuhause ist.«[50] Zu seinem 95. Geburtstag, gut drei Jahre nach Lokis Tod, erinnerte Helmut Schmidt im Hamburger Thalia Theater am Ende seiner Festrede vor über 1000 geladenen Gästen an seine 68-jährige Ehe mit Loki und fand prägnante Worte: »Ohne Loki wäre ich nur die Hälfte.«

Bilanz eines Lebens

Nach ihrem 80. Geburtstag begannen die Jahre, die Loki hellsichtig »das Alter *hinter* dem Alter« nannte. Im April 2002 erlitt sie eine schwere Lungenentzündung, 2004 eine verschleppte Bronchitis mit hohem Fieber. Beide Male war ihr Zustand besorgniserregend. Beide Male aber kam sie wieder zu Kräften. Schon lange war ein leichtes Zittern ihres Kopfes sichtbar geworden. Kein Anzeichen für Parkinson, wie sie versicherte, aber schon eine Beeinträchtigung.

Eigentlich wollte sie aber über Krankheiten am liebsten gar nicht reden. »Ich habe einfach keine Zeit für Zipperleins«, formulierte sie noch im hohen Alter.[51] Dahinter stand, dass das Kranksein mit ihrem Selbstbild einer tatkräftigen, ihren Pflichten nachkommenden Frau nicht zusammenpasste. Bei dieser Einstellung wird auch verständlich, dass sie sich erbost über den Biographen ihres Mannes, den Heidelberger Historiker Hartmut Soell, zeigte. Als dieser 2003 in seiner Helmut-Schmidt-Biographie Lokis gesundheitliche Probleme als Folge ihrer Fehlgeburten in den Nachkriegsjahren auslegte, war Loki öffentlich indigniert. »Nach seiner Lesart kam Helmut aus der Kriegsgefangenschaft, und ich war eigentlich immer nur krank, krank, krank. Tatsächlich habe ich aber die Familie ernährt, während mein Mann sein Studium aufnahm«, sagte sie in einem Interview in der *Zeit* mit Susanne

Gaschke.[52] Es war das von ihr gezeichnete Bild einer schwachen Person, das ihr missfiel, auch wenn die Tatsache, dass sie die Familie in den damaligen Jahren ernährt hatte, von Soell gar nicht infrage gestellt worden war.

Angesichts der zahlreichen Krankheiten, die Loki Schmidt durchzustehen hatte, bewährte sich ihre Kondition, ihre Belastungsfähigkeit und ihr Vermögen, nach Krankheitsphasen wieder zu regenerieren. In den früheren Jahren trugen sicher ihr Schwimmen und Wandern dazu bei. Aber es gab da noch eine Sache, die Loki mit großer Beharrlichkeit und Überzeugung bis in ihr letztes Lebensjahr beherzigte: die tägliche Einnahme des im asiatischen Raum weitverbreiteten Ginseng. 1994 war sie auf den Betrieb eines norddeutschen Heidebauern in Bockhorn bei Walsrode aufmerksam geworden, dem es nach einem Jahrzehnt gelungen war, Ginseng erfolgreich in Deutschland anzubauen, die Wurzeln selbst zu bearbeiten und die daraus gewonnenen Präparate, hochdosierte Ginseng-Kapseln, zu vermarkten. Loki hörte von diesem Projekt und war gleich interessiert. Zwar wusste sie um die jahrtausendealte Tradition des Ginsengs als Heilpflanze in Korea und China, aber eine lebende Pflanze hatte sie noch nie gesehen. Also besuchte sie diesen Betrieb und wurde Stammkundin. 2003 fuhr sie noch einmal in die Heide, um dort vor Ort eine Ginseng-Galerie mit Kunstwerken zu eröffnen und lebhaft von ihrem ersten Kontakt zu berichten. Sie habe damals viel über den Anbau gelernt. Denn,»anders als Rüben, Kohl und Getreide, die in einem Jahr geerntet werden können, benötigt der Ginseng etwa sieben Jahre bis zur Ernte. Seit diesem ersten Besuch bin ich ein Ginseng-Freund.«[53]

Zwischenzeitlich war das Ehepaar auch einer Einladung nach Südkorea gefolgt, und Loki hatte die Gelegenheit genutzt, den Ginseng-Anbau vor Ort zu studieren. Botaniker hätten ihr erklärt, zwar seien die Inhaltsstoffe noch nicht genau identifiziert, aber Ginseng gehöre bis heute zur Kultur des Landes. Und jedes Familienmitglied, vom Kind bis zu den Alten, bekomme täglich ein Stück der Wurzel zu essen.

Im Jahr 2005 wurde der erfolgreiche Heidebetrieb erweitert, und den Besitzern gelang es, natürlich mit Lokis Hilfe, Helmut Schmidt für die Einweihung zu einem Grußwort zu gewinnen. Dieser lobte den unternehmerischen Wagemut und die Initiative des findigen Landwirts, und fügte dann den Hinweis an, dass er selbst bereits seit den fünfziger Jahren von der Wirkung der Pflanze überzeugt sei und von einem koreanischen Freund über die Jahrzehnte hinweg damit versorgt worden sei. »Ursprünglich kam mein Ginseng immer aus Korea, neuerdings aus Walsrode. Wenn meine Frau und ich inzwischen beide 86 Jahre alt geworden sind, so hat dies wahrscheinlich mit dem Ginseng zu tun«, schloss er augenzwinkernd an und dürfte wohl den Landwirt damit glücklich gemacht haben.[54]

Spätestens seit der Jahrtausendwende traten bei Loki ernsthafte orthopädische Probleme auf. Das Gehen wurde schwieriger, langes Sitzen und auch das Liegen bereiteten Probleme. Bereits in der jüngeren Vergangenheit hatte sie – von ihr unbeachtet – mehrere kleine Bandscheibenvorfälle durchstanden, einige der Wirbel waren angegriffen und brüchig. Nach wie vor nahm sie Termine wahr, auf größere Reisen wollte sie sich jedoch nicht mehr einlassen. Im Mai 2007 hatten Ärzte mehrere Wirbelbrüche im Lendenwirbelbereich entdeckt. Um einen akzeptablen Grad an Beweglichkeit aufrechtzuerhalten, hatten die Ärzte ihr das Einziehen einer druckentlastenden Unterstützung der Wirbelsäule vorgeschlagen, eine Art Stabilisierung durch ein Titangestell. Die Operation würde mehrere Stunden dauern und ihr Alter von 88 Jahren barg ein erhebliches Risiko. Mit ihrem Mann und den behandelnden Ärzten hatte sie das Für und Wider abgewogen. Dann, als sie sich zu der OP entschlossen hatte, folgte ein: »Dann aber morgen früh!«[55]

Loki hatte Glück, die Operation war erfolgreich. Als sie aus der Narkose aufwachte, saß ihr Mann mit einem Strauß Rosen neben ihr. Schon am nächsten Tag musste sie aufstehen und sich bewegen, es folgte eine lange und anstrengende Rehaphase. Am Ende war sie mit dem Ergebnis aber sehr zufrieden. Zwar brauchte sie fortan Unterstützung beim An- und Auskleiden und nach einem Sturz 2008 dann auch zur Sicherheit einen Rollator, aber Loki Schmidt konnte sich bis zu ihrem Tod allein fortbewegen.

Die Vorteile ihres Rollators, den sie inner- und außerhalb des Hauses benutzte, wusste sie zu schätzen: »Die Dinger sind aber auch wirklich praktisch. Es ist ja nicht nur, dass man vier Räder zur Stabilisierung hat, sondern es ist ein großer Korb daran, und wie vielfältig man diesen Korb benutzen kann, das lernt man dann mit der Zeit. Da kann man einen halben Haushalt reinpacken. Und auf der waagerechten Stellfläche kann man ein halbes Mittagessen transportieren.« Mit dem Rollator habe sie »ein ganzes Stück Freiheit« wiedergewonnen.[56]

Allerdings wurden die Treppen in ihrem Haus für Loki wie auch für ihren Mann zunehmend zu einem Hindernis. Noch einmal umzuziehen und ihr geliebtes Haus in Langenhorn zu verlassen, war für beide keine Option, weshalb sie einen Treppenlift einbauen ließen. Auch mit diesem Treppenlift ging sie unbefangen um. Fragte man als Besucher danach, ließ sie einen mit dem Lift nach oben fahren und fügte hinzu: »Auch ihr werdet mal älter.«

Als nach der Jahrtausendwende Loki Schmidts Bewegungsradius enger wurde, begann sie Rückschau zu halten, man könnte auch sagen, Bilanz zu ziehen. Wenn auch gewiss so von ihr nicht geplant, aus dieser Rückschau wurde noch einmal eine neue Karriere, die Karriere einer höchst erfolgreichen Autorin. Insgesamt veröffentlichte sie nach dem Jahr 2000 sechs Bücher. Alle fanden in den Medien und beim Lesepublikum große Beachtung, alle gelangten auf die deutschen Bestsellerlisten, zweimal fanden sich die Bücher von Loki und Helmut Schmidt sogar zeitgleich auf der Liste der meist verkauften Bücher.

Ihre sechs Publikationen waren Gesprächsbücher. Ihr vertraute Journalisten und Autoren stellten Fragen und führten so durch die verschiedenen Themen und Epochen ihres Lebens. Allerdings bereitete sich Loki Schmidt akribisch auf die Gespräche vor, sie konsultierte ihre eigenen Unterlagen und recherchierte im eigenen Archiv.

Im Mittelpunkt der Bücher stehen die Stationen ihres Lebens, ihre Forschungsreisen, die Jahre als Gattin des Bundeskanzlers, ihre berufliche Biographie als Lehrerin. Auch die thematische Reihenfolge der Bücher ist interessant. Die ureigenen Themen, Naturforschung sowie Schule und Pädagogik, sind die Bezugspunkte der beiden ersten Bücher mit den Titeln *Loki* (2002) und *Mein Leben für die Schule* (2005). Erst dann kommen Familien- und Zeitgeschichte sowie die politischen Jahre als Frau des Bundeskanzlers. Der Ton der Bücher ist wie ihr natürlicher Tonfall: unverstellt, einfach, lakonisch und anekdotenreich. Nie sind diese Bücher eitle Selbstbetrachtung, wenn sie auch mit der eigenen Meinung nicht hinterm Berg hält. Natürlich hoffte sie mit ihren Büchern auch Einsichten zu vermitteln: die Dringlichkeit von Schutz und Bewahrung der Natur, die Notwendigkeit einer Schule, die nicht nur intellektgesteuert ist, eine Politik, die auf Solidarität und Gerechtigkeit setzt, aber dem Einzelnen auch seinen Teil für das Gemeinwesen abverlangt.

Zu der öffentlichen Bilanz, die sie in ihren Büchern seit der Jahrtausendwende zog, gehörte auch ihre Bereitschaft, sich noch einmal stärker dem Medium Fernsehen zu öffnen. So erklärte sie sich bereit, in vielen historischen Dokumentationen zum 20. Jahrhundert als Zeitzeugin aufzutreten und von ihren eigenen Erfahrungen zu berichten. In diesem Genre war sie gefragt, ihre Stimme und ihre Einordnungen hatten Gewicht.

Ein wenig vorsichtiger ging sie mit Einladungen in die seit den neunziger Jahren boomenden TV-Talkshows um. Lediglich bei Reinhold Beckmann wurde sie zu einem steten Gast. 2002 hatte die Redaktion sie eingeladen, Loki Schmidt wollte aber erst einmal den Moderator kennenlernen, bevor sie sich entschied. Also fuhr Beckmann nach Langenhorn, trank Kaffee, rauchte eine Zigarette mit ihr und konnte sie überzeugen. Insgesamt kam sie fünf Mal in den folgenden Jahren in seine Sendung und berichtete aus ihrem Leben, ließ sich aber auch auf muntere Gespräche mit so illustren Gästen wie Heidi Klum oder Wolfgang Joop ein. »Mit ihrer freundlichen, aber nachfragenden Art konnte sie manchen Gesprächspartner in eine sympathische Verlegenheit bringen«, erinnert sich Reinhold Beckmann an Lokis Auftritte.[57]

2008 trat sie gemeinsam mit Siegfried Lenz in Reinhold Beckmanns Sendung auf. Hier wurde ihr harmonisches Verhältnis, die gegenseitige Zuneigung und Zugewandtheit in den Gesten sichtbar, immer wieder suchten die beiden den Körperkontakt. Sie ergänzten sich in ihren Erzählungen und übergaben sich den Gesprächsfaden. Gesprochen wurde auch über seine Altersnovelle *Schweigeminute*, die Loki besonders gern gelesen hatte. Die Geschichte, die um die Liebe eines 18-jährigen Schülers zu seiner Englischlehrerin kreist, hatte sogar zu Spekulationen angeregt, ob Loki Schmidt nicht eine Inspiration für die Figur der Lehrerin gewesen sei. Die Sendung bot Anlass zur Klarstellung. Die Novelle greife nichts Autobiographisches auf, und die Freundschaft zwischen Lenz und Loki habe nie einen erotischen Anflug getragen. »Vielleicht hat unsere Freundschaft gerade deshalb so lange gehalten«, bemerkte Loki und lachte dazu.

Die Beckmann-Sendungen boten Loki Schmidt die Chance, einige ihrer Anliegen und Botschaften einem großen Fernsehpublikum nahezubringen. So pragmatisch sah sie das selbst. Allerdings besuchte sie diese Sendung auch deshalb gerne, weil sie inzwischen eine freundschaftliche Beziehung zu Beckmann entwickelt hatte. Er besuchte sie in Langenhorn und lud sie ein oder zwei Mal im Jahr zum Essen ein. Dann holte er sie ab, führte sie in das Restaurant des Hotels Vier Jahreszeiten, und die beiden verbrachten einen fröhlichen Abend miteinander. »Alle Gäste kannten natürlich Loki, grüßten und bewunderten sie. Ich war nur die Begleitung von Loki Schmidt«, schildert Beckmann die gemeinsamen Essen. Er habe Loki gemocht und sich ein wenig wie der adoptierte Sohn gefühlt.[58] Für Loki Schmidt war diese Freundschaft nicht zuletzt eine Freude, weil sie mit Reinhold Beckmann noch einmal einen unkomplizierten Zugang zu der medialen Gegenwart gefunden hatte.

Die letzten Monate

Loki Schmidt scheute sich nicht, über den Tod und über ihr eigenes Ende auch öffentlich zu sprechen. Angst vor dem Sterben habe sie nicht, äußerte sie z. B. in einem Interview mit dem Journalisten Stefan Troller anlässlich ihres 85. Geburtstags. Als Atheistin fand sie Trost in der Vorstellung, dass der eigene Körper nach dem Tode Bestandteil neuen organischen Lebens werde. »Ich bin wirklich der Meinung, dass man sich, weil man aus vielen Atomen und Molekülen besteht, in all die Bestandteile auflöst, und Mutter Natur setzt das alles neu und anders wieder zusammen. Man verschwindet körperlich nicht. Man lebt in einer völlig anderen Weise oder bleibt der Erde auf eine völlig andere Weise erhalten.«[59]

Auch über die Mühsal des Alters äußerte sie sich freimütig und zeichnete ein realistisches Bild von ihren zunehmenden körperlichen Beeinträchtigungen und Schmerzen im alltäglichen Leben. Eine Verklärung des Alters war ihr fremd. Älter werden sei mühsam und anstrengend, es enge den Menschen ein und man verliere stetig ein wenig mehr von dem, was man vorher noch konnte oder hatte. Das war Loki Schmidts Bilanz.

Seit ihrer Wirbelsäulenoperation 2007 hatte sie an Gewicht verloren und man sah ihr an, dass die Kräfte stetig weniger wurden. Empfing sie zu Hause Besucher, saß sie kerzengerade auf ihrem Sofa, konnte sich eineinhalb Stunden konzentriert unterhalten und arbeiten, musste dann aber eine Pause einlegen und sich hinlegen. Ihr Mann wachte fürsorglich über diese Pausen, und es kam sogar vor, dass er aus seinem *Zeit*-Büro anrief und sich erkundigte, ob Lokis Gesprächspartner inzwischen »entlassen« seien.

All das hinderte Loki Schmidt nicht, in den Jahren 2009 und 2010 gleichzeitig an drei Gesprächsbüchern zu arbeiten. »Wir können nicht mehr viel, aber Bücher schreiben«, ließ sie einen Briefpartner wissen. Auch ihre Post beantwortete sie noch selbst bzw. skizzierte Antworten dafür vor. Interessante Bücher oder

Dokumentationen, die ihr zugeschickt wurden, las sie und gab dazu Rückmeldungen. So erstellte sie im April 2010 eine detaillierte Expertise zu einer komplexen Studie über »Erhaltungskultur und ausgebrachte Pflanzensippen«. Obwohl sie zu dieser intellektuell anspruchsvollen Arbeit in der Lage war, vermisste sie ihre alte geistige Frische und die körperliche Beweglichkeit. Das schnelle Ermüden empfand sie als Last und »selbst die lateinischen Namen meiner so geliebten Blumen fallen mir manchmal nicht mehr ein«, klagte sie bei einem unserer letzten Gespräche. Im September 2010 stellte sie das Schlusskapitel zu ihrem letzten Buch fertig. Es ist ein Kapitel über ihren Mann und trägt den Titel »Helmut«. Am Endes dieses Kapitels antwortete sie auf die Frage, ob sie denn ihren Mann noch einmal heiraten würde: »Was für eine Frage. Aber selbstverständlich würde ich das!«[60] Es machte sie glücklich, dass sie beide bis ins hohe Alter füreinander da sein konnten.

Für den 23. September 2010 hatte sich ein Fernsehteam angemeldet, die Aufnahmen dauerten länger als geplant. Am gleichen Tag noch stolperte Loki Schmidt in ihrem Haus, fiel und brach sich das Sprunggelenk des rechten Fußes. Das Risiko der Operation und der damit verbundenen Narkose ging Loki Schmidt sehr bewusst ein. Ein Dauerpflegefall wollte sie nicht werden. Im nahegelegenen Krankenhaus Heidberg wurde sie operiert, es war aber klar, dass eine zweite Operation nötig sein würde. Die Nachwirkungen der Narkose wogen schwer, ihr Zustand im Krankenhaus schwankte, manchmal war sie nur schwer ansprechbar, dann wieder konnte sie sich annähernd normal unterhalten. Nach zwei Wochen Krankenhausaufenthalt, am 6. Oktober, wurde sie in ihr Haus am Neubergerweg gebracht, die Ärzte hofften, dass die vertraute Umgebung sie aufhellen und für eine Besserung sorgen könnte. »Ich bin zäh«, war Lokis Selbsteinschätzung noch im Krankenhaus gewesen, und bislang hatte sie damit immer recht behalten. Helmut Schmidt und Tochter Susanne ahnten dieses Mal jedoch, dass Loki es nicht schaffen würde. »Loki ist sehr krank«, schrieb Helmut Schmidt am 15. Oktober an ihren Bruder Christoph in Kanada. Und:»Susanne ist seit 10 Tagen da. Wir sind beide sehr traurig.«[61] In den folgenden Tagen war Loki kaum mehr ansprechbar, sie dämmerte und schlief. Einmal versuchte es ihr Mann mit dem Pfiff der Schmidts – so wie er im August 1945 gepfiffen hatte, als er aus der Kriegsgefangenschaft in Neugraben vor ihrer Tür stand. Er erinnert sich, ein leichtes Lächeln auf ihrem Gesicht erkannt zu haben, geantwortet hat sie jedoch nicht mehr.[62] Am 20. Oktober fuhr Helmut Schmidt nach Berlin zu einem Vortrag. Er wusste Susanne an der Seite seiner Frau, glaubte, dass diese noch ein paar Wochen zu leben hätte. Der Anlass der Kurzreise war das 25. Jubiläum des Japanisch-Deutschen Zentrums. In seiner Rede zum Verhältnis der beiden Nationen fügte er die kleine Geschichte von Loki und dem japanischen Tenno ein. Damals in den siebziger Jahren, als sie trotz des protokollarischen Verbots, den Kaiser anzusprechen, Hirohito bei ihrem gemeinsamen Besuch in ein angeregtes Gespräch über Naturschutz und seine Liebe zu Fischen verwickelt hatte. Ein berührender Augenblick in dieser Ansprache, die Menschen applaudieren. Die Nacht verbrachte Helmut Schmidt in Berlin. Die Nacht, in der seine Frau Loki in ihrem Haus in Langenhorn starb, während ihre Tochter Susanne bei ihr war.

In den Nachrichtensendungen des 21. Oktober 2010 war der Tod Loki Schmidts das vorherrschende Thema. Im Fernsehen folgten noch am selben Abend lange Berichte und Sondersendungen. Am nächsten Tag war ihr Bild auf den ersten Seiten aller deutschen Tageszeitungen, der *Stern* machte mit einer Titelgeschichte zum Leben Loki Schmidts auf.

Die Trauerfeier im Hamburger Michel am 1. November 2010 war ein Staatsakt, obwohl sie selbst nie ein offizielles Amt wahrgenommen hatte. Sie wurde zu einem bewegenden Abschied von Loki Schmidt. Mehr als 2000 Trauergäste füllten die Kirche, darunter hochrangige Politikerinnen und Politiker wie die Alt-Bundespräsidenten Horst Köhler und Richard von Weizsäcker,

Bundeskanzlerin Angela Merkel, Ex-Bundeskanzler Gerhard Schröder, Ministerpräsidenten aus mehreren Bundesländern sowie alle SPD-Spitzenpolitiker. Etwa die Hälfte der Plätze war Hamburger Bürgern vorbehalten worden, das hatte Loki Schmidt sich gewünscht. Und auch die Musik hatte sie selbst ausgesucht: Johann Sebastian Bachs Orchestersuite in h-moll. Zu Beginn des Traueraktes ertönte die Jahrtausendglocke des Hamburger Michels, sie wurde zehn Minuten lang als Totenglocke geläutet. Der mit weißen Lilien geschmückte helle Eichensarg stand im Altarraum der Kirche, daneben ein überlebensgroßes Portraitfoto aus ihren Fünfzigern, das sie mit einem fröhlichen Lächeln zeigt.

In der ersten Reihe, in unmittelbarer Nähe zu Lokis Sarg, hatten Helmut Schmidt, Tochter Susanne und deren Ehemann Brian Kennedy Platz genommen. Auf der Schleife ihres Blumenkranzes stand:»Wir sind unendlich traurig.« Helmut Schmidt hatte den Ehering seiner Frau als zweiten Ring an den kleinen Finger seiner rechten Hand gesteckt. Mehr als 68 Jahre hatte Loki diesen Ring getragen, ab diesem Tag sollte er an seiner Hand verbleiben.

Am Beginn der Feier sprach der ehemalige Evangelisch-lutherische Landesbischof Eduard Lohse, danach der amtierende Erste Bürgermeister der Freien und Hansestadt Christoph Ahlhaus. Die eigentliche Trauerrede hielt der ehemalige Hamburger Bürgermeister und enge Vertraute von Loki Schmidt, Henning Voscherau. Bereits im März 2006 hatte Loki ihn um diesen letzten Dienst gebeten.»Kann ich bei dir noch eine Bestellung aufgeben«, habe sie ihn am Telefon in ihrer unnachahmlichen Art gefragt, so Voscherau, ihn nach Langenhorn gebeten und dann einen langen Nachmittag mit ihm zusammen gesessen. Seine Aufzeichnungen umfassen 15 DIN-A4-Seiten, und sie zeigen, dass Loki ihn mitgenommen hat auf einen chronologisch angelegten Weg durch ihr Leben. Bemerkenswert ist aber, dass sie das Gespräch mit ihrer naturkundlichen Arbeit und den nach ihr benannten Pflanzen eröffnete. Das war ihr bedeutsam, das würde bleiben, und das sollte auch beim letzten Abschied bitte nicht unerwähnt bleiben.

Henning Voscherau verabschiedete sich von Loki Schmidt mit einer treffenden Charakterisierung und Würdigung: »Wir nehmen Abschied von einer großen Frau, der Hamburger Ehrenbürgerin Professorin Dr. h. c. Hannelore Schmidt. Von unserer Freundin Loki Schmidt, einer warmherzigen, bescheidenen, charakterstarken und klugen Frau von zu Herzen gehender norddeutsch-spröder Liebenswürdigkeit, zugleich von unsentimentaler Nüchternheit, immer ganz und gar geradeaus. Jahrzehntelang gab sie ein Beispiel und wurde so zum Vorbild. Und ihr war gegeben, die Zuneigung der Menschen zu gewinnen.«

Am Ende wurde der Sarg zum Hauptportal der Kirche herausgeführt, Helmut Schmidt begleitete ihn den langen Gang die Kirche hindurch. Nach der Einäscherung wurde die Urne am 2. November 2010 in der Grabstätte der Familie Schmidt auf dem Ohlsdorfer Friedhof beigesetzt. Den Ohlsdorfer Friedhof hatte Loki Schmidt als Parklandschaft immer geliebt, nun fand sie hier ihre letzte Ruhe.

Es bleibt ein Nachtrag. Am 22. September 2010, einen Tag vor ihrem Sturz und der nachfolgenden Operation, schrieb Loki

Schmidt einen letzten Brief, adressiert an ihren Bruder Christoph und die Schwägerin Liesel in Kanada und sie beschreibt darin einen Besuch im Ferienhaus am Brahmsee vom Vortag.[63] Dieser Ort war ihr besonders nahe, voller Erinnerungen an die norddeutsche Landschaft und viele persönliche und politische Begegnungen. Es war ein kühler Herbsttag dort draußen am See, und für den Leser scheint es, als ob sie geahnt hätte, dass sie hierher nicht mehr zurückkehren würde:

»Liebe Liesel, lieber Christoph, herzliche Grüße von Helmut und mir aus einem schon recht herbstlichen Hamburg. Wir haben gestern wieder einen Versuch unternommen, zum Brahmsee zu fahren. Bei einem heißen Tee, den Helmut uns gemacht hat, haben wir auf den langgestreckten See geschaut, der kleine weiße Schaumkronen hatte. Von all den vielen Wasservögeln, die man normalerweise beobachten kann, war nichts zu sehen. Eine verlorene Möwe flog über dem Wasser, aber weder Blesshühner, Schwäne oder Gänse haben wir zu sehen bekommen und auch nicht gehört. Wir haben also erst mal in dem kalten Haus einen Mittagsschlaf gemacht, sind abends zum Essen in die nächste Stadt und waren froh, als wir um 22.00 Uhr wieder in der Dunkelheit zuhause (in Hamburg) waren. Man bekommt zwar sentimentale Gefühle, wenn man in dem Haus ist und sich erinnert an so viele schöne und interessante Erlebnisse in den 50 Jahren, seit wir das Grundstück haben. Aber jetzt sind wir beide zu alt, um länger dort bleiben zu können. (…)

Lasst Euch herzlich von Helmut und mir grüßen und alles Gute für Euch beide.«

ANHANG

Danksagung

Ohne die Dokumente und Fotos aus dem Archiv Helmut Schmidts hätte dieses Buch so nicht geschrieben werden können. Der Leiterin dieses Archivs, Heike Lemke, danke ich für ihre Kooperation, die geduldige Unterstützung und für anregende Gespräche. Dem Schulleiter der Hamburger Klosterschule, Ruben Herzberg, danke ich für den Zugang zum Archiv seiner Schule. Im Archiv des Bundesbeauftragten für die Unterlagen des Staatssicherheitsdienstes gebührt mein Dank Martina Schulze für ihre beharrliche Recherche. Für die gute Betreuung danke ich darüber hinaus den Mitarbeiterinnen und Mitarbeitern im Hamburger Staatsarchiv und im Archiv der sozialen Demokratie der Friedrich-Ebert-Stiftung. Der Loki-Schmidt-Stiftung danke ich für die Bereitstellung von Pflanzenzeichnungen ihrer Namensgeberin.

Für die Überlassung privater Unterlagen und Fotos danke ich sehr herzlich Wilhelm Barthlott, Henning Bischoff, Angela Grützmann, Waldemar Guttmann, Irmtraud Hempel, Herbert Hurka, Angelika Lautenschläger, Brigitte Leuband, Rolf Niese, Sabine Riedl, Hermann Schreiber, Wolfgang Schumacher, Eva-Maria Stein, Petra Streese-Noetzel und Günter Warnholz. Angelika Lautenschläger danke ich auch für ihre Führung auf dem Friedhof in Schönow und dem Gut Schmetzdorf bei Bernau.

Viele Informationen und Einschätzungen habe ich aus den zahlreichen Gesprächen mit den Weggefährten, Freunden und der Familie Loki Schmidts gewinnen können. Alle Namen und die Gesprächstermine finden sich gesondert im Verzeichnis der Interview- und Briefpartner. Ihnen allen gehört mein großer

Dank. Ich darf hinzufügen, dass diese Begegnungen für mich auch persönlich eine große Bereicherung waren.

Für fachlichen Rat in Fragen zu Hitlerjugend und BDM danke ich Gisela Miller-Kipp und Frank Bajohr, in Fragen zur Entnazifizierung der Lehrerschaft in Hamburg Hans-Peter de Lorent. Für wertvolle Hilfe und Korrekturvorschläge danke ich ganz besonders Christine Hellwig und Peter Daschner. Mit beiden habe ich mich auch im Verlauf meiner Arbeit immer wieder austauchen können und von ihnen vielfältige Anregungen erhalten. Dem Team vom Verlag Hoffmann und Campe danke ich für die gute Betreuung, das sorgfältige Lektorat und die gute Zusammenarbeit bei der Fotorecherche und -präsentation. Die Verantwortung für verbliebene Fehler oder fehlerhafte Urteile liegt allein bei mir.

Zeittafel

9. November 1918: Philipp Scheidemann ruft in Berlin die Republik aus.

3. März 1919: Geburt in der Schleusenstraße 11, Hamburg-Hammerbrook

1925–1929: Grundschulzeit an der Reformvolksschule Burgstraße

1929: Weltwirtschaftskrise, Lokis Vater wird arbeitslos

1929: Wechsel an die Lichtwarkschule, Hamburg-Winterhude

30. Januar 1933: Die Nationalsozialisten kommen an die Macht

1936: Dezember: Wechsel an die Klosterschule, Hamburg

1937: Abitur

1938–1940: Volkschullehrerstudium an der Hochschule für Lehrerbildung, Hamburg

1. September 1939: Deutschland überfällt Polen und löst den Zweiten Weltkrieg aus

Mai 1940: Einstellung als Lehrerin an der Schule Bauerberg, Hamburg-Horn

1940–1941: Begleitung einer Mädchengruppe ihrer Schule in die Kinderlandverschickung

Juni 1942: Heirat mit Helmut Schmidt

Juli 1943: Übersiedlung nach Berlin

Ende 1943: Übersiedlung nach Bernau, Standorte von Helmut Schmidt

26. Juni 1944: Geburt des Sohnes Helmut Walter

19. Januar 1945: Helmut Walter verstirbt an einer Hirnhautentzündung

1945 Ende Januar: Übersiedlung zu den Eltern nach Hamburg-Neugraben

8. Mai 1945: Kapitulation des Deutschen Reiches und Tag der Befreiung

November 1945: Suspendierung, anschließend Besuch eines Entnazifizierungskurses

Dezember 1946: Wiederaufnahme in den Schuldienst

4. Mai 1947: Geburt der Tochter Susanne

1948: Umzug von Neugraben nach Hamburg, Lehrerin an der Schule Hirtenweg in Hamburg-Othmarschen, spätere Bezeichnung: Schule Othmarscher Kirchenweg

1953: Helmut Schmidt wird Mitglied des Bundestags

1958: Erwerb des Grundstücks am Brahmsee

1961: Familie Schmidt bezieht das Haus im Neubergerweg in Hamburg-Langenhorn

1962: Lehrerin an der Schule Ebershofweg

1961–1965: Helmut Schmidt Innensenator in Hamburg, anschließend wieder MdB

1966: Beurlaubung von der Unterrichtstätigkeit aus gesundheitlichen Gründen

1969: Willy Brandt wird Bundeskanzler, Helmut Schmidt wird Verteidigungsminister

Ende 1969/Anfang 1970: Loki zieht nach Bonn zu ihrem Mann

1971: Beendigung der Lehrerlaufbahn: Ausscheiden als Beamtin

1972: Helmut Schmidt wird Wirtschafts- und Finanzminister

1973: Ausbildung zur Schwesternhelferin

1974–1982: Kanzlerschaft Helmut Schmidt

1976: Erste Forschungsreise: Lake Nakuru National Park, Kenia

Gründung des Komitees zum Schutz gefährdeter Pflanzen

1979: Gründung der Stiftung zum Schutz gefährdeter Pflanzen

Erste Reise in die DDR zum Grab ihres Sohnes Helmut Walter

1979–1993: Mitglied im Stiftungsrat des WWF Deutschland

1980: Erstmalige Präsentation der Blume des Jahres

1981–1982: Mitglied der Deputation der Behörde für Naturschutz und Umweltgestaltung in Hamburg

1. Oktober 1982: Helmut Kohl wird Bundeskanzler

1982–1992: Mitglied des Naturschutzrats in Hamburg

1984: Mitglied der Max-Planck-Gesellschaft

9. November 1989: Fall der Mauer

1991: Gründung der Loki-Schmidt-Stiftung

1993: Wechsel in das Kuratorium des WWF

1994: Letzte Forschungsreise: Venezuela

2002: Gründung der Stiftung Internationaler Gärteraustausch

2007: Schwere Operation zur Stabilisierung der Wirbelsäule

21. Oktober 2010: Loki Schmidt stirbt in ihrem Haus in Hamburg-Langenhorn

Forschungsreisen und Expeditionen
Loki Schmidts

Datum	Ziel	Zweck	Partner
1/1976	Kenia/Nakurusee-Nationalpark	Vegetationsaufnahme im Brutgebiet von Eisvögeln	Wissenschaftler der Max-Planck-Gesellschaft (MPG)
2/1977	Galápagos-Inseln	Tierbeobachtung und Vegetationsaufnahme	Wissenschaftler der MPG
4/1978	Malaysia Stationen: Nationalparks auf der malaysischen Halbinsel und Borneo/Ostmalaysia	Vegetationsaufnahme, Erkunden von Nationalpark-Konzepten und Schutzkonzepten der UNESCO	Wissenschaftler der MPG und der University of Malaya
3–4/1979	Südamerika: Ecuador, Peru, Bolivien. Brasilien/ Amazonasgebiet, Manaus	Archäologische und botanische Reise	Deutsche Archäologengruppe, Wissenschaftler der MPG

1/1981	Argentinien/Feuer-land Stationen: Buenos Aires, Feuerland, Pata-gonien, Halbinsel Valdes	Erkunden von Nationalpark-Konzepten, Vegetations-vergleiche der Extremgebiete Feuerland-Galápagos	Ulli Skoruppa (Fotograf)
2/1981	England/ Schottland	Naturschutz-projekte, Vogelschutz, ornithologische Themen	Verein Jordsand
5/1982	Bulgarien	Umwelt- und Naturschutz-politik in Bulgarien	Bulgarische Land- und Forstwirtschafts-spezialisten
9–10/1982	Brasilien Stationen: Belém, Brasilia, Cuiaba, Porto Velho, Manaus	Gespräche mit staatlichen Stellen über Landnutzung, Umwelt- und Naturschutz im Tropenwald, Amazonas-forschung	Staatliche brasiliani-sche Stellen, Wissen-schaftler der MPG
5/1984	Sowjetunion Stationen: Moskau, Jalta, Kaukasus	Orchideen – Exkursion	Wissenschaftler der Akademie der Wissen-schaften der SU, die Orchideenforscher Helmut und Brigitte Baumann
3/1985	Brasilien/ Amazonasgebiet bei Manaus	Diversitäts-studien in Über-schwemmungs-gebieten	Wissenschaftler der MPG

2/1986	Brasilien/Praia do Forte	Schutzkonzepte für Schild- kröten, Öko- touristische Nutzung, Pflan- zenaufnahme	u. a. Ulli Skoruppa (Fotograf), Heinz Sielmann (Tierfilmer)
10/1986	Israel/Jerusalem	Unterstützung für den Bota- nischen Garten Jerusalem	Michael Avishai (Botanischer Garten Jerusalem), Friede Springer
9/1987	Israel/Jerusalem	Unterstützung für den Bota- nischen Garten Jerusalem	Helmut Schönnams- gruber, Kurt Körber
2–3/1989	Namibia/Namib- Wüste	Teilnahme an einer Wüsten- expedition, Vegetations- studien in Extremgebieten	Wolfgang Gewalt (Expeditionsleiter und Direktor des Duisburger Zoos)
6–7/1989	Arktisreise mit der Polarstern	Meeresbiologi- sche Forschung in der Arktis	Wissenschaftler des Forschungsschiffs Polarstern/Alfred- Wegener-Institut
11–12/ 1989	Antarktisreise mit der Polarstern	Meeresbiologi- sche Forschung, Inspektionsfahrt zu Forschungs- stationen, Vegetations- aufnahme in Extremgebieten	Wissenschaftler des Forschungsschiffs Polarstern/Alfred- Wegener-Institut
3–4/1991	Neu-Kaledonien	Vegetationsauf- nahme, speziell von Schwermetall akkumulieren- den Pflanzen	Wissenschaftler des Biozentrums der Universität Halle

10/1993	Venezuela/Mérida	Kooperation und Gärtneraustausch der Botanischen Gärten Mérida und Hamburg, Vegetationsstudien im Tropenwald	Wissenschaftler und Gärtner der Botanischen Gärten Hamburg und Mérida
11/1994	Venezuela/Mérida	Kooperation und Gärtneraustausch der Botanischen Gärten Mérida und Hamburg, Vegetationsstudien im Tropenwald	Wissenschaftler und Gärtner der Botanischen Gärten Merida und Hamburg

Auszeichnungen und Würdigungen

1982: Alexander-von-Humboldt-Medaille in Gold, verliehen von der Rheinischen Friedrich-Wilhelms-Universität Bonn in Verbindung mit der Alfred-Toepfer-Stiftung F. V. S.

1987: Goldene Blume von Rheydt

1989: Rheinlandtaler des Landschaftsverbandes Rheinland

1990: Ehrensenatorin der Universität Hamburg

1994: Alfred-Toepfer-Medaille, verliehen durch den Senat der Freien und Hansestadt Hamburg

1995: Medaille der Rheinischen Friedrich-Wilhelms-Universität Bonn

1997: Bruno H. Schubert-Preis der gleichnamigen Stiftung

1997: Ehrendoktorwürde der Russischen Akademie der Wissenschaften in St. Petersburg

1998: Ehrenmitglied des Freundeskreises Neuer Botanischer Garten der Christian-Albrechts-Universität zu Kiel

1999: Verleihung der Ehrenprofessur durch den Hamburger Senat

1999: Ehrenmitgliedschaft des Verbandes Deutscher Botanischer Gärten

2000: Ehrendoktorwürde des Fachbereichs Biologie der Universität Hamburg

2002: Simon-Schwendener-Medaille der Deutschen Botanischen Gesellschaft

2003: Loki-Schmidt-Genbank für Wildpflanzen am Botanischen Garten der Universität Osnabrück

2004: Deutscher Umweltpreis der Deutschen Bundesstiftung Umwelt

2005: Benennung des neuen Botanischen Museums der Universität Hamburg als »Loki-Schmidt-Haus«.

2007: Die goldene Feder 2007, Ehrenpreis der Bauer Verlagsgruppe

2007: Ehrenvorsitzende der Stiftung Internationaler Gärtneraustausch

2009: Ehrenbürgerin der Freien und Hansestadt Hamburg

2009: Bepflanzung von 90 »Loki-Schmidt-Beeten« in ganz Deutschland aus Anlass des 90. Geburtstags

2009: Umbenennung der Gewächshäuser im Botanischen Garten Rostock in »Loki-Schmidt-Gewächshäuser«

2012: Umbenennung der Schule Othmarscher Kirchenweg in Hamburg in »Loki-Schmidt-Schule«

2013: Umbenennung des Botanischen Gartens Hamburg in »Loki-Schmidt-Garten«.

Nach Loki Schmidt benannte Pflanzen und Tiere

Bromelie Pitcairnia loki-schmidtiae
Orchidee Orchis lokiana
Bromelie Puya loki-schmidtiae
orchideenartiges Springkraut Impatiens loki-schmidtiae
Rosengewächs Lachemilla loki schmidtiae,
Orchideen-Hybride Doriella Loki Schmidt
Dahlia-Hybride cv. Loki Schmidt
Skorpion Tityus lokiae

Verzeichnis der Publikationen Loki Schmidts

Eigenständige Publikationen

Schützt die Natur. Impressionen aus unserer Heimat, Freiburg 1979.

Die Botanischen Gärten in Deutschland, Hamburg 1997.

Mit Reiner Lehberger:»Früchte der Reformpädagogik«. Bilder einer neuen Schule. Geschichte – Schauplatz Hamburg, Hamburg 2002.

Die Blume des Jahres, Hamburg 2003.

Loki – Hannelore Schmidt erzählt aus ihrem Leben. Im Gespräch mit Dieter Buhl, Hamburg 2003.

Mein Leben für die Schule. Im Gespräch mit Reiner Lehberger, Hamburg 2005.

Erzähl doch mal von früher. Im Gespräch mit Reinhold Beckmann, Hamburg 2008.

Mit Dieter Buhl: Auf dem roten Teppich und fest auf der Erde, Hamburg 2010.

Das Naturbuch für Neugierige. Unter Mitarbeit von Lothar Frenz, Berlin 2010.

Mit Reiner Lehberger: Auf einen Kaffee mit Loki Schmidt, Hamburg 2010.

Wissenschaftliche Aufsätze

Reyer, H.-U.; Migongo-Buke, W. & Schmidt, L. 1988: Field Studies and Experiments on Distribution and Foraging of Pied and Malachite Kingfishers at Lake Nakuru (Kenya), in: *Journal of Animal Ecology*, Bd. 57, S. 595–610.

Barthlott, W.; Porembski, S.; Kluge, M.; Hopke, J. & Schmidt, L. 1997: Selenicereus wittii (Cactaceae): an epiphyte adapted to Amazonian Igapo inundation forests, in: *Plant Systematics and Evolution*, Bd. 206, S. 175–185.

Parolin, P.; Adis, J.; da Silva, M. F.; do Amaral, I. L.; Schmidt, L. & Piedade, M. T. F. 2003: Floristic composition of a floodplain forest in the Anavilhanas archipelago, Brazilian Amazonia, in: *Amazoniana*, Bd. 17 (3/4), S. 399–411.

Schmidt, L. 1997: Von der Brache zum Eichen-Birkenwald, in: *Naturwissenschaftliche Rundschau* 50, S. 394–397.

Schmidt, L. 1999: Die Entwicklung der Pflanzenwelt in Europa von der Eiszeit bis heute, in: Schmidt, Helmut (Hrsg.): Erkundungen. Beiträge zum Verständnis unserer Welt. Protokolle der Freitagsgesellschaft, Stuttgart 1999, S. 95–112.

Schmidt, H. 2002: Mit der Zeit ein Urwald. In: Pro Futura und Umweltstiftung WWF Deutschland (Hrsg.): Begegnungen. Landschaften und Menschen, München 2002, S. 124–139.

Schmidt, L. 2012: Pflanzen an extremen Standorten. In: Schmidt, Helmut (Hrsg.): Vertiefungen. Neue Beiträge zum Verständnis unserer Welt, München 2012, S. 145–158.

Einzelbeiträge

Loki Schmidt berichtet über die Bedeutung der Orgel für die damalige Lichtwarkschule, in: Die Hans-Henny-Jahnn-Orgel der Lichtwarkschule jetzt Heinrich-Hertz-Schule in Hamburg, hrsg. vom Förderverein Hans-Henny-Jahnn-Orgel, Hamburg 1986, S. 61–70.

Mein Elternhaus, in: Rolf Italiaander (Hrsg): Loki. Die ungewöhnliche Geschichte einer Lehrerin namens Schmidt. Erzählt von ihren Freunden, Düsseldorf 1988, S. 61–71.

Gezwungen, früh erwachsen zu sein, in: Helmut Schmidt u. a.: Kindheit und Jugend unter Hitler, Berlin 1992, S. 19–68.

Der Pfefferfresser, der die Banane brachte, in: Rudolf Pörtner (Hrsg.), Mein Elternhaus. Ein deutsches Familienalbum, Düsseldorf/Wien 1994, S. 223–230.

»Glücksfall einer besonderen Schule«, in: Reiner Lehberger (Hrsg.): Die Lichtwarkschule in Hamburg. Reden zu Ausstellungen des Hamburger Schulmuseums in der Staats- und Universitätsbibliothek Carl-von-Ossietzky und in der Hamburger Kunsthalle 1996 und 1997, Hamburg 1997, S. 5–10.

Horst Janssen, in: Maria und Eberhard Rüden (Hrsg.): An und für ihn. Horst Janssen zum Siebzigsten, Hamburg 1999, S. 252–255.

Literaturverzeichnis

Appel, Reinhart: Loki Schmidt, in: Dieter Zimmer (Hrsg.): Deutschlands First Ladies. Die Frauen der Bundespräsidenten und Bundeskanzler von 1949 bis heute, Stuttgart 1998, S. 155–176.

Arbeitskreis Lichtwarkschule (Hrsg.): Die Lichtwarkschule. Idee und Gestalt, Hamburg 1979.

Beirat für den Internationalen Gärtneraustausch (Hrsg.): Internationaler Gärtneraustausch 1987–1997, Hamburg 1997.

Blasinski, Marianne: Marie Schlei. Vom Arbeiterkind zur Ministerin. Mit einem Geleitwort von Loki Schmidt, Metzingen 1994.

Brandt, Rut: Freundesland. Erinnerungen, Hamburg 1992.

Brunswig, Hans: Feuersturm über Hamburg, Stuttgart 1978.

Feldkamp, Michael F. und Sommer, Christa: Parlaments- und Wahlstatistik des Deutschen Bundestages 1949–2002/03, Berlin 2003.

Görtemaker, Manfred: Kleine Geschichte der Bundesrepublik Deutschland, München 2002.

Grunenberg, Nina: Vier Tage mit dem Kanzler, Hamburg 1976.

Hempel, Irmtraud und Hempel, Gotthilf (Hrsg.): Biologie der Polarmeere. Erlebnisse und Ergebnisse. Mit einem Geleitwort von Helmut Schmidt, Jena/Stuttgart 1995.

Hering, Rainer: »Aber ich brauche die Gebote...«. Helmut Schmidt, die Kirchen und die Religion, Bremen 2012.

Italiaander, Rolf (Hrsg.): Loki. Die ungewöhnliche Geschichte einer Lehrerin namens Schmidt. Erzählt von Freunden, Düsseldorf 1988.

Jarczyk, Henryk im Gespräch mit Loki Schmidt, in: Johannes Marchl (Hrsg.): Lebensfragen. Biografische Gespräche, München 2009, S. 24–33.

Lehberger, Reiner und de Lorent, Hans-Peter (Hrsg.): »Die Fahne hoch«. Schulpolitik und Schulalltag unterm Hakenkreuz, Hamburg 1986.

Lehberger, Reiner: »Schule als Lebensstätte der Jugend«. Die Hamburger Versuchs- und Gemeinschaftsschulen in der Weimarer Republik, in: Ullrich Amlung u. a. (Hrsg.): »Die alte Schule überwinden«. Reformpädagogische Versuchsschulen zwischen Kaiserreich und Nationalsozialismus, Frankfurt a. M. 1993, S. 32–64.

Lehberger, Reiner: Schule zwischen Zerstörung und Neubeginn 1945–1949. Geschichte – Schauplatz Hamburg, Hamburg 1995.

Lehberger, Reiner: Loki Schmidt, in: Franklin Kopitzsch und Dirk Brietzke (Hrsg.): Hamburgische Biografie. Personenlexikon Bd. VI. Göttingen 2012, S. 293–296.

Lehmann, Hans Georg: Öffnung nach Osten. Die Ostreisen Helmut Schmidts und die Entstehung der Ost-und Entspannungspolitik, Bonn 1984.

Lüst, Reimar: Der Wissenschaftsmacher. Reimar Lüst im Gespräch mit Paul Nolte, München 2008.

Merseburger, Peter: Willy Brandt. 1913 – 1992, München 2002.

Meyer-Odewald, Jens: Helmut und Hannelore Schmidt. Ein Leben, Hamburg 2011.

Milberg, Hildegard: Schulpolitik in der pluralistischen Gesellschaft. Die politischen und sozialen Aspekte der Schulrefom in Hamburg 1890–1935, Hamburg 1970.

Pinl, Claudia: Das Jahr der Frau und die Bundesrepublik, in: *Gewerkschaftliche Monatshefte* 11/1975, S. 678–685.

Rohwedder, Uwe: Helmut Schmidt und der SDS. Die Anfänge des Sozialistischen Deutschen Studentenbundes nach dem Zweiten Weltkrieg, Bremen 2007.

Rüden, Maria und Eberhard (Hrsg.): An und für ihn. Horst Janssen zum Siebzigsten, Hamburg 1999.

Schmidt, Helmut: Menschen und Mächte, Berlin 1989.

Schmidt, Helmut u. a. (Hrsg.): Kindheit und Jugend unter Hitler, Berlin 1992.

Schmidt, Helmut: Weggefährten. Erinnerungen und Reflexionen, Berlin 1998.

Schmidt, Helmut (Hrsg.): Erkundungen – Beiträge zum Verständnis unserer Welt. Protokolle der Freitagsgesellschaft, Stuttgart 1999.

Schmidt, Helmut: Hand aufs Herz. Helmut Schmidt im Gespräch mit Sandra Maischberger, München 2003.

Schmidt, Helmut (Hrsg.): Vertiefungen – Neue Beiträge zum Verständnis unserer Welt. Protokolle der Freitagsgesellschaft, München 2012.

Schwan, Heribert: Die Frau an seiner Seite. Leben und Leiden der Hannelore Kohl, München 2011.

Schwarz, Petra und Lieberei, Reinhard: Loki Schmidt – Forscherin und Botschafterin für die Natur, Bremen 2009.

Schwelien, Michael: Helmut Schmidt. Ein Leben für den Frieden, Hamburg 2003.

Sioli, Harald: Gelebtes, geliebtes Amazonien. Forschungsreisen im brasilianischen Regenwald zwischen 1940 und 1962. Herausgegeben und bearbeitet von Gerd Kohlhepp, München 2007.

Soell, Hartmut: Helmut Schmidt. Bd. I: 1918–1969. Vernunft und Leidenschaft, München 2003.

Soell, Hartmut: Helmut Schmidt. Bd. II: 1969 bis heute. Macht und Verantwortung, München 2008.

Stiftung Internationaler Gärtneraustausch (Hrsg.): Wenn Gärtner reisen. Internationaler Gärtneraustausch, Hamburg 2003.

Stiftung zum Schutz gefährdeter Pflanzen (Hrsg.): Aus Liebe zur Natur, Schriftenreihe Heft 1–6. 1982 ff.

Vogel, Winfried: Karl Wilhelm Berkhan. Ein Pionier deutscher Sicherheitspolitik nach 1945. Beiträge zu einer politischen Biographie, Bremen 2003.

Walter, Peter: Stationen meines Lebens. Meine Zeit bei Helmut Schmidt und als Bürgermeister Geesthachts, Schwarzenbek 2010.

Waltersleben, Helene: An der Seite der Macht. Deutschlands First Ladies, Wien 2002.

Wendt, Joachim: Die Lichtwarkschule in Hamburg, Hamburg 2000.

Wickler, Wolfgang: Wissenschaftliche Reisen mit Loki Schmidt, Heidelberg 2014.

Wolff, Athanasius: »Vor-Geschmack des Himmels« oder: Warum predigt ein Theologe über das Essen?, in: Alois Wierlacher u. a. (Hrsg.): Kulturthema Essen, Berlin 1993, S. 53–60.

Interviews

Apel, Ingrid, Ehefrau des Bundesministers Hans Apel, Interview 21. 11. 2013
Arnold, Rosemarie, Freundin Loki Schmidts, Interview 2. 7. 2013
Bahr, Egon, Bundesminister a. D., Interview 11. 4. 2014
Barthlott, Wilhelm, Biologe, Universität und Botanischer Garten Bonn, Telefoninterview 5. 7. 2013
Becker, Franziska, Cartoonistin, Telefoninterview 31. 1. 2014
Beckmann, Reinhold, Journalist und Fernsehmoderator, Interview am 21. 10. 2013
Bischof, Henning, Archäologe, Telefoninterview 22. 3. 2012
Bölling, Klaus, Staatssekretär a. D., Interview 30. 12. 2013
Göring, Michael, Vorstandsvorsitzender Zeit-Stiftung, Interview 31. 11. 2013
Gottsberger, Gerhard, Botanischer Garten Ulm, Telefoninterview 5. 2. 2013
Grassy, Dieter, Freund Loki Schmidts, Interview 7. 5. 2014
Gröger, Andreas, Biologe, Botanischer Garten München, Telefoninterview 14. 5. 2014
Grunenberg, Nina, Journalistin, Interview 7. 11. 2012
Grützmann, Angela, ehem. MdB, Interview 30. 12. 2012
Guttmann, Waldemar, Sicherheitsbeamter, Interview 21. 2. 2013
Hempel, Gotthilf, ehem. Direktor des Alfred-Wegener-Instituts, Interview 14. 4. 2012
Hempel, Irmtraud, Biologin, Interview 14. 4. 2012
Heuer, Ernst-Otto, Sicherheitsbeamter, Telefoninterview 29. 8. 2012
Hurka, Herbert, Universität Osnabrück und Loki-Schmidt-Genbank, schriftliches Interview 3. 10. 2013
Junk, Wolfgang J., Biologe, Max-Planck-Institut, Telefoninterview 3. 11. 2013
Kothe, Hans W., Biologe, Telefoninterview 18. 12. 2013
Köttgen, Rainer, Staatsrat a. D., Telefoninterview 12. 5. 2012
Lahnstein, Manfred, Bundesminister a. D., Interview 6. 3. 2014
Lautenschläger, Angelika, Freundin Loki Schmidts, Interview 10. 11. 2013
Leins, Peter, Botaniker, Universität Heidelberg, Telefoninterview 11. 10. 2013
Lenz, Siegfried, Schriftsteller, Interview 27. 2. 2014
Leuband, Brigitte, ehemalige Schülerin, Telefoninterview 22. 11. 2012

Lobin, Wolfram, Botanischer Garten Bonn, Telefoninterview 5.7.2013

Di Lorenzo, Giovanni, Journalist, Interview 9.4.2014

Luckmann, Marlies, ehemalige Schülerin Loki Schmidts, Telefoninterview 22.3.2014

Lüst, Reimar, ehem. Präsident der Max-Planck-Gesellschaft, Interview 7.11.2012

Martens, Johannes, Biologe, Loki-Schmidt-Stiftung, Interview 19.6.2013

Milde, Jutta, ehemalige Schülerin Loki Schmidts, Telefoninterview 21.3.2014

Nickol, Martin, Botanischer Garten Kiel, Telefoninterview 3.12.2012

Niese, Rolf, ehem. MdB, Telefoninterview 26.3.2014

Offergeld, Rainer, Bundesminister a.D., Telefoninterview 28.2.2014

Pape, Wilhelm, ehem. Leiter des Oberlinhauses, Potsdam, Telefoninterview 14.7.2014

Poppendieck, Hans-Helmut, Biologe, Universität und Botanischer Garten Hamburg, Interview 10.2.2012

Rauhe, Hermann, ehem. Präsident der Hochschule für Musik und Theater Hamburg, Telefoninterview 8.1.2014,

Riedl, Sabine, Nichte Loki Schmidts, Telefoninterview 17.8.2013

Runde, Ortwin, Hamburger Bürgermeister a.D., Interviews 26.4.2012, Telefoninterview 26.5.2013

Schliemann, Harald, Biologe, Universität Hamburg, Telefoninterview 23.10.2013

Schmidt, Helmut, Interviews 25.1.2012, 5.3.2012, 25.4.2012, 31.8.2012, 12.10.2012, 27.6.2013, 18.12.2013

Schmidt, Susanne, Interview 30.8.2012, schriftliches Interview 5.6.2014

Schmude, Jürgen, Bundesminister a.D. Telefoninterview 16.2.2014

Schneider, Uwe, Verein Jordsand, Telefoninterview 31.3.1014

Schreiber, Hermann, Journalist, Interview 18.9.2012

Schulz, Peter, Hamburger Bürgermeister a.D., Interview 31.8.2012

Schumacher, Wolfgang, Botaniker und Landschaftspfleger, Interview 5.6.2014

Schwarz, Petra, Loki-Schmidt-Haus, Telefoninterview 14.5.2014

Skoruppa, Ulli, Fotograf, Telefoninterview 18.12.2013

Soell, Hartmut, Historiker, Interview 2.11.2012, Telefoninterview 9.8.2013

Sommer, Theo, Journalist, Interview 24.4.2013

Springer, Friede, Verlegerin, Interview 2.12.2013

Stein, Eva Maria, Sekretärin Loki Schmidts, schriftliches Interview 11.6.2012

Stolpe, Manfred, Ministerpräsident und Bundesminister a.D., Interview 1.12.2013

Streese-Noetzel, Petra, Kollegin Loki Schmidts, Interview 5.4.2013

Trebitsch, Katharina, Filmproduzentin, Interviews 7. 8. 2012 und
16. 4. 2014

von Treuenfels, Carl-Albrecht, ehem. Präsident WWF Deutschland, Telefoninterview, 3. 2. 2014

Vehlewald, Hans-Jörg, Journalist, 8. 11. 2013

Vogel, Helga, Ehefrau des Ost-Berliner RA Wolfgang Vogel, Interview am
13. 2. 2014

Voscherau, Henning, Hamburger Bürgermeister a. D., Interview am
18. 4. 2013

Voswinckel, Ulrich, Körber-Stiftung, Interview 20. 6. 2012

Walter, Peter, Referent Kanzleramt, Telefoninterview 13. 1. 2014

Warnholz, Günter, Sicherheitsbeamter, Interviews 6. 3. 2012 und 2. 1. 2013

Wickler, Wolfgang, Max-Planck-Institut, Telefoninterviews 10. 8. 2012 und
15. 1. 2014

Wolff, Pater Athanasius, Kloster Maria Laach, Telefoninterview 21. 3. 2013

Verzeichnis der Archive

Archiv des Bundesbeauftragten für die Unterlagen des Staatssicherheitsdienstes der ehemaligen Deutschen Demokratischen Republik, Berlin (BSU)
Archiv Helmut Schmidt, Hamburg (Archiv HS)
Archiv der Klosterschule, Hamburg
Archiv der sozialen Demokratie der Friedrich-Ebert-Stiftung, Bonn (Archiv FES)
Bundesarchiv, Berlin
Hamburger Schulmuseum
Hamburger Staatsarchiv (StA)

Nachweise

KINDHEIT UND ERWACHSENWERDEN
IN EINER PROLETARISCHEN FAMILIE

1   Urkunde vom 4.3.1919, Personalakte Hannelore Schmidt, StA Hamburg.
2   Besonders in: L.S., Mein Elternhaus und L.S., Gezwungen, früh erwachsen zu sein.
3   Diese und viele weitere Informationen zur Familiengeschichte finden sich in: Gertrud Glaser, Über das Leben von Mantje und August Martens. Unveröffentlichtes Manuskript 1965, Privatbesitz.
4   Gertrud Glaser, Über das Leben von Mantje und August Martens, S. 75.
5   Ebd., S. 79.
6   Vgl. ebd., S. 80.
7   L.S., Gezwungen, früh erwachsen zu sein, S. 23; Interview mit Helmut Schmidt, 27.6.2013.
8   Hartmut Soell, Helmut Schmidt. Bd. 1, S. 127.
9   Vgl. Der große Brockhaus. Wiesbaden 1979, Bd. 7, S. 200. Zu Loki Schmidts eigener Darstellung vgl. Loki – Hannelore Schmidt erzählt aus ihrem Leben, S. 315 f.
10 L.S., Gezwungen, früh erwachsen zu sein, S. 19.
11 Ebd., S. 21.
12 Ebd.
13 Interview mit Helmut Schmidt, 27.6.2013.
14 Marta Reitz, Gediegene Kleider, in: Rolf Italiaander, Loki, S. 94.
15 L.S., Erzähl doch mal von früher, S. 44.
16 Auf einen Kaffee mit Loki Schmidt, S. 20.
17 L.S., Mein Leben für die Schule, S. 17.
18 Gertrud Glaser, Über das Leben von Mantje und August Martens, S. 85.
19 L.S., Mein Leben für die Schule, S. 24.
20 Ebd., S. 30
21 L.S., Gezwungen, früh erwachsen zu sein, S. 195.
22 Elsbeth Moser, Kondolenzbrief an Helmut Schmidt, Oktober 2010, Archiv HS.

23 Hildegard Milberg, Schulpolitik, S. 209; Joachim Wendt, Lichtwark-schule, S. 12.

24 Alfred Lichtwark, Bild der Schule (1903), in: Arbeitskreis Lichtwark-schule, Die Lichtwarkschule, S. 12.

25 Ihren Ursprung hatte die Schule in einer sechsstufigen Realschule, die sich nach der Novemberrevolution schrittweise zu einer zum Abitur führenden und national wie international viel beachteten Reform-schule entwickelt hatte. Ein wichtiger Motor auf diesem Reformweg war ihr erster Schulleiter gewesen, Peter Petersen, später Pädagogik-professor an der Universität Jena und Begründer der sog. Jenaer Planschule. Diese arbeitete nach einem von Petersen entwickelten Pro-gramm mit dem jahrgangsübergreifenden Unterricht als besonderem Kennzeichen und erreichte große Strahlkraft. Noch heute berufen sich mehr als 50 Schulen in Deutschland in ihrer Unterrichtsarbeit auf den Jenaplan, obwohl sein Begründer, Peter Petersen, inzwischen durch seine spätere Nähe zum NS-System in der Erziehungswissenschaft und Schullandschaft äußerst kritisch gesehen wird.

26 L. S., Mein Leben für die Schule, S. 62.

27 Ebd., S. 92 f.

28 Ebd., S. 65.

29 Ebd., S. 93.

30 Hartmut Soell, Helmut Schmidt. Bd. 1, S. 68 f.

31 Joachim Wendt, Lichtwarkschule, S. 342 ff.

32 Gertrud Glaser, Brief vom 8. 4. 1935, Archiv HS.

33 L. S., Gezwungen, früh erwachsen zu sein, S. 29.

34 Erwin Zindler, Schreiben an die Landesschulbehörde vom 10. 5. 1935, Archiv HS.

35 L. S., Mein Leben für die Schule, S. 102.

36 Erwin Zindler, Brief vom 1. 6. 1935, Archiv HS.

37 L. S., Mein Leben für die Schule, S. 112.

38 Sämtliche Zeugnisse befinden sich im Archiv HS.

39 Bildungsbericht von Hannelore Glaser vom 17. 8. 1937, Archiv Kloster-schule, Hamburg.

40 Helmut Schmidt, Kindheit und Jugend unter Hitler, S. 211.

41 L. S., Gezwungen, früh erwachsen zu sein, S. 33.

42 Schreiben des Lehrers Hopf vom 20. 5. 1938, Archiv Klosterschule, Hamburg.

43 L. S., Mein Leben für die Schule, S. 124.

44 L. S., Gezwungen, früh erwachsen zu sein, S. 36.

45 Ebd., S. 34.

46 Zeugnis der ersten Lehrerprüfung vom 29. 4. 1940, Personalakte Hannelore Schmidt, StA Hamburg.

47 Gertrud Glaser, Über das Leben von Mantje und August Martens, S. 86.
48 Ebd.
49 Helmut Schmidt, Kindheit und Jugend unter Hitler, S. 202.
50 L. S., Gezwungen, früh erwachsen zu sein, S. 29.
51 Ebd., S. 30.
52 Ebd., S. 27 u. 29.
53 Ebd., S. 30.
54 Interview mit Helmut Schmidt, 18. 12. 2013.
55 P. G. Watkinson, So war es auf der Lichtwarkschule, in: Rolf Italiaander, Loki, S. 99.
56 Ebd.
57 L. S., Erzähl doch mal von früher, S. 54.
58 Helmut Schmidt, Verwandlungen in der Jugend. Handschriftliche Aufzeichnungen Juni bis August 1945. Zitiert nach Hartmut Soell, Helmut Schmidt. Bd. 1, S. 133.
59 L. S., Erzähl doch mal von früher, S. 55.
60 Helmut Schmidt, Brief an den Verfasser, 6. 1. 2014.
61 Zitiert nach Hartmut Soell, Helmut Schmidt. Bd. 1, S. 132.
62 Helmut Schmidt, Kindheit und Jugend unter Hitler, S. 212 f.
63 Dieses und die folgenden Zitate zitiert nach Hartmut Soell, Helmut Schmidt. Bd. 1, S. 132 f.
64 L. S., Gezwungen, früh erwachsen zu sein, S. 49.
65 Ebd., S. 48.
66 Interview mit Helmut Schmidt, 12. 10. 2012.

BERUFSSTART UND FAMILIENGRÜNDUNG
IN KRIEGSJAHREN

1   Reiner Lehberger, Schule zwischen Zerstörung und Neubeginn, S. 52.
2   Schreiben der Schulverwaltung vom 21. 4. 1941, Personalakte Hannelore Schmidt, StA Hamburg.
3   Fragebogen Military Government of Germany, 4. 4. 1946, Personalakte Hannelore Schmidt, StA Hamburg.
4   Schreiben des Bundesarchivs an den Verfasser vom 26. 3. 2012.
5   L. S., Gezwungen, früh erwachsen zu werden, S. 45.
6   Ebd., S. 49.
7   Zitiert nach Hartmut Soell, Helmut Schmidt. Bd. 1, S. 133.
8   Interview mit Helmut Schmidt, 18. 12. 2013.
9   L. S., Gezwungen, früh erwachsen zu sein, S. 48.
10 Interview mit Helmut Schmidt, 27. 6. 2013.
11 L. S., Gezwungen, früh erwachsen zu sein, S. 52.

12 Loki – Hannelore Schmidt erzählt aus ihrem Leben, S. 70.

13 L. S., Gezwungen, früh erwachsen zu sein, S. 53.

14 Helmut Schmidt, Kindheit und Jugend unter Hitler, S. 225; ähnlich bei L. S., Gezwungen, früh erwachsen zu sein, S. 51.

15 L. S., Gezwungen, früh erwachsen zu sein, S. 53.

16 Rainer Hering, »Aber ich brauche die Gebote …«, S. 27.

17 Ursula Philipp, Loki musste immer wieder neu anfangen, in: Rolf Italiaander, Loki, S. 140.

18 Interview mit Helmut Schmidt, 5. 3. 2012.

19 Zitiert nach Hartmut Soell, Helmut Schmidt. Bd. 1, S. 878.

20 L. S., Gezwungen, früh erwachsen zu sein, S. 62.

21 Hartmut Soell, Helmut Schmidt. Bd. 1, S. 155.

22 Ebd.

23 Loki – Hannelore Schmidt erzählt aus ihrem Leben, S. 78.

24 Sterbeurkunde vom 29. 1. 1945, Personalakte Hannelore Schmidt, StA Hamburg.

25 Mitteilung Stadtarchiv Bernau vom 20. 8. 2013.

26 Loki – Hannelore Schmidt erzählt aus ihrem Leben, S. 79.

27 Ebd., S. 81.

28 Interview mit Helmut Schmidt, 18. 12. 2013.

29 Vgl. Hartmut Soell, Helmut Schmidt. Bd. 1, S. 156.

30 Interview mit Ingrid Apel, 21. 11. 2013.

NEUANFANG UND »AUFSTIEG«
DER FAMILIE SCHMIDT

1 L. S., Mein Leben für die Schule, S. 160.

2 Ebd., S. 161.

3 Zitiert nach Hartmut Soell, Helmut Schmidt. Bd. 1, S. 169.

4 Fragebogen Military Government of Germany, 21. 6.1945, Personalakte Hannelore Schmidt, StA Hamburg.

5 Schreiben der Schulverwaltung vom 27. 9. 1945, Personalakte Hannelore Schmidt, StA Hamburg.

6 Schreiben der Schulverwaltung vom 14. 11. 1945, Personalakte Hannelore Schmidt, StA Hamburg.

7 Loki – Hannelore Schmidt erzählt aus ihrem Leben, S. 95.

8 Schreiben der Schulverwaltung vom 24. 3. 1946, Personalakte Hannelore Schmidt, StA Hamburg.

9 Schreiben der Schulverwaltung an die Militärregierung vom 4. 6. 1946, Personalakte Hannelore Schmidt, StA Hamburg.

10 Fritz Köhne, Gutachten vom 30. 4. 1946, Personalakte Hannelore Schmidt, StA Hamburg.

11 Aufdruck vom 20.1.1949 auf dem Entnazifizierungsfragebogen vom
   21.6.1945, Personalakte Hannelore Schmidt, StA Hamburg.
12 L.S., Brief an Schulverwaltung vom 25.5.1949, Personalakte
   Hannelore Schmidt, StA Hamburg.
13 L.S., Brief an die Schulverwaltung vom 28.1.1947, Personalakte
   Hannelore Schmidt, StA Hamburg.
14 L.S., Mein Leben für die Schule, S. 169.
15 Ebd., S. 172.
16 Auf einen Kaffee mit Loki Schmidt, S. 202.
17 Die spätere Adresse der Schule lautet: Othmarscher Kirchenweg 145. Heute heißt sie Loki-Schmidt-Schule.
18 Ursula Philipp, Loki musste immer wieder neu anfangen, in: Rolf
   Italiaander, Loki, S. 143.
19 Schriftliches Interview mit Susanne Schmidt, 5.6.2014.
20 Susanne Schmidt, Ansprache zur Namensgebung Loki-Schmidt-
   Schule, 31.8.2012.
21 Ida Ehre, Auch Schmidts stellten sich nach Theaterkarten an, in:
   Rolf Italiaander, Loki, S. 239 f.
22 Zitiert nach Nina Grunenberg, Frauen der Stunde Null, in: *Die Zeit*,
   21.6.1985.
23 Ida Ehre, Auch Schmidts stellten sich nach Theaterkarten an, in:
   Rolf Italiaander, Loki, S. 239.
24 Interview mit Ingrid Apel, 21.11.2013.
25 Friedrich Schütter, Theaterleute brauchen den Polititker, in: Rolf
   Italiaander, Loki, S. 241.
26 Interview mit Henning Voscherau, 18.4.2013.
27 Günther Flocken, In echter Kollegialität – ein Brief an Loki, in:
   Rolf Italiaander, Loki, S. 122.
28 L.S., Ansprache anlässlich der Verleihung der »Goldenen Blume von
   Rheydt«, 13.9.1987, Archiv HS.
29 Auf einen Kaffee mit Loki Schmidt, S. 148.
30 Schriftliches Interview mit Susanne Schmidt, 5.6.2014.
31 L.S., Geschichte der drei Brahmsee-Grundstücke. Unveröffentlichtes
   Manuskript 2006, Archiv HS.
32 Zitiert nach *Hamburger Abendblatt*, 6.8.2005.
33 Ebd.
34 Jürgen Leinemann, Da kommen Sie doch nicht ran, in: *Der Spiegel*,
   22.08.1977.
35 *Die Zeit*, 7.2.2013, S. 43.
36 Helmut Schmidt, Hand aufs Herz, S. 220.
37 L.S., Brief an die Schulbehörde, 14.11.1961, Personalakte Hannelore
   Schmidt, StA Hamburg.

38 L.S., Brief an die Schulbehörde, 24.9.1962, Personalakte Hannelore Schmidt, StA Hamburg.

39 Auf einen Kaffee mit Loki Schmidt, S. 204.

40 L.S., Brief an die Schulbehörde, 16.6.1964, Personalakte Hannelore Schmidt, StA Hamburg.

41 Interview mit Petra Streese-Noetzel, 6.2.2013.

42 Brief an L.S., 3.3.1965, Archiv HS.

43 Helmut Schmidt, Weggefährten, S. 335.

44 Hans Georg Lehmann, Öffnung nach Osten, S. 48.

45 Schreiben Wilhelm Drexelius, 6.10.1966, Personalakte Hannelore Schmidt, StA Hamburg.

46 Vermerk der Schulverwaltung, 19.6.1968, Personalakte Hannelore Schmidt, StA Hamburg.

47 Interview mit Susanne Schmidt, in: *Stern*, 23.12.2008.

48 Vgl. Hartmut Soell, Helmut Schmidt. Bd. 1, S. 698 ff.

LOKI EINE »ANGEHEIRATETE DER POLITIK«: DIE BONNER JAHRE

1 Peter Merseburger, Willy Brandt, S. 578.

2 Loki – Hannelore Schmidt erzählt aus ihrem Leben, S. 119.

3 Vgl. Michael Schwelien, Helmut Schmidt, S. 173.

4 L.S., Brief an Rudolf Scharping, 16.10.1998, Archiv HS.

5 Michael Schwelien, Helmut Schmidt, S. 173 f.

6 Eva de Maizière, Immer warmherzig, in: Rolf Italiaander, Loki, S. 244.

7 L.S., Ansprache 16.12.1970, Archiv HS.

8 L.S., Auf dem roten Teppich, S. 59.

9 Mette Ferber, Brief an L.S., 30.8.1986, Archiv HS.

10 Uwe Schneider, Nachruf Frau Prof. Dr. h.c. Hannelore Schmidt, in: *Seevögel* 4/2010, S. 124–125, hier S. 124.

11 L.S., Brief an Schulbehörde, 30.11.1969, Personalakte Hannelore Schmidt, StA Hamburg.

12 Interview von Maria Marchetta mit L.S., 17.8.1999, Archiv HS.

13 »Was befähigt Sie zum Kanzler?«, in: *Der Spiegel*, 29.9.1980, S. 27.

14 Ebd.

15 *Neue Revue*, 14.12.1971.

16 L.S., Auf dem roten Teppich, S. 62.

17 Walter Kröpelin, Bruchstücke einer Weltreise, in: *Bayerischer Rundfunk*, 10.12.71.

18 *Hamburger Abendblatt*, 14.12.1971.

19 Zitiert nach: Dann rumpelt es in der Brust ... Die Krankengeschichte des Patienten Helmut Schmidt, in: *Der Spiegel*, 19.10.1981, S. 26.

20 *Bild*, 13. 7. 1972.
21 Zitiert nach Michael Schwelien, Helmut Schmidt, S. 184.
22 Loki – Hannelore Schmidt erzählt aus ihrem Leben, S. 123.
23 *Schwesternrevue*, 15. 1. 1974, S. 15.
24 *Deutsches Rotes Kreuz*, 1/1974, S. 16.
25 Helmut Schmidt, Menschen und Mächte, S. 197.
26 Interview mit Susanne Schmidt, 30. 8. 2012.
27 L. S., Auf dem roten Teppich, S. 69.
28 Auf einen Kaffee mit Loki Schmidt, S. 198.
29 L. S., Auf dem roten Teppich, S. 68 f.
30 Ebd., S. 71.
31 Zitiert nach *Focus*, 15. 11. 2009.
32 L. S., Auf dem roten Teppich, S. 74.
33 Michael Feldkamp und Christa Sommer, Parlaments- und Wahl-statistik des Deutschen Bundestages 1949–2002/03.
34 Interview mit Angela Grützmann, 30. 12. 2012.
35 Begrüßungsrede, 10. 12. 1975, Archiv HS.
36 Angela Nacken, Kaffeeklatsch bei Loki, in: Rolf Italiaander, Loki, S. 40.
37 Ebd., S. 43.
38 Nina Grunenberg, Vier Tage mit dem Kanzler, S. 59.
39 Ebd., S. 84.
40 Ebd.
41 Helmut Schmidt, Weggefährten, S. 45.
42 Peter Walter, Stationen meines Lebens, S. 157.
43 L. S., Rede, ohne Datum, Reden 1975–1978, Archiv HS.
44 Auf einen Kaffee mit Loki Schmidt, S. 26.
45 Angela Nacken, Kaffeeklatsch bei Loki, in: Rolf Italiaander, Loki, S. 43.
46 Peter Walter, Stationen meines Lebens, S. 157 f.
47 Vgl. ebd., S. 191.
48 Eva-Maria Stein, Brief an den Verfasser, 11. 6. 2012.
49 L. S., Brief an R. B., 11. 3. 1976, Archiv FES, Bestand Hannelore Schmidt.
50 Eva-Maria Stein, Brief an den Verfasser, 11. 6. 2012.
51 Interview mit Egon Bahr, 11. 4. 2014.
52 Interview mit Nina Grunenberg, 7. 11. 2012.
53 *Stern*, 27. 2. 1976.
54 Hermann Schreiber, Brief an L. S., 9. 3. 1977, Privatarchiv H. Schreiber.
55 L. S., Brief an Hermann Schreiber, 14. 3. 1977, Privatarchiv H. Schreiber.
56 Rut Brandt, Freundesland, S. 243.
57 Ebd., S. 242.
58 Ebd., S. 285.
59 Heribert Schwan, Hannelore Kohl, S. 164.

60 Loki – Hannelore Schmidt erzählt aus ihrem Leben, S. 226; Interview mit Ernst-Otto Heuer, 29. 8. 2012.

61 Brief der Redaktion *Welt am Sonntag* an L. S., 5. 3. 1993, Archiv HS.

62 Interview mit Angela Grützmann, 30. 12. 2012.

63 Vgl. etwa *Die Welt*, 2. 10. 1976.

64 Zitiert nach *Bonner Rundschau*, 22. 9. 1976.

65 Nina Grunenberg, Erst gefeuert, dann geheuert, in: *Die Zeit*, 10. 12. 1976.

66 Interview mit Angela Grützmann, 30. 12. 2012.

67 *Berliner Stimme*, 21. 8. 1976.

68 *Abendzeitung München*, 25. 9. 1976.

69 *Neue Westfälische*, 3. 9. 1976.

70 *Hessische Zeitung*, 25. 9. 1976.

71 *Neue Westfälische*, 3. 9. 1976.

72 *Hamburger Morgenpost*, 3. 9. 1976.

73 *Das Parlament*, 21. 8. 1976.

74 *Abendzeitung München*, 25. 9. 1976.

75 *Passauer Neue Presse*, 25. 9. 1976.

76 *Hamburger Morgenpost*, 28. 9. 1976.

77 *Hannoversche Allgemeine*, 22. 9. 1976.

78 Interview mit Henning Voscherau, 18. 4. 2013.

79 *Die Welt*, 2. 10. 1976.

80 *Abendzeitung München*, 25. 9. 1976.

81 Vgl. etwa *Offenburger Tageblatt*, 17. 9. 1976.

82 Auf einen Kaffee mit Loki Schmidt, S. 163.

83 *Die Welt*, 4. 10. 1976.

84 Ebd.

85 Vgl. Hartmut Soell, Helmut Schmidt. Bd. II, S. 615 f.

86 L. S., Auf dem roten Teppich, S. 122.

87 Norbert Montfort, Damenprogramm, in: Rolf Italiaander, Loki, S. 219.

88 Loki – Hannelore Schmidt erzählt aus ihrem Leben, S. 131.

89 Helmut Schmidt, Menschen und Mächte, S. 356.

90 L. S., Auf dem roten Teppich, S. 133.

91 Helmut Schmidt, Menschen und Mächte, S. 352.

92 Ebd., S. 369.

93 L. S., Auf dem roten Teppich, S. 161.

94 Ebd., S. 158.

95 Wendelgard von Staden, in: Rolf Italiaander, Loki, S. 197 ff.

96 Ebd., S. 202.

97 Helmut Schmidt, Menschen und Mächte, S. 309.

98 Helmut Schmidt, Weggefährten, S. 302.

99 Gerald Ford, Ein Brief, in: Rolf Italiaander, Loki, S. 205.
100 L. S., Auf dem roten Teppich, S. 117.
101 Helmut Schmidt, Weggefährten, S. 340.
102 Jehan as-Sadat, Sie kochte sogar für ihre Gäste, in: Rolf Italiaander, Loki, S. 215 f.
103 »Hosen sind doch viel bequemer«, in: Die Zeit, 23. 9. 2009.
104 L. S., Tischrede, 1. 4. 1977, Archiv HS.
105 Jehan as-Sadat, Sie kochte sogar für ihre Gäste, in: Rolf Italiaander, Loki, S. 215 f.
106 Interview mit Helmut Schmidt, 5. 3. 2012.
107 L. S., Auf dem roten Teppich, S. 188 f.
108 Ebd., S. 163.
109 Zitiert nach Jens Meyer-Odewald, Helmut und Hannelore Schmidt, S. 154.
110 Hauptstadt Hamburg, in: Bonner Rundschau, 2. 7. 1976.
111 Auf einen Kaffee mit Loki Schmidt, S. 204.
112 Für Sie, 12. 7. 1974, S. 58.
113 L. S., Schützt die Natur, S. 14.
114 Widmungsexemplar im Archiv HS.
115 Interview mit Klaus Bölling, 30. 12. 2013.
116 Peter Walter, Stationen meines Lebens, S. 184.
117 »Ich weiß, wie es war«, in: Die Welt, 13. 1. 2000.
118 Als der Brahmsee Schlagzeilen machte, in: Hamburger Abendblatt, 6. 8. 2005.
119 Peter Walter, Stationen meines Lebens, S. 191.
120 Interview mit Waldemar Guttmann, 21. 2. 2013.
121 Ebd.
122 Helmut Schmidt, Weggefährten, S. 73.
123 Auf einen Kaffee mit Loki Schmidt, S. 41.
124 Helmut Schmidt, Weggefährten, S. 483 f.
125 Interview mit Susanne Schmidt, 30. 8. 2012.
126 Brief an L. S., 26. 11. 1974, Archiv FES, Bestand Hannelore Schmidt.
127 Vgl. Manfred Görtemaker, Kleine Geschichte der BRD, S. 313.
128 Interview mit Helmut Schmidt, 27. 6. 2013.
129 Helmut Schmidt, Hand aufs Herz, S. 198 f.
130 Ebd., S. 198.
131 Peter Walter, Stationen meines Lebens, S. 162 ff.
132 Zitiert nach Angela Nacken, in: Rolf Italiaander, Loki, S. 43.
133 Auf einen Kaffee mit Loki Schmidt, S. 17.
134 Interview mit Klaus Bölling, 30. 12. 2013.
135 Ebd.

VIER EXKURSE: PRIVATES UND POLITISCHES

1 Marianne Blasinski, Marie Schlei, S. 178.
2 L. S., Vorwort, in: Marianne Blasinski, Marie Schlei, S. 5.
3 Ebd.
4 Athanasius Wolff, »Vor-Geschmack des Himmels«, S. 55.
5 L. S., Brief an Athanasius Wolff, 1. 6. 1992, Archiv HS.
6 Athanasius Wolff, Brief an Helmut Schmidt, 22. 10. 2010, Archiv HS.
7 Interview mit Reimar Lüst, 7. 11. 2012.
8 Ebd.
9 Ebd.
10 Reimar Lüst, Brief an L. S., (o.D.) 2003, Archiv HS.
11 Vgl. L. S., Brief an Gertraud Gruber, 25. 4. 2005, Archiv HS.
12 L. S., Brief an Gertraud Gruber, 19. 2. 1986, Archiv HS.
13 Helmut Schmidt, Faxschreiben an L. S., 28. 10. 1997, Archiv HS.
14 L. S., Faxschreiben an Helmut Schmidt, 21. 2. 1998, Archiv HS.
15 L. S., Brief an C. Bludau, 21. 2. 2001, Archiv HS.
16 Pressemitteilung der Pressestelle des Bundeskanzleramtes, 20. 5. 1977, Privatarchiv G. Warnholz.
17 Claudia Pinl, Das Jahr der Frau, S. 678.
18 Statt Blumen, in: *Der Spiegel*, 25. 11. 1974, S. 161.
19 Claudia Pinl, Das Jahr der Frau, S. 678.
20 L. S., Brief an die *Brigitte*-Redaktion, 31. 10. 1974, Archiv FES, Bestand Hannelore Schmidt.
21 L. S., Ansprache vom 10. 12. 1975, Archiv HS.
22 *Stern*, 1. 8. 1974.
23 Alice Schwarzer, Mail an den Verfasser, 6. 9. 2013.
24 L. S., Auf dem roten Teppich, S. 32 f.
25 Ebd., S. 33.
26 Mein Sozi für die Zukunft, in: *Stern*, 15. 7. 1982.
27 L. S., Auf dem roten Teppich, S. 109.
28 Interview mit Helmut Schmidt, 27. 6. 2013.
29 Redeentwurf für L. S. anlässlich der Feier zum 90-jährigen Bestehen der SPD Wandsbek, (o.D.) 1980, Archiv HS.
30 L. S., Auf dem roten Teppich, S. 110.
31 Ohne uns läuft nichts, in: *Der Spiegel*, 14. 11. 1977, S. 41.
32 Interview mit Henning Voscherau, 18. 4. 2013.
33 Sigmar Gabriel, in: *Vorwärts*, 21. 10. 2010.

MIT DER NATURFORSCHERIN UM DIE WELT

1 Ein tabellarischer Überblick von Loki Schmidts Forschungsreisen findet sich im Anhang. Vgl. auch Petra Schwarz und Reinhard

Lieberei, Loki Schmidt, S. 32 ff. Ein detaillierter Bericht ihrer ersten vier Reisen findet sich bei Wolfgang Wickler, Wissenschaftliche Reisen mit Loki Schmidt.

2 Loki – Hannelore Schmidt erzählt aus ihrem Leben, S. 190.

3 Peter Gruss, Loki Schmidt zum 90. Geburtstag, in: Petra Schwarz und Reinhard Lieberei, Loki Schmidt, S. 154.

4 Loki – Hannelore Schmidt erzählt aus ihrem Leben, S. 309 f.

5 L. S., Reisetagebuch Malaysia, Archiv HS.

6 Heinz-Ulrich Reyer, Als Botanikerin in Kenia, in: Rolf Italiaander, Loki, S. 292.

7 Fernschreiben vom 12. 1. 1976, Privatarchiv G. Warnholz.

8 Loki – Hannelore Schmidt erzählt aus ihrem Leben, S. 155.

9 L. S., Reisetagebuch Nakurusee Nationalpark, Archiv HS.

10 Jürgen Serke, in: *Stern*, 27. 2. 1976.

11 Heinz-Ulrich Reyer, Als Botanikerin in Kenia, in: Rolf Italiaander, Loki, S. 295.

12 Ebd., S. 292.

13 Loki – Hannelore Schmidt erzählt aus ihrem Leben, S. 277.

14 Ebd., S. 270.

15 L. S., Schreiben an die Teilnehmer der Expedition, 1. 4. 1989, Archiv HS.

16 L. S., Reisetagebuch Namib-Wüste, Archiv HS.

17 Telefoninterview mit Wolfgang Wickler, 10. 8. 2012.

18 L. S., Reisetagebuch Galápagos, Archiv HS.

19 Loki – Hannelore Schmidt erzählt aus ihrem Leben, S. 162 f.

20 Telefoninterview mit Wolfgang Wickler, 10. 8. 2012.

21 Hermann Schreiber, »Nun will ich das. Nun mach ich das.«, in: *Der Spiegel*, 7. 3. 1977, S. 113.

22 Telefoninterview mit Henning Bischof, 22. 3. 2012. Henning Bischof hat dem Verfasser auch zahlreiche schriftliche Unterlagen für die Rekonstruktion dieser Reise zur Verfügung gestellt.

23 Loki – Hannelore Schmidt erzählt aus ihrem Leben, S. 205.

24 Ebd., S. 200.

25 Ebd.

26 Ebd., S. 204.

27 Alle Zitate aus L. S., Reisetagebuch Südamerika 1979, Archiv HS.

28 Interview mit Ulrich Voswinckel, 20. 6. 2012.

29 L. S., Auf der Suche nach Pflanzen und Tieren, in: *Bunte*, 26. 2. 1981, S. 132–134.

30 Amazonien, Manuskript ohne Verfasserangabe und o. D., Archiv HS.

31 Gerd Kohlhepp, Vorwort, in: Harald Sioli, Gelebtes, geliebtes Amazonien, S. 10.

32 Ebd.
33 Telefoninterview mit Wolfgang Junk, 3.11.2013.
34 Loki – Hannelore Schmidt erzählt aus ihrem Leben, S. 212.
35 L. S., Brief an José Lutzenberger, 8.1.1991, Archiv HS.
36 Loki – Hannelore Schmidt erzählt aus ihrem Leben, S. 271.
37 L. S. und Helmut Poppendieck, 10 Jahre Gärtneraustausch, Archiv HS.
38 L. S., Reisetagebuch Venezuela, Archiv HS.
39 Stiftung Internationaler Gärtneraustausch, Wenn Gärtner reisen, S. 10.
40 Telefoninterview mit Andreas Gröger, 14.5.2014.
41 Loki – Hannelore Schmidt erzählt aus ihrem Leben, S. 348 f.
42 *The national Echo*, 25.4.1978; *Bernama Daily*, 23.4.1978; Archiv HS.
43 L. S., Reisetagebuch Malaysia, Archiv HS.
44 Loki – Hannelore Schmidt erzählt aus ihrem Leben, S. 178.
45 Ebd., S. 183 ff.
46 Telefoninterview mit Rainer Offergeld, 28.2.2014.
47 L. S., Reisetagebuch Neu-Kaledonien, Archiv HS.
48 Loki – Hannelore Schmidt erzählt aus ihrem Leben, S. 306.
49 Ebd., S. 307.
50 Meinhart Zenk, Brief an L. S., 2.2.1998, Archiv HS.
51 1998 sandte Zenk Loki eine wissenschaftliche Publikation über ihre gemeinsame Expedition zum neu-kaledonischen Nickelbaum. In den »acknowledgements« heißt es:»Our thanks are due to Mrs. Hannelore Schmidt, Hamburg, for her friendship and technical support.« (Sagner, B.; Kneer, R.; Cosson, J.-P.; Deus-Neumann, B.; Zenk, M. H.: Hyperaccumulation, complexion and distribution of Nickel in Sebertia acuminata, in: *Phytochemistry* 3/1998, S. 339–347.)
52 Interview mit Gotthilf Hempel, 14.4.2012.
53 Irmtraud Hempel, Reisetagebuch Polarsternfahrt 1989, Privatbesitz.
54 L. S., Reisetagebuch Antarktis 1989, Archiv HS.
55 Ebd.
56 Telefoninterview mit Rainer Köttgen, 21.8.2012.
57 L. S., Rede-Manuskript Ausstellung Alfred-Wegener-Institut, Archiv HS.
58 Zitiert nach: Nektar für Nachtfalter. Zum 80. Geburtstag der Hobbybotanikerin und Professorin Loki Schmidt, in: *Die Zeit*, 4.3.1999.
59 Loki – Hannelore Schmidt erzählt aus ihrem Leben, S. 191.
60 Interview mit Klaus Bölling, 30.12.2013.
61 Loki – Hannelore Schmidt erzählt aus ihrem Leben, S. 192.

DIE NATURSCHÜTZERIN

1 Im WWF war Loki Schmidt von 1979 bis 1993 Mitglied im Stiftungsrat, einem Kontrollorgan der Geschäftsführung, 1993 wechselte sie in das Kuratorium des WWF. Im Verein Jordsand war sie seit 1971 Mitglied, seit 2004 Ehrenmitglied.

2 L.S., Rede zum Stiftungsjubiläum, 2.6.2006, Archiv HS.

3 L.S., Die Blume des Jahres, S. 14.

4 Henning Haeupler und Peter Schönfelder, Atlas der Farn- und Blütenpflanzen der Bundesrepublik Deutschland. Stuttgart 1989. Die Schriftenreihe der Stiftung heißt: Aus Liebe zur Natur, Heft 1–6, 1982 ff.

5 L.S., Die Blume des Jahres, S. 13.

6 Interview mit Johannes Martens, 19.6.2013.

7 Interview mit Helmut Schmidt, 27.6.2013.

8 www.loki-schmidt-stiftung.de/ziele.htm, 2.7.2013.

9 Telefoninterview mit Wolfgang Schumacher, 5.6.2014.

10 Josef Ertl, Ihr gesellschaftspolitisches Anliegen, in: Rolf Italiaander, Loki, S. 298.

11 Herbert Hurka, Brief an den Verfasser, 3.10.2013.

12 Stiftung Internationaler Gärtneraustauch, Newsletter 5/2011, S. 2.

13 Loki – Hannelore Schmidt erzählt aus ihrem Leben, S. 343 f.

14 Interview mit Friede Springer, 2.12.2013.

15 L.S., Schreiben an Papp Airfreight, o.D. (etwa Februar 1987), Archiv HS.

16 L.S., Ansprache im Botanischen Garten, 12.11.1987, Archiv HS.

17 Helmut Schmidt, Telegramm an Schimon Peres, o.D. (vermutlich 30.1.1987), Archiv HS.

18 L.S., Brief an Erwin Beck, 19.9.2002, Archiv HS.

19 Telefoninterview mit Peter Leins, 11.10.2013.

20 Telefoninterview mit Andreas Gröger, 14.5.2014.

21 Wilhelm Barthlott, Gutachten zur Verleihung der Simon-Schwendener-Medaille, 12.9.2002, Privatbesitz.

22 L.S., Brief an Landschaftspflegebehörde, 3.9.1986, Archiv HS.

23 L.S., Von der Brache zum Eichen-Birkenwald, S. 397.

24 Werner Besch, Laudatio zur Verleihung der Alexander-von-Humboldt-Medaille in Gold, in: Rolf Italiaander, Loki, S. 309.

25 Wilhelm Barthlott, Gutachten zur Verleihung der Simon-Schwendener-Medaille, 12.9.2002, Privatbesitz.

26 L.S., Rede im Hamburger Rathaus, 12.2.2009, Archiv HS.

27 Interview mit Helmut Schmidt, 25.1.2012.

28 L.S., Rede im Hamburger Rathaus, 12.2.2009, Archiv HS.

29 L.S., Brief an Erwin Beck, 19.9.2002, Archiv H.S.

ZURÜCK IN HAMBURG

1 Vgl. Interview mit dem Psychosomatiker Joachim Bauer, »Die Politik ist ein Suchtmilieu«, in: *Focus* 38/2005.

2 L. S., Brief an Christoph Glaser, 29. 6. 1983, Archiv HS.

3 L. S., Brief an Hans W., 16. 6. 1994, Archiv HS.

4 Marion Gräfin Dönhoff, Brief an L. S., 4. 5. 1992, Archiv HS.

5 Telefoninterview mit Sabine Riedl, 17. 8. 2013.

6 Peter Schulz war bis zu seinem Tod im Jahr 2013 der Motor der Helmut-und-Loki-Schmidt-Stiftung. Die Stiftung will durch die wissenschaftliche Aufarbeitung des Wirkens von Helmut und Loki Schmidt deren Andenken wahren und das Langenhorner Wohnhaus der Schmidts, die Bibliothek und das Archiv für die Nachwelt erhalten und eine öffentliche Nutzung ermöglichen.

7 L. S., Erzähl doch mal von früher, S. 196 f.

8 Interview mit Henning Voscherau, 18. 4. 2013.

9 Loki Schmidt hatte eigens eine kleine Sitzanordnung angefertigt und diese später in eines ihrer Fotoalben eingeklebt. Archiv HS.

10 Interview mit Siegfried Lenz, 27. 2. 2014.

11 Helmut Schmidt, Weggefährten, S. 118.

12 Siegfried Lenz, Mit Lokis Augen, in: Rolf Italiaander, Loki, S. 10–13, hier S. 10 f.

13 Siegfried Lenz, Brief an L. S., 3. 3. 1989, Archiv HS.

14 Maria und Eberhard Rüden, An und für ihn, S. 252 ff.

15 *Hamburger Abendblatt*, 6. 1. 2003.

16 *Hamburger Abendblatt*, 10. 1. 2010.

17 Interview mit Helmut Schmidt, 25. 1. 2012. 1999 und 2012 veröffentlichte Helmut Schmidt eine Auswahl der Protokolle der Freitagsgesellschaft unter den Titeln *Erkundungen. Beiträge zum Verständnis unserer Welt* und *Vertiefungen. Neue Beiträge zum Verständnis unserer Welt.*

18 Traditionsessen, in: *Hamburger Abendblatt*, 8. 12. 2011; Interview mit Dieter Grassy, 7. 5. 2014.

19 L. S., Brief an Frau Fränz, 9. 9. 1986, Archiv HS.

20 Rudolf Augstein, Brief an L. S., 27. 5. 1992, Archiv HS.

21 Interview mit Angelika Lautenschläger, 10. 8. 2013.

22 Hauptabteilung VI, Schreiben vom 14. 5. 1985, Archiv BSU.

23 Abteilung VI, Bericht vom 30. 5. 1985, Archiv BSU.

24 Hauptabteilung VI, Abschlussbericht 24. 5. 1985, Archiv BSU.

25 L. S., Auf dem roten Teppich, S. 148.

26 Interview mit Manfred Stolpe, 1. 12. 2013.

27 Ebd.

28 Helmut Schmidt, Weggefährten, S. 370.

29 L. S., Erzähl doch mal von früher, S. 180.

30 Interview mit Manfred Stolpe, 1.12.2013.

31 L.S., Erzähl doch mal von früher, S. 118.

32 Zitiert nach Rainer Hering, »Aber ich brauche die Gebote ...«, S. 181.

33 L.S., Brief an Angelika Lautenschläger, 14.12.1979, Privatarchiv
A. Lautenschläger.

34 Ebd.

35 L.S., Brief an Angelika Lautenschläger, 4.1.1985, Privatarchiv
A. Lautenschläger.

36 L.S., Brief an Angelika Lautenschläger, 10.12.1985, Privatarchiv
A. Lautenschläger.

37 L.S., Brief an Angelika Lautenschläger, 19.11.1989, Privatarchiv
A. Lautenschläger.

38 Bericht der Staatssicherheit, Privatarchiv A. Lautenschläger.

39 Interview mit Helga Vogel, 13.2.2014.

40 Helmut Schmidt, Hand aufs Herz, S. 39.

41 Interview mit Giovanni di Lorenzo, 9.4.2014.

42 Interview mit Friede Springer, 2.12.2013.

43 Auf einen Kaffee mit Loki Schmidt, S. 203.

44 *Stern*, 29.5.1966.

45 *Bonner Stadtanzeiger*, 21.3.1997.

46 *Welt am Sonntag*, 24.9.1972.

47 Abhauen, wenn die Reize schwinden, in: *Die Zeit*, 25.8.1972.

48 Eva de Maizière, in: Rolf Italiaander, Loki, S. 245.

49 Helmut Schmidt, Notizen zur Tischrede am 27.6.1982, Archiv HS.

50 L.S., Erzähl doch mal von früher, S. 248.

51 *Hamburger Abendblatt*, 12.5.2007.

52 *Die Zeit*, 21.4.2009.

53 L.S., Ansprache 29.5.2003, Archiv HS.

54 Helmut Schmidt, Ansprache 23.2.2005, Archiv HS.

55 *Hamburger Abendblatt*, 12.5.2007.

56 Auf einen Kaffee mit Loki Schmidt, S. 174 f.

57 Interview mit Reinhold Beckmann, 21.10.2013.

58 Ebd.

59 L.S., Erzähl doch mal von früher, S. 267.

60 Auf einen Kaffee mit Loki Schmidt, S. 205.

61 Helmut Schmidt, Brief an Christoph Glaser, 15.10.2010, Archiv HS.

62 Interview mit Helmut Schmidt, 27.6.2013.

63 L.S., Brief an Christoph und Liesel Glaser, 22.9.2010, Archiv HS.

Bildnachweise

Römische Ziffern beziehen sich auf den Bildteil.

Archiv Helmut Schmidt 19, 25, 26, 38, 44, 50, 55, 58, 59, 69, 72, 81, 83, 84, 87,
    88, 92, 93, 101, 109, 110, 114, 117, 119, 121, 127, 131, 134, 136, 141, 144, 152,
    165, 166, 185, 188, 193, 194, 196, 203, 205, 208, 218, 229, 233, 256, 260, 261,
    271, 274, 279, 282, 308, 310, 312, 316, 321, 338, 341, 344, 367, 374, 377, 400,
    409, 425 – I, II, III, IV, V, VI, VII, VIII, IX, X u., XII, XIV, XV
Axel Springer Unternehmensarchiv 350, 381
Bild am Sonntag/Kuhnigk 238
Bundesbildstelle XI o.
Josef Darchinger 240
Deutsche Presse-Agentur 180
Emma/Franziska Becker 266
Hamburger Schulmuseum 37, 41, 45
Loki Schmidt Haus 394
Ulrich Mack 325, XIII
Georg Munker 175
F. Nakamura 297
Neue Revue 171
Presseamt Bundesregierung 224, XI u.
Volker Ranke 198
Sven Simon 139, 201
O. Sommerfeld 290
Stadtteilarchiv Hamm 16
Stern X o.
Carl-August von Treuenfels 358
Günter Warnholz 285
Michael Zapf 362, XVI
ZEIT-Stiftung 389

Personenregister

Kursivierte Seitenzahlen verweisen auf Fotografien, römische Ziffern beziehen sich auf den Bildteil.

Adams, Hilde 36
Adams, Kurt 35, 64
Adenauer, Konrad 113, 127–128, 147
Adis, Joachim 309, 311, 332
Ahlgrimm, Ilse 90–91
Ahlhaus, Christoph 424
Albertz, Heinrich 249
Apel, Hans 97, 128–129, 371
Apel, Ingrid 97, 129, 371
Ardrey, Robert 123
Arnold, Mechthild 148
Augstein, Rudolf 146, 392
Avishai, Michael 349, *350*, 351

Baader, Andreas 242
Bach, Johann Sebastian 163, 362, 379, 424
Backhaus, August Heinrich 58
Bahr, Dorothea 251, 397–398
Bahr, Egon 197, 228, 251, 397
Barthlott, Wilhelm 314, 330, 332, 355–357, 361
Barzel, Rainer 172
Becker, Franziska 267–268
Beckmann, Beckmann, Reinhold 420
Beckmann, Reinhold 373, 380, 415, 419–420
Beethoven, Ludwig van 69

Berger, Liselotte 184
Berkhan, Friedel 107, 133, 241, 251, 371, 373
Berkhan, Karl-Wilhelm »Willi« 107, 128, 133–134, 162, 235, 240–241, 251, 371, 373
Bernstein, Leonard 189, 239
Besch, Werner 360
Beust, Ole von 362, *363*
Bircher-Benner, Maximilian 28
Birckholtz, Hans 162, 164
Birckholtz, Wilma 164
Bischof, Henning 298
Blüm, Norbert 182
Bohnenkamp, Hans 106
Bölling, Klaus 200, 249
Bollmann, Christian 77, 79,105
Borchert, Wolfgang 123
Brandt, Rut 181, 189, 197, 201–202, *203*
Brandt, Willy 126, 148, 159–160, 172, 178–182, 191, 201–202, *203*, 204, 209–210, 228, 297, 412
Brauer, Max 107
Brecht, Bertolt 69
Breschnew, Leonid 142, 179, 228–230
Buback, Siegfried 244
Bucerius, Gerd 387
Buhl, Dieter 215

Callaghan, Audrey *188*, 251
Callaghan, James 224
Camus, Albert 124
Carossa,Hans 65
Carstens, Veronika 216
Carter, Jimmy 221
Carter, Rosalynn *188*
Celibidache, Sergiu 239
Cook, James 321
Curilla, Wolfgang 343

Darwin, Charles 291–292
Deng Xiaoping 217
Dewes, Franz-Josef 190
Di Lorenzo, Giovanni 409–410
Dickfeld, Alf 298, 302
Dönhoff, Marion Gräfin 362,
    368–369, 392
Drenkmann, Günter von 244
Drexelius, Wilhelm 154

Eberhardt, Ida 43, 46, 48
Eggers, Peter 352
Ehre, Ida 122–124, 362
Elizabeth II. 220
Engholm, Björn 249, 382, 384
Ensslin, Gudrun 242
Eppler, Erhard 249
Erhard, Ludwig 147, 181–182, 412
Erhard, Luise 182, 200
Erler, Fritz 147
Ertl, Josef 347

Fallada, Hans 124
Ferber, Ernst 165
Ferber, Mette 165
Focke, Katharina 264
Ford, Betty 222–224, 251
Ford, Gerald 221, 223–225
Franke, Egon 206, 275
Frantz, Justus 239, 382
Frick, Wilhelm 46

Gabriel, Sigmar 276
Garms, Harry 61
Gaschke, Susanne 416
Geheeb, Paul 387
Genscher, Hans-Dietrich 228–229,
    248
Gewalt, Wolfgang 287–288
Gierek, Edward 228
Giscard d'Estaing, Anne-Aymone
    188, 231, 251
Giscard d'Estaing, Valéry 142, 224,
    228, 231
Glaser, Christoph 18, 23–24, *26*, 31,
    33, 67, 130, 366, 423, 426, I
Glaser, Gertrud 16, 18–23, 26, 28,
    32–33, 35, 37–39, 45–46, 48–49,
    63, 71, 73, 95, 130, 370, VI
Glaser, Hermann 16–17, 19–22,
    24–25, 28–32, 35, 37–39, 45–46,
    48–49, 60, 64, 67, 71, 86, 95, 99,
    130, 370, III
Glaser, Liesel 21, 426
Glaser, Linde 18, 25, *26*, 31, 38, *84*,
    130, 150, I, VI
Glaser, Rose 18, 31–32, 130, 370
Godeffroy, Johann Cesar 391
Goethe, Johann Wolfgang von
    65
Göring, Hermann 92
Gould, John 292
Grassy, Dieter 379, 384
Greene, Graham 124
Greve, Hannelore 362
Gröger, Andreas 314–315, 356
Gromyko, Andrei 228–229
Gruber, Gertraud 258–259
Grunenberg, Nina 186, 188, 197,
    257
Gruss, Peter 278
Grützmann, Angela 203, 206–208
Guillaume, Günter 178–179
Guttmann, Waldemar 191, 239

Hamm-Brücher, Hildegard 365
Hanft, August 116
Hartmann, Georg 288
Heimsoeth, Harald 281–282
Heine, Gustav 48
Hemingway, Ernest 124
Hempel, Gotthilf 323–324, 330
Hempel, Irmtraud 324, 326
Hertz, Heinrich 51
Herz, Carl 21
Herzog, Aura 351
Herzog, Roman 258
Heuer, Ernst-Otto 142, 191–193, 295
Heuer, Monika 192
Heyerdahl, Thor 131
Hindemith, Paul 69
Hirohito 219–220, 423
Hitler, Adolf 49, 66, 83
Höger, Fritz 29
Höppner, Hugo gen. »Fidus« 24
Humboldt, Alexander von 295
Hurka, Herbert 348
Hutton, Louisa 140

Ilsemann, Carl-Gero von *165*

Jacob, Willi 70, 73
Jäger, Georg 48
Janssen, Horst 377–379
Jaruzelski, Wojciech 223
Jochims, Raimer 329–330
Joop, Wolfgang 419
Juan Carlos I. 230
Junk, Wolfgang 309
Jürgens, Curd 125, 373

Karajan, Herbert von 189
Kennedy, Brian 369, 424
Kern, Hartmut 380
Kerschensteiner, Georg 62
Khalid ibn Abd al-Aziz 216

Kiesinger, Georg 182
Kiesinger, Marie-Luise 200
Kintzel, Werner 94
Kissinger, Henry 142, 222–223, 366, 369
Kissinger, Nancy 222
Klasen, Ilse 371
Klasen, Karl 126, 371
Kleeberg, Alfred 52
Kleissenberg, Nils 348–349
Klötzel, Manfred 313
Klum, Heidi 419
Kneer, Ralf 320
Kohl, Hannelore 202–203, 205
Kohl, Helmut 182, 203–204, 214, 247, 249
Köhler, Horst 361, 423
Köhne, Fritz 75–76, 80, 104–105
Kokoschka, Oskar 373
Kollek, Teddy 351
König, Jörg *274*
Körber, Kurt 257, 336, 340, 343
Köttgen, Rainer 329
Kozlik, Lee 329–330
Krause, Emil 46
Krogmann, Carl Vincent 46
Kröpelin, Walter 170
Kucharski, Heinz 90

Lack, David 291
Lafontaine, Oskar 272
Lafrenz, Traute 90
Lahnstein, Manfred 217
Lambsdorff, Otto Graf 228, 248
Landahl, Heinrich 47, 100
Laufenberg, Heinrich 21
Lautenschläger, Angelika 396, 402–406
Lautenschläger, Norbert 396, 402–405
Leber, Georg 172
Leins, Peter 355

Leister, Klaus-Dieter 204
Lenz, Liselotte 374–375
Lenz, Siegfried 11, 239, 356, 373–376, 420
Leussink, Hans 255, 297
Lichtwark, Alfred 41, 43
Liebnau, Fritz 77, 79
Liesel *siehe* Lenz, Liselotte 239
Lindenberg, Udo 199
Loah, Ruth 129, 241
Lohse, Bernd 313
Lohse, Eduard 424
Lorenz, Konrad 255
Lorenz, Peter 244
Lüst, Lhea 256
Lüst, Reimar 252, 255–258

Mack, Ulrich 324, 326, 330
Maischberger, Sandra 408, 410
Maizière, Eva de 162–163, 173
Maizière, Ulrich de 162–163
Mann, Thomas 65
Mansfeld, Albert 76
Mao Tse-tung 217, 219
Mares, Rolf 380
Martens, Agnes 16, 18, 23, 28
Martens, August 16, 19
Martens, Johannes 16–17, 19, 25, 343, 345
Martens, Lieve 339
Martens, Thora 33
McCloy, John 223
McIntyre, Loren 307
Mehta, Zubin 189
Meinhof, Ulrike 242
Meir, Golda 151
Mendel, Annie 21
Menuhin, Yehudi 239
Merkel, Angela 196, 424
Meysel, Inge 373
Middelhaus, Elsbeth *45*
Mitterand, François 228

Möbius, Eberhard 380
Mommsen, Ernst Wolf 162
Moore, Henry 194, 373
Moritz/Moritzelchen *siehe* Schmidt, Helmut Walter 91
Müller, Alfons 384
Müller, Berta *400*
Müller, Herbert 314
Müller, Klaus 359

Nacken, Angela 185
Nannen, Henri 411
Nau, Alfred 180
Nau, Elfriede 180
Nechemkin, Arje 352
Necker, Tyll 387–388
Nevermann, Paul 411
Niese, Rolf *274*
Nixon, Richard 221
Nolde, Emil 239

O'Brien, Helena 251
Offergeld, Rainer 200, 319
Olech, Maria 329
Ollenhauer, Erich 127
Ölsner, Kurt 29
Otto, Werner 339

Palmer, Lilli 373
Pape, Friedrich Wilhelm 401
Peres, Schimon 351–352
Peters, Ernst 104–105
Petersen, Carl Wilhelm 46
Petersen, Peter 458
Plennis, Walter 91
Ponto, Jürgen 244
Poppendieck, Hans-Helmut 313–314, 353, 391
Proust, Marcel 124

Rantzau, Heino von 96
Rauh, Werner 332

Rauhe, Hermann 382
Reagan, Ronald 221, 223
Reiche, Maria 299
Renger, Annemarie 189, 264, 275
Reyer, Heinz-Ulrich 280–284,
    286–287
Richter, Annegret *208*
Roemer, Hans 143
Rosenthal, Philip 339–340
Rothe, Margaretha 90
Ruf, Sep 181
Rühmann, Heinz 125, 373
Runde, Ortwin 272–273

Sadat, Anwar as 225, 227
Sadat, Jehan as 226–227
Schade, Willi 272
Schaeffer, Albrecht 65
Scharping, Rudolf 161
Scheel, Walter 172
Schiller, Karl 116, 172, 412–413
Schlei, Marie 89, 166, 251–253,
    267–268, IX
Schleyer, Hanns Martin 244, 246,
    265
Schleyer, Hanns-Eberhard 247
Schliemann, Harald 393
Schmahl, Gustav 239
Schmarje, Ruth 56
Schmarsow, Lilo 180
Schmeling, Max 43
Schmidt, Gustav 86, IX
Schmidt, Helmut 9–13, 22, 27, 31,
    36, 42–43, 46–47, 52, 55–56, 64,
    68, 70–71, 73–74, 80, 82–87, *88*,
    89–97, 99, 102–103, 106–109,
    110, 111–117, 121, 123–126, *127*,
    128–132, 134, 137–138, *139*,
    140–143, 145–148, 150–152, 155,
    157–163, *165*, 166–174, 176–181,
    186, 189–191, *193*, 195, 197, 200,
    202, *203*, 204–206, 209–220,

222–225, 227–230, 234–237, *238*,
239–249, 252–253, 255–259,
264–265, 267–270, 272–273, *274*,
275–276, 296–299, 323–328, 330,
339, 350, 352, 361, 363, 365–366,
368–370, 374, 380–384, 387, 395,
399–402, 406–415, 417–418,
421–426
Schmidt, Helmut Walter 91–94,
    96–97, 108, 145, 396, 403, 407
Schmidt, Hugo 96
Schmidt, Susanne 13, 70, 108, *109*,
    110, 111–112, 117–118, 125–126,
    127, 129–136, 141, 143, 150–151,
    152, 156–157, 177, 180, 206, 220,
    222, 237, 241–243, 269, 298, *308*,
    366, 369, 414, 422–424, VI, VII
Schmidt, Wolfgang 86, 370
Schmude, Jürgen 200
Schneider, Uwe 167
Scholz, Gerhard 163
Schreiber, Hermann 199–200,
    294–295
Schröder, Gerhard (CDU) 160, 164
Schröder, Gerhard (SPD) 424
Schubert, Ernst 398
Schulz, Peter 371, 470
Schulz, Sonja 371
Schumacher, Fritz 29–30, 39, 75,
    354
Schumacher, Wolfgang 338, 345
Schumann, Robert 68
Schütter, Friedrich 129
Schwan, Heribert 202
Schwarz, Petra 393
Schwarzer, Alice 262, 268–269
Schwelien, Michael 161
Seewald, Werner 191
Seibt, Uta 291, 293, 295, 298, 315
Shultz, George 223
Simon, Sven 140, *152*, 185, 198–199
Sioli, Harald 307–309

Skoruppa, Ulli 303
Soell, Hartmut 415–416
Sofia von Spanien *198*, 230–231
Sommer, Theo 410
Springer, Axel Cäsar 140, 198, 350
Springer, Friede *350*, 351, *381*,
    409
Staden, Wendelgard von 221–222
Stahl, Erna 64, 67, 90–91
Stein, Eva-Maria 193–194, 196
Steinbeck, John 124
Stiller, Günter 384
Stolpe, Manfred 399–400, 405, 407
Strauß, Franz Josef 146, 168–169,
    172
Sturm, Jacob 27

Teltau, Gesa 86
Tenhumberg, Heinrich 265
Toepfer, Alfred 60, 336, 340
Trebitsch, Erna 126, 371
Trebitsch, Gyula 125, 371, 384
Trebitsch, Katharina 126, 380,
    384
Trebitsch, Marcus 384
Troller, Stefan 410, 421
Trudeau, Pierre 130, 137

Urban, Martin 239

van Gogh, Vincent 60
Vogel, Hans-Jochen 239, 258, 276
Vogel, Liselotte 239, 258
Vogel, Wolfgang 396, 401, 404, 407
Völpel, Wolfgang 225
Voscherau, Henning 129, 211,
    272–273, 276, 371–372, 384, 409,
    424–425, 466

Walter, Peter 190–191, 236
Warnholz, Günter 191–192, 262,
    282, 284, 286, 298, 302
Watkinson, Percy Gerd 68–70
Wehner, Greta 396
Wehner, Herbert 160, 253, 396
Weill, Kurt 69
Weizsäcker, Richard von 423
Welwitsch, Friedrich 289
Wickler, Wolfgang 280, 291–295,
    298, 315
Wienand, Karl 128
Wilder, Thornton 123
Wischnewski, Hans-Jürgen 245
Woermann, Carl 391–392, 394
Wolff, Athanasius 252–255
Wolffheim, Fritz 21

Zenk, Meinhart 319–320, 322
Zindler, Erwin 47–49